吉州年鉴

2024

中共吉安市吉州区委党史和地方志研究中心 编

方志出版社
Publishing House of Local Records

图书在版编目（CIP）数据

吉州年鉴:2024/中共吉安市吉州区委党史和地方志研究中心:--北京:方志出版社，2024.12.--ISBN 978-7-5144-6354-5

Ⅰ. Z525.64

中国国家版本馆 CIP 数据核字第 2024UP5355 号

责任编辑：刘方圆
责任校对：张玉霞
责任印制：梅中英
出 版 者：方志出版社
地　　址：北京市朝阳区潘家园东里 9 号（国家方志馆 4 层）
邮　　编：100021
网　　址：http://www.zgfzcb.cn
发　　行：方志出版社图书营销中心（010-67110500）
印　　刷：江西龙莹印务有限公司
开　　本：889 毫米×1194 毫米　1/16
印　　张：17.25
字　　数：670 千字
版　　次：2024 年 12 月第 1 版
印　　次：2024 年 12 月第 1 次印刷
定　　价：288.00 元

《吉州年鉴(2024)》编辑委员会

《吉州年鉴(2024)》编辑人员

吉州区政区图

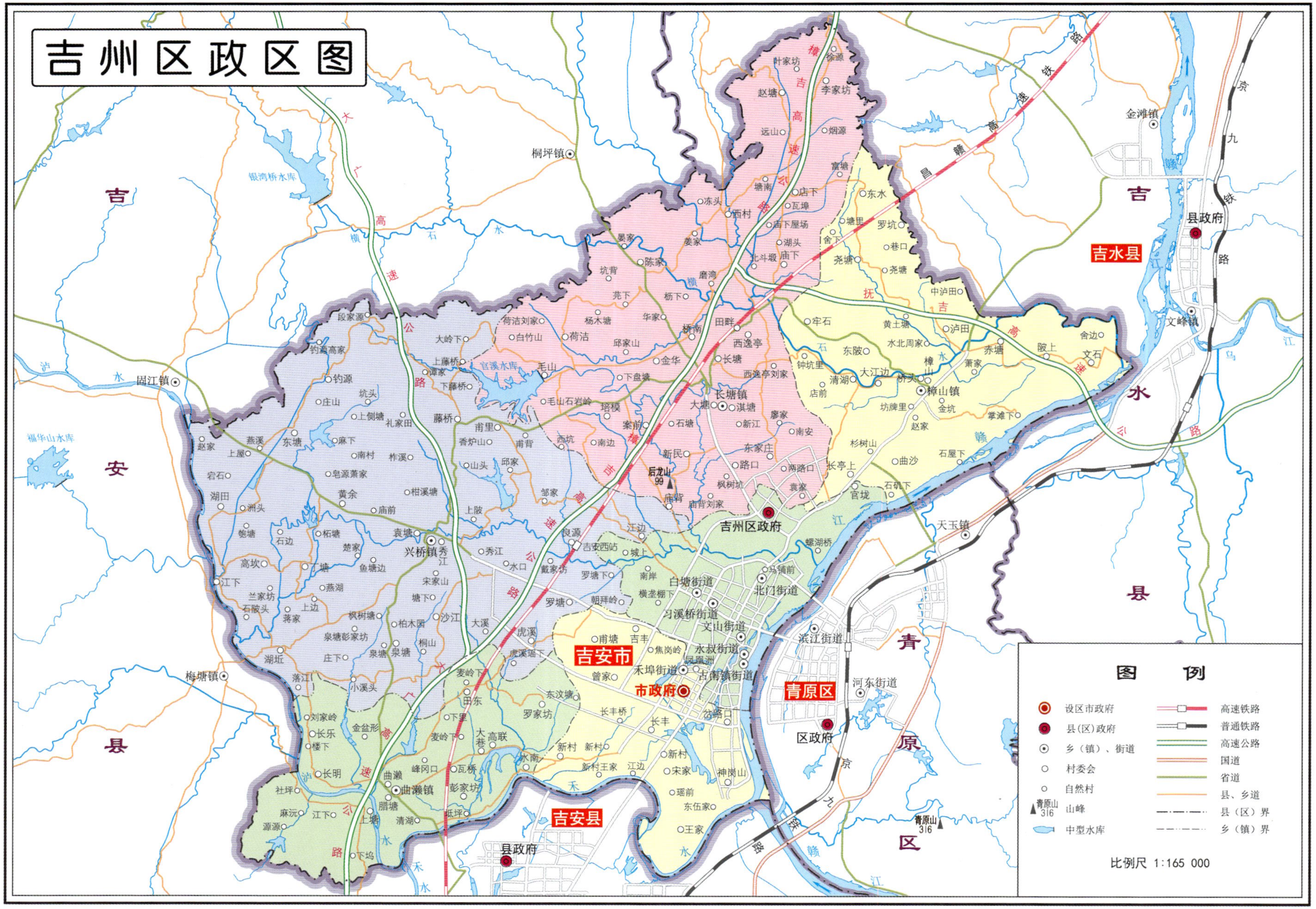

审图号：赣S（2020）064号

江西省测绘成果资料档案馆编制

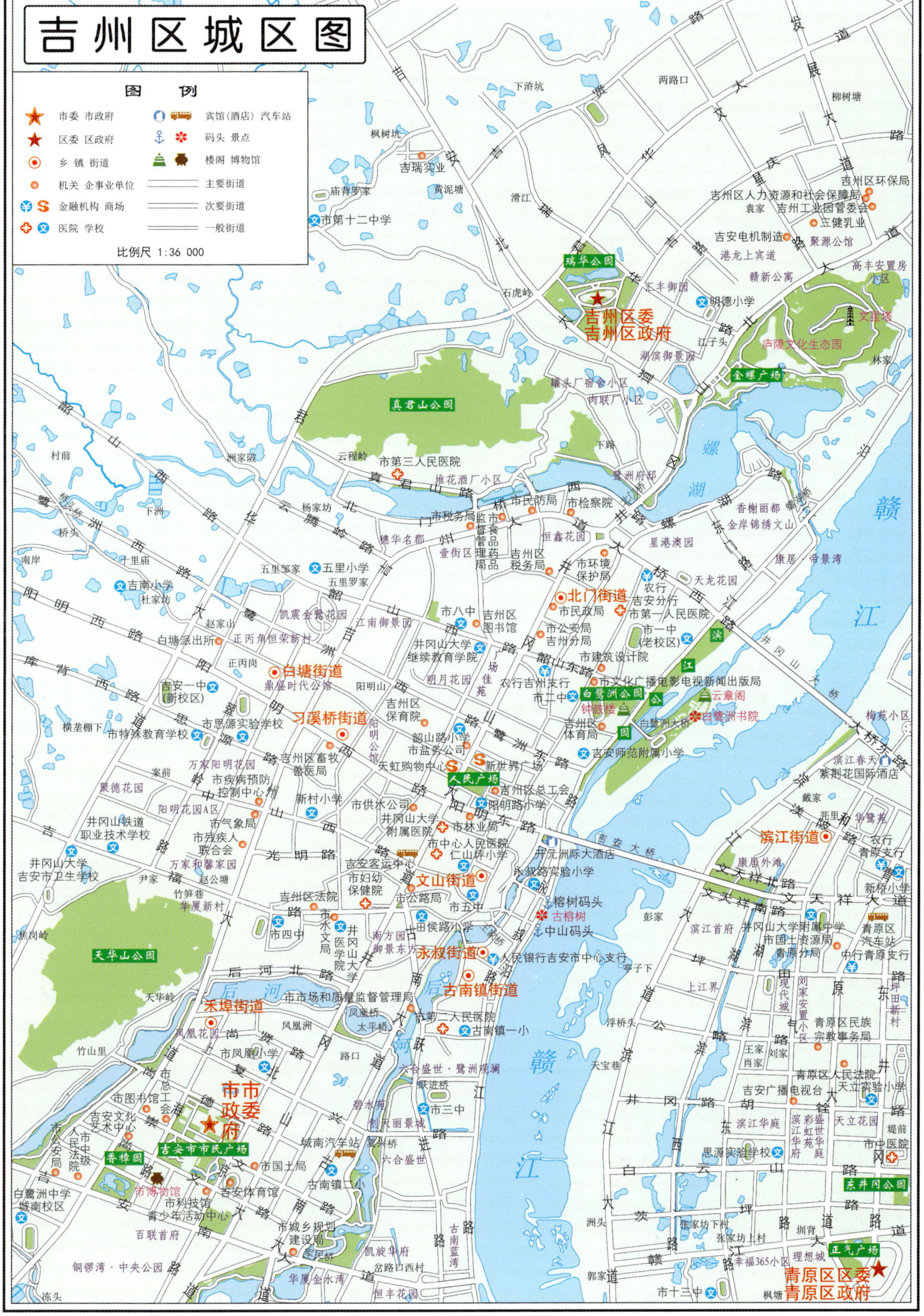

审图号：赣S（2020）064号　　江西省测绘成果资料档案馆编制

▲8月31日，全国党建研究会乡村组织振兴蹲点调研组，调研樟山镇“三回三带”机制助推乡村振兴工作　　（以下图片除署名外，均由区融媒体中心供图）

▲12月29日，吉州区举办2023年度全区“书记领航”项目成果展示活动

▲6月28日，党员助农活动举行

▲10月11日，樟山镇为年老党员送学上门

（樟山镇　供图）

▲11月1日，“吉先锋”上门关爱独居老人

（区委组织部　供图）

▲6月27日，文山街道思源社区党总支与河东街道天和社区党支部举办“井冈党旗红　争当吉先锋”社区跨区结对联建活动　　（文山街道　供图）

▲9月27日，古南镇街道组建新业态新就业群体党员突击队　　（古南镇街道　供图）

乡村振兴

▲10月17日，江西省巩固拓展脱贫攻坚成果专题研讨班成员在吉州钓源观摩乡村振兴成效

◀7月4日，樟山镇清湖村“蜘蛛大米”种植基地

▶ 9月20日，樟山镇凤梨基地，农民正在采收凤梨

◀11月21日，泉塘村党员在哈密瓜示范种植基地助农

▶10月17日，曲濑镇高标准农田，农民正在收割晚稻

▲6月5日，首届钓源客厅——乡村振兴交流会在钓源召开

▲2月23日， 2023年第一期吉州区亲清连心政企恳谈会召开

▲11月29日，华立源锂能科技股份有限公司（三期）锂离子电池项目开工活动在区工业园举办

▶ 5月23日，区人民法院工作人员在江西省宏瑞兴科技股份有限公司开展送法服务

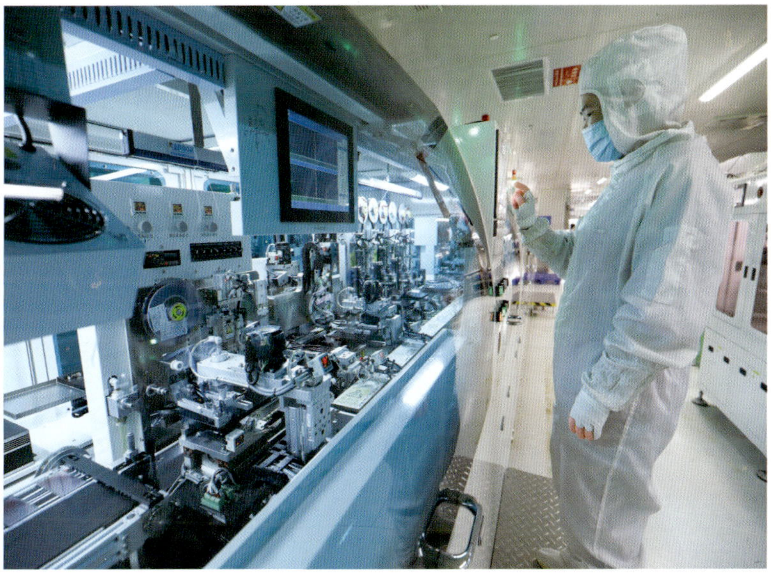

◀7月17日，江西兴泰科技股份有限公司工人在操控自动电子纸模组生产线

▶ 9月14日，江西乐滋食品发展有限公司工作人员在生产线上生产月饼

▲7月25日，最美退役军人、最美军嫂等最美系列表彰仪式在区行政中心举行

（该页图片均由区退役军人事务局 供图）

▶8月1日，能仁巷历史文化街区“双拥示范街”揭牌仪式举行

◀7月20日，纪念延安双拥运动80周年——吉州区2023年“八一”双拥联欢晚会在吉安武警三中队举办

红色基地

▲9月27日，江西省苏维埃历史陈列馆开馆

▲9月27日，舒行将军故居开放使用

水巷·能仁巷历史文化街区

水巷历史文化街区，2023年1月27日正式开街，占地11352平方米，业态以历史文化展示、艺术收藏品展览等文创产业为主。能仁巷历史文化街区，2023年5月20日正式开街，占地24491平方米，业态以休闲娱乐、高档餐饮等商业、夜市经济为主。

▲1月27日，水巷历史文化街区鸟瞰图　　（水巷·能仁巷　供图）

▲4月29日，井冈山农产品展示展销会在水巷历史文化街区召开　　（水巷·能仁巷　供图）

▲5月20日，能仁巷历史文化街区夜景

▲6月11日，能仁巷历史文化街区夜市一瞥

▲11月18日，能仁巷历史文化街区举办长桌盛宴，邀请64位幸运“粉丝”共同品尝吉安特色美食（水巷·能仁巷 供图）

钓源古村·十里芳菲

钓源古村先后举办“春光灿烂嘉游赣”首届花朝节暨春季文旅消费季活动、“春光灿烂嘉游赣”青春中国家庭酷跑大会（吉州站）等大型活动。通过丰富多彩文娱活动,吸引人们走进钓源古村,带动文旅复苏,焕发古村新活力。

◀3月18日，村民舞龙

◀ 4月1日，青春中国家庭酷跑大会启动仪式举行

▲6月3日，“家庭酷跑大会”在钓源开跑

◀3月18日，孩子快乐玩耍

▶3月18日，游人在油菜花海中玩拍

▲4月1日，学生古筝表演

▲4月1日，学生扇舞表演

校外活动

▲10月12日，区图书馆与石阳小学在区图书馆开展阅读课活动 （区图书馆 供图）

▲6月12日，少先队队员和武警官兵一起包粽子、制彩蛋

▲7月21日，长塘中学学生在收割稻子

▲9月27日，少先队队员在区福利院与老人分享自己故事

▲6月20日，少先队队员正在聆听98岁抗日老兵陈学文讲述勋章背后的故事

科普宣传

◀5月20日，2023年吉安市暨吉州区科技活动周启动仪式在水巷举行（区科技局 供图）

▶9月17日，区科协、区科技局在步行街联合开展吉州区2023年全国科普日集中宣传活动

（区科协 供图）

◀5月25日，吉安市第三中学的学生体验机器人下五子棋

（区科技局 供图）

◀ 3月1日，思源社区普惠托育园的孩子在走平衡木

▶ 7月28日，城西零工驿站首届高校毕业生暨就业困难人员招聘会现场

◀8月，吉安市思源实验学校文成分校投入使用

◀ 10月12日，网格员开展高龄认证“上门办”服务

▶ 10月23日，吉州区城北全民健身中心正式开馆

◀ 10月28日，区公安分局在市中心人民广场举办赃物返还大会

（区公安分局　供图）

▶ 12月18日，改造后的帝景湾一期路面　　　　（区住建局　供图）

编辑说明

一、《吉州年鉴》是由中共吉州区委领导、吉州区人民政府主办的地方综合年鉴，由《吉州年鉴》编辑委员会组织实施，中共吉安市吉州区委党史和地方志研究中心编纂。

二、《吉州年鉴》以马克思列宁主义、毛泽东思想、邓小平理论、“三个代表”重要思想、科学发展观、习近平新时代中国特色社会主义思想为指导，坚持辩证唯物主义和历史唯物主义的立场、观点和方法，逐年、全面、真实地记录吉州区经济建设和社会发展的基本情况。《吉州年鉴》是一套系统记述吉州区自然、政治、经济、文化、社会等年度资料性文献，力求客观反映事物原貌，集思想性、资料性、科学性于一体，发挥存史、资政、育人的作用，为各级领导、社会各界提供地情资料服务，奠定编修地方志书基础。

三、《吉州年鉴(2024)》记述时间为2023年1月1日至2023年12月31日。为保证内容资料的完整性、连续性，根据记述需要，个别内容时间适当上溯或下延。全书采用分类编辑法，设类目、分目、条目三个层次，以条目为基本记述单元。全书设特载、专记、大事记、吉州概览、中国共产党吉安市吉州区委员会、吉州区人民代表大会、吉州区人民政府、中国人民政治协商会议吉州区委员会、中国共产党吉州区纪律检查委员会 吉州区监察委员会、民主党派、群众团体、法治、军事、经济管理、农业农村、林业·水利、工业、商贸、交通、城乡建设、区域建设发展、教育体育、科技文化、卫生健康、人力资源和社会保障、社会生活、应急救援、乡镇(街道)、人物、附录。

四、《吉州年鉴(2024)》所用资料，部分由《吉州年鉴》编辑部选编，其余由区各部门、单位和各镇(街道)及驻区单位提供。年鉴文稿由中共吉安市吉州区委党史和地方志研究中心编纂。各单位提供数据，由于统计口径不一，个别数据可能不一致，使用时应以吉州区统计局《吉州统计年鉴(2024)》为准。部分数据因四舍五入原因，导致分项数与合计数不一致，不再一一说明。

五、《吉州年鉴(2024)》数字用法、标点符号用法分别采用国家标准《出版物上数字用法》(GB/T 15835—2011)、《标点符号用法》(GB/T 15834—2011)，计量单位采用国家技术监督局1993年12月发布的《量和单位》系列国家标准。

目　　录

特　载

专　记

大事记

吉州概览

中国共产党吉安市吉州区委员会

吉州区人民代表大会

吉州区人民政府

中国人民政治协商会议吉州区委员会

中国共产党吉州区纪律检查委员会 吉州区监察委员会

民主党派

群众团体

法　治

军　事

经济管理

农业农村

林业·水利

工　业

商　贸

交　通

城乡建设

区域建设发展

教育体育

科技文化

卫生健康

人力资源和社会保障

社会生活

应急救援

乡镇（街道）

人　物

附　录

索　引

吉州年鉴 2024

特载

提升首位度　争当排头兵
奋力谱写吉州全面现代化建设新篇章

——在区委五届四次全会暨经济工作会上的讲话

（2023年1月7日）

吉州区委书记　尹冬苟

这次区委全会与区委经济工作会、项目巡查点评会合并召开，主要任务是深入学习贯彻中共二十大、中央经济工作会议、省委十五届三次全会和省委经济工作会议、市委五届四次全会暨市委经济工作会议精神，总结2022年区委常委会工作，研究部署深入学习贯彻中共二十大精神和今年经济工作，动员全区上下踔厉奋发、勇毅前行，提升首位度、争当排头兵，奋力谱写吉州全面现代化建设新篇章。

下面，我代表区委常委会向全会报告2022年工作，并就深入学习贯彻中共二十大精神、做好今年全区经济工作讲几点意见。

一、2022年区委常委会主要工作回顾

2022年是极不寻常、殊为不易的一年，在市委、市政府的坚强领导下，区委坚持以习近平新时代中国特色社会主义思想为指导，深入贯彻落实中共二十大精神，全面落实省、市党代会精神，聚焦"作示范、勇争先"目标要求，统筹做好战疫情、稳增长、防风险、保稳定、惠民生各项工作，自2014年起连续8年获评全省高质量发展考核先进县（市、区）。

一年来，我们聚焦主题主线，喜迎中共二十大胜利召开，迈上全面建设现代化国家新征程；我们争当主力主将，以高质量发展统筹全局，经济社会发展取得新成效；我们扛牢主责主业，全面加强党的领导，新时代党的建设迈出新步伐。重点抓了以下几个方面工作。

（一）旗帜鲜明讲政治、顾大局，奋力交出对标看齐的"忠诚答卷"。发自内心捍卫核心地位。严格落实"第一议题"学习制度，召开35次区委常委会、1次区党政联席会、14次区委理论学习中心组学习会，深入学习贯彻习近平新时代中国特色社会主义思想，在深学细悟、深信笃行中不断增进政治认同、思想认同、情感认同，坚定捍卫"两个确立"、坚决做到"两个维护"。把学习宣传贯彻中共二十大精神作为全区上下的头等大事和首要政治任务，区委常委会在中共二十大闭幕后第一时间传达学习，构建"1+60+N"区委"理行团"大宣讲格局，开展宣传宣讲活动260余场，推动中共二十大精神飞入寻常百姓家，区融媒体中心在全省考核评估中排名第一。表里如一维护核心权威。坚持把政治建设作为根本性建设抓紧抓实，严肃党内政治生活，落实民主集中制，印发《加强"一把手"和领导班子监督"七个一"工作举措》，推动政治谈话常态化、规范化、制度化。区委常委会带头召开全面从严治党形势分析会，坚决防范"七个有之"。言行一致紧跟核心奋斗。把学习宣传贯彻中共二十大精神同深入学习习近平总书记视察江西重要讲话精神结合起来，研究起草《中共吉州区委关于深入学习宣传贯彻中共二十大精神 加快全面建设社会主义现代化吉州的实施意见》，将学习成效转化为提升中心城区首位度、打造吉泰走廊核心区的具体抓手，坚决做到总书记有号令、党中央有部署，吉州第一时间不折不扣抓落实、见实效。

（二）千方百计稳增长、优结构，奋力交出进位赶超的"发展答卷"。经济运行稳中提质。1—11月，12项主要经济指标增幅高于全市平均水平，预计全年地区生产总值突破300亿元，成为全市首个迈上300亿元台阶的县（市、区）。深入实施"双赛制"，创新项目建设"八个常态化"调度机制，钓源·十里芳菲在省旅发大会精彩呈现，得到省委、市委主要领导充分肯定；田侯路历史文化街区即将投入运营。全力抓好复工复产和"两不停"工作，116个重点项目完成投资152.6亿元。争取上级各类无偿资金16.82亿元，争取地方政府专项债11.4亿元。开展文旅消费季等系列活动，预计社会消费品零售总额增长6.5%。产业发展倍增升级。聚焦"1+2+N"产业体系延链补链强链，纵深推进梯次化强企工程，新赣江药业成为全省首个北交所上市企业，江铜江缆年主营业务收入11.5亿元、增长317%，宏瑞兴、华立源等骨干企业"老树发新枝"，荣获2019—2021年度全省加快工业发展加速工业崛起先进单位"年度贡献奖"，连续两年获全省工业高质量发展先进；工业园区综合考评由全省第56位前进至第27位，获评2021年度省级开发区综合先进。强攻数字经济"一号发展工程"，建立应用场景15项，培

育重点企业48家。全力应对历史旱情,推动农业稳产增效,完成粮食播面1.95万公顷、产量10.5万吨,新增果蔬种植面积近6000亩,新增粤港澳大湾区“菜篮子”基地8个;2021年度高标准农田建设绩效评价进入全省前30。绿色转型加速推进。深入打好污染防治攻坚战,$PM_{2.5}$浓度24微克/立方米、下降7.7%,赣江干流吉州段稳定达到Ⅱ类水质。工业园污水处理厂即将建成投用,全市首家绿色分拣中心投入运营,成功入选省级首批碳达峰试点、“绿水青山就是金山银山”实践创新基地。

(三)蹄疾步稳抓改革、促开放,奋力交出创新创造的“时代答卷”。提升改革牵引力。以“三领攻坚”统筹92项重点改革项目和十大改革攻坚行动,深入推进营商环境优化升级“一号改革工程”,在全市率先开设“一窗式”政务服务窗口,落实惠企纾困政策为市场主体减负7.5亿元,“码上办”诉求处理工作机制被选为全省“数字+赋能”营商环境典型案例。创新“崇军保”“崇军贷”,获省领导批示肯定。以全省县级第一名成绩获评全国普惠金融发展示范区,获中央财政奖补资金3000万元。激活创新驱动力。强化创新平台建设,申报省级创新技术平台2家;获评高新技术企业16家,较去年新增13家;省级科技型中小企业入库70家,居全市前列;舌尖王国入选全省潜在“瞪羚”企业,万信物流等3家企业成功加入省级产业链科技创新联合体。强化开放支撑力。坚持“双招双谈双护”思路,组建100支招商队,奔赴粤港澳大湾区、长三角、闽三角等重点区域,开展敲门招商、顾问招商、以商招商、基金招商,共引进亿元以上重大工业项目40个、投资总金额470亿元,其中百亿元项目2个、50亿元项目2个、20亿元项目3个。

(四)毫不懈怠战疫情、防风险,奋力交出和谐安宁的“平安答卷”。精准抓好疫情防控。面对9月突发疫情,坚持以快制快、联防联控,1470余名医护人员白衣擐甲,1.3万余名党员干部逆行出征,15天实现社会面清零。落实落细“二十条”和“新十条”,因时因势优化完善疫情防控措施,全力以赴“保健康、防重症”,牢牢守护人民群众生命安全和身体健康。扎实做好风险防范。坚决扛起防范化解重大风险政治责任,聚焦问题楼盘、涉众金融、征地拆迁、生态环保等重点领域和重点问题,加快化解处置汇丰御园等问题楼盘和“民融登”等涉众金融案件,加强舆论引导。严格落实安全生产责任制度,加强自建房、危化品等重点领域安全监管。提升基层治理水平。深化“一格八员、一网三色”市域社会治理工作法,实施“1+1+N”管理服务模式,相关做法在省委深改委会上作典型汇报。全年中小学生防溺水“零发生”,典型经验在中央级简报刊发推广。完善社会公共治安防控体系,常态化推进扫黑除恶斗争,扎实开展电信网络诈骗、养老诈骗等专项治理行动,圆满完成中共二十大和全国两会等重要节点维稳安保任务。

(五)全力以赴提品质、增福祉,奋力交出共富共享的“民生答卷”。扎实推进乡村振兴。深化“遇困即扶”机制,持续巩固拓展脱贫攻坚成果,脱贫人口人均增收1828元。抓实城乡环境综合整治,强化农村户厕整改,统筹“两水”共治,稳步推进4个美丽乡村特色点、4个乡村振兴市级示范村建设。向上争资近亿元,加固提升泸水、文石河岸,完善灌区配套建设。新建改建农村公路33公里,成功创建省级“四好农村路”示范县。加快城乡融合发展。全面构建“一城引领、两区协同、四镇联动”发展格局,实施25个片区旧改,76个旧改片区实现专业化物业管理全覆盖,完成既有住宅加装电梯150台、全市第一,城北新区全民健身中心、公共服务综合体基本建成,城市功能与品质提升工作获全市先进。坚持四镇同创中心镇,推动城乡基础设施一体化和城乡产业布局协同化。着力办好民生实事。发放稳岗补贴536万元,帮扶企业招工6427人。建立拖欠农民工工资预警机制,国家欠薪线索办结率100%。打造“15分钟医保便民服务圈”,建成覆盖城乡的医保三级经办服务体系,在全省医保经办大会作典型发言。柏树中学顺利开学,8所幼儿园完成新建改建,新增学位4410个,入选全国首批义务教育优质均衡先行创建区。持续深化医疗改革,获评健康江西行动重点建设县(市、区)。加快养老服务体系建设,建成社区日间照料机构35个、覆盖率90%,打造党建+农村互助养老点62个、覆盖率81%。

(六)坚定不移优作风、固根本,奋力交出全面从严的“党建答卷”。加强党的领导。坚持统揽全局、协调各方,发展全过程人民民主,全面加强对人大、政府、政协、纪委监委、法院、检察院的领导,引导群团组织、民主党派、武装力量向中心聚焦、为大局出力。专题研究党建议题45个,持续整顿软弱涣散党组织,四套班子党员领导干部下沉29个党支部工作联系点,解决问题295个。坚持党建任务清单化管理,实行月调度、季督查、年巡查制度,构建党建责任闭环。创新“月自查、季调阅”考核机制,压紧压实意识形态工作责任制。建强基层组织。投入2400万元高标准打造10个党建示范点,推动资源要素向基层党组织集聚。深入推进基层党建“三化三争”主题活动和“五比五心”模范机关创建,选树市级示范单位6个、“新时代赣鄱先锋”7名。抓党建促乡村振兴,77个行政村年经营性收入全部突破20万元、平均达54万元,培育了一批“百万”强村。创新全省流动党员管理试点“三方协同、三项制度、三联模式”工作法,驻外党支部为家乡引进企业25家,引导吉州菜帮返乡建设产业基地33个。锻造过硬队伍。落实新时代好干部标准,把政治素质考察贯穿干部考察考核全过程,全年共提拔干部58人,其中46名来自基层一线、项目一线,占比79%。创新开展“三领三创”建功立业行动,建立“三亮一督”机制,坚决纠治不抓落实“六种”表现、“十型”作风等顽疾。强化自我革命。深入贯彻落实中央八项规定及其实施细则精神，坚持一体推进“三不腐”，全区纪检监察组织共立案132件，查办留置案件9件，其中正科级干部2名。充分发挥巡视巡察利剑作用，接受省委巡视“政治体检”，认真做好整改“后半篇文章”，对标开展区委巡察，强化肖毅案、龚建华案整改，推进最彻底的自我革命，全区政治生态持续向上向好。

一年来，我们在以习近平同志为核心的党中央坚强领导下，团结带领全区干部群众有力统筹疫情防控和经济社会发展，统筹发展和安全，经受住了严峻挑战和考验，全区各项事业取得新进展新成效。回顾这一年，我们深刻认识到：“两个确立”是最大底气，必须以忠诚核心砥砺奋进初心；党建引领是最强法宝，必须以坚强党性应对发展不确定性；改革创新是最优动力，必须以思想解放加速潜力释放；干部创先是最好状态，必须以敬业精业推动建功立业。一年来，全区各级党组织和广大党员干部勇于担当、团结奋斗，区委全委会的同志和各镇街各部门单位负责同志在各自岗位上服务大局、锐意进取，对区委常委会的工作给予了大力支持、作出了重要贡献。我代表区委常委会，向同志们表示衷心感谢！

区委常委会分析了当前的困难和不足。主要是：全区经济总量还不大，首位度还不明显，经济运行向好的支撑不足；工业倍增的牵引力不强，现代产业体系、创新创业平台还未有效构建，缺乏龙头企业、链主企业；防范和化解风险压力加大，基层治理存在短板；民生事业还有不足，与人民群众期望仍有差距；基层组织建设还存在薄弱环节，少数党员干部“敢为、敢闯、敢干、敢首创”劲头还不足，等等。

二、以中共二十大精神指引社会主义现代化吉州建设

中共二十大报告擘画了习近平新时代中国特色社会主义的宏伟蓝图，新征程时不我待，新使命催人奋进。我们要把深入学习贯彻中共二十大精神，作为当前和今后一个时期的首要政治任务和长期战略任务，用中共二十大精神统一思想、统领全局、统揽工作，转化为全面建设社会主义现代化吉州的生动实践。

一要坚持正确方向，竖起吉州全面现代化建设的航标。二十大报告明确提出，新时代新征程党的中心任务是推进中国式现代化，为做好吉州各项工作提供了根本遵循。我们要深学笃行中共二十大精神，坚定全面现代化建设的正确方向，确保前进不偏向、奋斗不迷航。

要坚定捍卫“两个确立”、坚决做到“两个维护”。十年伟大变革昭示，“两个确立”是历史选择和时代呼唤，是应对一切不确定性的最大确定性、最大底气、最大保证；十年伟大变革证明，习近平总书记不愧为坚强可靠的“主心骨”、中华巨轮的“掌舵者”、强国复兴的“领路人”。迈步新征程，我们必须深刻领悟“两个确立”的决定性意义，坚持把“两个维护”作为最高政治原则和根本政治规矩，不断提高政治判断力、政治领悟力、政治执行力，始终忠诚核心、拥护核心、跟随核心、捍卫核心，在思想上政治上行动上同以习近平同志为核心的党中央保持高度一致，努力把吉州打造成为最讲党性、最讲政治、最讲忠诚、最讲担当的地方。

要坚持不懈用习近平新时代中国特色社会主义思想凝心铸魂。政治上的坚定源于理论上的清醒。习近平新时代中国特色社会主义思想是当代中国马克思主义、二十一世纪马克思主义，是中华文化和中国精神的时代精华，是取之不尽、用之不竭的思想宝库。迈步新征程，我们必须牢牢把握“六个必须坚持”的重要要求，运用好习近平新时代中国特色社会主义思想这个“指南针”，深刻掌握蕴含其中的立场观点方法、道理学理哲理，善于从伟大思想中找方向、找方法、找答案，更好用以武装头脑、指导实践、推动工作。

要深入贯彻“三个全面”重要要求。按照习近平总书记提出的“要在全面学习、全面把握、全面落实上下功夫”的重要要求，以昂扬的精神状态、务实的工作作风，一步一个脚印把中共二十大提出的目标任务落到实处。要在学习领会上再深入，学出理论武装的政治自觉，学出克难奋进的政治担当；要在宣传宣讲上再升温，利用“1+60+N”区委“理行团”宣讲矩阵，把中共二十大精神讲清楚、讲明白、讲透彻，让党员干部群众听得懂、能领会、真落实；要在贯彻落实上再深化，紧密结合习近平总书记视察江西重要讲话精神，谋划完善工作思路、优化创新政策举措、针对解决具体问题，推动中共二十大精神在吉州落地生根、开花结果。

二要科学识变应变，把准吉州全面现代化建设的坐标。明确方位才能找准方向，把握大势才能赢得未来。当前，新冠疫情政策优化调整，新一轮科技革命和产业革命深入发展，吉州发展正处于机遇与挑战并存的重要阶段。

要把握“时”与“势”，抢抓战略叠加和优势集成的双重机遇。中央经济工作会议强调了保持今年经济平稳运行的至关重要性，释放出强势反弹的强烈预期信号，我国经济长期向好基本面没有改变，经济持续恢复态势没有改变。省委经济工作会议明确提出，要积极有效扩大内需，牢固树立大抓项目导向，千方百计促进经济快速复苏。市委经济工作会议吹响了全面建设“四个现代化吉安”动员令。从吉州自身来看，经过新时代十年振兴发展，全区经济实力、开放水平、产业能级、发展环境都得到较大提升，大改革引领大发展取得新突破、注入新动能，这些都为发展积蓄了强大势能。特别是随着国家新时代支持革命老区振兴发展、江西内陆开放型经济试验区、全市赣江中游生态经济带等战略加速推进，我区区位优势、产业优势、生态优势将越发凸显，为我们实现高质量发展

提供了强力支撑。

要聚焦“稳”与“进”，直面奋力保位和争先进位的双重压力。纵向比较，我区各项工作卓有成效、态势喜人；横向比较，兄弟县(市、区)你追我赶、竞争激烈，可谓“前有标兵、后有追兵”；与参照地相比，前三季度 GDP 增速虽能略高蜀山区、青山湖区，但总量差距进一步扩大。我们必须坚持稳中求进工作总基调，树牢“不进则退，慢进也是退”的意识，跳出吉州看吉州，放大坐标系、找准参照物，奋力创先争先、谋求进位赶超。

要统筹“量”与“质”，勇担发展期望和民生期盼的双重责任。当前，吉州正处在工业化的爬坡过坎期和城镇化的攻坚克难期，面临着做大总量和提升质量、要素拉动和创新驱动、加快发展和维护安全的新任务新要求新挑战，发展不平衡不充分的问题仍然突出，产业支撑不强、要素保障趋紧等现状亟待扭转，动能升级、生态保护、民生保障等任务十分繁重，各类矛盾和风险隐患依然不少。我们必须坚持问题导向，善于处理解决两难多难问题，通过量变的积累实现质变，以经济发展促民生改善。

三要强化首位意识，明确吉州全面现代化建设的目标。中共二十大深刻阐明了中国式现代化“五大特征”“九条本质要求”和“五个坚持”重大原则，省委鲜明提出加快打造“五个现代化江西”，市委科学描绘全面建设“四个现代化吉安”美好蓝图。市委把吉泰走廊建设升级为赣江中游生态经济带战略，区委考虑将“提升中心城区首位度、打造吉泰走廊核心区”发展定位同步升级为“挺起赣江中游生态经济带脊梁，提升首位度、争当排头兵”。新时代新征程，我们要衔接区第五次党代会部署和“十四五”规划，用好十年振兴发展成果，以更高站位、更大视野、更新思维、更强能力，在全市赣江中游生态经济带战略中彰显首位、勇立潮头，奋力建设创新创业、宜居宜人、和谐和顺、共富共享、昌明昌盛的现代化吉州，争当高质量发展、高标准生态、高效能治理、高品质生活、高素质文明的排头兵，全面开启建设富裕文明美丽和谐幸福现代化吉州新征程。

——奋力建设创新创业的现代化吉州，争当高质量发展排头兵。就是要坚定不移推进高质量跨越式发展战略，推动“1+2+N”现代化产业体系加速构建，科技创新能力不断提升，改革开放在更多领域更深层次取得突破，中心城区“三力”效应全面增强。

——奋力建设宜居宜人的现代化吉州，争当高标准生态排头兵。就是要深入贯彻习近平生态文明思想，全面提升生态环境质量，推动全省碳达峰试点城市建设向更深层次迈进，加快绿色低碳转型发展，天蓝地绿、山清水秀精美呈现，功能完善、品质提升的城市魅力充分彰显，奋力绘就美丽江西“吉州画卷”。

——奋力建设和谐和顺的现代化吉州，争当高效能治理排头兵。就是要纵深推进法治吉州、平安吉州建设，推动治理体系和治理能力现代化水平不断提升，人人有责、人人尽责、人人享有的社会治理共同体基本建成，防范化解重大风险体制机制全面完善，全区社会大局保持和谐稳定。

——奋力建设共富共享的现代化吉州，争当高品质生活排头兵。就是要大力践行以人民为中心的发展思想，推动脱贫攻坚成果巩固拓展，乡村振兴全面推进，群众就业更加充分更有质量，居民收入增长与经济增长基本同步，基本公共服务水平和均等化程度持续提升，争当建设全省共富共享美好生活实践区的主力军。

——奋力建设昌明昌盛的现代化吉州，争当高素质文明排头兵。就是要传承红色基因，把“精神富裕”摆在更加重要的位置，全面推进文化强区建设，中心城区文化引领力和美誉度不断增强，群众思想道德素质和社会文明程度持续提升，弘扬正能量，提振精气神，增强全面现代化建设的精神力量。

三、关于 2023 年全区经济工作目标任务

2023 年是贯彻中共二十大精神的开局之年，做好今年经济工作责任重大、意义重大。中央和省委、市委经济工作会议明确了今年经济工作的总体要求、主要目标、政策取向和重点任务。我们要认真学习领会，创造性抓好贯彻落实，以新气象新作为推动高质量发展取得新成效。

今年全区经济工作的总体要求是：以习近平新时代中国特色社会主义思想为指导，全面贯彻落实中共二十大和中央经济工作会议精神，深入贯彻习近平总书记视察江西重要讲话精神，按照省委十五届三次全会和省委经济工作会议部署，紧扣市委五届四次全会暨市委经济工作会议安排，扎实推进中国式现代化，坚持稳中求进工作总基调，完整、准确、全面贯彻新发展理念，积极融入新发展格局，更好统筹疫情防控和经济社会发展，更好统筹发展和安全，着力提振市场信心，着力畅通经济循环，着力强化创新驱动，着力深化改革开放，着力促进区域协调，着力保障改善民生，着力防范化解风险，紧扣“一条主线”，坚持“两个对标”，推进“八提工程”，挺起赣江中游生态经济带脊梁，提升首位度、争当排头兵，推动经济实现质的有效提升和量的合理增长，奋力谱写吉州全面现代化建设新篇章。

紧扣“一条主线”，就是紧扣学习宣传贯彻中共二十大精神这条主线，努力把宏伟蓝图变成美好现实；坚持“两个对标”，就是对标首善、对标一流，让吉州发展的分量更重、成色更足、质效更好，让吉州干部的格局更大、能力更强、担当更勇；推进“八提工程”，就是聚力推动综合实力提档、市场信心提振、改革创新提质、产业发展提速、营商环境提优、民生福祉提标、风险防范提级、党的建设提效，引领各项工作回稳向好、进位提升。

区委考虑，今年全区经济发展的主要预期目标是：地区生产总值增长 8.0% 左右；第一产业增加值增长 4.5%

左右，第二产业增加值增长9.0%左右，第三产业增加值增长8.0%左右；固定资产投资增长11.0%左右；社会消费品零售总额增长9.0%左右；财政总收入、一般公共预算收入均增长4.5%左右；城镇居民收入增长5.9%左右，农村居民收入增长7.8%左右；城镇新增就业4000人。

以上目标，是综合考虑今年宏观形势和全国、全省、全市政策预期，以及吉州发展需要确定的，体现了“四个注重”。一是注重统筹衔接，既同国家和省、市预期目标相衔接，也同区第五次党代会部署和区“十四五”规划目标相衔接；二是注重对标赶超，定位略高于全市平均水平，体现“稳住、进好、调优”原则；三是注重提振信心，释放经济反弹回暖的积极信号，有助于改善社会预期；四是注重求实务实，坚持稳字当头，目标留有一定空间，具备实现的基础和条件。

实现今年经济发展预期目标，要精进优化“五张清单”这一重要抓手，重点把握五个原则。一要坚持信心在线，二要把握平稳主线，三要善于统筹多线，四要深入实践一线，五要守牢安全底线。

关于今年经济工作，青球区长等下要作具体部署。我重点围绕“八提工程”进行阐述。

（一）聚力推动综合实力提档。持续进位，才能支撑首位；离开进位，就谈不上首位。全区上下要坚持高站位、抓首位、谋进位，以一域精彩为全局添彩。要在提升“首位度”上下功夫。强化大局意识、全局观念、破局思维，事事对标首位、处处对标一流，推动全区经济贡献率、产业集聚力、城乡品质化、群众幸福感走前列、树标杆，在全市、全省发展格局中彰显更大作为。深度融入赣江中游生态经济带发展，以排头兵的姿态争先创先，在基础设施、产业发展、公共服务等方面与周边县（市、区）融合渗透。要在对标“参照物”上下功夫。深入学习蜀山区和青山湖区，建立健全定量分析、定时调度、定期报告“三定”机制，充分比对要素禀赋、优势潜力、干部状态，在补短强弱中奋力追赶。探索与东莞镇街结对合作。要在持续“优结构”上下功夫。以第五次经济普查为契机，主动衔接高铁新区体制改革，坚持高铁新区、城北新区、樟山新区“三区共进”，在区域协同、城乡融合上全面发力，抓紧布局并强力推动数字经济、高端服务业、高端制造业发展，进一步优化国民经济结构，持续做大城市规模和经济总量。

（二）聚力推动市场信心提振。扩内需是稳增长的重中之重。要牢固树立大抓项目的鲜明导向，打好促进消费“组合拳”，提振市场主体发展信心，千方百计促进经济复苏回暖、持续向好。要扩大有效投资。一个好项目就是一个新的经济增长点，一批好项目就是一个新的经济增长极。要强化专项债与政策性金融工具衔接配合，紧盯“世界500强、国内500强、民营企业500强”，主动拼抢项目、储备项目、落地项目，全年实施重点项目130个以上、完成投资230亿元以上，通过政府投资和政策激励带动全社会投资，更大激发市场活力和社会创造力。要优化消费供给。把恢复和扩大消费摆在优先位置，通过改善消费条件、创新消费模式、创造消费场景、举办消费活动，引爆消费热潮。按照文旅硬件“五个一”和软件“六个一”要求，加快建设钓源古村·十里芳菲、田侯路历史文化街区等文旅项目，打造高品质夜市经济街区，系统构建有趣有味吉州。要健全流通体系。建立健全与产业链供应链相适应的物流链，加快消费中心城市培育建设，提升电商进农村综合水平，推动城乡商贸流通转型升级，打造更高质量的流通体系。依托赣江中游生态经济带沿江综合立体交通走廊，加快建设区域商贸物流集散中心。

（三）聚力推动改革创新提质。坚持以创新为第一动力、改革为关键一招、人才为最大资源，增强“敢”的勇气、激发“闯”的精神、提振“创”的劲头。要以改革之变引领发展之变。强化“不破法规破常规”的改革思维，推动大改革引领大发展向更多领域更深层次挺进，以“改革清单”为统领，通过“发展出题、领导领题、干部答题、验收结题”，大力推动“四通四及时”生态环境治理工作法、健全流动党员返乡创业机制等重点改革，以重点突破带动全局发展。要以科技创新激活动力源泉。继续推进研发投入和创新平台攻坚行动，培育更多高新技术企业和“专精特新”企业。强化企业与高校、科研院所加强“产学研用”合作，力争研发投入强度达1.9%以上。融入赣深数字经济走廊建设，争创全省数字经济创新发展试验区。要以人才优先厚植发展优势。坚持党管人才原则，大力推动人才强区战略，制定更加积极、更加开放、更加有效的人才政策。健全柔性引才机制，实施“吉才回归”工程，持续开展“庐陵英才·吉州行”活动。健全职校毕业生入园就业激励政策，围绕支柱产业“订单式”培养人才。借助国家税务总局对口支援“东风”，深化双向委派人员挂职机制。

（四）聚力推动产业发展提速。坚持产业结构高端化、产业模式数字化、产业基础高级化、产业要素协同化，全面落实“两个毫不动摇”，以工业现代化引领全面现代化建设。要推动工业倍增升级。深化数字经济“一号发展工程”，开展深耕产业赛道、强化数字赋能、建设应用场景、营造数字生态提升行动，构建以新型工业为支撑、数字经济为内核的现代化产业体系。主动对接新时代支持革命老区振兴发展、江西内陆开放型经济试验区、吉安电子信息战略性新兴产业集群等重大战略，积极承接粤港澳大湾区、长三角、闽三角等重点区域产业转移，推动“1＋2＋N”现代产业集群集聚。实施产业链链长制“升级版”，促进高端补链、终端延链、整体强链，着力提升产业链供应链稳定性和竞争力。要提升企业发展效能。深化与江铜集团战略合作，着力打造百亿江铜产业园。实施优质企业梯次培育工程，鼓励企业加快技改、降低能耗、扩产增能，加快向“专精特新”、专业化“小巨人”、制造业单项冠军等方向升级。实施“盘活存量求增量”行动，推动“老树发新枝”“新树结硕果”，形成新的经济增长点。深入推进“映山红”行动，强化华立源、兴泰等企业上市帮扶，推动宏瑞兴在深交所主板上市。要夯实园区平台建设。坚持拓空间、扩平台、优结构，稳步推进园区扩区调区，加快推动标准厂房满园扩园，加大对闲置土地、厂房以及“僵尸企业”处置力度，实施“零增地”技改、“标准地”供地，开展“亩产效益”综合评价，提升园区平台承载力和服务力。充分调动党员干部“吉先锋”、企业家“急先锋”积极性主动性创造性，深入推进链式招商、资本招商、以商招商，全力加快伊戈尔等重大项目投产达产，促进项目签约率、进资率、开工率、投产率稳步提升，形成招大引强、平台建强、培优育强的良性循环。

（五）聚力推动营商环境提优。牢固树立“人人都是营商环境、事事都是营商环境、处处都是营商环境”的意识，深入推进重塑政府和市场关系的自我革命，让吉州成为要素聚集的磁场、企业发展的沃土、投资兴业的宝地。要精进优化政务服务。树牢“让企业成长和成功”理念，持续推进“放管服”改革，擦亮“吉事即办”品牌，纵深推进流程再造，以更大力度减环节、减材料、减时间、减费用。建立每周政企恳谈会、企业安静期、超时默许、首违轻微不罚等制度，帮助企业疏堵点、解难点、除痛点，打造客商和企业家顺心、安心、开心、舒心的“四心”营商环境。要落实助企纾困政策。时刻关注企业的“生存之难”和“发展之困”，强化企业综合要素保障，稳定水、电、气等生产要素供应，精准解决融资难、融资贵等问题，不断增强企业的获得感和满意度。要深化拓展“入企连心”大走访成效，实行“首席服务专员”店小二式服务，落实“帮办代办快办”，及时兑现各级各类惠企纾困政策，做到直达快享、应享尽享。要构建亲清政商关系。严格落实亲清政商关系“正负面清单”，建立党员干部、公职人员与企业之间“亲不逾矩、清不远疏”的新型政商关系，深入推进营商环境“新官不理旧账”、行政审批中介服务、招标投标领域、营商环境领域腐败和作风问题四大专项治理。要厚植法治意识、规则意识的土壤，全面打造“办事情靠制度不靠人情，解决问题靠法治不靠关系”的良好社会环境。

（六）聚力推动民生福祉提标。坚持在高质量发展中保障和改善民生，让全区人民共享现代化建设成果。要提升城市建管水平。推动更高水平的文明创建，深化拓展新时代文明实践“四地”建设，在中心城区夺取全国文明城市“三连冠”中彰显首位担当。统筹衔接市区城管体制改革，加快城市更新和功能品质提升，扎实推进老旧小区改造、电梯加装、棚户区改造、城市生态修复、雨污管网攻坚行动。稳步推进低碳城市、零碳社区建设，加快绿色转型，持续擦亮全省首批碳达峰试点城市、“绿水青山就是金山银山”省级实践创新基地等招牌。要全面推进乡村振兴。紧扣“小而美、小而精、小而优、小而强”定位，推动现代农业稳产增收、提质升级，大力推进土地流转。实施中心镇建设提质攻坚行动，精心打造宜居宜业的和美乡村，深化数字乡村建设，推动农文旅深度融合。持续巩固拓展脱贫攻坚成果，实施“移风易俗·乡风文明”三年专项行动，着力打造共富共享美好生活实践区“吉州样板”。要做好做实民生事业。突出做好稳增长、稳就业、稳物价工作，落实就业优先战略，着力解决群众上学、养老、住房、看病等牵肠挂肚的民生实事，让发展实绩更有温度、惠民答卷更有厚度。关注“后疫情时代”民生问题，加快补齐公共卫生服务短板，确保平稳转段和社会秩序稳定。

（七）聚力推动风险防范提级。更好统筹发展和安全，深入贯彻《江西省平安建设条例》，全力以赴做好防风险、保稳定、护安全、促和谐各项工作。要坚决捍卫国家政治安全。健全党委统一领导的国家安全工作责任制，强化安全保障体系建设，坚决维护国家政权安全、制度安全。加强意识形态阵地管理，牢牢把握意识形态工作领导权主动权。要切实防范化解风险隐患。构建“问题联治、风险联防、平安联创”工作体系，创新推动公共安全治理模式向事前预警转型，严格落实安全生产责任制，加强重点行业重点领域监管，做好保交楼、保民生、保稳定工作，有效防范化解地方政府债务、非法集资、房地产等领域风险，依法严厉打击电信网络诈骗等违法犯罪。要大力推进社会治理创新。持续擦亮“一格八员、一网三色”品牌，建设“全省领先、全市一流、功能综合、高效规范”的区级综治中心，打造“调度有力、指挥有方、运转有序、反应有速、应急有效”的智能化指挥平台，选优配强“全要素”专职网格员，压实“三长”责任，落细落实“1＋1＋N”网格服务模式，健全社会矛盾纠纷多元调处化解机制，确保高质量通过市域社会治理现代化试点验收。

（八）聚力推动党的建设提效。党的事业关键在人，关键在干部。要全面贯彻落实新时代党的建设总要求，纵深推进全面从严治党，推进党的自我净化、自我完善、自我革新、自我提高，加快建设勤廉吉州。

一要坚持绝对忠诚这一首要标准。吉州是红土圣地，必须在讲忠诚上有更高标准、更严要求。要突出党的政治建设，坚定不移在思想上政治上行动上同以习近平同志为核心的党中央保持高度一致。要始终严守党的政治纪律和政治规矩，坚决落实“五个必须”要求，深化“七个有之”专项治理，坚决杜绝“小圈子”“小团伙”行为。推动理想信念教育常态化制度化，按照党中央统一部署，扎实开展主题教育，推进红色基因传承，用好周忱勤廉教育基地、吉安城历史陈列馆等红色资源，实施党的创新理论学习教育计划。

二要筑牢基层组织这一坚强堡垒。牢固树立大抓基层鲜明导向，紧扣“基层党建质量提升年”主线，深入实施领导带头、节奏带快、作风带实和党建赋能、干部提能、人才聚能“三带三能工程”，持续整顿软弱涣散基层党组织，严肃党内政治生活，推动干部政治谈话规范化常态化、党的组织生活经常化制度化。持续提升“支部建在产业链上”党建品牌，统筹抓好机关、农村、城市、“两新”组织党的建设。加强村党组织带头人队伍建设，持续发展壮大村级集体经济。

三要强化党员干部这一关键力量。现代化建设任务之重、矛盾风险挑战之多前所未有，时刻考验干部队伍的能力水平和作风修养。要坚持正确选人用人导向，全面落实省委选贤任能“四个坚持、八个不”要求，注重从基层一线、急难险重任务中培养、考察和识别干部，用好容错纠错机制，持续浓厚鼓励创新、宽容失败的良好氛围。要对标开展“揭榜破难题、争当吉先锋”专项行动，健全完善“三亮一督”赛马比拼机制，在经济发展最前沿、项目建设主战场、重大斗争第一线、急难险重热锅上磨砺干部，增强斗争精神和斗争本领养成，依靠顽强斗争打开事业发展新天地。

四要把握团结奋进这一时代主题。团结才能胜利，奋斗才能成功。要坚持和发展全过程人民民主，支持和保证人大及其常委会依法行使职权，发挥人民政协“重要阵地、重要平台、重要渠道”作用。要完善大统战工作格局，加强同民主党派、工商联、无党派人士团结合作，动员全区上下围绕现代化建设一起想、一块干。各级领导干部要团结成“一块坚硬的钢铁”，强化赶考清醒、解题思维、答卷意识，共担现代化建设的伟大使命。

五要抓实风腐防治这一根本保障。强化对“一把手”和领导班子监督，构建以党内监督为主导，人大监督、民主监督、审计监督、统计监督、群众监督、舆论监督等有机贯通的监督体系。持之以恒正风肃纪，锲而不舍落实中央八项规定及其实施细则精神，坚决纠治不抓落实“六种表现”、“十型”作风等顽疾，深入整治群众身边腐败问题和不正之风。要提高一体推进“三不腐”能力，坚持遏增量、清存量、控变量，加大民政、教育、医疗、高标准农田等领域腐败惩治力度。坚决抓好省委巡视和市委巡察反馈问题整改，切实把“问题清单”变为“成果清单”。

同志们，善谋者行远，实干者乃成。让我们高举中国特色社会主义伟大旗帜，更加紧密地团结在以习近平同志为核心的党中央周围，深入学习贯彻中共二十大精神，在省委省政府、市委市政府的坚强领导下，坚定信心、勇毅前行，敢于斗争、善于斗争，奋力提升首位度、争当排头兵，为全面建设社会主义现代化吉州接续奋斗！

在区委五届四次全体(扩大)会议、区委经济工作会议暨项目巡查调度点评会上的讲话

(2023 年 1 月 7 日)

吉州区人民政府区长　罗青球

区委决定把项目巡查调度点评会和区委全会、区委经济工作会合并召开，再次释放出大抓项目的强烈信号和鲜明导向。我们利用一整天的时间，巡查项目、亮晒成效，盘点旧岁、谋划新篇，通过现场看点、视频看面、通报看效，更加坚定了项目为王的理念和拼劲。一是项目支撑发展。我们看到了一批投资大、拉动强的基础设施建设项目，比如沿江路北延、樟吉高速改扩建等；看到了一批投产快、效益好的产业项目，比如江缆新产线、飞派仕包装等；看到了一批品质高、功能强的民生项目，比如城北全民健身中心、星港澳园老旧小区改造等。没有这些项目，经济增长、产业提质、城乡融合、民生改善都无从谈起。二是项目展现能力。我们看到一批项目规范高效、干出表率，比如钓源 · 十里芳菲、田侯路历史文化街区等；看到一批项目精心设计、精致建设，比如李家坊红色美丽村庄、习溪桥托育服务中心等；同时也要看到一批项目谋划失准、推进滞后，甚至退出重点项目清单。三是项目检验担当。我们还要看到项目形象背后的敢于担当、攻坚克难，以及项目拖延背后的失责避责、推诿扯皮。互为镜鉴、比学赶超，希望大家在新的一年坚定大干项目、奋力大显担当。这是我对去年项目建设和今天项目巡查的个人感受，有些项目了解不够深入，讲得不一定精准。但总体上，去年重点项目建设值得充分肯定。

一、对 2022 年经济工作的整体回顾和总体预估

2022 年极不寻常、殊为不易。全区上下坚持以

习近平新时代中国特色社会主义思想为指引，统筹疫情防控和经济社会发展，统筹发展和安全，推动高质量跨越式发展迈出坚实步伐。预计 GDP 增长 5.9%，规模工业增加值增长 9.1%，固定资产投资增长 11.5%，社会消费品零售总额增长 6.5%，城镇、农村居民人居可支配收入分别增长 5.8%、7.6%，主要经济指标增幅保持全市第一方阵。

一年来，我们战疫情、抗旱情，护牢了发展大前提。疫情防控进入新阶段，我们及时调整工作重心，将病毒感染对群众健康的威胁程度控至最低。面对超历史旱情严峻考验，我们加快实施灌溉设施建设修复工程，推行"一把锄头放水"，一线指战员、抗旱服务队、集中送水车夜以继日、连轴作战，有力保障了供水用水安全。

一年来，我们扩投资、促消费，稳住了经济大盘面。聚力强攻重点项目。赣西堤吉州段防洪工程全面建成，沿江路北延总体完工，城北污水处理厂已在调度设备，全年争资争项 30 亿元、为历年最多；争取林地指标 126.9 公顷、创下历年最大规模，完成土地报批 34.72 公顷，30 个项目得以松绑推进；116 个重点项目完成投资 152.6 亿元，完成年度计划占比同比提高 6.3 个百分点；1—11 月固定资产投资增长 12.1%、全市第一。全力刺激消费升温。田侯路历史文化街区水巷即将开街，城区消费再添"爆点"；开展"不负春光 · 5 动全城"等系列促销活动，精准投放消费券引燃消费潜能，前三季度社会消费品零售总额 148.2 亿元、保持全市第一，1—11 月限上新能源汽车零售同比增长 312.4%，在疫情之下有效稳住了市场预期。

一年来，我们调结构、上规模，实现了产业大升级。工业崛起势头强劲。引进亿元以上重大工业项目 40 个、总投资 470 亿元，其中百亿元项目 2 个、"50"项目 2 个、"20"项目 3 个，招引数量、体量和质量均为历年之最；新赣江药业通过北交所上市审议，江缆公司新线投产、实现产销 11.52 亿元、增长 317%，飞派仕、尧米光电等一批新落户企业相继投产；连续两年荣获全省工业高质量发展先进区称号，成功摘得 2019—2021 年度全省加快工业发展加速工业崛起先进单位"年度贡献奖"，吉州工业园获评 2021 年度省级开发区综合先进。服务业加速提质升级。钓源古村 · 十里芳菲项目在全省旅发大会精彩呈现，吉安缤谷众创空间获评 2021 年度江西省现代服务业集聚区，预计全年服务业增加值 185 亿元、稳居全市第一。现代农业稳产增效。农业招商创下历史最好成绩，2021 年度高标准农田建设绩效评价进入全省前 30，粮食生产"十九连丰"，6 家企业获"井冈山"区域公用品牌授权。

一年来，我们抓改革、求创新，激活了动能大引擎。改革攻坚集成见效。"一格八员、一网三色"市域社会治理改革在省委深改委会议上作典型汇报，进入全省法治政府建设示范项目候选；授信担保费率降至全市最低，以全省第一的成绩获评全国普惠金融发展示范区；"码上办"诉求处理机制入选全省"数字+赋能"营商环境典型案例；"四通四及时"生态环境治理、"双通"政务服务、"食安前哨"等改革品牌持续擦亮。创新动能更加强劲。2021 年度科研投入 3.94 亿元、全市第二；舌尖王国入选潜在瞪羚企业，兴泰科技获江西省科学技术奖提名；获批高新技术企业 16 家、科技型中小企业 70 家，刷新两项历史纪录；新增"上云"企业 1365 家、全市第二，总数全市第一；1—10 月规上数字经济核心产业营业收入 172.58 亿元、全市前三。

一年来，我们强建管、优生态，加快了城乡大融合。城市更加宜居宜业。棚改攻坚连战连捷，被推荐为省政府激励对象，全年拆迁 15.5 万平方米、出让土地 12 宗；扎实推进 25 个老旧片区改造，打造了星港澳园、先锋小区等精品工程，改造后的老旧小区实现物业管理全覆盖；既有住宅加装电梯完工数稳居全省前三；新建 5 个公共停车场、4 个智慧市场，完成 3 条路段店招整治，拆除违建 1.2 万平方米，顺利迎接全国文明城市复测复评，获评全市城市功能与品质提升先进集体。农村更加富裕和美。承办全市第二期乡村振兴示范村创建流动现场会，脱贫户及监测对象年人均纯收入增长 10.1%；创建 1 个美丽乡镇、6 个美丽村庄、1027 户美丽庭院；"万村码上通"5G +长效管护平台监管行政村全覆盖，农村人居环境整治工作推荐至全省表彰；新增 2 个省级森林乡村，守住了全市唯一松材线虫病无疫区成果；成功创建省级"四好农村路"示范区。生态更加绿色优质。入选全省首批碳达峰试点，成功创建"绿水青山就是金山银山"省级实践创新基地，28 个社区获评全省首批绿色社区；预计 $PM_{2.5}$ 平均浓度 24 微克/立方米，同比下降 7.7%，赣江水质保持Ⅱ类，国省考断面水质优良率 100%。

一年来，我们办实事、增福祉，推进了民生大改善。社会保障更加殷实，新增城镇就业 4603 人、转移农村劳动力 2354 人，社保扩面任务超额完成，居民医保参保率位居全市前列，农村低保补差水平高于全省 40.43 元。教育更加优质均衡，新改扩建学校 11 所、增加学位 4410 个，新增托育机构 13 家、增加托位 940 个，入选全国首批义务教育优质均衡先行创建区、全省中小学生游泳教育试点区。医疗体系更加完善，区妇幼保健院曲濑分院主体竣工验收，北门街道社区卫生服务中心如期投入使用，获评健康江西行动重点建设区。社区服务更加优质，精心建设了一批零工驿站、党群中心、托幼场所，日间照料机构覆盖率 92.1%，16 个社区获省级"幸福社区"命名。风险防范更加有力，规上工贸企业"安标化"创建率 100%，获评全省平安校园先进区，连续 11 年荣获全省春季森林防灭火平安县（市、区）称号，各领域风险隐患稳步化解，社会大局保持和谐稳定。

二、2023 年经济工作的目标要求和重点任务

今年是贯彻落实中共二十大精神的开局之年，也是实施“十四五”规划承上启下的关键之年，做好今年经济工作意义重大。总体要求是：以习近平新时代中国特色社会主义思想为指导，全面贯彻落实中共二十大和中央经济工作会议精神，深入贯彻习近平总书记视察江西重要讲话精神，按照省委十五届三次全会和省委经济工作会议部署，紧扣市委五届四次全会暨市委经济工作会议安排，扎实推进中国式现代化，坚持稳中求进工作总基调，完整、准确、全面贯彻新发展理念，积极融入新发展格局，更好统筹疫情防控和经济社会发展，更好统筹发展和安全，着力提振市场信心，着力畅通经济循环，着力强化创新驱动，着力深化改革开放，着力促进区域协调，着力保障改善民生，着力防范化解风险，紧扣“一条主线”，坚持“两个对标”，推进“八提工程”，提升首位度、争当排头兵，挺起赣江中游生态经济带脊梁，推动经济实现质的有效提升和量的合理增长，奋力谱写吉州全面现代化建设新篇章。

围绕上述要求，今年全区经济社会发展的主要预期目标是：地区生产总值增长 8% 左右；第一产业增加值增长 4.5% 左右，第二产业增加值增长 9% 左右，第三产业增加值增长 8% 左右；固定资产投资增长 11% 左右；社会消费品零售总额增长 9% 左右；财政总收入、一般公共预算收入均增长 4.5% 左右；城镇居民收入增长 5.9% 左右，农村居民收入增长 7.8% 左右；城镇新增就业 4000 人。

做好今年经济工作，要聚焦七个重点。

（一）在构建现代产业体系中，奋力推进重点产业发展

1. 工业经济要在接续和快增上发力。针对当前工业数据支撑乏力，特别是应税收入占比低，对现有在库企业进行逐个建档分析，推动一批企业拓展市场扩大生产，帮助一批企业破解困难稳住生产，指导一批企业分年度有序稳步降低产能甚至退出，坚决杜绝企业生产和工业总量断崖式下滑。今年要以更大的力度招大引强，紧盯 3 个“500 强”（世界 500 强、国内 500 强、民营 500 强），用好产业链招商、基金招商、标准厂房招商，充分发挥现有招商分局和 100 支招商队的积极作用，进一步扩充和筛选招商信息，确保引进“5020”项目 7 个以上。同时，要全力推进签约项目的开工建设、开工项目的竣工投产、投产项目的达产达效、达产项目的入规入统，尤其要紧盯 2019 年以来 12 个“5020”项目的建设和见效（2019 年华耀，2020 年冠马，2021 年创德、江缆和嘉之宏，2022 年伊戈尔、瑞炫、中旋、兴泰二期、华立源二期、祺利、国纳）。

2. 数字经济要在入统和布局上发力。区发改委、区统计局、区工信局等主要经济部门要认真学习领会国家统计局公布的《数字经济及其核心产业统计分类（2021）》，十分清晰地掌握数字经济的定义和核心产业的分类，重点关注和研究数字经济发展 7 项主要指标（包括数字经济核心产业营业收入、规上软件和信息技术服务业营业收入、网络零售额、企业上云数、千兆宽带用户数、“赣服通”实名用户注册数、“赣政通”实名用户注册数），认真抓好 2022 年全区数字经济的统计数据上报和对接沟通工作，确保应统尽统和总量排位全市前三。今年要加大力度推进数字经济产业的发展，重点在电子信息全产业、传统产业智能化数字化改造升级、数字政府（数字生活）应用场景 3 个方面，区发改委要牵头制定专项工作计划方案，分块规划和明确重点企业和重点项目，全年强化调度，抓好跟踪落实。

3. 文旅产业要在集聚和融合上发力。①要分区域形成集聚“爆点”。城南板块，要加快钓源三期建设，抓好业态运营和客户引流，确保持续高品质经营。同时带动柚乡园、古貌古心、石语荷园升级提档，推动福容台湾园重整盘活，形成串点成线连片的有效集聚。城中板块，要加快田侯路历史文化街区建设，坚持文化定位，丰富文化活动，打造特色品位，引爆消费热点。城北板块，周忱故居和九打吉安为中心，主打红色旅游，突出勤廉教育，各镇街部门及企事业单位从今年开始，每年固定安排人员轮训，用好基地、扩大影响。同时加快推进樟山温泉酒店建设，补齐康养休闲板块。②要深挖特色优势做好农文旅融合文章。比如挖掘钓源、周家、田侯路的名人文化、历史故事、民俗风俗等，开发特色文创产品；比如整合村庄周边资源，发展景观农业、体验农业等。

4. 建筑产业要在做大和提质上发力。关于做大建筑业，区政府已研究并正报区委审定出台支持政策，今年要在招引一流建筑企业、鼓励企业资质升级、做大业务总量和税收 3 个方面下功夫。

5. 要素保障要在统筹和突破上发力。要素保障是产业发展的核心支撑和根本制约，要下定最大决心实行全区、全年、全面统筹，逐个攻坚克难，逐项破解落地，区自然资源分局和区林业分局要责无旁贷地坚决扛起应该扛起的责任，区分管领导要牵头抓总、统筹协调、设法破解。①土地方面，要迅速坚决开展土地批而未供未用、新增建设用地报批、耕地保护占补平衡及造地、工业园区调区扩区等专项行动，组建工作专班，制订专项方案，扎实推进落实，确保取得突破。造地工作将以全市最大奖补力度推进，请区自然资源分局 1 月拿出方案，各镇抓紧确定地块和数量。②林地方面，1 月汇总全区全年所有项目林地需求，由区分管领导和区林业分局统筹安排争取指标、尽早报批，确保不耽误项目的落地建设。③工业园区土方平整方面，为进一步提升我区招商引资政策的吸引力，从 2023 年开始，所有入园区项目的地块均由区工业园区负责土方平整。区工业园区可以对今年将要使用的地块进行统一规划、统一招标、统一平整，确保项目能

够顺利落户落地。

（二）在抢抓国家政策支持中，全力夯实投资消费支撑

1. 重大项目要破难攻坚。今年的项目盘子，安排了129个重点项目，年度计划完成投资248亿元，项目个数和投资总量都超过去年（总数多13个、投资多60亿元），要投入更大精力来抓。推进项目建设，关键是及时解决问题，挂项目区领导和责任单位主要负责人要抓好统筹、排好进度，配强力量、建好专班。现场的问题现场明确，协调的问题加强沟通，要始终注重效率，以小型会商会议为主要方式，以突破性地解决问题为核心要求，但同时程序上要坚决做到依法依规。

2. 争资争项要持续强化。区发改委、区财政局要抓紧编印今年争资争项工作指南，尽快拿出区直单位和镇街争资争项的计划任务清单，经区委、区政府研究后印发落实。①专项债券方面，区财政局和区发改委要按照"做深谋划、做细前期、做实收益"的原则，精准聚焦专项债券重点支持领域，结合我区实际，常态化储备专项债券项目，将新型基础设施、新能源项目纳入重点储备范围。省财政厅和省发改委将对专项债券项目按月进行审核，市里要求2023年专项债券项目申报资金额度一类县要在50亿元以上、二类县40亿元以上。我们要第一时间落实到具备开工建设条件的项目上，确保专项债券即发、即用、即见效。②争取国债方面，据了解财政部近期拟发行特别国债，请区财政局密切关注盯紧，千方百计挤进盘子、争取更多资金。③平台融资方面，今年鑫石阳公司和园投公司还要加大融资力度，区分管领导和国资中心、工业园相关领导要研透政策、深度谋划，高定标杆，包括发债、引进供应链金融企业、银行融资、社会融资多条途径，坚决破解融资障碍，实现融资上大台阶。

3. 现代商贸要龙头牵引。要注重引进大型物流企业和高端商贸综合体进驻落户。①大型物流企业方面，区商务局要盯住2022年8月24日中国物流与采购联合会对外公布的《2022中国物流企业50强》和《2022年中国民营物流企业50强》两张"50强"榜单，盯住快递物流、商贸物流两个重点，逐个企业筛选分析，加快省际分拨中心项目的引进。②高端商贸综合体方面，要紧盯和加力奥特莱斯项目的招引，并加快建设和运营。

4. 消费升级要有形引领。包括有形的项目和有形的活动，通过项目带动、活动促销，推动量的扩张、质的升级。①有形的项目。包括推进钓源和田侯路两个文旅项目的高品质运营，加快城北购物中心、文峰汽车服务综合体、乡镇商贸综合体建设，加快城南新能源汽车品牌4S店的引进，等等。②有形的活动。要保持刺激政策的连续性、稳定性。今年消费券的发放，以及对市场主体促销活动的支持，原则上保持去年的规模和力度，将钓源景区和田侯路历史文化街区纳入重点支持范围。同时，要提高刺激政策的精准性、有效性。考虑今年可能出现消费"井喷"现象，对具体时段的政策投放还要提前研判。考虑以往对政策刺激效果掌握得不够清晰，今年在投放机制上还要优化。区商务局要抓紧完善工作方案，提交区政府研究推进。

（三）在抓住经济普查机遇中，努力实现总量进位赶超

1. 开展摸清家底"三查行动"。抓紧制定全区经济普查工作方案，全面盘点企业和项目家底，为测算总量、挖掘增量、调优质量打牢基础。①开展企业注册地普查行动，摸全摸准本地企业情况及在外注册情况，积极引导变更注册，盘活存量潜能。②开展市场主体税务清查行动，强化税务征管信息比对和上门核查，及时研判并发现漏统企业和漏统数据，坚决防止税收外流。③开展在库项目（企业）摸查行动，全面掌握在库企业应税收入占比和数据差异率等情况、全面核准在库项目实际完成投资情况，为接续更新工作打牢基础。

2. 实施入规入统"两项攻坚"。①实施"个转企、小升规"攻坚，制定出台"个转企、小升规"激励政策，开展恶意不转企逃税行为专项整治行动，清单式推进帮扶和督促一批市场主体"转企升规"，壮大"五上"企业后备队伍。②实施在库企业（项目）提质攻坚，对全年"入规入统"工作要整体谋划，要分行业、分领域、分递度进行排兵布阵，包括当年投产达规企业分月度入统和上年投产达规企业集中入统的具体安排，还包括临规企业的梯度培育，等等，都要做深做细，确保分季分月安排计划，按月按季落实任务，实现库内结构动态调优、支撑能力持续增强。尤其要重点关注和积极对接高铁新区重大项目的落户、开业和变更登记等，比如在去年12月批准落户的15个数字经济重大项目（在本月将正式签约），又比如去年12月31日已开业的红星美凯龙商贸综合体，再比如将于今年6月在吉安将分公司变更为子公司的格兰云天大酒店。

3. 坚持经济运行"常态调度"。①常态监测。监测的指标包括经济指标、高质量发展考评指标、营商环境指标、生态环保指标，以及各类考核评比指标。根据具体指标的核定时间，算好提前量，第一时间掌握情况。②及时预警。发现指标异常，要第一时间预警。预警的层次包括，部门工作人员向分管领导预警、部门分管领导向主要领导预警、牵头部门和关联部门相互预警、部门主要领导向区分管领导预警、区分管领导向区委区政府主要领导预警。③及时调度。调度的层次，对应预警的层次。调度的方式，包括下发提示函、督办函，会商研判、沟通汇报等。调度的内容，包括研究增补措施、对任务进行分解以及完善工作机制等。

（四）在对接城管体制改革中，聚力提升城市功能品质

1. 接住管好高铁新区管理。市区城管体制改革方案明确，市城管局只管理“三纵两横”5条大道（井冈山大道、吉州大道、君华大道、吉安南大道、吉安北大道），高铁新区包括其余街区全部由吉州区管理。区城管局、区环卫中心要抓紧与市城管局对接移交管理工作，包括相关工程验收移交，相关资料移交，管理经费测算与明确，并利用6个月的过渡期，做好人员招聘培训、机械设备采购添置和交接工作无缝衔接。

2. 调整优化相关街道管辖。原则上把高铁新区全部交由白塘街道进行管辖，白塘街道与其他街道重叠的辖区，除具备完全独立形态的村庄外，辖区全部交由其他相关街道进行管辖。白塘街道城中村原则上按公司化运作，村“两委”干部转化为村公司治理结构的管理人员，继续管理村资产资源和村公司化治理体系，不再管理辖区社会职能，但各村隶属于白塘街道的体制不变。白塘街道要抓紧考虑高铁新区社区划分、职能明确和人员配备等工作，及时报区委、区政府研究确定，确保顺利交接管理。

3. 乘势做好小区物业管理。今年区里引进几家物业公司，对老旧小区改造之后的无物业小区进行了全覆盖。但从当前掌握的情况看，新进的物业公司与业主签订物业管理协议进展十分不理想。如果在市、区政策支持的过渡期内不能全部签订正式物业服务合同，过渡期一过物业公司将退出管理，很多小区将重新回到无物业管理状态。请各街道高度重视此项工作，通过主要领导和班子成员挂点方式，加大力度帮助物业公司解决基本办公场所（包括工具摆放场所），督促物业公司以良好的物业服务赢得业主的认可，加强宣传浓厚物业管理氛围，想方设法促进物业公司与业主签订正式合同。

4. 持续推进城市更新行动。①抓紧做好零星棚改工作。2023年中心城区零星棚改工作方案已经市里同意印发了，区住建局要抓紧牵头组建几个具体的工作专班，分别由区领导挂帅。要抓紧制定工作方案，相关工作要赶早推进，汽运公司宿舍楼、汽车站南侧的棚改要在今年雨季来临之前腾空搬离，否则安全隐患很大。②坚持做好老旧小区改造和既有住宅加装电梯工作。这是近几年城市功能与品质提升行动的主要工作，老旧小区改造工作要吸取往年教训，工期进度还要往前赶，工程细节还要再提升。既有住宅加装电梯工作，要努力延续近几年的良好势头，尤其要想办法突破个别户不同意造成整个电梯加装不了的问题。③分年度建设便民配套服务设施。根据市里统一要求，从今年开始，用三年时间，利用棚改拆迁后的零星地块，建设一批小型停车场、口袋公园、城市书屋、便民工坊等便民配套服务设施。在前期摸底的基础上，按照“三年整体规划，分年度实施”的要求，区住建局要抓紧形成工作方案，及时对外公布，并抓紧推进年度工作任务。

（五）在落实乡村振兴发展中，有力统筹城乡融合共进

1. 巩固脱贫攻坚成果和机制。巩固的重点在“三保障”和饮水安全，守牢不发生规模性返贫底线；关键在加强防返贫监测和日常走访摸查；核心是保持力度不减。按照尹书记在务虚会上提出的要求，各帮扶单位要将后备干部作为第一书记的优先人选，乡村振兴局要尽快提出人员调整建议，督促相关单位落实。

2. 做强农业产业特色和品牌。按照尹书记提出的“小而美、小而精、小而优、小而强”的要求，农口部门和各镇要因地制宜选准特色产业，统筹谋划并推进主体引培、土地流转、基地建设，发展适度规模经营、提升质量效益。在此基础上，积极融入“井冈山”农产品区域公用品牌创建。

3. 落实生态环境保护和建设。①保护方面。重点是加强污染防治和环境监测。今年将开展第二轮中央环保督查“回头看”，要抓紧对历年历次中央、省市环保督察以及“回头看”反馈问题整改情况进行现场复核，坚决防止问题反弹；尤其黑臭水体是重中之重，要加快整治新源污水处理厂周边、吉安监狱周边的水体，水库改底也要抓紧完成；同时，要紧盯全年环境监测指标，及时启动应急管控措施；落实好“能碳”双控、“两高”禁入等规定。②建设方面。要全力补齐基础设施短板，城北污水处理厂要加快设备安装，尽快投运；结合市里排查河西片区雨污管网问题清单和交办任务，完成辖区主次干道和小区雨污分流工作；镇村污水处理设施要提升改造一批、纳管消化一批、新增建设一批，农业农村局要尽快摸底，拿出全年方案。

（六）在顺应群众美好期盼中，倾力增进更多民生福祉

1. 强化社会保障。重点是做好社保、医保缴费收取、完成扩面征缴任务，落实相关提标政策，完善服务体系，创优工作机制，兜稳兜牢民生底线。

2. 做优民生事业。按照“尽力而为、量力而行”的原则，扎实推进一批教育、医疗、养老、托育、文体等项目建设，提升公共服务普及普惠水平。重点推进教育“两项国检”和“一项专项整治”（师德师风整治），融入“一项创建”（积极融入全市创建全国婴幼儿照护服务示范城市）。

3. 坚决防范风险。①维稳方面，盯住涉众金融、房地产、征地拆迁等重点领域，加快重点问题化解。②疫情防控方面，重点抓好防控措施优化宣传、药品储备调配、发热门诊足时开诊、乡镇流动车巡诊。③安全生产方面，重点抓好岁末年初安全生产各项工作，这里强调3个方面。一是经营性自建房安全隐患整治，二是水果批发市场的综合整治，三是冬季用电用火隐患整治。春节将至，且因天气寒冷，近段时间家庭和企事业单位用电用火安

全问题十分突出。请区应急管理局、区消防救援大队、各镇街、各行业主管单位切实加强宣传教育、巡查督查，确保消防安全。④总部经济方面，科学设定总部经济的总量和奖补力度，由区财政局和区税务局统筹把关，不再给镇街和区直单位安排一般总部经济引进任务。把总部经济引进的重点放在实体经济，把突破点放在工业企业，尤其是在我区有实体企业的工业企业，奖补力度可以加大，甚至奖补政策可以一企一策。对引进实体经济税收尤其是工业企业的总部经济，可以单独进行考评，不仅奖补企业，还可以奖励单位，请区税务局和区财政局抓紧拿出具体工作方案。

（七）在强化五型政府建设中，合力增强改革创新动能

1. 坚持优化营商环境与推进倍增发展相结合。①营商环境方面。按照尹书记提出的顺心、安心、开心、舒心“四心”的思路，今年要推出唱响品牌。对照去年省委省政府《关于深入推进营商环境优化升级“一号改革工程”的意见》，我的理解，“顺心”对应公平竞争的市场环境，“安心”对应平等保护的法治环境，“开心”对应包容创新的人文环境，“舒心”对应便捷高效的政务环境。要认真落实市区联动企业家座谈会制度，及时了解企业困难，及时协调解决问题。请区营商办牵头起草打造“四心”营商环境的实施方案。②倍增发展方面。区“十四五”发展规划、区第五次党代会部署、去年区委提出“六个创新倍增”等，都明确提出了倍增发展要求，我们要紧盯这些目标，分年度推进、确保如期实现。为了实现这些目标，我们要坚持把“让企业成长和成功”作为优化营商环境的直接检验，以企业的倍增发展支撑全区倍增目标的实现。

2. 坚持系统改革创新与强化重点突破相结合。①改革方面。在系统集成推进今年改革清单任务的基础上，重点突破园区改革和两个国企平台改革。深化“园区事、园区办”改革，实现能办快办优质办。深化两个国企平台“实体化转型、市场化运作、规范化管理”改革，通过扩大融资提升活力，通过做大业务增强实力。②创新方面。在统筹抓好平台建设、企业培育、人才引培等工作的基础上，重点开展研发投入攻坚行动。市推进创新城市建设领导小组将于1月上旬对各县市区研发投入强攻行动进行调研。我区于12月6日“两办”印发了方案，采取“四个一”（1名区领导、1名税务人员、1名园区和工信人员、1名科技局人员）包企方式推进。1月18日为去年12月月报时限，3月31日为2022年年报时限，请各位区领导带头并督促相关人员在这两个时限内抓紧入企开展工作，确保取得实效。

3. 坚持从严预算管理与激励争先创优相结合。①部门单位预算要严格管理。按照过紧日子的要求，今年财政预算总体上从紧从实保基本、非特殊不追加。区财政局要加强调研并与相关部门单位充分沟通，打足打准人头经费和事业经费，切实增强预算的科学性和严肃性。各相关单位要谋全今年重点工作及支出申报，有效增强预算的系统性和预见性。区财政局和各相关单位都要认真落实预算的管理要求，按序时进度均衡支出，坚决杜绝寅吃卯粮、超预算支出。②争先创优要加大奖励力度。对各单位的绩效奖金（包括月度绩效和年度绩效）不予全额预算，鼓励各单位通过工作争先创优获得奖金进行补充，即解决单位自筹部分。罚没收入按年初区里核定的指标进行总量管控，返还的比例和总额不变，超额罚没收入不能用于弥补绩效奖金。加大对争先创优的奖励力度，包括两个方面，一是对竞争性奖励的面扩大，绝大多数工作都设置考评奖励，奖金到单位不到个人；二是奖励的金额加大，总体上按照预算缺口总量进行安排。请区财政局尽快测算，拿出初步方案报区委区政府研究。

同志们，征途漫漫、惟有奋斗。我们要更加紧密地团结在以习近平同志为核心的党中央周围，脚踏实地、真抓实干，提升首位度、争当排头兵，奋力谱写吉州全面现代化建设新篇章！

吉州年鉴 2024

专记

在做强做旺中心城区新征程中展现吉州担当

——访吉州区委书记尹冬苟

打好“十大攻坚战”，是谋求区域经济发展主动权、加快建设江西南部重要增长极的关键之举、决胜之策。吉州区将聚焦“走在前、勇争先、善作为”目标要求，锚定“以做强做旺中心城区为统领打好打赢‘十大攻坚战’”总体工作思路，既增强十年磨一剑的定力，更提升一年磨十剑的效力，坚持首位标准、聚力攻坚克难，加快实现经济首位度明显增强、人口集聚度明显提升，以一域之光为全市添彩。

聚力打造“三个中心”，立起做强做旺中心城区关键支撑。打造区域现代产业中心。坚持工业强区主战略，统筹招大引强、培优育强、平台建强，实施100亿元项目招引和100亿元企业培育“双百攻坚”，梯次推进宏瑞兴、华立源、江铜江缆等企业上市，加快伊戈尔、中旋等企业建成投产，加快园区土地盘活存量求增量和扩区调区，动态储备标准厂房面积30万平方米以上，推动电子信息首位产业倍增升级，全力培育先进装备制造、医药食品、新能源新材料3个100亿元产业集群。打造区域文旅商贸中心。聚焦做旺商气，打好文旅提质、消费扩容、商贸升级“组合拳”，实施高品质商业街区和夜间经济街区创建工程，引导商圈差异化、品质化发展，加快钓源三期建设，推动田侯路历史文化街区联动儒林里、后河打造微度假夜间经济区，构建“钓源核心引领、文化街区共振、城区郊区互融”的大文化旅游集聚区。打造区域航运物流中心。加快港口码头、冷链物流园等项目建设，谋划建设省级物流分拨中心、临港产业园，发展水运经济、做旺现代物流、布局未来产业。

聚力抓好“三张清单”，激活做强做旺中心城区核心动力。以目标清单强引领。构建“十大攻坚战”1个总方案和10个子方案的“1+10”方案体系，扎实推进37项具体行动，统筹目标、项目、举措、机制、责任“五位一体”，全过程、全链条完善目标任务动态提级调度机制。以项目清单扩内需。持续打好“项目大会战”，强化专项债与政策性金融工具衔接配合，聚焦区域内基础联通、板块相通、市场畅通、产业融通，主动谋划项目、拼抢项目、储备项目，扎实推进项目落地。以改革清单增动能。聚焦做强做旺中心城区重点领域和关键环节，以改革破解区域协同、人才招引等难题。实施招商机制和招商力量双重优化，深化园区体制机制改革，落实企业投资项目“四个一”全流程服务，擦亮“四心”营商环境品牌。

聚力强化“三大板块”，筑牢做强做旺中心城区坚实基础。做强城市板块“聚”人口。统筹高铁新区、城北新区、樟山新区，谋划打造城北副中心，构建“中心引领、三区协同、四镇联动”一体发展格局，持续做大城市规模和经济总量，力争吉州城区常住人口年均增长3.5%、2026年突破37万人。做优服务板块“旺”人气。坚持强校带弱校、名校带新校，以吉安二中、石阳小学、吉州区保育院等为核心学校积极探索集团化办学，优化幼儿园、中小学全周期布局，力争到2026年新增学位2万个以上。促进医疗资源扩容提质，放大与中国医学科学院阜外医院、肿瘤医院合作共建优势，打造更高质量、更全覆盖的紧密型区域医联体。大力发展养老、托幼、文化等民生事业，持续提升城市功能品质，构建“15分钟便民生活圈”。做实治理板块“暖”人心。深化“一格八员、一网三色”社会治理工作法，完善“三级统筹、三方协同、三所联动、三长激励”工作体系，建立健全金融、房地产等重点领域风险常态防范和及时处置机制。

聚力提升“三种能力”，夯实做强做旺中心城区作风保障。提升政治能力。将“十大攻坚战”与学习贯彻习近平总书记考察江西重要讲话精神、主题教育相结合，以实干实绩坚定拥护“两个确立”、坚决做到“两个维护”。提升专业能力。自觉把工作放到全市、全省乃至全国发展大局中审视和谋划，践行“四下基层”工作法，在前线作战、火线攻坚、一线解题中提升能力本领、全力扛旗争先，做到干一行、钻一行，干一事、成一事。提升攻坚能力。深入开展“三强三争”主题活动，用好“五拼五比五晒”赛马机制，落实《关于改进干部作风强化执行落实的实施意见》，着力锻长板、补短板、攻重点、破难点。

《井冈山报》（范小勇）

“驿”路有情更有爱

2023年以后，吉州区加强“红色驿站”建设，将基层党组织阵地延伸到新业态最前沿，将服务触角拓展到外卖员、快递小哥、网约车司机等新业态从业人员中，为户外劳动者打造一批暖心之家。至年底，全区建成“红色驿站”50个，其中，星级服务类站点15个、基础类站点35个。

整合资源 服务阵地标准化

“我们这种在外面跑单的，日晒雨淋是常事，有时候休息只能把车子当凳子，现在有了‘红色驿站’，等单的时候大家可以坐在里面好好歇歇了。”10月22日中午，吉州区美团外卖送餐员朱某送完餐后，赶忙来到附近的“红色驿站”喝水休息。

今年以后，吉州区整合现有零工驿站、城市驿站、爱心驿站等服务阵地，在党群服务中心、物业岗亭、快递物流转运点等开辟“微阵地”，重点打造阳明花园小区、新村社区、仁山坪社区、太平桥小区、广场红色驿站等15个星级服务类示范站点，积极构建“15分钟服务圈”，示范引导其他“红色驿站”建设。同时，统一标识，按照“‘吉’聚‘新’心情暖万家”主题，设计推出“红色驿站”LOGO。在落实配备饮用水、休息座椅、雨伞、应急药箱、充电设备、微心愿收集箱、服务卡“七项基本服务”的基础上，因地制宜提供创新创业活动空间、信息咨询、志愿服务、爱心超市等个性化内容，让新就业群体想来乐来。

强化管理 服务运行常态化

“为推进‘红色驿站’真正发挥作用，坚持高标准谋划，强化服务功能，在下辖社区先行先试，充分盘活现有资源，努力实现驿站运行规范化、服务多元化、活动常态化，努力把‘红色驿站’建设成为传递党的声音的冲锋号。”北门街道组织委员罗双双说。

确保“红色驿站”常态化运营，该区落实资金保障，将“红色驿站”项目建设纳入今年党建项目建设内容，对全区50个“红色驿站”统一打包，由区财政落实100万元专项资金给予保障，解决“红色驿站”有阵地办事、有钱办事等问题，保障“红色驿站”运转。制定管理制度，按照“谁建设、谁管理，谁主管、谁负责”的原则，由管理单位落实专人进行日常服务管理，做好站内物品的管理维护，落实好值班制度和物品借还登记制度，及时解决驿站运行中出现的困难和问题。盘活社会资源，各社区与市、区共建单位签订党建联盟共建责任书，引导共建单位工作人员、在职党员加入志愿服务队，利用双休、节假日等开展送温暖、市容整治、治安巡逻等志愿服务活动。培育发展城市服务者、志愿者参与“红色驿站”运行管理，依托各镇街定期对其开展志愿服务培训管理，对新就业群体开展职业培训，提升其职业技能和职业素质，针对新就业群体工作忙、时间紧的特点，合理安排“短而精”的实用课程，提升培训效果。

深化共建 服务资源多样化

“很高兴成为社区兼职网格员，在未来工作中努力成为一名合格的宣传员、服务员，为广大群众服务。”顺丰速运快递员郭文金如是说。

9月14日，吉州区北门街道顺丰速运吉安中心城区党支部“吉先锋轻骑兵”兼职网格员聘任仪式举办。据了解，聘任快递员为兼职网格员是该区探索基层治理的一次创新，积极发挥快递员熟悉小区的优势作用，打通基层治理的“神经末梢”，切实做到小网格服务大民生。

近年来，吉州区用好共建单位力量，结合在职党员“先锋日”，开展理论宣讲、未成年人教育等活动，创新推行“群众点单、社区派单、党员接单”服务模式。延伸驿站服务触角，依托“红色驿站”延伸打造居委会、物业企业、业主委员会“三方”协商议事点和用工务工就业咨询点，形成集新业态新就业群体、“红色物业”、“一老一小”服务等综合功能相结合的党群服务矩阵。同时，反哺城市社会治理，在驿站显眼处设置线上二维码，新业态新就业群体通过线上扫码登记信息，网格员通过线下摸底信息，吸纳1200余名外卖、快递等新业态的新就业群体义务兼任“流动网格员”，为社会治理注入新力量。

《井冈山报》（魏斯杰、朱　玲）

水巷·能仁巷历史文化街区项目建设简介

经江西省政府批准，吉安市水巷·能仁巷为第二批省级历史文化街区，2019年9月，市政府批复历史文化街区保护规划。项目总体概括为“一轴、一带、两点、三片”，“一轴”即以高峰坡路为主干；“一带”即沿后河打造滨河绿化景观休闲带；“两点”即单独进行遗址保护的能仁寺和原址修缮高峰坡18号古建筑；“三片”即重点打造水巷历史文化街区、新建能仁巷历史文化街区、整治改造风貌协调区。

项目建设内容

水巷历史文化街区。用地面积1.1352万平方米，建筑面积8300平方米。其中，原址修缮历史建筑7栋，迁建建筑8栋，新建田侯祠、门楼、江仕澄塔等；新建两层地下停车场4266平方米。业态以历史文化展示、艺术收藏品展览等文创产业为主，体现钱庄、票号、会馆等传统商贾文化以及吉安文物收藏等博物馆文化，以“静”为主。

能仁巷历史文化街区。用地面积2.4491万平方米，其中，核心地块用地1.0378万平方米，建筑面积1.0376万平方米，配建地下停车场3892平方米；南地块1.0241万平方米为社会停车场用地，配建地下停车场4958平方米；北地块3872平方米为社会停车场用地。业态以休闲娱乐、高档餐饮等商业、夜市经济为主，以“动”为主。

风貌协调区整治方案。结合吉安市中心城区老旧小区改造，主要对历史文化街区周边水沟前路、香林路、中山路、田侯路沿线建筑及老旧小区进行基础设施和外立面改造升级。

项目前期工作

组建工作专班，破解项目难题。2021年，吉州区接手项目后，项目、土地及房屋没有完成征收，项目范围内涉及8处历史建筑和5栋一般文物点需要按原样修缮保护，规划方案不合理、需要优化调整，项目体量小、投资大、商业价值低，大企业看不上，小企业不敢投。区项目办聚焦项目落地，组建工作专班，学习有关政策文件，在市、区有关单位帮助下，逐一破解项目难题。

创新运作模式，节省政府投资。水巷·能仁巷历史文化街区用地面积3.5843万平方米，市政府原计划总投资2亿元，由政府直接投资建设，建成后拍租经营。吉州区接手后，对方案优化、土地出让、业态定位、规划建设、招商引资、运营管理、文物修缮保护等深入研究，采取“限回购价竞地价”市场化运作模式，吸引私营企业参与投资，实现规划设计、投资建设、运营管理一体化。

项目进展情况

2022年1月开工建设，2023年4月全面竣工。

2023年1月27日，水巷历史文化街区正式开街，签约入驻商铺15家，开业率80%以上，有赣隆大院民俗餐饮博物馆、首个民间美术馆儒陵艺术馆，玖尚茶咖空间、懿心苑、记得你甘草水果、六谷山房、雁华国服馆、巷里拾闲、岩钰诗珠宝定制、心水咖啡、文创共享空间、井岗农特优体验店、陶阳书院等一批创新特色业态先行入驻。

2023年5月20日，能仁巷历史文化街区开业运营，签约入驻商铺52家，开业率93.5%，引进首店丰屋烧烤、蟹宗蟹、牛扒驾到、库迪咖啡、榆粤轩港式、徐记龙虾馆、齐马蓝爵士乐餐吧等一批高品质首店连锁店，高峰坡豆浆油条、吉乔薄酥饼、樟树佬清汤、元生海鲜、刘氏西苑夜包子、三味小边炉等一批本土知名老字号美食小吃店。

年内，接待省内外考察团及各级领导调研100余批上千人次，平均每日接待游客约1.36万人次，月均营业额上1000万元，成为吉安市中心城区最有烟火气夜市景区和最具人气“网红”打卡地。被评为国家AAA级旅游景区、江西省高品质美食街区及吉安市高品质夜经济示范街区、“双拥示范街”、“拥军示范店”、科普教育基地、餐饮烹饪饭店行业协会副会长单位、餐饮烹饪饭店行业协会诚信合作商、吉安赣商联合会第二届理事会执行会长单位，《吉安最美夜经济示范街都市文旅样板》入选中国旅游协会“中国服务”旅游产品创意案例。

吉州区重大项目服务中心

大事记

1月

2日　全区重点工作务虚会召开，总结2022年特色亮点工作和创先争优情况，分析全区经济社会发展中存在的实际问题，谋划2023年工作思路。

3日　学习贯彻中共二十大精神吉州区委宣讲团到长塘镇宣讲中共二十大精神。

6日　钜成企业管理集团有限公司董事长薛成标一行到吉州区参观考察。

7日　全区2022年度基层党建工作述职评议会议召开，会议传达学习吉安市2022年度基层党建工作述职评议会议精神，并现场评议各基层党(工)委书记履行基层党建工作情况。

同日　区委五届四次全体(扩大)会议、区委经济工作会议暨年终项目巡查调度点评会召开。区委书记尹冬苟代表区委常委会作工作报告，区委副书记、区长罗青球点评项目巡查并部署2023年全区经济工作。会议明确"提升首位度、争当排头兵，挺起赣江中游生态经济带脊梁"发展定位。

同日　《人民日报》头版头条《汇聚力量，乡村振兴全面推进(坚定信心 开局起步)》点赞吉州区移风易俗好做法。

9日　区委、区人民政府印发《中共吉安市吉州区委关于深入学习宣传贯彻中共二十大精神　加快全面建设社会主义现代化吉州的实施意见》。

同日　江西省科技厅党组书记、厅长，江西省科学院党组书记宋德雄率省委、省政府走访慰问组到吉州区走访慰问防止返贫监测对象、农村重灾户、困难企业等。

12日　2023年党管武装工作会议召开，总结2022年全区党管武装工作，安排部署2023年工作任务。

16日　区委理论学习中心组集体学习会召开，会上，观看"二十大党章解读 新征程上党旗飘扬"专题视频，学习《中国共产党章程》《推进领导干部能上能下规定》等，部分区领导结合自身工作实际与学习作交流发言。

17日　组织收听收看江西省委第三巡视组巡视吉安反馈意见整改工作动员会。

18日　区安委会全体成员会议召开，会议听取2022年全区安全生产工作情况汇报，部署岁末年初安全防范工作。

同日　区委书记尹冬苟，区委副书记、区长罗青球率队走访慰问驻区部队及节日坚守工作岗位人员。

19日　区委书记尹冬苟，区委副书记、罗青球调度重点项目，先后到钓源景区、江西电缆、飞派仕包装(吉安)有限公司项目现场，实地察看项目进展情况及企业生产经营情况。

20日　2023年吉州区"三请三回"恳谈会暨吉州英才、企业家新春座谈会召开，区委书记尹冬苟，区委副书记、区长罗青球等区领导与吉州区回乡人才代表欢聚一堂，同叙友情乡情，共谋吉州发展。

同日　水巷历史文化街区正式开街，用地面积11352平方米，建筑面积8300平方米。

28日　区委书记尹冬苟，区委副书记、区长罗青球分别带队走访慰问重点企业，并对企业帮扶调研。

同日　区委理论学习中心组集体学习暨区委常委班子专题民主生活会学习研讨会议召开，会议传达学习相关文件，常委班子成员作自我发言。

2月

2日　吉安市"三看"流动现场会与会人员到吉州区参观考察，与会人员先后考察参观瀚川新能源项目、"钓源古村 · 十里芳菲"项目、江铜江缆项目。

6日　区委常委班子2022年度民主生活会暨省委第三巡视组整改专题民主生活会征求意见座谈会召开，会上，结合代表发言交流自身心得体会并对下一步做好相关问题整改工作安排。

7日　省委巡视吉州反馈涉及政府职能方面问题整改推进会召开。会议要求提高政治站位，把问题销号作为靶向攻坚，注重成果转化。

同日　区纪委五届三次全会召开，会议传达学习二十届中央纪委二次全会、省纪委十五届三次全会和市纪委五届三次全会精神，审议通过相关工作报告以及全会决议。

8日　区委副书记、区长罗青球率政府代表团赴吉水县、吉安县、井冈山市、井冈山经济开发区、安福县考察学习。

9日　区政府党组领导班子2022年度民主生活会暨省委第三巡视组巡视整改专题民主生活会征求意见座谈会召开，座谈会上，人大代表、政协委员、镇街和村(社区)书记、教师等各行业13位代表，立足岗位实际、结合实践体会，分别作现场发言。

10日　2023年重点改革项目研讨会召开，研究讨论、安排部署《吉州区2023年重点改革项目清单》。

16—18日　中国人民政治协商会议吉安市吉州区第六届委员会第三次会议在区行政中心召开。会议通过政协吉安市吉州区第六届委员会提案委员会关于区政协六届三次会议提案初步审查情况的报告，通过政协吉安市吉州区第六届委员会第三次会议决议。

17—19日　吉安市吉州区第六届人民代表大会第三次会议在区行政中心召开。会议听取审议区人民政府工作报告、区人大常委会工作报告、区人民法院工作报告、区人民检察院工作报告，提请审查关于吉安市吉州区2022年国民经济和社会发展计划执行情况与2023年国民经济和社会发展计划草案的报告、吉州区2022年财政预算执行情况和2023年财政预算草案的报告，提请审议吉州区生态文明试验区建设情况的报告，并表决通过以上七个报告决议草案；选举吉安市吉州区第六届人民代表大会常务委员会委员，表决通过吉州区第六届人民代表大会有关专门委员会人选名单。

19日 区政府全体（扩大）会议召开。会议传达省、市政府全体会议精神，将区《政府工作报告》重点工作，以及省、市《政府工作报告》涉及吉州区重点工作进行责任分工。

21日 区委副书记、区长罗青球参加指导区住建局领导班子2022年度民主生活会。

22日 区委书记尹冬苟参加指导区商务局领导班子2022年度民主生活会。

23日 2023年第一期吉州区亲清连心政企恳谈会召开，区委书记尹冬苟主持会议并讲话，区领导杨彩霞、胡云祥、刘龙春参加，体现吉州区推动营商环境建设，营造亲清政商关系信心决心。根据安排，自即日起，吉州区将于每周四晚举办亲清连心政企恳谈会，由区四套班子主要领导轮流与企业家代表面对面交流、心连心沟通，共解发展难题、共商发展良策。

24日 江西省、吉安市政协领导莅临水巷·能仁巷历史文化街区参观指导。

28日 区委落实省委巡视反馈意见整改工作推进会召开。

3月

3日 区委书记尹冬苟与党外县级干部开展集体谈心谈话活动，各党外领导干部分别结合自身工作实际，作党外干部培养使用和吉州区发展发言，尹冬苟一一点评并作强调讲话。

5日 井冈山大学外语学院一行到水巷历史文化街区参观指导。

6日 市、区联合在真君山义务植树活动，100余人参加，植树1000余棵。

同日 国家统计局江西调查总队一级巡视员周献华一行到永叔街道青石街社区开展劳动力调研工作。

7日 全区乡科级领导干部学习贯彻中共二十大精神集中轮训班开班仪式举行，区委书记尹冬苟出席开班仪式并讲话。

同日 江西省旅游规划设计研究院一行参观水巷·能仁巷历史文化街区。

9日 全区2023年度春季征兵定兵会召开。会上，明确定兵原则、程序和定兵会后续工作，会议审定兵员及方向，审议相关事项。

同日 2023年吉州区平安建设领导小组、市域社会治理现代化试点领导小组暨扫黑除恶斗争领导小组第一次会议召开。会上解读工作方案，部署“双提升”、市域社会治理等相关工作。会议传达学习中央、省、市相关会议精神，通报2022年度平安吉州建设、扫黑除恶、市域社会治理现代化试点等工作情况，及平安建设考核、平安村（社区）等十大平安创建相关情况，会议审议通过相关文件。

9—10日 2023年全省农村“厕所革命”培训班在吉州区举办。

10日 区委书记尹冬苟开展信访接待日活动。

同日 江西省电线电缆制造行业2023年发展年会暨吉安招商推介会在吉州区召开。

12日 区委农村工作会议召开。学习贯彻中共二十大精神和习近平总书记关于“三农”工作重要论述，全面落实中央和省委、市委农村工作会议精神，谋划部署全年“三农”工作。

同日 2023年防汛抗旱工作会召开。会上，向各镇、街道下达2023年度防汛任务书，总结分析部署相关工作。

13日 区委落实省委巡视反馈意见整改工作调度会召开。会上，通报近期市委整改办、市纪委相关工作提醒和全区巡视整改整体进展情况，相关部门单位负责人表态发言。

同日 区政府办党支部2022年度组织生活会召开，区委副书记、区长罗青球及其他区政府党员领导以普通党员身份参加。

15日 区政协主席刘锡锋率考察组，赴新干县、永丰县考察，交流学习文旅融合发展方面做法、经验，助力推动区乡村振兴发展实现新突破。

同日 吉州区2023年春季新兵入伍欢送大会在井冈山大学举办。

17日 全区优化营商环境工作领导小组（扩大）会议召开。传达市委相关会议精神、通报关于2022年度全省营商环境评估吉州区相关情况、解读2023年优化营商环境工作方案。会上，区行政审批局、区财政局作典型发言，11个指标长牵头单位针对优化营商环境工作表态发言。

同日 区委理论学习中心组集体学习会召开。

18日 钓源古村举办首届花朝节暨文旅消费季活动。

20日 区委书记尹冬苟以普通党员身份参加区委办机关支部组织生活会。

23日 2023年“3·23”党风廉政建设教育警示活动暨区委理论学习中心组集体学习会举办。会上，围绕会议主题交流发言，会议集体学习并组织理论学习测试。

24日 全区组织宣传统战政法

工作会召开。学习贯彻中共二十大和全国“两会”精神，落实党中央和省委、市委有关会议精神，总结成绩、部署工作，动员全区上下争当吉州高质量发展和高水平党建组织者、推动者、宣传者和践行者，提供“提升首位度、争当排头兵，挺起赣江中游生态经济带脊梁”保障。

同日 区委审计委员会第四次会议召开。会议传达学习中央、省、市相关文件和会议精神，审议相关文件，研究部署《吉州区2023年度审计项目计划》。

30日 区委书记尹冬苟调度省委巡视整改、防汛工作并调研党支部联系点工作。

同日 区委书记尹冬苟与古南镇街道党政主要负责人开展政治谈话。

31日 区委落实省委巡视反馈意见整改工作调度会召开。会上，通报全区省委巡视整改阶段性进展工作情况，相关部门单位负责人作汇报发言。

同日 组织收看全省全市防汛工作视频会。

4月

3—4日 五届区委第四轮巡察工作动员会在被巡察部门单位依次召开。

5日 全区经济运行调度推进会召开。学习贯彻落实全省设区市市委书记座谈会、全市县(市、区)委书记座谈会精神，深入分析研判一季度全区经济运行情况和经济形势，研究部署下一步工作。

6日 区委书记尹冬苟与长塘镇党政主要负责人开展政治谈话。

11日 吉安市政协主席、党组书记刘兰芳到曲濑镇“赣事好商量 吉事广议”协商议事室，现场查看协商议事案卷和委员履职风采台账，对曲濑镇政协工作提出要求，强调要做好融合文章，更大限度地发挥协商议事作用。

12日 区委财经委2023年第一次会议召开。研究部署相关工作，通报2023年度全区综合考核结果和表彰单位，并宣读嘉奖令。

14日 中心城区国家卫生城市复审动员部署会召开。区委副书记、区长罗青球主持会议并讲话。

同日 2023年度人大代表建议政协提案交办会召开。

16日 吉州区图书馆新馆正式开馆，地址位于白鹭洲公园。

17日 区委书记尹冬苟调研文旅项目建设工作。先后到舒行故居、省苏维埃历史陈列馆项目建设现场，实地了解历史名人故居和革命文物保护修缮、开发利用等情况，并对推进吉州区红色文旅项目建设、加快文旅产业发展等工作提出意见建议。

同日 区委、区人民政府印发《关于做好2023年全面推进乡村振兴重点工作实施方案》。

同日 收听收看省政府、市政府廉政工作会议，并召开区政府廉政工作会议。

18日 区供销合作社联合社第一次社员代表大会召开。选举产生区供销合作社联合社第一届理事会、监事会组成人员；召开第一届理事会第一次全体会议和第一届监事会第一次全体会议，选举产生理事会主任、副主任和监事会主任，大会审议通过《吉州区供销合作社联合社章程》修订草案决议。

19日 首届江西省文明实践社会化志愿服务项目大赛(吉州赛区)初赛在区新时代文明实践中心举办。

20日 国家卫生城市复审工作调度会召开，区委书记尹冬苟主持会议并讲话。

21日 南昌师范学院马克思主义学院院长一行到水巷·能仁巷历史文化街区参观。

22日 收听收看全市安全生产电视电话会议暨市安委会全体成员会议，并召开全区安全生产工作会议暨安委会全体成员会议。会议通报全区一季度安全生产形势，并做好安全生产工作作具体部署。

23日 区委书记尹冬苟与曲濑镇党政主要负责人开展政治谈话。

同日 区委副书记、区长罗青球与樟山镇、北门街道党政主要负责人开展政治谈话。

同日 区委办公室、区人民政府办公室印发《关于进一步提振信心巩固态势推进经济回稳向好的若干措施》。

27日 省住建厅总经济师李日龙莅临水巷历史文化街区考察指导。

28日 全区主要商贸集聚场所开展为期1个月的9场大型促消费系列活动。

同日 区委理论学习中心组(扩大)集体学习会召开。

5月

3日 2023年吉州区“三请三回”恳谈会召开，区委副书记、区长罗青球等区领导与乡贤及客商代表欢聚一堂，同叙乡情，共话商情，增进友情。

5日 2023年营商环境工作分析调度会召开。会议通报全区优化营商环境主要监测量化指标一季度进展情况，听取区优化营商环境工作领导小组四办五组一季度工作进展，相关部门单位作交流发言。

6日 区委党建工作领导小组2023年第一次会议召开。会议传达上级相关会议精神，审议相关文件，听取有关工作情况汇报。

8日 吉安市委副书记、市长罗文江在吉州区调研江西中旋新材料公司、田侯路历史文化街区等重点项目建设情况。

9日 江西省老科协会长郑小

燕、秘书长廖红英一行到曲濑镇黑木耳基地指导工作。

10 日　赣州市南康区政府领导一行参观水巷历史文化街区。

12 日　2023 年防汛应急综合演练举办。

13 日　中央国家机关及有关单位第五批赴赣对口支援挂职干部一行到钓源古村调研。

15 日　2022 年度综合考核情况专题分析会暨 2023 年区委重点工作会召开。会上，通报分析 2022 年度全区综合考核及工业园区综合考核工作，并部署 2023 年综合考核工作；通报 2023 年一季度经济运行及 1 月至 4 月重点项目建设情况，并部署经济运行有关重点工作。

16 日　第 33 个全国助残日到来之际，吉安市委副书记肖玉兰到吉州区走访慰问部分困难残疾人家庭。

17 日　区委深化体制改革委员会第十三次（扩大）会议召开。深入学习贯彻中共二十大精神和习近平总书记关于全面深化改革重要论述精神，传达学习中央和省委、市委深改委会议精神，总结 2022 年深化改革工作，研究部署 2023 年全区改革工作。

20 日　能仁巷历史文化街区开街运营。地址位于高峰坡路、半苏桥桥头西，规划用地面积 2.5 万平方米，建筑面积 1.5 万平方米。

同日　吉安市、吉州区联合在水巷历史文化街区举办 2023 年科技活动周启动仪式。

22 日　收听收看全省优化营商环境推进大会，并召开全区优化营商环境工作推进会。

同日　2023 年招商项目集中签约仪式举办，签约重点项目 10 个，投资总额 57 亿元。

23 日　全区安全生产重大事故隐患专项排查整治 2023 年行动专题动员部署会召开。会上，部署全区安全生产重大事故隐患排查专项整治工作，通报 2023 年以来安全生产形势，相关单位负责人作发言。

同日　全区生态文明建设领导小组、推动长江经济带发展工作领导小组、苏区振兴发展暨赣江中游生态经济带建设工作领导小组、生态环境保护委员会 2023 年第一次会议召开。

24 日　广东省东莞市委常委、副市长刘光滨率调研组一行到钓源古村调研。

31 日　江西省文化和旅游厅副厅长、省文物局局长丁新权到水巷·能仁巷历史文化街区调研指导。

6 月

1 日　区委人才工作领导小组 2023 年第一次全体会议召开。会议肯定全区 2020 年以来人才工作成效，并提出存在问题和解决方法，传达学习省委、市委人才工作会议精神，审议通过有关文件，通报 2022 年人才工作先进单位和个人。

2 日　2023 年吉州区科技活动周——科普进校园，获评江西省基层政务公开县（市、区）优秀案例。

3 日　中央广播电视总台“家庭酷跑大会”吉州钓源首站开跑。艺术体操世界冠军章硕、蹦床世界冠军张雒、世界马拉松冠军孙英杰、曲棍球世界冠军马弋博与 200 组来自全国各地的家庭代表一同开跑。

5 日　首届钓源客厅——乡村振兴交流会召开。市委副书记肖玉兰参加启动仪式并讲话，邀请国内外 8 位专家学者参加。

同日　区驻京流动党员党总支成立。

8 日　区委书记尹冬荀到吉州公安分局调研公安工作并与分局领导班子开展政治谈话。

同日　区文化交流座谈会在钓源召开。

同日　区农业产业招商重点项目（预制菜）暨樟山镇陂上村千亩现代农业产业园项目开工。

12 日　“跨省异地就医直接结算政策集中宣传月”启动仪式举行。

13 日　江西省政协副主席、江西省工商联主席谢茹率调研组到吉州区调研“万企兴万村”行动开展情况。

15 日　2023 江西吉州·粤港澳大湾区产业招商精准对接会在东莞举办，签约项目 7 个，投资总金额 55 亿元。

19 日　区委理论学习中心组（扩大）集体学习会召开。会议书面传达学习相关文件、2023 年度领导干部集中报告个人事项有关工作要求，部分领导分别围绕学习习近平经济思想和习近平总书记关于高质量发展的重要论述依次发言。

20 日　区委农村工作领导小组会议召开。会上，调度防汛抗旱、耕地保护等工作；会议书面传达学习有关文件和会议精神，专题听取全区油茶种植高质量发展、城乡供水一体化项目建设、巩固拓展脱贫攻坚成果和乡村振兴重点工作进展、户厕整改等工作情况汇报，并研究部署下一步工作；会议集中审议粮食应急预案、农村生活垃圾治理等相关文件。

同日　“钓源古村·十里芳菲”获授江西省外事参观点。

同日　区委教育工作领导小组（扩大）会议召开。会议通报全区防溺水、心理健康教育及食品安全等工作情况，并部署下一步工作。

21 日　端午节来临之际，区委书记尹冬荀，区委副书记、区长罗青球分别走访慰问乡贤家属。

27 日　区委书记尹冬荀到区人民检察院调研检察工作并与区人民检察院领导班子开展政治谈话。

同日　《吉州区国土空间总体规划（2021—2035 年）》通过省级评审。

29 日　区委统一战线工作领导小组 2023 年第一次全体会议召开。

会议传达中央、省委、市委统一战线工作领导小组会议精神，听取相关工作情况汇报，并审议通过相关工作文件。

同日 区委退役军人事务工作领导小组、区双拥工作领导小组会议暨吉州区创建新一轮全省双拥模范区动员部署会召开。

30日 区委书记尹冬苟到区人民法院调研法院工作并与区人民法院领导班子开展政治谈话。

同日 “健康人生，绿色无毒”——吉安市2023年禁毒公益宣传文艺晚会在吉州区举办。

同日 吉州区完成首笔“政采贷”业务，这是省内首笔从网上申请、银行放款、采购单位支付到回款实现全周期线上“政采贷”的业务。

是月 钓源古村被评为江西省首批“风景独好”旅游名村，“2023年度臻选亲子酒店”、“2022旅行皇后大赏”最佳古村落酒店、钓源古村民宿项目上榜“2023TOP20期待文旅项目”。

7月

1日 庆祝中国共产党成立102周年暨全区“两优一先”表彰大会举办。70名优秀共产党员、30名优秀党务工作者和20个先进基层党组织受到表彰。区委书记尹冬苟出席会议并讲授专题党课。

同日 全区收听收看全市“两优一先”表彰大会。

3日 区委办公室、区人民政府办公室印发《关于推动2023年全区开放型经济高质量发展的意见》。

4日 区委书记巡察工作专题会议召开，听取区委第三轮巡察整改进展和第四轮巡察情况汇报。

同日 退役军人事务部副部长常正国率调研组到吉州区调研红色资源。

同日 江西省文联主席、吉安市文联主席一行参观水巷·能仁巷历史文化街区。

5日 收听收看市委理论学习中心组集体学习暨全市领导干部讲坛电视电话会议。

7日 福建省建瓯市政协主席一行参观水巷·能仁巷历史文化街区。

同日 南昌师范学院教授一行参观水巷·能仁巷历史文化街区。

11日 “7·16”吉安城解放日宣传教育活动启动暨吉州区第九届“文明城市·模范市民”（白塘）发布仪式举行。

12日 2022年度法治建设工作述职评议会召开。会议听取10个镇街和4个区直单位党政主要负责人会议述职，区委书记尹冬苟逐一点评。会前组织召开区委全面依法治区委员会第五次会议。

13日 平安吉州建设领导小组、市域社会治理现代化试点领导小组、扫黑除恶斗争领导小组第二次（扩大）暨“进网格访民情、解民忧护民安”系列活动动员部署会议召开。

同日 江西省教育厅领导莅临吉安八中城北分校督查学校食堂食品安全。

14日 收听收看全省落实耕地保护和粮食安全责任制考核暨部署粮食领域专项审计整改和粮食收购工作视频会议。

16日 区委书记尹冬苟，区委副书记、区长罗青球分别率队，对2023年“项目大会战”重点项目巡查，以现场巡查和会议调度形式，检验2023年以来全区重点项目建设推进情况，营造全区上下抓项目、攻项目浓厚氛围。

17日 区委理论学习中心组（扩大）集体学习会召开。会议传达学习相关文件，部分领导分别围绕学习习近平总书记关于党的建设重要思想依次发言。

17—24日 根据区委统一部署，五届区委第四轮巡察11个被巡察单位反馈工作全部完成。

18日 2023年全区总河湖长总林长会议召开。会上，部署河湖长制、林长制工作，会议书面传达相关会议精神，书面听取2022年度河湖长制、林长制工作情况汇报，书面表彰2022年全区河湖长制、林长制工作先进单位，并由先进单位作书面典型发言，会议审议通过相关文件。

19日 吉安市第一人民医院分别与中国医学科学院阜外医院中国医学科学院肿瘤医院深圳医院签订合作协议，并举办“中国医学科学院阜外医院心血管病技术培训中心”揭牌仪式。

19—20日 国家卫健委机关党委党支部联合国家心血管中心党委、国家癌症中心党委到吉州区开展“医路向党 医路奋进”主题党日活动，并召开党建引领公立医院高质量发展大会（江西站）。

20日 中国井冈山干部学院副院长柯华一行到吉州区教学调研，吉安城革命历史陈列馆、周忱勤廉教育基地分别为中国井冈山干部学院现场教学点、社会实践点授牌。

21日 中国新闻出版研究院传媒研究所以及吉安市委宣传部、融媒体领导到水巷·能仁巷历史文化街区参观指导。

24日 国家卫健委人口家庭司司长杨文庄一行到吉州区调研基层人口监测和托育服务体系建设工作。

同日 全国旅游星级饭店评定委员会授予吉安恺蒂国际大酒店为五星级旅游饭店。

30日 区委五届五次全体（扩大）会议召开。会议强调，全区上下要深入贯彻中共二十大精神，全面落实习近平总书记到江西省考察时的重要讲话精神，贯彻省委、市委决策部署，因时因势不断完善工作思路、明确具体抓手，进一步统一思想、统一意志、统一行动，加快全面建设社会主义现代化吉州。

31日 江西省舌尖王国团队13人参观水巷·能仁巷历史文化街区。

8月

2日 由吉安市纪委市监委指导、吉安广播电视台主办的《党风政风热线》栏目到吉州工业园区进行现场直播。

9日 钓源乡村旅游集聚区项目工作调度会和国家卫生城市省级复查问题约谈整改暨工作推进会议召开。

同日 中国县域经济报社领导到水巷·能仁巷历史文化街区参观。

14日 “红色领航 产教融合”党建共建合作签约仪式暨“职院引才产业用才”入企对接活动举办。区委书记尹冬苟出席并致辞，吉安职业技术学院党委书记曾志珍参加。

15日 中国工程院院士余少华、吕跃广一行到吉州区调研。

同日 江西省公共资源交易集团为钓源古村·十里芳菲颁发江西省首张景区碳中和证书。

16日 区委理论学习中心组集体学习会召开，学习贯彻中共二十大精神和习近平强军思想。

18日 吉安市委副书记、代市长王亚联到吉州区调研。

同日 吉州区首届CBO“吉贝源”杯男子篮球赛（决赛）圆满落幕。

21日 区委办公室、区人民政府办公室印发《关于改进干部作风强化执行落实的意见（试行）》。

23日 海外江西人文化商务交流团一行到吉州区考察交流访问，区委副书记、区长罗青球，区委常委、统战部部长杨彩霞参加会见。

同日 江西省乡村振兴局党组书记、局长刘洪到吉州区调研巩固拓展脱贫攻坚成果和乡村振兴等工作。

同日 中国城市规划设计院领导莅临水巷·能仁巷历史文化街区，调研城市更新及文化建设。

24日 区委副书记、区长罗青球到古南镇街道深入走访个体商户、企业，实地督导调研“五经普”工作，并召开座谈会。

同日 区委副书记、区长罗青球会见苏州工业园区台商协会副会长、优比源集团董事长庄孟璟一行，座谈交流相关合作事宜。

25日 区政府第三次全体（扩大）会议召开。会议传达相关文件及讲话精神，相关单位围绕“拼搏三季度、夺取全年胜”依次发言。

29日 区委书记尹冬苟调度省委巡视和省生态环保督察反馈问题整改工作。

同日 新干县领导一行参观水巷·能仁巷历史文化街区。

31日 国家卫生城市省级复查问题整改工作推进会召开。

同日 全国党建研究会乡村组织振兴蹲点调研组，调研樟山镇“三回三带”机构助推乡村振兴工作。

9月

1日 吉州区迎来首批秋季退役军人，区退役军人事务局、各镇（街）退役军人服务站和区退役军人就业创业促业会领导和工作人员，以及退役军人亲属在车站出口迎接，为退役军人们佩戴大红花，披上“光荣返乡、光荣退役”绶带，送上鲜花。

同日 泰和县领导一行参观水巷·能仁巷历史文化街区。

同日 重大安全事故隐患专项排查整治2023行动工作调度会召开。

7日 全区巡察工作会议暨五届区委第五轮巡察动员部署会召开。传达区委书记尹冬苟近期关于巡察工作讲话精神，宣布五届区委第五轮巡察组长任职及任务分工。

8日 2023年教育工作会暨第39个教师节庆祝大会召开。会上，宣读《区委教育工作领导小组关于通报表扬2023年度全区中小学“最美教师”“最美班主任”“最美教育工作者”的通知》，总结部署教育工作，颁发表彰教师荣誉证书。

同日 2023年度区委综合考核委扩大会议暨综合考核工作调度推进会召开。会议传达2023年度市委综合考核委第三次（扩大）会议暨综合考核工作调度推进会议精神，通报吉州区2023年度综合考核半年评估情况，相关部门单位作表态发言。

9日 江西省文化和旅游厅党组书记、厅长梅亦一行到水巷·能仁巷历史文化街区考察调研。

12日 江西省委书记尹弘深入吉州调研。

13日 区委书记尹冬苟到北门街道开展人大代表“三进三解”促和谐社区温馨家园建设活动。

14日 第二期钓源乡村振兴交流会在钓源召开，围绕“生命因乡村而丰盈，文明因乡村而复兴”主题展开交流。

15日 2023年第三季度招商引资项目集中签约仪式举办，签约项目5个，总投资26亿元。

16日 区委印发《关于在全区深入开展学习贯彻习近平新时代中国特色社会主义思想主题教育的实施方案》。

同日 全区招大引强交账会召开。会上，作工作部署，通报全区招商引资工作推进情况，各招商队发言。

18日 学习贯彻习近平新时代中国特色社会主义思想主题教育动员大会召开。认真落实党中央和省委、市委关于主题教育的部署安排，确保吉州区主题教育高质量、见实效、走前列。

21日 全区学习贯彻习近平新时代中国特色社会主义思想主题教育读书班开班式举办。

25日 江西省社会科学院党组副书记、院长肖洪波在全区县处级领导干部学习贯彻习近平新时代中国特色社会主义思想主题教育读书班作专题辅导。

同日 全区县处级领导干部学习贯彻习近平新时代中国特色社会主义思想主题教育读书班开班，区委书记尹冬苟在开班仪式上作党课辅导。

同日 区委理论学习中心组集体学习暨主题教育第一次学习会议召开。

26日 樟吉高速改扩建（吉州段）项目暨吉安桐坪至长塘段公路改建工程（吉州段）项目座谈会召开。

27日 全区县处级领导干部学习贯彻习近平新时代中国特色社会主义思想主题教育专题读书班结班。

同日 江西省苏维埃革命历史陈列馆和舒行将军故居开馆仪式举办。

28日 区委财经委2023年第二次会议召开。会议听取区财政局关于全区1—8月财政经济运行情况汇报、区发改委关于2024年重点项目谋划包装申报情况汇报，会议书面传达学习省委财经委员会第十六次会议精神。

29日 中央广播电视总台新闻频道《新闻直播间》直播吉州区钓源古村。直播全程5分钟，带大家云端体验钓源古村制作柚子灯、烧塔、点茶、吃薄酥饼等中秋习俗。

30日 第十个烈士纪念日，全区200余名干部群众在白鹭洲公园革命英雄纪念碑前，举行向英雄烈士敬献花篮仪式，寄托对革命先烈深切怀念和哀思。

10月

6日 国家卫生城市复审工作推进会议召开。会上，部署国卫复审、卫生整治等工作，相关单位作工作汇报。

8日 区委学习贯彻习近平新时代中国特色社会主义思想主题教育领导小组第二次会议召开。深入学习贯彻习近平总书记关于主题教育系列重要讲话和重要指示批示精神，听取全区主题教育进展情况，研究下一步工作安排。

同日 江西省委常委、省委政法委书记罗小云一行到北门街道螺湖社区实地考察。

12日 做强做旺中心城区攻坚战指挥部第一次会议召开，贯彻落实全市锚定“三区”战略打好“十大攻坚战”动员大会精神。

同日 区委副书记、区长罗青球调研数字经济产业发展，并到区财政局为领导干部讲授主题教育党课。

同日 吉安市委常委、军分区政委陈辉到白塘街道调研指导基层武装部规范化建设工作。

17日 江西省巩固拓展脱贫攻坚成果专题研讨班成员在吉州钓源观摩乡村振兴成效。

20日 区委书记尹冬苟到区行政审批局开展“办事流程大体验”活动。

同日 区委、区人民政府印发《吉州区以做强做旺中心城区为统领打好打赢十大攻坚战实施方案》。

23日 吉州区全民健身中心正式启用，地址位于区城北新区中心，瑞华学校大门口对面，占地面积约6万平方米，总建筑面积约2.2万平方米。

24日 江西省双拥创建考评组在吉州区开展考评工作。

同日 江西供销（吉安）冷链物流园基础设施建设项目正式签约，该项目为国家、省冷链骨干物流建设项目，项目预计总投资约20亿元，占地面积20余万平方米，落户区城南专业市场。

26日 全区领导干部会议召开，学习贯彻习近平总书记到江西省考察时的重要讲话精神。

同日 吉州区以做强做旺中心城区为统领打好打赢“十大攻坚战”动员大会暨“决战四季度、夺取全年胜”部署会召开。深化落实全市锚定“三区”战略打好“十大攻坚战”联动建设江西南部重要增长极动员大会精神，动员全区上下统一思想、统一意志、统一行动，以主人翁姿态和主力军担当，打好“十大攻坚战”、打赢“年度收官战”。

27日 全省党建引领传统村落保护工作现场推进会到钓源古村现场观摩。

29日 新疆克尔克孜州阿克陶县考察团一行42人到区保育院、区保育院附属吉新佳苑分院结对共建考察交流活动。

31日 区委书记尹冬苟，区委副书记、区长罗青球会见紫光集团党委副书记、紫光基金董事长阙里一行，洽谈合作、交流业务、共商发展。

是月 吉州区文化馆原创广场舞《扇舞斑鸠情》荣获江西省广场舞大赛一等奖。

11月

2日 区委书记尹冬苟会见国家电力投资能源销售执行董事、总经理余贵云一行，座谈交流相关合作事宜。

3日 吉安市委书记罗文江在吉州区访社区、入园区、进企业，调研经济社会发展，结合主题教育与干部交流座谈、谈心谈话，调研班子运行情况和干部队伍建设情况。

6日 江西省级师资库讲师、省人大常委会立法研究会理事、南昌理工学院农村生态法治研究中心负责人周欢秀，应区委依法治区办邀请到古南镇街道开展“习近平法治思想大学堂”百名讲师千场宣基层行活动。

7日 全区政法领导干部学习贯彻习近平新时代中国特色社会主义思想专题研讨班开班，区委书记尹冬苟作党课报告。

同日 做强做旺中心城区攻坚战指挥部第二次会议召开。会议传达吉安市做强做旺中心城区攻坚战动员部署会会议精神，解读《吉州区做强做旺中心城区攻坚战实施方案》《关于印发做强做旺中心城区攻坚战“三机制一名单”（试行）的通知》，下发2023年四季度责任清单。

8日 区委学习贯彻习近平新时代中国特色社会主义思想主题教育领导小组第三次会议召开。加强主题教育对标落实上级部署、一体推进重点措施、浓厚学习宣传氛围。

14日 区委书记尹冬苟到北门街道钟鼓楼社区宣讲习近平总书记到江西省考察时的重要讲话精神。

同日 全区综合考核、优化营商环境暨“决战四季度、夺取全年胜”工作调度会召开。会上，部署安全生产、社会稳定、创建文明城市、零星地块改造、乡村振兴、健康吉州、综合考核等重点工作，传达学习有关会议精神，相关部门单位作工作情况发言。

22日 区委理论学习中心组集体学习暨主题教育第三次学习会议召开，参会人员作交流发言。

23日 深圳市固电电子有限公司新建“电子元器件及变压器的研发生产”项目签约仪式举办，有效推动吉州区资金流通，调动民间投资参与积极性，降低政府债务风险，推动全区经济高质量发展。

26—27日 区工会第四次代表大会召开。会议听取和审议区总工会第四次代表大会工作报告，并审议批准区总工会第三届委员会工作报告、第三届委员会财务工作报告和第三届经费审查委员会工作报告，选举产生新一届领导班子成员。

27日 全省第二批星级休闲乡村民宿授牌会在钓源古村召开，钓源古村·十里芳菲获评江西省五星级休闲乡村民宿。

28日 区委主题教育领导小组第四次会议召开。深入学习贯彻习近平总书记到江西省考察时的重要讲话精神，传达学习全省第二批主题教育调研成果转化暨整改整治工作推进调度会精神，审议相关方案，听取全区主题教育近期进展情况，研究部署下一步工作。

29日 全区生态环境保护大会暨落实美丽江西建设推进会和区生态环境保护委员会2023年第三次会议召开。会议观看生态环境警示片，传达有关会议精神，通报1—10月污染防治攻坚战重点工作推进情况，研究审议有关文件，相关单位发言。

同日 区委常委班子主题教育调研成果转化暨整改整治工作推进会召开。会上，班子成员围绕履行主体责任、开展调查研究和整改整治进展情况，作交流发言。

同日 区文旅产业发展协会成立，选举产生区文旅产业发展协会会长、名誉会长、副会长、理事长。

30日 全省学习运用“千万工程”经验，加快建设宜居宜业和美乡村现场推进会与会人员到钓源古村参观考察。

同日 曲濑镇福田村作为全省学习运用“千万工程”经验，加快建设宜居宜业和美乡村现场推进会观摩点，接受省市领导检验。

是月 吉州区图书馆被评为2023年江西省“最·悦读”最美阅读空间。

12月

1日 区委全面深化改革委员会第十四次（扩大）会议暨重点改革突破攻坚战动员部署会召开，会议传达学习市重点改革突破攻坚战动员部署会议精神，解读《吉州区重点改革突破攻坚战实施方案》《吉州区重点改革突破攻坚战指挥部及其办公室工作规则》。

5日 全区重点项目签约仪式举办，签约项目2个，项目投资16亿元。

6日 吉安市委副书记、市长王亚联到白塘街道便民服务中心，了解基层便民服务中心为群众帮办代办服务，以及创新行政执法工作机制等情况。

7日 江西省人大常委会副主任胡世忠率队到兴桥镇钓源村调研基层立法联系点工作。

11日 钓源古村·十里芳菲周年庆嘉年华活动举办。

14日 全区第二届“新绿源”杯中年组男子篮球联赛在区全民健身中心闭幕。

18日 五届区委第五轮巡察区委书记专题会召开。会议听取4个巡察组对本轮12个部门单位党组织巡察情况汇报，传达学习相关会议文件精神，并听取审议五届区委第四轮巡察整改进展情况报告和五届区委第五轮巡察工作情况综合报告以及各巡察组工作情况汇报。

19日 区城市生活垃圾分类科普教育基地正式揭牌并投入使用。

20日 区委理论学习中心组集体学习暨主题教育第四次学习举办。吉安市委副书记、市长王亚联出席会议并讲话，省委第一巡回督导组组员刘陆云到会指导。

25日 江西省委农办主任，省农业农村厅党组书记、厅长孙朝辉率调研组到兴桥镇钓源古村、曲濑镇福田村，宣讲习近平总书记到江西省考察时的重要讲话精神，以及中央经济工作会议、中央农村工作会议、全国农业农村厅局长会议、省委经济工作会议精神，调研古村落开发与保护、基层治理等工作。

同日 共青团吉州区第四次代表大会召开。大会审议通过《高举旗帜跟党走 挺膺担当勇争先 为奋力谱写吉州全面现代化建设新篇章贡献青春力量》工作报告,会议选举产生共青团吉州区第四届委员会常委、书记、副书记。

26 日 数实融合·智领未来战新产业深链会暨2023年江西吉州(粤港澳大湾区)智能制造业产业合作恳谈会在深圳举办,签约项目4个,签约金额90亿元。

28 日 区安委会全体成员会议召开。会议通报2023年全区安全生产形势,对做好岁末及2024年安全生产工作提出建议。

29 日 全年经济运行分析会议召开。分析研判全年经济运行情况和经济形势,研究部署下一步工作。

同日 区委办公室、区人民政府办公室印发《深化园区管理制度改革推动园区高质量发展的实施方案》。

30 日 吉安·东莞双城腊味节在水巷历史文化街区开幕,50多家双城腊味企业各自展示腊味产品。

是月 江西省宏瑞兴科技股份有限公司入选第五批国家级专精特新"小巨人"企业名单。

2023年,吉州区连续9年获评全省高质量发展先进区,连续2年以全省县(市、区)第一名的成绩入选中央财政支持普惠金融发展示范区,连续4年获评全省工业高质量发展先进区,物业纠纷"三方协同"化解工作法等4项改革获评全国专项工作典型案例。

11月3日,能仁巷历史文化街区

(李军　供图)

吉州概览

吉州年鉴2024

行政区划

【地理位置】 吉州区位于北纬27°9′30″～27°17′50″，东经114°48′～115°7′25″。全境东西长31千米，南北宽28.5千米，全区总面积425平方千米。地处江西省中部，赣江中游、吉泰盆地中心。东与青原区隔河相望，南、西、北三面均与吉安县接壤。北距南昌219千米，南距赣州210千米。片区图似三角形，城区被神岗山、天华山、真君山、螺子山三面环抱，千里赣江傍城北流。

【政区沿革】 秦始皇二十六年（前221），设庐陵县，境内为九江郡庐陵县地。东汉建安四年（199）设庐陵郡，境内为庐陵郡高昌县。隋开皇十年（590），庐陵郡改吉州，改石阳县为庐陵县。随后，时而名吉州，时而名庐陵郡，五代、两宋、元、明、清各朝境域均隶属庐陵县。民国17年（1928）5月，成立吉安市政府；10月，改称市政局。民国18年（1929）3月，撤销市政局，所有市政公务复归吉安县。民国21年（1932），置第九行政公署于今吉州区。民国28年（1939），改第九行政区为第三行政区，设行政督察专员公署于今吉州区。民国38年（1949年9月30日止）6月30日，中共江西省委成立吉安分区行政公署；7月28日，析吉安县石阳镇及近郊建吉安市。1953年1月，吉安市改为吉安镇；11月，复名吉安市。1958年，吉安县与吉安市合并为吉安市。1959年6月，恢复吉安市、县建置。2000年5月11日，经国务院函〔2000〕40号文件批准，吉安撤地设市，撤县级吉安市，设立县级吉州区。

【政区划分】 2023年，吉州区辖樟山、长塘、兴桥、曲濑4个镇和白塘、禾埠、古南镇、永叔、文山、习溪桥、北门7个街道，75个村委会和63个社区居委会（含工业园1个社区居委会）。禾埠街道由庐陵新区管委会代管。

樟山镇 位于吉州区东北部，东临赣江，南与城北新区及吉州区工业园紧密相连，西与长塘镇相邻，北与吉水县金滩镇接壤。全镇总面积64.9平方千米，辖樟山、长亭上、曲沙、官陇、赤塘、陂上、文石、桥头、大江边、东陂、牢石、尧塘、东水、泸田、清湖15个村委会和1个金牛社区居委会。

长塘镇 位于吉州区北部，扼守吉州区北大门，东接樟山镇，南与白塘街道毗邻，西和西南紧靠兴桥镇，北和西北与吉安县桐坪镇连接，东北与吉水县黄桥镇毗邻。全镇总面积111.05平方千米，辖长塘、李家坊、赵塘、西村、庙下、陈家、田畔、桥南、荷洁、西逸亭、金华、毛山、淇塘、培模、案前、东家庄、大塘、路口、新民、店下、庙背21个村委会和长岭1个社区居委会。

兴桥镇 位于吉州区西部，东与白塘街道、禾埠为邻，南与曲濑镇交界，北与长塘镇、吉安县桐坪乡、固江镇接壤，西与吉安县梅塘乡隔河相望。全镇总面积133.34平方千米，是吉州区面积最大的乡镇；辖钓源、东塘、湖田、江下、湖丘、虎溪、高坎、丁塘、黄余、泉塘、沙江、秀江、罗塘、良源、江边、甫里、袁塘、藤桥18个村委会和汶溪1个社区居委会。

曲濑镇 位于吉州区西南部，东界禾埠，南邻吉安县县城，西接吉安县梅塘镇，北连兴桥镇。全镇总面积43.41平方千米，辖曲濑、田东、高联、水南、大巷、瓦桥、腊塘、长乐、长明、上塘、彭家坊11个村委会和曲濑1个社区居委会。

白塘街道 位于吉州区城乡接合部，北起吉安九中，南至古南塔，东至赣江边，西与兴桥镇交界。街道总面积14.2平方千米，辖城上、吉南、高丰、广丰、年丰、先锋、五里、螺川、白塘、北门、江子头、石溪头12个社区居委会。

禾埠街道 位于市中心城区城南板块，是吉安市委、市政府和庐陵新区党工委、管委会所在地，东临赣江，南邻禾河，西接曲濑镇、兴桥镇，北接白塘街道、古南街道。街道总面积37.95平方千米，辖崇文、解放桥、尚德、尚义、红声、岔路口、余家河、钵盂山、凤凰洲9个社区居委会和王家、宋家、曾家、吉丰、长丰、甫塘、新村、新丰、罗家坊、神岗山10个行政村。

古南镇街道 位于吉州城区南部，东临赣江，南至赣江大桥，西至古南大道与庐陵新区禾埠街道接壤，北至下田侯路与永叔街道为邻。街道总面积2.78平方千米，辖火头门、太平桥、古南镇、桃树下、城南、保太巷6个社区居委会。

永叔街道 位于吉州城区中南部，东临赣江，南由下田侯路高峰坡至太平桥与古南镇街道接壤，西从五岳观、赵公堂沿盘龙山至红卫垦殖场与庐陵新区禾埠街道、白塘街道交界，北沿中山西路、中山东路与文山街道毗邻。街道总面积2.65平方千米，辖上田侯路、光明、华平、高峰坡、吉福路、青石街6个社区居委会。

文山街道 位于吉州城区中心，北起阳明路转人民路，南至中山路，东沿赣江边，西至吉州大道。街道总面积1.85平方千米。辖仁山坪、新村、西苑、仓口、平安里、思源6个社区居委会。

习溪桥街道 位于吉州城区中心，东临赣江，东南接盐桥，南至人民路、阳明西路，西南接四方圆小区、白塘街道正丙角村，西至溪山路，西北接凯震金鹭花园、白塘街道五里村，北至韶山西路、鹭洲东路，东北接白鹭洲。街道总面积2.52平方千米，辖广场、书街、友谊、长岗岭、习溪桥、上阳明路、正丙角7个社区居委会。

北门街道 位于吉州城区北部，东临赣江，南沿鹭洲东路，经井冈山大道至韶山西路，西与长塘镇庙背村毗邻,北与樟山镇连接。街道总面积 8.4 平方千米,辖北门、钟鼓楼、螺子山、马铺前、福星亭、塔水桥、庐境园、真君山、螺湖、北门桥、瑞华山、仁寿山、工业园 13 个社区居委会。

自然环境

【地形地貌】 境内地貌特征为西南部地势高,东北部地势低。城区螺子山为区内最高点,主峰海拔高 142.1 米;城区中部白鹭洲南端为区内最低点,海拔高为 49.9 米。境内地貌以其形态和高度划分为低丘、岗阜台地、河谷平原 3 种类型。赣江由南向北傍城而过。

【山峰】 境内山峰主要有螺子山、真君山、天华山、神岗山。螺子山位于区城北,耸立于赣江西岸,主峰海拔 142.1 米,面积 0.357 平方千米。真君山位于区城西北,东西走向,主峰海拔 135.9 米,面积 1.25 平方千米。天华山位于区城西,东西走向,主峰海拔 129.9 米,面积 1.37 平方千米。神岗山位于区城南禾河与赣江汇合处的禾河北岸,赣江西岸,主峰海拔高 114 米,面积 0.49 平方千米。

【河流】 境内河流主要有赣江及其 2 条一级支流禾水和泸水。赣江系鄱阳湖水系中最大河流,长江八大支流之一,纵贯江西省南部和中部。因其由章水和贡水汇合而成,故称赣江。流域面积 82809 平方千米,主河道长 823 千米,主河道纵比降 0.273‰。赣州市以上为上游,赣州市至新干县为中游,新干县以下为下游,中游总体流向自南向北。禾水是赣江中游段最大支流,从河源至小江河汇入段又称文汇江(也称琴水)。流域面积 9103 平方千米,主河道长 256 千米,上、中、下游段主河道纵比降分别为 0.881‰、0.648‰、0.13‰。泸水流域面积 3400 平方千米,主河道长 160 千米,主河道纵比降为 0.59‰。

【水文特征】 2023 年,吉州区水文特征表现在 4 个方面。降水:吉安站年降水量为 1324 毫米,折合年径流深为 617.7 毫米。水位:年最高水位为 49.03 米,年最低水位为 44.92 米,属枯水年份。泥沙:流域泥沙主要是受暴雨洪水影响引起的水土流失所形成,赣江吉安站年输沙量为 86.7×10^4 吨,输沙量的变化与径流量的变化基本对应。径流:赣江吉安站年径流量为 347.3×10^8 立方米,年径流在时程分配上和降水情况基本相对应。

【森林】 2023 年,吉州区林地面积 1.21 万公顷,森林面积 1.28 万公顷,活立木总蓄积量 58.1 万立方米,活立木林分蓄积量 54.5 万立方米,森林覆盖率 32.97%。

【土壤】 2023 年,吉州区境内土壤类型有水稻土、潮土、紫色土、红壤 4 个土类。全区有水稻土面积 14736.42 公顷,占全区土壤面积的 49.7%;有潮土面积 676.67 公顷,占全区土壤面积的 2.3%;有紫色土面积 1505 公顷,占全区土壤面积的 5.1%;有红壤面积 12732.55 公顷,占全区土壤面积的 42.9%。

【自然资源】 2023 年,吉州区境内有耕地面积 12651.29 公顷,占全区土地总面积的 29.77%。全区年均水资源总量 4.4 亿立方米,水资源有地表水、地下水两种类型,其中地表水平均年径流量 3.25 亿立方米,入境(客水)年均 454.1 亿立方米,开发水量年均 0.85 亿立方米。地下水径流量年均 0.3 亿立方米,地下水开采量年均 291.26 万立方米,占地下水径流量的 9.7%。区内种子植物较丰富,有 700 余种,隶属 200 余科 300 余属。其中,木本植物有 386 种,隶属 56 科 226 属;草本植物 100 余种。名木名树有榕树、桂花、樟树、银杏、罗汉松、枫香、木荷、苦槠、黄檀、柏树、皂角树、石楠、凉茶树、栎树、重阳树等。花卉品种主要有杜鹃、女贞、月季、菊花、紫薇等。现存野生动物资源不多,有些有经济价值的动物转为人工饲养,主要有鱼类、兽类、禽鸟类、哺乳类、昆虫类、爬行与两栖类动物 100 余种。

人口与民族

【人口】 2023 年末,吉州区有常住人口户数 117847 户,同比上升 0.119‰,户籍人口 377735 人,同比上升 0.035‰,其中男性 191840 人,占总人口的 50.79%,同比上升 0.026‰;女性 185895 人,占总人口的 49.21%,同比上升 0.045‰。全区全年办理新生儿落户 2505 人,其中,男性 1386 人,女性 1119 人,出生人口同比下降 13.44%。2022 年,全区办理死亡注销 1886 人,其中,男性 1105 人,女性 781 人,全年死亡率为 4.99‰。全区 18 周岁以下人口 84397 人,60 周岁以上人口 77189 人,同比上升 0.519‰。

【民族】 2023 年,吉州区常住人口以汉族为主,有少数民族 31 个,少数民族户籍人口 1705 人。其中,人口较多的少数民族有畲族 323 人、回族 305 人、满族 245 人、壮族 186 人、土家族 133 人、苗族 131 人、蒙古族 120 人,占少数民族人口比例的 84.63%。

国民经济与社会发展

【概况】 2023 年,全区地区生产总值为 300.5 亿元,比上年增长 2.4%。

其中,第一产业增加值为10.56亿元,比上年增长4.1%;第二产业增加值为100.89亿元,比上年增长3.7%;第三产业增加值为189.05亿元,比上年增长1.5%。人均生产总值达到70557元,增长0.31%。

全年全区实现财政总收入24.2亿元,增长1.7%;实现地方财政收入11.65亿元,增值4.3%,其中税收收入8.19亿元,增长5.3%,占地方财政收入的比重为70.3%。全年全区一般预算财政支出34.02亿元,下降1.4%。其中,教育支出增长3.8%,一般公共服务支出增长29.1%,社会保障和就业支出下降8.0%,卫生健康支出增长3.1%,城乡社区支出下降35.2%。

【农业、农村经济】 全年全区实现农林牧渔业总产值20.37亿元,下降0.6%。根据农业统计口径,全区4个镇及禾埠街道乡村人口13.2万人,乡村劳动力7.1万人,乡村从业人员3.9万人,其中从事农业人员2.2万人。全年全区粮食总产量10.46万吨,增长4.9%;油料总产量2198.1吨,增长1.5%;蔬菜总产量14.19万吨,增长4.7%;水产品产量1.4万吨,增长2.3%;肉类总产量7621.15吨,增长15.6%;生猪出栏7.17万头,下降4.9%;年末生猪存栏3.74万头,下降12%;家禽年末存笼46.77万羽,增长3.7%。全区农业机械总动力8.49万千瓦,增长6.3%。机耕面积2.49万公顷,机电灌溉面积1.52万公顷;机收面积1.8万公顷。财政用于农林水支出35053万元,比上年增长11.18%,比上年提高1.1个百分点。

【工业、建筑业】 全区规上工业企业132家,完成工业总产值209.4亿元,比上年增长7.4%;规上工业增加值比上年增长9.1%;实现主营业务收入211.7亿元,比上年增长10.2%;实现利润总额24.5亿元,比上年增长22.4%。全区全年全社会用电量150659万千瓦时,比上年增长10.86%。其中,工业用电量39422万千瓦时,比上年增长4.56%。全年建筑业实现总产值206亿元,比上年下降7%。其中,建筑工程完成196.16亿元,增长5.8%;安装工程完成3.25亿元,下降87.1%。建筑业增加值35.3亿元,增长0.1%。

【固定资产投资】 全年固定资产投资比上年增长9%,其中工业投资比上年增长17.3%;基础设施投资比上年下降22.9%。施工项目173个,是年新开工51个,是年投产项目个数89个。

全年房地产开发投资12.7亿元,比上年增长10.5%。按工程用途分:商品住宅投资11.4亿元,比上年增长12.8%;商业营业用房投资0.4亿元,下降16.5%;其他投资0.9亿元,下降5%。房屋施工面积250.7万平方米,比上年增长6.3%;房屋新开工面积37.8万平方米,比上年增长259.4%;商品房竣工面积1.5万平方米,下降89.8%;商品房销售面积21万平方米,下降42%;商品房待售面积2.5万平方米,比上年增长116.3%;商品房销售额20.8亿元,下降42%。

【国内贸易、对外经济】 全年社会消费品零售总额224.24亿元,比上年增长7.5%。全年全区批发和零售业完成销售总额380.85亿元,其中,批发业完成商品销售225.18亿元,增长8.7%;零售业完成商品销售额155.67亿元,增长6.8%。住宿和餐饮业完成营业额17.4亿元,其中,住宿业完成营业额3.52亿元,增长14.7%;餐饮业完成营业额13.88亿元,增长18.8%。全年进出口总额42316.811万美元,其中,出口32981.0243万美元,进口9835.7876万美元;实际利用省外项目资金65.91亿元,增长5.42%;现汇进资1010万美元,下降19.2%。

【交通和旅游】 全区农村公路总里程857.47千米,公路密度2.018千米/平方千米,其中,县道114.46千米,乡道188.57千米,村道554.44千米。按技术等级划分一级公路3.35千米,三级公路53.96千米,四级公路753.11千米,等外公路47.06千米。全年接待游客1355.09万人次,比上年增长126.3%;实现旅游综合收入105.48亿元,比上年增长117.6%。

【教育和卫生】 全区高职学校2所,在校学生15411人,毕业生3801人;中等职业学校7所,在校学生13691人,毕业生4361人;普通中学17所,在校学生32570人,毕业生9691人;普通小学50所,在校学生44256人,毕业生6318人;幼儿园102所,在校学生15458人,毕业生6713人。全区医疗机构总数272家,其中,三级医院6家,二级综合医院2家,一级综合医院4家,乡镇卫生院5家,社区卫生服务中心5家,村卫生室89家,口腔诊所45家,其余为各类诊所及医务室。全区医师2318人,护士3433人,床位数6025张。

【人民生活和社会保障】 城镇居民人均可支配收入5.059万元,增长4.7%;农村居民人均可支配收入2.51万元,增长6.8%。全区参加城镇职工基本养老保险105280人;参加机关事业单位基本养老保险11274人;参加城乡居民基本养老保险参保人员82168人;参加失业保险人员32365人;参加工伤保险人员4026人;参加城镇职工医疗保险人员39249人;参加城乡居民医疗保险人员257258人。截至2023年12月,全区有城乡低保对象5594户9821人。其中,城市低保对象3230户5177人,发放城市低保金和失能护理补贴3649.27万元;农村低保对象2364户4644人,发放农村低保金2776.87万元。

中国共产党吉安市吉州区委员会

吉州年鉴 2024

综　述

2023年，吉州区委领导班子弘扬跨越时空井冈山精神，聚焦“走在前、勇争先、善作为”目标要求，围绕江西省委打造“三大高地”（革命老区高质量发展高地、内陆地区改革开放高地、国家生态文明建设高地）、实施“五大战略”（产业升级战略、项目带动战略、科教强省战略、省会引领战略、治理强基战略），吉安市委锚定“三区”（建设革命老区高质量发展先行区、全省共富共享美好生活实践区、全国红色基因传承示范区）战略、打好“十大攻坚战”部署要求，紧扣“提升首位度、争当排头兵，挺起赣江中游生态经济带脊梁”发展定位，做强做旺中心城区，打好打赢“十大攻坚战”，强化首位担当、抓工作落实，团结带领全区干部群众迎难而上，推动经济社会发展和党的建设取得新成效。

拥护“两个确立”，做到“两个维护”

全面贯彻落实中共二十大精神。深化“第一议题”学习制度，召开区委常委会29次，组织理论学习中心组学习13次。出台《关于深入学习宣传贯彻中共二十大精神加快全面建设社会主义现代化吉州的实施意见》，推动中共二十大精神在吉州落地落实。学习宣传贯彻习近平总书记到江西省考察时的重要讲话精神。研究起草《关于深入学习贯彻习近平总书记考察江西重要讲话精神　奋力谱写中国式现代化吉州篇章的实施意见》。

开展主题教育。形成调研报告51篇，建章立制54项，推进专项整治7个，检视问题41个、销号率100%，实施民生项目23个，引领全区上下解决群众急难愁盼问题1780件，构建检视整改“找、办、评”闭环机制在省级简报刊发，主题教育相关经验做法在中央级媒体刊载32篇，得到中央第八巡回指导组肯定。

稳中求进，推动经济运行

经济运行稳中提质。研究出台推进经济回稳向好“24条”。强攻六大领域“项目大会战”，91个重点项目扎实推进。全区旅游接待人次和综合收入分别增长126%、117%，获评全省优秀旅游服务体验城市试点单位、全市旅游产业高质量发展先进区、全市景区“六个一”工程先进区，钓源古村获评全省“风景独好”旅游名村、五星休闲乡村民宿等系列荣誉。预计全年地区生产总值增长3%左右，规模工业增加值增长9%，固定资产投资增长9%，社会消费品零售总额增长7.3%，大多数主要经济指标增速保持全市第一方阵。产业发展转型升级。新赣江药业在北交所上市，江铜江缆股改、兴泰科技“新三板”挂牌、宏瑞兴主板上市工作有序开展，伊戈尔、祺利、众源、冷链物流园等项目加速建设，伊戈尔数字能源项目入选省级数字经济重点项目清单，连续3年获评全省工业高质量发展先进，工业园区连续两年荣获全省开发区综合考核第一等次。

城乡融合步伐加快。编制《省级城乡融合发展试验区建设规划》，承接中心城区、高铁新区管理事项，实施城市更新试点，推进392套棚户区改造，实施8个老旧片区、12条背街小巷改造提升和25宗闲置地块微更新，城北全民健身中心、城北污水处理厂等项目建成投用。通过国家卫生城市复审。推进乡村全面振兴，粮食生产面积1.95万公顷、总产10.45万吨，实现“二十连丰”，通过“井冈山”农产品区域公用品牌授权企业26家，培育市级以上农业龙头企业50家，新增认定大湾区“菜篮子”基地8家，果蔬网络销售额全省第八，入驻盒马鲜生、山姆等高端商场优质农产品数量全市第一。实施和美乡村建设“五大提升”行动，城乡供水一体化建设“五年计划三年完成”，农村自来水普及率、规模化供水率均达97%以上，新建49个新农村点和6个美丽宜居村庄，承办全省星级休闲乡村民宿授牌会和农村厕所革命培训班，获评全省“四融一共”（景村融合、产村融合、三治融合、城乡融合、共同富裕）和美乡村先行区、第三批“美丽活力乡村+乡宿”联动建设先行区，兴桥钓源村、曲濑福田村被列入全省学习运用“千万工程”经验现场推进会观摩点。

生态优势不断厚植。空气质量优良天数比例98.9%，全省排名前移27位，国考省考断面水质优良率100%，地表水综合指数全省前二十，连续4年获全市污染防治攻坚战成效考核优秀。累计打造低碳社区、近零碳社区30余个，钓源古村获评全省首个碳中和景区和生态产品价值实现共建点。

坚持改革开放，推动发展活力

改革破难题。系统集成抓好98个重点改革项目，连续两年获评全国普惠金融发展示范区，荣获全省全面深化改革工作先进区。

开放提能级。新签约引进项目52个、总投资425亿元，其中优强重点产业项目11个，获评2020—2022年全省实际利用外资先进区。

创新增动能。深化研发投入和创新平台攻坚，研发投入经费总量位居全市前列，申报获批省级高新技术企业20家，培育国家级专精特新“小巨人”企业3家、制造业单项冠军1家，省级创新型中小企业12家、“专精特新”中小企业18家，兴泰科技获全省科学技术进步奖二等奖，预计全区高新技术产业和战略性新兴产业占规模工业比重分别提高到68%和62.7%。

坚持团结奋斗，建设民主法治

发展全过程人民民主。支持和保障区人大及其常委会依法履职，加快新时代政协协商向基层延伸，持续“吉事广议”协商品牌。

宣传思想文化工作。完善红色

基因传承长效机制，开展“7·16”吉安城解放日纪念活动，创建省级红色基因传承示范学校4所。构建全媒体传媒矩阵，“云吉州”客户端综合排名全省第一。创建城市书房、城市驿站、农村书屋等覆盖城乡新型公共文化空间，创新新时代文明实践“四地”模式，移风易俗“十步工作法”在《人民日报》头版单篇刊发，文化强区工作在全市作典型发言。

坚持人民至上，推动民生福祉

就业创业。建立“五精准”就业帮扶机制，推进“5+2”就业体系建设，新增城镇就业5343人，预计城乡居民人均可支配收入分别增长5.2%和6.7%，总量稳居全市第一，仁山坪就业之家入选全国第一批基层劳动关系公共服务样板培育点。全面开展无欠薪城市创建，追回拖欠工资1480万元。发放创业担保贷款3.39亿元，新增市场主体8746户，增长25.2%。

公共服务。稳步推进集团化办学，新增义务教育学位5000个。组建吉州区紧密型区域医疗联合体。做好“一老一小”事业，养老保险、城乡低保、群众医保、特困供养扩围增效。

社会大局。推进平安吉州、法治吉州建设，常态化推进扫黑除恶斗争，构建“三级统筹、三方协同、三所联动、三长激励”工作体系，市域社会治理现代化试点通过验收，获评全省红色物业优秀区，“一格八员、一网三色”获评全省第一批法治政府建设示范项目，“三方协同”（小区业主委员会、物业公司、居民三方协同）治理模式代表江西在全国“枫桥经验”研讨会上作交流推广并获评全省优秀典型案例，全年公众安全感、政法部门满意度实现“双提升”。

坚持强基固本，推动党的建设

意识形态工作责任。坚持党管宣传、党管意识形态、党管媒体。创新建立党员干部意识形态个人档案及结果运用机制。

基层组织建设。推进基层党建“三化”（标准化、规范化、信息化）建设，持续深化“三严五整”（严格控制发文数量，以提高发文质量；严格控制开会，以推动会议提质增效；严格规范督查检查考核和调研活动。整治思想认识偏差，整治“数字形式主义”，整治随意加重村级组织负担，整治权责不分、推卸责任，整治不担当、不作为、乱作为）攻坚行动。

党风廉政建设。扛起全面从严治党政治责任，落实中央八项规定精神，一体推进“三不腐”（不敢腐、不能腐、不想腐），查处违反中央八项规定精神问题57人、乡村振兴领域不正之风和腐败问题205人。

重要会议

【概况】 吉州区委先后召开系列重要会议，召开区委五届四次全体（扩大）会议、区委经济工作会议暨年终项目巡查调度点评会、区委五届五次全体（扩大）会议，召开区委常委会会议29次，四套班子会2次，区党政联席会议2次，召开区委落实省委巡视反馈意见整改工作动员会、庆祝中国共产党成立102周年暨全区“两优一先”表彰大会、吉州区学习贯彻习近平新时代中国特色社会主义思想主题教育动员大会、全区领导干部会议、全区以做强做旺中心城区为统领打好打赢“十大攻坚战”动员大会暨“决战四季度、夺取全年胜”部署会。

【区委五届四次全体（扩大）会议】 1月7日，区委五届四次全体（扩大）会议、区委经济工作会议暨年终项目巡查调度点评会召开。区委书记尹冬苟代表区委常委会作工作报告，区委副书记、区长罗青球点评项目巡查，并部署2023年全区经济工作，会议表决并通过《中共吉州区委关于深入学习宣传贯彻中共二十大精神加快全面建设社会主义现代化吉州的实施意见》。廖文来、王巍、刘锡锋、杨彩霞、钟小亮、邱建军、胡云祥、张学伟、蒋国萍、于新鹏出席。2023年全区经济工作总体要求：习近平新时代中国特色社会主义思想为指导，全面贯彻落实中共二十大和中央经济工作会议精神，贯彻总书记习近平视察江西重要讲话精神，按照省委十五届三次全会和省委经济工作会议部署，紧扣市委五届四次全会暨市委经济工作会议安排，推进中国式现代化，坚持稳中求进工作总基调，完整、准确、全面贯彻新发展理念，融入新发展格局，统筹经济社会发展，提振市场信心，畅通经济循环，强化创新驱动，深化改革开放，促进区域协调，保障改善民生，防范化解风险，紧扣“一条主线”，坚持“两个对标”，推进“八提工程”，提升首位度、争当排头兵，挺起赣江中游生态经济带脊梁，推动经济实现提升和增长，谱写吉州全面现代化建设新篇章。

【区委落实省委巡视反馈意见整改工作动员会】 2月4日，区委落实省委巡视反馈意见整改工作动员会召开。区委书记尹冬苟，区委副书记、区长罗青球，区领导廖文来、王巍、刘锡锋、杨彩霞、钟小亮、邱建军、胡云祥、张学伟、蒋国萍参加。会议要求，提高政治站位，坚持动真碰硬，推进巡视整改落地落实，统筹巡视整改和经济社会发展，推动整改成果转化。

【中共成立102周年暨“两优一先”表彰大会】 7月1日，举办庆祝中国共产党成立102周年暨全区“两优一先”表彰大会，70名优秀共产党员、30名优秀党务工作者和20个先进基层党组织受到表彰。区委书记尹冬苟出席会议并讲授专题党课，区委副书记、区长罗青球主持会议，区委副书记廖文来宣读表彰决定，区领导王巍、刘锡锋等在家的区四套班子领导出席会议。

【区委五届五次全体(扩大)会议】 7月30日,区委五届五次全体(扩大)会议召开。区委常委会主持会议,区委书记尹冬苟在全体会议上作工作报告和讲话。会议传达学习江西省第十五届委员会第四次全体(扩大)会议精神和吉安市第五届委员会第五次全体(扩大)会议精神。尹冬苟回顾肯定上半年工作,明确“聚焦一个定位、提升四个首位、推进五大攻坚,坚定不移推进高质量发展,奋力谱写吉州全面现代化建设新篇章”总体工作思路。全会按照党章规定,终止部分区委候补委员职务。全会审议并通过区纪律检查委员会关于严重违纪违法问题审查报告、区第五届委员会第五次全体(扩大)会议决议和区委关于改进干部作风强化执行落实实施意见。

【主题教育动员大会】 9月18日,召开学习贯彻习近平新时代中国特色社会主义思想主题教育动员大会。区委书记、区委主题教育领导小组组长尹冬苟主持会议并讲话,省委第一巡回督导组成员张骁、刘陆云到会指导,王巍、刘锡锋、杨彩霞、钟小亮、邱建军、胡云祥、张学伟等在职县级领导以及部分县级老干部出席大会。大会号召各级党组织要把组织开展好主题教育作为当前头等大事和重大政治任务,高标准、实举措、严作风,确保主题教育取得实效。

【全区领导干部会议】 10月26日,全区领导干部会议召开,传达学习习近平总书记到江西省考察时的重要讲话精神、在听取江西省委和省政府工作汇报时重要讲话精神及在进一步推动长江经济带高质量发展座谈会上重要讲话精神,全面贯彻全省、全市领导干部会议精神,动员引导全区上下坚定拥护“两个确立”、坚决做到“两个维护”,掀起学习宣传贯彻热潮,谱写中国式现代化吉州篇章。区委书记尹冬苟主持并讲话,区委副书记、区长罗青球,王巍、刘锡锋、杨彩霞、钟小亮、肖莺华、游文亮、邱建军、胡云祥、张学伟、蒋国萍、于新鹏等区领导出席会议。尹冬苟指出,习近平考察江西重要讲话精神,是做好新时代新征程吉州各项工作总方针总纲领总遵循,要迅速掀起学习宣传贯彻热潮,推动习近平重要讲话精神在吉州落地见效。

【“十大攻坚战”暨“决战四季度、夺取全年胜”部署会】 10月26日,全区以做强做旺中心城区为统领打好打赢“十大攻坚战”动员大会暨“决战四季度、夺取全年胜”部署会召开。学习贯彻中共二十大精神和习近平总书记到江西省考察时的重要讲话精神,对标落实全市锚定“三区”战略打好“十大攻坚战”部署要求,坚定主攻增加人口流量、做大经济总量、提升发展质量,打好“十大攻坚战”,奋力彰显吉州作为。区委书记尹冬苟主持并讲话,区委副书记、区长罗青球,王巍、刘锡锋、杨彩霞、钟小亮、肖莺华、游文亮、邱建军、胡云祥、张学伟、蒋国萍、于新鹏等区领导参加。

【区委常委会会议】 年内,区委常委会会议召开29次,即第五届区委第50次常委会至第78次常委会。会议传达学习习近平总书记重要讲话、重要批示指示精神,传达中央、省、市重大决策和重要会议精神,研究《关于深入学习宣传贯彻中共二十大精神 加快全面建设社会主义现代化吉州的实施意见》《关于认真做好省委第三巡视组反馈意见整改工作的通知》《市委第三巡察组巡察吉州区委组织部反馈意见整改工作方案》《关于2022年吉州区财政收支预算调整的报告》、关于召开区两会有关事项、区纪委五届三次全会有关事项、《关于表彰2022年吉州区营商环境优化升级工作先进集体和先进个人的决定》《区人大常委会工作报告》《区政协常委会工作报告》《区纪委五届三次全会工作报告》《吉州区内砂场混凝土搅拌区一体化项目和预拌混凝土搅拌站搬迁整治工作方案》《关于落实从优待警“团圆计划”的请示》《区政府工作报告》《吉安市吉州区2022年国民经济和社会发展计划执行情况与2023年国民经济和社会发展计划草案的报告》《吉州区生态文明试验区建设情况的报告》《吉州区2023年“项目大会战”实施方案》《吉州区2023年重点改革项目清单》《吉州

9月18日,吉州区学习贯彻习近平新时代中国特色社会主义思想主题教育动员大会召开

(区融媒体中心　供图)

区2023年招大引强实施方案》《2023年吉州区精准帮扶重点工业企业工作方案》《吉州区土地开发及旱地改水田土地整治项目实施方案》《区委常委会2023年工作要点》《区委全面落实从严治党主体责任2023年任务安排》《吉州区“五拼五比五晒”工作方案》《关于恳请同意钓源乡村旅游集聚区基础设施提升项目(二期)采取设计采购施工运营总承包(EPC+O)模式运作的请示》《吉州区城市社区专职网格员配备工作方案》《吉州区城市社区专职网格员管理办法(试行)》螺湖水治理、颐祥园公寓整治工作、《关于实施中心城区雨污管网及配套基础设施建设一期项目(吉州区标段)的请示》、部署禁毒工作、部署营商环境工作、2023年全区网络安全检查工作、全区双拥工作等203个议题。

【区党政联席会议】 召开区党政联席会议2次。2月20日,召开第1次区党政联席会议,研究讨论2022年度全区综合考核等次及奖项评定事项,审议《吉州区2023年争先清单(审议稿)》《吉州区2023年发展目标清单(审议稿)》《吉州区2023年重点改革项目清单(审议稿)》《吉州区2023年防范风险清单(审议稿)》《吉州区“四心”营商环境创新行动实施方案(审议稿)》。8月21日,召开第2次区党政联席会议,听取区统计局通报上半年经济运行情况并作全年GDP总量全省排位情况分析。

【区四套班子会议】 召开区四套班子会议2次。4月28日,召开第1次区四套班子会议,审议《关于钓源古村项目三期建设情况报告(审议稿)》。12月22日,召开第2次区四套班子会议,审议《关于恳请同意吉安市吉州区工业园投资开发有限公司回购六星(吉安)科技孵化园发展有限公司土地及房屋的请示》《颐祥园老年公寓专项整治缺口资金解决应急方案》《钓源项目三期建设情况汇报》。

重大决策

【概况】 区委、区人民政府先后印发《中共吉安市吉州区委关于深入学习宣传贯彻中共二十大精神加快全面建设社会主义现代化吉州的实施意见》《关于做好2023年全面推进乡村振兴重点工作实施方案》等文件,促进吉州区政治、经济、社会健康发展,作出现代化建设、乡村振兴、开放型经济、园区改革、作风建设等方面科学决策。

【宣传中共二十大精神加快全面建设社会主义现代化吉州的实施意见】 1月9日,区委、区人民政府印发《中共吉安市吉州区委关于深入学习宣传贯彻中共二十大精神加快全面建设社会主义现代化吉州的实施意见》。学习宣传贯彻中共二十大精神,坚持稳中求进工作总基调,把握新发展阶段,贯彻新发展理念,构建新发展格局,围绕“提升首位度、争当排头兵”发展定位,全面融入并挺起赣江中游生态经济带脊梁,全力建设“高质量发展先行区、城乡融合发展样板区、改革创新引领区、市域社会治理示范区”,奋力打造创新创业、宜居宜人、和谐和顺、共富共享、文明昌盛现代化吉州,争当高质量发展、高标准生态、高效能治理、高品质生活、高素质文明排头兵。

【全面推进乡村振兴重点工作实施方案】 4月17日,区委、区人民政府印发《关于做好2023年全面推进乡村振兴重点工作实施方案》。落实中共二十大精神,贯彻习近平总书记关于“三农”工作重要论述和到江西省考察时的重要讲话精神,落实中央,省委、市委农村工作会议部署,按照“提升首位度、争当排头兵,挺起赣江中游生态经济带脊梁”的目标定位,坚持“小而美、小而精、小而优、小而强”发展思路,对标首善、对标一流,铆足干劲做好全面推进乡村振兴各项重点工作,推动农业强起来、农村美起来、农民富起来,打造新时代乡村振兴的吉州新样板。

【主题教育实施方案】 9月16日,区委印发《关于在全区深入开展学习贯彻习近平新时代中国特色社会主义思想主题教育的实施方案》。学习贯彻习近平总书记关于主题教育系列重要讲话和重要指示批示精神,全面落实习近平总书记到江西省考察时的重要讲话精神,贯彻落实党中央关于开展主题教育的部署安排和省委、市委工作要求,围绕学思想、强党性、重实践、建新功总要求:把握学习贯彻习近平新时代中国特色社会主义思想这一主题主线和根本任务,借鉴运用第一批主题教育成功经验,坚持学思用贯通、知信行统一,坚持同第一批主题教育衔接联动,坚持理论学习、调查研究、推动发展、检视整改、建章立制等重点措施有机融合、一体推进,落实“以学铸魂、以学增智、以学正风、以学促干”要求,确保实现凝心铸魂筑牢根本、锤炼品格强化忠诚、实干担当促进发展、践行宗旨为民造福、廉洁奉公树立新风目标,确保吉州各项工作坚定不移沿着习近平指引道路前进。

【十大攻坚战实施方案】 10月20日,区委、区人民政府印发《吉州区以做强做旺中心城区为统领打好打赢十大攻坚战实施方案》。学习宣传贯彻习近平总书记到江西省考察时的重要讲话精神,聚焦“走在前、勇争先、善作为”目标要求,完整、准确、全面贯彻新发展理念,紧扣“提升首位度、争当排头兵,挺起江中游生态经济带脊梁”发展定位,以做强做旺中心城区为统领打好打赢“十大攻坚战”，强化主城担当、发挥主力作用，打出突破性成效、攻出标志性成果，推动经济实现质的有效提升和量的合理增长，开辟吉州高质量发展新境界，吉安锚定“三区”战略打好“十大攻坚战”、联动建设江西南部重要增长极作出吉州贡献。主要目标是到2026年全区综合实力明显提升，中心城区吸引力、服务力、带动力持续增强。

【巩固态势推进经济回稳向好的若干措施】 4月23日，区委办公室、区人民政府办公室印发《关于进一步提振信心巩固态势推进经济回稳向好的若干措施》。贯彻中共二十大精神，落实中央和省委、市委、区委经济工作会议部署，坚持稳中求进工作总基调，完整、准确、全面贯彻新发展理念，推进高质量发展首要任务，持续推动稳经济一揽子政策和接续措施落地见效，改善社会预期、提振市场信心，巩固提升经济回稳向好态势，实现质的提升和量的增长。

【推动2023年全区开放型经济高质量发展的意见】 7月3日，区委办公室、区人民政府办公室印发《关于推动2023年全区开放型经济高质量发展的意见》。落实中共二十大和中央经济工作会议精神，贯彻习近平总书记到江西省考察时的重要讲话精神，按照省、市、区委全会和经济工作会议部署，坚持稳中求进工作总基调，完整、准确、全面贯彻新发展理念，扩大开放和扩大内需“双轮驱动”融入新发展格局，围绕“提升首位度、争当排头兵，挺起江中游生态经济带脊梁”发展定位，全面推进产业升级招大引强、对外贸易转型升级、商贸消费提质扩容举措，建设区域性消费中心，推动全区开放型经济实现质的提升和量的合理增长。

【深化园区管理制度改革推动园区高质量发展实施方案】 12月29日，区委办公室、区人民政府办公室印发《深化园区管理制度改革推动园区高质量发展的实施方案》。落实省、市关于深化开发区管理制度改革推动开发区高质量发展部署要求，推进吉州工业园区体制机制改革，激发园区创新发展活力，推动园区提档升级、提质增效，吉州工业园区建成吉州高质量发展引领区、改革创新先行区、产城融合样板区。健全园区管理体制，规范激励机制，营商环境全面优化提升，总量规模迈上新台阶，形成500亿元园区格局。到2026年，工业增加值年均增长10%，营业收入年均增长10%，园投公司信用评级AA以上，创建省级绿色生态园区，在全省开发区综合考核中稳居第一等次并进入前二十。到2035年，园区现代管理制度全面完善，主要经济指标达到全省先进水平，成为全区高质量发展重要支撑。

【关于改进干部作风强化执行落实的意见（试行）】 8月21日，区委办公室、区人民政府办公室印发《关于改进干部作风强化执行落实的意见（试行）》。落实习近平总书记关于改进作风、狠抓落实、力戒形式主义官僚主义重要论述，推动全区上下以强烈的责任担当和过硬的工作作风大抓落实、大干实事，落实好每一项工作部署、完成好每一个目标任务，筑牢“提升首位度、争当排头兵，挺起赣江中游生态经济带脊梁”支撑。

重大活动

【概况】 开展系列重大活动，推进招大引强，提高吉州知名度，取得良好成效。先后举办江西吉州·东莞数字经济产业对接恳谈会、中央人民广播电视台家庭酷跑大会（吉州首站）等重大活动。

【吉州·东莞数字经济产业对接恳谈会】 5月22日，吉州区举办2023年招商项目集中签约仪式。区委书记尹冬苟出席并致辞，区委副书记、区长罗青球主持签约仪式，胡云祥、王锐波、谢建明、刘龙春、彭忠等区领导参加。集中签约仪式签约重点项目10个，投资总额57亿元。

【央视家庭酷跑大会（吉州首站）】 6月3日，中央广播电视总台家庭酷跑大会走进吉州钓源古村，并以此作为首站开跑。艺术体操世界冠军章硕、蹦床世界冠军张雒、世界马拉松冠军孙英杰、曲棍球世界冠军马弋博与200组来自全国各地家庭代表一同开跑，感受“酷跑”魅力。中央广播电视总台江西总站党委书记宋大珩、中央广播电视总台体育青少节目中心少儿频道节目部主任马知渊出席，市委副书记肖玉兰宣布仪式启动，市委常委、宣传部部长李瑞峰致辞，副市长甘文鑫、胡海洋，区委书记尹冬苟，区委副书记、区长罗青球，区领导廖文来、王巍、刘锡锋、杨彩霞、钟小亮、肖莺华、邱建军、张学伟等区四套班子领导出席活动。

【吉州·粤港澳大湾区产业招商精准对接会】 6月15日，吉州·粤港澳大湾区产业招商精准对接会在东莞举办。区委副书记、区长罗青球出席会议并致辞，区领导胡云祥、于新鹏及40余名客商代表参会。签约项目7个，投资总金额55亿元。

【江西省苏维埃革命历史陈列馆和舒行将军故居开馆仪式】 9月27日，江西省苏维埃革命历史陈列馆和舒行将军故居开馆仪式举行，区委书记尹冬苟致辞，王巍、刘锡锋、杨彩霞、钟小亮、游文亮、邱建军、胡云祥等区四套班子领导参加。

【数实融合·智领未来 战新产业深链会】 12月26日，数实融合·智领未来 战新产业深链会暨2023年江西吉州(粤港澳大湾区)智能制造业产业合作恳谈会在深圳举办。区委书记尹冬苟致辞，副区长王锐波产业推介，吉安市政府驻广东(深圳)办事处主任胡正锋及客商和嘉宾参加。签约项目4个，签约金额90亿元。

办公室工作

【概况】 区委办公室围绕中心、服务大局，发挥统筹协调、参谋助手、督促落实等职能作用，行政服务各类会议100余次，保障区委各项工作运转。

【秘书工作】 起草各类文稿320余篇，收文流转文件3600余件，制发文件500余份。筹备区委常委会、区委全会等重要会议近90场次，圆满完成中央广播电视总台家庭酷跑大会(吉州首站)、钓源乡村振兴交流会、钓源亲子音乐节等重要活动。

【机要保密国安】 维护密码通信安全畅通，保障党政系统视频加密会议，建设高清视频会议室，规范办理密码电报，实施安可替代工程，加强涉密人员登记备案。做好情报收集、分析和报送工作。开展"4·15"全民国家安全教育日等重要节点全民宣教，推动国家安全教育"七进"系列活动，增强全民国家安全意识和素养。

【政策研究】 以做强做旺中心城区为统领，打好打赢"十大攻坚战"，聚焦高质量发展、全面深化改革、群众热点难点问题和事关全局重大问题，起草重要文稿、参与重点调研、开展理论研究，供区委、区政府重大战略决策和重要工作部署决策参考。全年围绕"三回三带"机制助推乡村振兴、"三方协同"治理机制、"四心"营商环境、零工驿站等15个课题开展专题调研，并形成调研成果。

【改革共富】 制定出台《吉州区重点改革突破攻坚战实施方案》《吉州区2023年重要改革项目清单》等文件，系统谋划推出15项改革攻坚任务、98项重点改革项目，健全完善"三领攻坚""三亮一督""四个一"等推进落实机制。43项改革经验材料在省、市改革简报简讯上刊发，62篇改革经验做法在省级以上主流媒体刊发报道，创新流动党员"三回三带"助推乡村振兴机制获得省政府主要领导肯定性批示，并在《江西改革动态》刊发。物业纠纷"三方协同"化解工作法获评全省"枫桥经验"优秀案例，并代表江西在中央政法委"枫桥经验"研讨会上作经验介绍。同时，牵头统筹全区建设全省共富共享美好生活实践区建设工作，推进《重点任务清单》《重点改革清单》"两张清单"落地落实，打造桐江沿线万亩乡贤创新创业示范带、吉州区就业之家等共富共享示范点。

【督查督办】 探索"督查+"模式，持续优化综合督查工作机制，探索建立"两办"常态督办、人大重点督办、政协协商督办"三线督办"机制，深化"三亮一督"赛马比拼机制，建立"五拼五比五晒"工作机制，全年完成对各镇街、各部门单位专项督查80余次，推动各项工作落实。配合做好省委、省政府综合督查，持续推进省委巡视反馈意见整改督查工作，抓好省委、市委和区委主要领导指示批示督查，完成各类督查材料上报及问题整改，组织开展2次项目建设巡查。开展"三严五整"(严格控制发文数量，提高发文质量；严格控制开会，推动会议提质增效；严格规范督查检查考核和调研活动。整治思想认识偏差，整治"数字形式主义"，整治随意加重村级组织负担，整治权责不分、推卸责任，整治不担当不作为乱作为)攻坚行动，推动减负提质、减负增效，保障吉州高质量发展。

【民声通道】 做好"民声通道"办件核查督办，解决群众诉求问题，做到网上有互动、网下有行动、干群心连心。全年办理群众反映各类诉求问题258件，办结率100%，推动解决仁山巷居民区商户酿酒、庐境园小区加装电梯、文山观澜物业乱收费、浩城系列地产延期交房等群众诉求。

【公务接待】 执行中央八项规定精神，规范公务接待管理，厉行节约、反对浪费，创新推动接待保障工作，持续提升接待服务水平。全年完成中央广播电视总台家庭酷跑大会(吉州首站)、江西"乡亲桑梓行，浓浓赣港情"万名乡亲回乡活动等接待保障工作。全市接待系统文化主题特色宴评选活动中，挖掘吉州菜品内涵，展示吉州味道。根据各类活动要求及允许范围，发挥公务接待平台桥梁纽带和宣传推介作用，增加区绿色食品产业园、各乡镇特色农产品出镜率，提升相关知名度。

(廖华鹏)

组织工作

【概况】 吉州区委组织部围绕"党员、干部能力作风提升攻坚战""招才引智人才集聚攻坚战"两大攻坚战，聚焦党建、干部、人才三大重点，实施"基层党建提质、干部队伍赋能、吉州英才集聚、模范部门创建"四大行动，建强基层战斗堡垒，将党员、干部、人才资源集聚在"十大攻坚战"中，转化为推动吉安高质量发展动力，在谱写中国式现代化建设吉安篇章中贡献吉州力量、体现首位担当，相关工作在省、市专项工作会议上作典型发言7次，省级以上媒体上稿85篇。探索"三回三带"（人才回归、项目回引、资金回流，实现治理带优、产业带兴、群众带富）机制工作，获省长叶建春批示肯定；钓源古村作为全省党建引领传统村落保护工作现场推进会观摩点，得到全省与会领导认可，并在大会上获得肯定表扬，相关乡村振兴经验入选江西新时代乡村振兴优秀案例；主题教育工作得到中央第八巡回指导组、省委第一巡回督导组肯定，获评全市第一等次，相关做法在市级以上媒体简报刊登420余篇（中央级上稿37篇）。吉州区获评全省红色物业优秀区，2个社区党建案例入选共产党员网先进典型社区案例分享，书记领衔项目"吉"聚青优获全省表扬，获批2个省级"名师工作室"，4家企业入选市"双百计划"，1人入选"庐陵工匠"。选贤任能，全年提拔科级干部36人。

【党建促乡村振兴】 全区建立驻外党支部16个，93名流动党员担任村"两委"干部或村小组长，286名在家党员干部与1134名流动党员结对。搭建创业服务平台，选派50名区直各部门单位科级以上干部担任返乡创业人员"红色帮扶员"；搭建金融扶持平台，帮助返乡创业人员落实金融扶持资金3000余万元。探索"三回三带"机制助推乡村振兴，吸引126名优秀人才返乡创业，回引项目65个，资金近10亿元，77个村级集体收入均突破25万元，其中15个突破50万元，相关经验做法获省政府主要领导和分管领导批示肯定，并在全省学习推广。钓源古村作为全省党建引领传统村落保护工作现场推进会观摩点，获得大会肯定表扬。钓源古村入选江西新时代乡村振兴优秀案例。

【党建引领基层治理】 "一格八员、一网三色"工作法，建立社区、物业、业主委员会"三方协同"治理模式，在全国研讨会上交流推广。深化"红色物业"品牌创建，打造"小区党群服务站"试点40个，吉州区获评全省红色物业优秀区，3个小区被评为全省红色物业优秀小区。在职党员进社区，成立"红领管家"志愿服务队，建立"楼栋工作日""逢三说事"等机制，相关做法得到全省基层党建工作通报表扬。新兴领域党建工作，探索"吉聚新心"党建品牌创建行动，依托水巷·能仁巷打造"暖新友好街区"，整合市监、城管、交通等资源，成立新业态新就业群体党建联盟，打造50余个"红色驿站"，建好"暖新友好街区"便民服务圈。持续"红色物业、红色商圈、红火园区"党建品牌建设，万佶物流党支部在全省互联网企业党建会议上作交流发言。

【干部管理】 配合市委组织部完成2022年度县级干部考核工作。2022年度全区科级领导班子和科级干部考核，评定优秀班子21个，评定优秀等次189人，单位推荐优秀年轻干部纳入后备干部库管理，正向激励晋升46人次。全年，提拔"80后"干部25人、"90后"干部9人，提拔女干部13人、党外干部4人。实行"红黄牌"预警管理，赋牌88张。发挥纪委、宣传、信访、政法等多部门联审作用，运用"12380"电话、信访、网络和短信"四位一体"平台，掌握干部"八小时外"现实表现，防止"带病提名""带病提拔"。压实基层党组织选人用人主体责任，选人用人专项检查单位23家。做好巡视整改"后半篇文章"，制定22条整改措施，抓好整改落实。调任5名事业干部，畅通基层干部晋升渠道。干部谈心谈话"五必谈"（所驻村的村情必须知道，党建情况必须知道，经济社会情况必须知道，安全隐患必须知道，社会不稳定因素必须知道）工作，结合乡镇领导班子届中运行情况调研，掌握乡镇干部思想动态。

【人才工作】 召开人才工作领导小组会、专项述职会、书记领衔重点人才工作项目调度会以及招才引智人才集聚攻坚战指挥部会议等，制定出台招才引智人才集聚攻坚战实施方案、吉州区科技创新驱动发展攻坚方案等人才新政，建立攻坚战工作专班和工作机制，通过"红绿灯"亮晒攻坚目标完成情况，推动人才工作制度化、清单化、节点化。全年引进本科以上人才1491人（博士6人、硕士63人）。书记领衔重点人才工作项目——"吉"聚青优获评"全省大学生'返家乡'社会实践活动表扬品牌项目"，全省十大品牌之一，青年人才微视频《4名江西青年的奋斗故事》获省委组织部嘉奖，有关做法在省级以上媒体上稿30余篇（中央级12篇）。"钓源乡村振兴交流会"系列活动5期，邀请100余名国内外专家学者研讨"三农"工作，吸引返乡人才126人，招引项目18个，带回创业资金10亿余元。新赣江药业在北交所上市，宏瑞兴入选国家级专精特新"小巨人"企业，青科源获批中国农技协"科技小院"，全年新增国家级人才平台23个、省级平台20个、市级平台15个，4人入选"双百计划"，1人入选"庐陵工匠"。深化校企、院地合作，与中国医学科学院阜外医院、肿瘤医院合作，成立"心血管病技术培训中心"；与省社科院深化合作，建立江西省重点高端智库、文化强省建设研究中心吉州基地；对接电子科技大学、南昌大学等，促成5名博士与企业达成合作，推进产业链、教育链、人才链、创新链有机衔接；创建国家级谢振华名老中医工作室和2个省级、3个市级名师工作室。创造性打造吉安首个人才公园、青年人才驿站、名师培养研修基地、就医绿色通道等特色服务场所，北京、东莞、上海成立吉州区驻京、驻粤、驻沪人才联络工作站，组织"三请三回”、粤港澳大湾区对接会、青年科技人才座谈会等活动20余场，邀请700余名优秀学子、客商、乡贤等人才共话发展、共创未来。走访慰问各类人才300余人，兑现人才政策资金804.5万元，帮助人才解决“关键小事”112人次。

【老干部工作】 开展“争创‘六好’离退休干部示范党支部 争当‘五星’银发‘吉先锋’”活动，建立银发“吉先锋”队伍数12个，党员数118人。创建“老党员之家”，解决5个无活动场所退休干部党支部。签约离休干部家庭医生，开展离休干部居家养老改造工作。区老干部服务中心和老年体协活动室，由双休日、节假日不开放调整为星期六、星期日分别开放一天，满足老干部健身需求。发挥离退休干部优势作用，举办“五老防溺水”志愿巡查活动启动仪式、“送技术”到乡村活动、“健康教育知识”进校园活动。

【基层党建工作述职评议会】 1月7日，全区2022年度基层党建工作述职评议会在区行政中心召开。区委书记尹冬苟主持会议并讲话，区委副书记、区长罗青球等区领导参加，市委组织部有关领导到会指导。会上，各镇街党（工）委书记现场述职，17个部门单位党（工）委书记（负责人）作书面述职，尹冬苟逐一点评。会议观看专题汇报片《映日党旗别样红》，市委组织部人才服务中心主任欧阳健对全区党建工作现场点评，会议传达学习全市2022年度基层党建工作述职评议会议精神，对各基层党（工）委书记履行基层党建工作情况现场评议。

【驻京流动党总支揭牌】 6月5日，吉州区驻北京市流动党员党总支党员大会暨“三回三带”助推乡村振兴推进会召开。大会投票选举产生驻京党总支部委员会书记、副书记和委员会委员，并由新当选党总支书记表态发言。大会宣读党总支成立文件，并由区委组织部负责人、区驻京流动党员党总支书记为党总支揭牌。会议观看招商引资、流动党员、青年人才等相关专题片，区委组织部相关负责人推介“三回三带”助推乡村振兴改革项目，区招商分局和部分镇街负责人政策解读招商引资和招大引强工作。

【社区（重点村）讲解培训班】 10月17—18日，全区社区（重点村）讲解培训班暨2023年第四期“党务工匠成长训练营”在区委党校正式开班，来自全区各社区及部分重点村干部60余人参加培训。通过理论培训、实战模拟、现场点评等课程活动，增强全区村（社区）干部业务能力和讲解水平，推动主题教育走深走实。

【“书记领航”项目成果展示活动】 12月29日，2023年度全区“书记领航”项目成果展示活动在区委党校举办。镇街、部门单位、村（社区）党组织书记，各单位党建分管领导、党务工作者180余人到场观摩。活动分镇街、部门单位、村（社区）3个组别，28名书记角逐。以PPT讲演方式，围绕各自领衔“书记领航”项目背景、主要成效、经验启示等方面，讲出好案例。3个组别分别评选出一等奖1名、二等奖2名、三等奖3名。

（欧阳籽菡）

宣传工作

【概况】 吉州区委宣传部举旗帜、聚民心、育新人、兴文化、展形象，围绕以做强做旺中心城区为统领，打好打赢“十大攻坚战”，对外坚持寻标对标、对内坚持问题导向，做到“三个率先”（全省率先建立党员干部意识形态工作履责档案，全市率先推广理论学习中心组“学习委员”列席旁听制度，全市率先探索建设红色加油小站）。获得全国性荣誉2个、全省性荣誉18个，两项工作在中央媒体刊播推广。融媒体改革工作入选全国传媒融合创新典型案例，创意视频《遇见不一样的吉州》获评全国优秀公益短视频，《跟着总书记学习调查研究》《新时代新征程，走好乡村振兴之路》2个理论微视频入选全省微视频展播，2名宣讲员在全省“红色故事我来讲”大赛中获得全省二等奖，3个志愿服务项目获评省级优秀志愿服务项目，10家文化企业入库江西省“文企贷”名录库，文化活动《钓源过中秋》在中央电视台《新闻直播间》现场直播，移风易俗工作在《人民日报》头版头条单篇刊发。

【党的理论武装】 推行理论学习中心组“第一主题”领学制度和“学习委员”列席旁听制度，组织区委理论学习中心组学习12次。发挥区委“理行团”、庐陵老兵宣讲团、小小讲解员等60支宣讲团队作用，开展中共二十大精神及习近平总书记到江西省考察时的重要讲话精神各类重大主题宣讲2000余场次，受众群众20万余人次。调研文章《以深化改革推动融合发展提质增效》在省委宣传部《江西宣传》刊发，理论文章《马克思主义中国化“两个结合”的内生逻辑、历史进程和实现路径》荣获全省党校（行政学院）系统学习贯彻中共二十大精神理论研讨会优秀论文二等奖。

【新闻宣传】 策划“学习宣传贯彻中共二十大精神”“学习贯彻习近平总书记到江西省考察时的重要讲话精神”等重大新闻主题，开设“总书记习近平在江西考察”“学思想、强党性、重实践、建新功”“奋进新征程宣讲新时代”等40余个专题专栏，中央级媒体上稿93篇，“学习强国”学习平台上稿695条，省级媒体上

7月16日吉安城解放纪念日，百米长卷绘画活动在能仁巷举办

（区委宣传部　供图）

稿401条，市级媒体上稿748条，举办新闻发布会25场，各项数据均在全市前列。《探索媒体融合运营新路径》改革项目，入选2023年全国县级融媒体能力建设典型案例。

【意识形态工作】　区委常委会专题研究意识形态工作领域（含网络意识形态）有关情况10次，召开意识形态联席会暨意识形态领域重大风险防范会2次，组织专项督查1次，巡察专项检查2次，校园意识形态领域专题督查1次，下发通报3次、工作提示3次。调阅检查党委（党组）80家，发现并整改问题161个。创新建立《吉州区党员干部意识形态个人档案及结果运用机制》，全区建立2712名党员干部意识形态个人档案。全区拟提拔、使用和晋升职级干部和评优评先干部结论性评价，分别为287人、385人，全区落实意识形态工作责任制方面政治谈话单位主要负责人76人。

【红色基因传承】　持续深化红色基因传承长效机制，打造吉安城革命历史陈列馆、江西省苏维埃历史陈列馆、舒行将军故居等革命旧址。整合串联李家坊、西逸亭毛泽东调查旧址等10余处革命旧址，打造"重走毛泽东调查之路"等4条红色基因传承研学线路，开展"7·16"吉安城解放纪念日宣传教育活动、红色文化推广季等活动。打造"一校一品"红色学校32所。开设群众身边"红色课堂"，创新建设"红色加油小站"，让红色文化融入群众生活。深挖"九打吉安"红色文化内涵，探索创建"农村包围城市、武装夺取政权"首胜地品牌。2名宣讲员获得全省"红色故事我来讲"大赛二等奖。

【精神文明建设】　新时代文明实践"四地"（信仰高地、教育基地、服务阵地、共享园地）建设，重点打造庐境园社区、螺湖社区、桃树下社区等20余个特色、亮点新时代文明实践站，文明集市活动18场，新增11个志愿服务项目，完成志愿服务点单2.2万余次。招募156名市民，组成城市管理"市民巡访团"，解决市民群众反馈问题47个。创作情景剧《移风易俗谱新篇》、音乐快板《新风歌》等移风易俗乡风文明文艺作品6个，打造兴桥镇钓源村"礼生"点单、樟山镇陂上村移风易俗"十步工作法"等一批典型案例，工作经验在《人民日报》头版头条、《江西日报》头版刊发。

【文化产业】　"珠三角""长三角"文化和旅游产业专题招商推介活动，先后与银河兰晶公司、杭州象外文化公司等重点企业签约一批文旅产业项目，加大"投贷奖补"政策扶持力度，人文谷公司、信和天盛公司等10家文化企业，入库江西省"文企贷"名录库，天利彩印公司、禾视传媒公司等7家文化企业，入库"吉文贷"企业名录库，数量位居全市第一。群众性文化活动，广场舞《扇舞斑鸠情》荣获全省广场舞一等奖。

【网络安全和信息化建设】　落实网络意识形态工作责任制，开展网络内容专项整治10余次，约谈属地网站、自媒体等近10次，关停违规网站3家。网络安全被检查单位15家，发布网络安全整改通知单11期，指导8家企事业单位完成网络安全问题整改。

【首届江西省文明实践社会化志愿服务项目大赛（吉州赛区）】　4月19日，首届江西省文明实践社会化志愿服务项目大赛（吉州赛区）初赛在区新时代文明实践中心举办。比赛现场，11位参赛选手分别对各自志愿服务项目，从组织支撑、服务能力、服务机制、服务效果和创新引领等方面展示，分享志愿服务项目中暖心故事，交流学习社会化志愿服务项目工作经验。文山街道思源社区宜家帮忙团邻里互助、永叔街道光明社区精神障碍康复、古南镇街道"红领管家服务万家"、曲濑镇"与爱'童'行，点亮未'濑'"、兴桥镇"党旗飘扬兴桥红，匠心共筑文旅梦"、习溪桥街道红色商圈志愿服务项目，入选推荐参加全市决赛资格。

【"学习强国"学习平台线下答题竞赛】　6月，联合区司法局举办"学习强国"学习平台线下答题·红色文化暨《中华人民共和国民法典》法律知识竞赛。全区各镇街、各部门单位组成20支代表队参加。比赛分镇街组和区直部门单位组，樟山镇代表队、永叔街道代表队和文山街道代表队获得镇街组前3名，区人民检察院、区人民法院和区税务局获得区直部门单位组前3名。

（陶政）

统战工作

【概况】 吉州区委统一战线工作部把握大团结、大联合主题，推动全区统一战线工作发展，谱写吉州全面现代化建设新篇章汇聚统战力量。全区各民主党派获省级荣誉5项，党派成员中9人获省级以上表彰。发展新成员19人，新认定无党派代表人士3人。

【政治共识】 制定《全区统一战线2023年度教育培训计划》，举办全区统一战线代表人士培训班。支持区各民主党派、无党派人士和党外知识分子、新的社会阶层人士，开展“凝心铸魂强根基、团结奋进新征程”主题教育活动32次、专题调研20余次。用好“毛泽东李家坊调查旧址”统一战线爱国教育基地，召开党外青年干部座谈交流会、各民主党派参政议政（社情民意）工作专题培训会、民营企业家座谈会，开展非公有制经济人士“井冈红”理想信念教育活动等，凝聚思想共识。

【多党合作】 协助区委做好政党协商工作，制订《中共吉安市吉州区委2023年度政党协商计划》，召开政府工作报告意见建议专题征求会、民主党派负责人座谈会等会议。各党派围绕招商引资、乡村振兴、城乡建设、社会民生等重点领域，开展“大调研解难题”行动，全年专题调研22次，反映社情民意108条，提出工作良策39条，形成调研报告20余篇，组织参政议政调研成果汇报会1次，提升参政议政实效。率先在全市成立县级中华职业教育社，打造社员之家、党外之家两处新活动阵地。

【“同心 一线有我”品牌建设】 做好“两建”（建言献策、建功立业）工程，持续开展“一线调查研究、一线攻坚克难、一线服务群众”实践活动，推荐30名党外干部参加招商引资、重点项目建设等中心工作，提升党外干部素质能力。实施“走出去、请进来”行动，为基层委员会与上海等地互学互促牵线搭桥。

【非公有制经济人士统战工作】 落实《关于加强新时代民营经济人士统战工作的意见》，聚焦全市营商环境优化升级“一号改革工程”，全力营造“四心”（助企业安心，与企业知心，和企业贴心、舒心）营商环境。开展党委、政府主要领导与民营企业家“政企恳谈会”38期，累计参与企业200余家，解决问题420余个。举办民营经济人士培训班，同民营经济代表人士谈心谈话。联合园区党工委持续打造“支部建在产业链上”党建品牌，吸纳3家金融机构党组织加入党建联盟，新成立2个非公党支部，培育2个非公党组织党建示范点。制定商会统战员联络制度，商会和重点企业配备15名统战联络员。“万企兴万村”行动，促成企村联建帮扶23个村，兴办产业项目13个，投入资金1.2亿余元。“同心·爱心有我”捐资助学暨“万企兴万村”教育帮扶活动，捐资4.5万元，资助15人。

【民族宗教工作】 做好新形势下党的民族宗教工作，落实民族工作“书记工程”，深化长塘镇荷洁畲族村“工作清单六条”，落实上级民族资金34万元，支持特色产业发展，完成光伏发电基地建设，村级集体经济收入22万元。打造“民族一家亲”品牌，持续提升少数民族流动人口服务站建设，举办推动民族团结进步创建活动60余场次，召开警民恳谈会12次，解决问题6个。联合各镇街开展宗教活动场所“四进”（国旗进场所、宪法和法律法规进场所、社会主义核心价值观进场所、中华优秀传统文化进场所）及安全检查。支持区佛协开展《吉州区佛教志》编纂工作，推进宗教中国化吉州实践。完善《吉州区非法宗教活动联防共治机制》《宗教事务联合执法工作机制》，明确30余名宗教工作基层网格员，提高宗教事务治理法治水平。

【新乡贤统战工作】 制定《2023年新乡贤改革工作要点》，实施党建引领、乡贤树范行动，落实菜单式服务落地见效。创建“同心 共富共美”新乡贤工作品牌，33个“吉州菜帮”返乡创业基地做大做强，评选出全区新乡贤创新创业示范基地4个，并给予财政补贴，通过以评促干方式推动新乡贤工作提质增效。引导乡贤融入“一格八员、一网三色”社会治理，走出一条网格连心乡贤善治吉州路径，建立“杨云峰加梯帮帮团”“涂姐调解室”等基层社会治理品牌12个。“杨云峰加梯帮帮团”被聘为吉州区级“加梯顾问”，助力500余户居民加装电梯。新乡贤“五个一”（一次新乡贤代表座谈会、一次走访慰问活动、一次建言献策活动；一次家乡行活动、一次公益慈善活动）活动，走访新乡贤代表或其父母亲人家属367人，收集意见建议121条，组织家乡行活动41场，公益活动52场，乡贤捐资助学50余万元。

【海外统战工作】 落实《中共中央关于加强新时代海外统战工作的意见》和省具体举措，发挥海外统战工作协作机制作用。打造“侨胞之家”3个、“检侨驿站”1个，登记归侨侨眷、侨胞136人、华侨华人106人。聚焦助侨惠侨，为10名归侨侨眷提供法律咨询和指导服务，帮助侨胞侨眷防范和化解法律风险5起，“进工业园区 为侨企送法”活动3次，侨胞子女办理中高考加分2人，承办“乡亲桑梓行、浓浓赣港情”启动仪式。

【新的社会阶层人士统战工作】 对标实践创新基地要求，实施“两聚工程”（凝聚人心、汇聚力量工程），按照“一基地一特色”思路，搭建新的社会阶层人士建功立业蓄势赋能平台。通过强化“顶层设计、阵地建设、组织凝聚”，建立“三汇一说”（同心汇、创客汇、分享汇、就职说）平台，常态化开展理论学习、交友联谊等活动120余次。形成“直播带货、数字经济、公益服务、文化传播、中介咨询”等各具特色实践创新基地6个。如田侯路历史文化街区，聚焦“文化+”，打造“创新创业孵化站”“半苏集自由职业者平台”辐射带动新的社会阶层人士1000余人。“这里很吉安”新春旅游推介视频点击率100余亿次。

（谭喆）

信访工作

【概况】 吉州区委信访局建立健全信访工作机制，坚持日报告月调度季讲评工作机制，受理群众来信来访1190件次，比上年（下同）上升26.06%。其中，来信66件；来访166批1124人次，批数下降16.58%，人次上升27.73%。国家、省、市、区四级网上信访信件2932件，其中，国家信访局信件748件，省信访局信件145件，市信访局信件46件，区信访局信件1993件。

【领导接访】 坚持领导接访制度，每月10日为区委书记、区长公开接访日，每个工作日均安排区领导和区直部门单位主要领导，在区委信访局接待来访群众；重点时期，每天（含节假日、双休日）均安排区领导在区委信访局值班接访，面对面听取群众诉求，现场协调调度解决实际问题。

【领导包案】 做好2023年春节前后信访工作，梳理排查33件重点信访事项；信访矛盾隐患源头集中整治行动，排查交办重点信访事项27件，全部纳入区领导包案，推动重复信访问题依法就地化解，维护信访群众合法权益。探索建立“2+2+3”专案机制（挂镇街区领导、政法单位区领导+责任单位主要领导、分管领导+司法所长、派出所所长、法庭庭长），按照“清单制+责任制”落实化解责任，推动重点信访积案化解处置。

【初次信访办理提质增效年活动】 印发《关于开展初次信访办理提质增效年活动的实施方案》，成立活动领导小组，每个工作日对初次信访信件进行调度，对处理不及时、办理不认真、重复信访占比高的责任单位，通过赣政通、电话、短信、工作提示函、实地督查等形式督办，不改进单位予以通报并纳入年终信访工作目标考评。全区信访事项及时受理率99.96%，按期办结率100%，责任单位参评率87.02%，参评群众满意率97.03%，一次性化解率95.21%，重复访占比24.52%，平均办结时间17.05天，回访率97.34%。

【重复信访化解信访积案】 常态化推进集中治理重复信访化解信访积案专项工作，维护群众合法权益，促进全区信访形势和谐发展。第三批国家信访局交督办件28件，化解26件，化解率92.86%。

【信访基础建设】 印发《关于推进各镇（街道）信访工作联席会议实体化运行的实施方案（试行）》，全面实现各镇（街道）信访工作联席会议实体化运行平台。结合区人民来访接待中心，建设区“访调诉”一站式服务中心，打造集综治、信访、诉讼服务、法律服务、心理服务于一体一站式服务平台。组织各镇、街道和重点部门单位年轻干部到信访部门工作锻炼和参加信访业务工作培训，提高信访工作人员综合业务素质。

（许佳明）

党校工作

【概况】 吉州区委党校是区委直接领导，培训领导干部、理论宣传干部和国家业务员的学校，兼有行政学院职能。年内，区委党校围绕区委、区政府中心工作，坚持以区域发展和学员任职岗位需求出发，以学习贯彻习近平新时代中国特色社会主义思想和中共二十大精神为主线，突出红色教育、素质提升和区情教育，设置具有针对性的培训课程，完成县级和科级领导干部、基层一线党员、中青年干部、新录用公务员等培训任务。同时，加强党校教师队伍建设，强化教师科研工作，完善各项工作、学习制度，提高办学水平。

【干部教育培训】 全年办班33期，举办县级领导干部专题读书班、全区乡科级干部学习贯彻中共二十大精神集中轮训班、全区基层一线党员学习贯彻中共二十大精神培训班、全区2023年科级干部培训班、全区第十五期中青年干部培训班、2023年新录用公务员初任培训班、全区“两新”组织党组织书记和党建工作指导员培训班、全区党务干部学习贯彻中共二十大精神轮训班（党务工匠成长训练营）等，培训学员4400人次。提高培训质量，创新培训模式，专题式集中授课注重理论高度，互动式教学注重激发学员主动性。7期培训班通过专题讨论、经验分享，达到学员互相学习，共同进步；3期培训班组织现场教学，利用红色资源教育点组织学员现场感受接受洗礼;1期培训班探索新培训形式,开展案例教学。先后邀请市委党校教授、专家为全区乡科级干部学习贯彻中共二十大精神集中轮训班专题授课,开设“深刻领会中共二十大精神内涵和实践要求”“加快构建新发展格局 着力推动高质量发展”“深入学习贯彻党的二十大精神坚定不移维护网络意识形态安全”“党的二十大党章修正案解读”“统计法律法规相关知识”等课程。

【理论探索工作】 撰写理论研究文章,重大理论问题专题研讨。报送2篇论文参加省社联学术年会征文活动,报送4篇论文参加全省党校系统理论研究会征文。其中,刘祚敏的《马克思主义中国化“两个结合”内生逻辑、历史进程和实现路径》,荣获全省党校(行政学院)系统学习贯彻中共二十大精神理论研讨会优秀论文二等奖及全市党校(行政学院)系统学习贯彻中共二十大精神理论研讨会优秀论文一等奖;王小静的《一出农文旅提质升级的好戏 探寻吉州钓源古村振兴路径》,荣获全市党校(行政学院)系统学习贯彻中共二十大精神理论研讨会优秀论文三等奖;报送4篇论文参加江西省纪念毛泽东同志诞辰130周年理论研讨会;组织申报吉安市2023年社科项目,报送7项课题(A类)并立项,立项数居全市县级党校之首;刘祚敏的课题《新时代吉州区红色基因传承与弘扬研究》在市党校系统获得立项并结项。

(周雅慧)

机构编制管理

【概况】 吉州区委机构编制委员会办公室,锚定“走在前、勇争先、善作为”目标要求,强化党建引领作用,做好机构编制日常管理,奋力“提升首位度、争当排头兵,挺起赣江中游生态经济带脊梁”提供机制体制保障。2023年度,荣获全市机构编制工作综合先进单位称号。

【机构编制管理】 印发《中共吉州区委机构编制委员会关于规范机构编制请示事项报送工作的通知》,规范机构编制申请事项报送范围、主体、程序和要求,推动机构编制管理规范有序、科学有效。全年按规定办理930人次机关事业人员上下编手续、实名制系统录入、机构编制管理证填写。

【事业单位登记管理】 执行《事业单位登记管理暂行条例》,创新管理方式,优化办理流程、精简上报材料,依靠事业单位登记管理系统,开展网上登记和不见面网上审批。严把事业单位法人年度报告审核关,落实股室初审、分管领导复审制度,严格审核部门单位提交年度报告书、资产负债表等事项,确保年报严谨准确。全年办理事业单位法人设立登记4家,变更登记37家,注销登记4家,完成事业单位法人年度报告177家。

【基层管理体制改革】 印发《关于进一步深化乡镇街道管理体制改革的若干措施》,对健全基层党建引领基层治理组织架构、理顺区级与乡镇街道权责关系、推动基层审批服务和行政执法能力建设、强化基层统一指挥机制等方面作详细部署。6月和11月,全面调研乡镇(街道)行政管理体制运行情况,听取镇街干部、群众意见建议,现场答疑解惑,推动调研成果转化为解决问题举措。

【人才工作编制保障】 立足吉州高质量发展对高层次创新型人才编制需求,优化引才用编程序,保障引才用编需要。为全年引入省统招、特岗安置、区外公开选调、免费师范生安置、三定向安置、“三支一扶”大学生接收安置和高层次人才教师提供270名事业编制,卫健系统公开招聘卫生专业技术人员并提供21名事业编制。

【从优待警“团圆计划”】 牵头拟定《吉州区从优待警“团圆计划”实施方案》,根据区级单位用编需求,结合“团圆计划”政法系统干部配偶原工作岗位和专业特长,按对口对等原则合理提供岗位,优先满足长期在基层一线、警龄长、分居时间久、表现优异干警夫妻团圆,提供5个岗位用于实施从优待警“团圆计划”,解决政法系统干部家庭异地分居问题。

【网上竞答活动】 7月,举办机构编制知识有奖网上竞答活动。活动以机构编制纪律要求、业务知识等为重点,编制题目100道,试题设有单选题、多选题、判断题,依托“吉州组工微讯”公众号,采取网络在线答题方式,设置4个等级奖,奖项100个,1120余人次参与。

(余思琪)

吉州区社会科学界联合会

【概况】 吉州区社会科学界联合会(以下简称“区社联”),采用公众易于理解、接受和参与方式,普及社会科学知识、倡导科学方法、传播科学思想、弘扬科学精神和人文精神,建设富裕文明美丽和谐幸福现代化吉州贡献社联力量。荣获2023年度全市社科系统先进单位称号。

【平台与队伍建设】 组建300余人“社科吉荟”志愿服务团,建立社科志愿活动开展情况和社科志愿者履职情况两个清单,发起社科志愿服务项目1000余个,社科志愿者参加活动超过3000人次,志愿服务时长超过1.2万小时。联系党校、人大、政协、中小学等方面，采取单独组建、行业统建、区域联建等方式，培育组建社科类社团组织，引导支持社团参与课题研究、社科普及、开展学术研讨活动。联合区文旅局、区文联、区作家协会举办首届花朝节征文大赛，评选出优秀作品105篇。筹备组建吉州文化研究会。

【社科研究】 持续推动联席会议走深走实，系统谋划社会科学工作“联席+联阵+联员”三联工作法改革，年初制定印发改革实施方案，统筹推进7项具体举措，实现“联席共推、阵地共享、全员共为”，全区社科工作取得成效。《纵深推进“三回三带”助推乡村振兴的调查研究》，江西新型智库建设指导委员会、省社联主办《智库成果专报》刊载，并获省政府主要领导、分管领导批示肯定，实现理论研究成果获省领导批示首次突破；《白鹭文澜 书院风骨》科普视频，荣获“人文社科之光”首届社科普及短视频作品大赛全国三等奖和最具人气奖，首次摘得国家级荣誉；吉州区与省社科院签署深化合作协议，并在区社联挂牌成立江西省重点高端智库、江西省文化强省建设研究中心吉州基地，实现创新突破；“社科吉荟”入选省社科普及创新资助项目，首次在全省唱响改革品牌；“‘九打吉安’历史文化价值和传承”省级课题结项，实现零的突破；与江西师范大学合作开展“三地”（打造毛泽东“农村包围城市、武装夺取政权”革命道路首胜地、全国实际组建运行省级苏维埃政府首创地、阳明心学首践地）文化

10月12日，“吉安市社科普及基地”授牌仪式在吉安城革命历史陈列馆举行

（区社联 供图）

专题论证，实现与知名高校开展合作研究首次实践；挂牌成立5个首批“市级社科普及基地”，全市数量最多；在首届（2023年）吉安优秀传统文化讲解比赛中，荣获二等奖1人、入围奖2人，获奖人数全市最多；立项市级课题14个，推出区级社会科学创新项目课题指南98项，课题数量均为历年最多；完成《钓源故事》《吉州古楹联之美》编撰，实现系统性地域文化研究历史性突破。

【社科普及】 打造“社科吉荟”科普品牌，探索“镇街部门点单、社联整合派单、志愿团队接单”社科普及工作模式。承办“江西社科大讲堂下基层”活动，邀请省级专家来区讲座；承办市社联发起的吉安社科大讲堂“百姓话题”专题讲座2场，开展区级“社科吉荟”宣讲18场；组织全省市县社联主席“理论宣讲基层行”活动，率先在全市组织“学习宣传贯彻习近平总书记考察江西重要讲话精神”宣传布展活动；组织参与纪念井冈山胜利会师95周年“学习强国”学习平台全国答题竞赛活动征集备用答题活动，报送题目59道，报送数量全市前列；组织参与江西省第二十次社科优秀成果奖科普读物类评选工作，推荐科普读物4本。

（彭利君）

吉州区人民代表大会

吉州年鉴2024

综　述

2023年，吉州区人民代表大会围绕全区工作大局，全面依法履职尽责，召开常委会会议8次、主任会议11次，听取审议专项工作报告14个，专题询问1次，执法检查2次，专题考察调研3次，作出决议决定5项，依法选举任免国家机关工作人员30人次，配合上级人大立法调研、执法检查、专题调研、代表考察22次。兴桥镇钓源村被列为江西省人大基层立法联系点，文山街道代表联络工作站获评省级示范站，区人大代表网格化履职工作典型经验做法在省人大微信公众号、《时代主人》杂志上刊登发表，并在全省推广，人大代表“三进三解”活动做法在全市推广，江西省、吉安市人大考核中继续取得满分优异成绩，省人大新闻网和微信公众号专栏刊载《深学细悟中共二十大精神 扎实推进全过程人民民主》《牢记领袖嘱托 忠诚履行职责 推进吉州人大工作高质量发展》等文章。

人大监督工作。做强做旺中心城区，打好打赢“十大攻坚战”，实施正确、有效、依法监督，突出关键环节和问题，找准切入点和突破口，提升监督工作针对性和实效性。聚焦提升经济首位度，助推整体运行有效率。听取审议全区国有资产管理情况报告、专项审计报告、审计整改情况报告、预算执行情况报告、债务管理情况报告，听取国民经济和社会发展计划执行情况报告，审查批准区本级决算草案、区本级预算调整草案，提出意见建议；健全国有资产管理制度、提升国有资产管理水平；强化预决算编报和预算执行、持续提高资金使用效益，加强收入征管，用好用活债券资金，稳投资、促消费、保主体、抓改革、惠民生、防风险。开展“十四五”时期规划实施情况中期评估监督，强化目标导向、加强科技创新、提升民生保障水平，推动实现经济社会发展各项预期目标。聚焦提升开放首位度，助推高质量发展有活力。围绕打造“四心”营商环境，对2022年度优化营商环境工作报告审议意见落实情况“回头看”，并进行满意度测评；专题调研《江西省优化营商环境条例》实施情况，助力营商环境持续优化。坚持依照法定职责、限于法定范围、遵守法定程序，持续跟踪监督司法工作，执法检查《江西省农村供水条例》《江西省养老服务条例》等法规贯彻落实情况，提出意见建议，促进区政府出台《吉州区公办养老机构改革实施意见（试行）》《吉州区乡镇敬老院改革实施办法（试行）》。听取审议关于未成年人检察工作情况的报告，督促区人民检察院落实责任、强化措施、改进工作，推进未成年人检察工作高质量发展。听取审议规范性文件备案审查情况报告，加强对“一府一委两院”规范性文件备案审查，维护国家法治统一。探索基层立法改革与实践，畅通社情民意反映渠道，兴桥镇钓源村作为全吉安市唯一村委会被确定为省人大常委会基层立法联系点。聚焦提升能级首位度，助推城市治理有温度。贯彻落实习近平生态文明思想，践行“绿水青山就是金山银山”发展理念，连续5年监督水库水质提升工作，落实全区水库水质整改提升“一库一策”实施情况专项监督和“回头看”，进行专题询问和满意度测评，督促相关部门压实责任，改善提升水库水质。听取和审议区政府关于工业废水处理工作情况报告，督促加大投入力度，推动城北工业污水处理厂运营，加强源头管控、过程管理、末端监管，助推持续改善水环境。抓牢群众身边小事，专题调研全区背街小巷点亮工程建设情况，督促区政府把好事办好，改善城市背街小巷环境；开展中心城区既有住宅加装电梯工作情况报告审议意见“回头看”活动，持续解决“上下楼难”困扰。聚焦提升幸福首位度，助推公共服务有质感。坚持以人民为中心的发展思想，始终把保障民生、化解民忧、维护民权贯穿于人大工作全过程，助力解决好人民群众急难愁盼问题。紧盯就业最大民生，听取审议人力资源市场建设管理工作情况报告，助力加快建设统一开放、竞争有序人力资源市场和“零工驿站”，促进就业工作延伸到社区、楼栋和单元，打通就业“最后一公里”。紧贴“教育”民生之基，听取审议职业教育工作情况报告，助力增强中心城区职业教育办学活力，引导全社会理解、关心、支持、参与职业教育发展，服务全区经济发展。紧扣粮食安全“国之大者”，高标准农田建设情况集中考察，督促提升高标准农田工程质量，加强建后管护，夯实区粮食安全根基，助力农民增产增收。紧盯文旅产业发展新机遇新风口，听取审议全区文化旅游景区建设运营情况报告，督促加强文旅发展新业态前瞻性研究，提高文旅业运行效率，以文旅发展促进消费升级，更好满足群众对美好生活向往。

人大代表工作。坚持“人大代表是代表人民依法参加行使国家权力”职责定位，发挥代表主体作用。代表履职得到保障。提高代表素质，组织60余名区人大代表、人大干部参加省人大组织履职能力提升培训；发放政治学习和人大专业资料，引导代表常态化学习，并通过代表活动小组会议开展履职培训，提升人大代表和人大干部依法履职水平。落实“双联系”制度，调整常委会组成人员，每位委员每年至少联系走访代表一次。邀请代表列席区人大常委会会议和参加专题调研、执法检查、专题询问等，共200余人次参加；开展人大代表会前考察活动，拓宽和畅通代表知情、知政渠道。持续推动镇街人大代表联络站提质升级，继长塘镇代表联络站之后，文山街道代表联络站获评省级示范站。足额保障代表联络工作站经费，支持代表进站，解决选民反映民生问题。“三进三解”活动持续深化。担任区党政领导职务区人大代表，以普通代表身份带头开展“三进三解”活动，向群众通报中心工作，与群众面对面交流，实地督办解决困难问题。引领代表结合“一格八员、一网三色”社会治理模式，推进网格化履职，联系群众、倾听民声，收集意见建议1719条，推动解决群众关心关注民生问题1621个，《代表“网”上走 事在“格”中办》工作做法被省人大推广，“三进三解”活动得到省、市肯定，并在全市推广。代表建议办理有效创新。修订《吉州区人民代表大会代表建议、批评和意见办理工作评议办法（试行）》，由区党政班子领导、区委办公室、区政府办公室、区人大及其常委会相关委办负责人、提出建议代表组成督办组，开展督查及“回头看”，建议承办单位评议，提高代表建议办理率。采用听取审议区政府关于代表建议办理情况报告、满意度测评等方式，落实办理结果，让代表“好声音”落地见效。区六届人大三次会议以后，74件代表建议全部办结，办结率、满意率均100%。民生实事项目票决制工作稳步推进。在探索民生实事项目代表评议制基础上，制定《吉州区民生实事项目人大代表票决制工作实施方案》，全面推动区、镇街两级民生实事项目代表票决制，实现政府决策从“为民做主”向“由民做主”转变，人大监督由“事后跟进”向“全程参与”转变。

人大代表构成。截至2023年底，区第六届人民代表大会有代表205人。男性代表149名，占73%；女性代表56名，占27%。人大代表中，汉族203人，少数民族2人（土家族1人、畲族1人）。

重要会议

【概况】 召开区六届人大第三次会议，区六届人大常委会主任会议11次，区六届人大常委会会议8次，其中听取审议专项工作报告14个，综合运用执法检查、专题询问等监督方式，作出决议决定5项，依法选举任免国家机关工作人员30人次。

【区六届人大第三次会议】 2月17—19日，区六届人大第三次会议在区行政中心会场召开。会议听取和审议区人民政府区长罗青球作政府工作报告、区人大常委会主任王巍作区人大常委会工作报告、区人民法院院长龙裕明作区人民法院工作报告、区人民检察院检察长尹小龙作区人民检察院工作报告；分别审查区发展和改革委员会主任梁武茂提交区2022年国民经济和社会发展计划执行情况与2023年国民经济和社会发展计划草案报告（书面）和2022年区生态文明试验区建设情况的报告（书面）、区财政局局长龚蓉提交区2022年财政预算执行情况与2023年财政预算草案报告（书面）。会议通过上述各项报告，并作出相应决议。会议选举区第六届人民代表大会常务委员会委员，表决通过区第六届人民代表大会有关专门委员会人选名单。

【区六届人大常委会主任会议】 区六届人大常委会主任会议召开11次，即区六届人大常委会第21次主任会议至第31次主任会议。

1月9日，区六届人大常委会第21次主任会议召开，研究2022年度全区人大工作考评考核事项，研究部署2023年区人大常委会监督工作计划。

2月1日，区六届人大常委会第22次主任会议召开。审议关于召开区第六届人民代表大会第三次会议的决定（草案）、区第六届人民代表大会第三次会议议程（草案）、区第六届人民代表大会第三次会议日程（草案）和人员职责分工、第六届人民代表大会第三次会议主席团和秘书长名单（草案）、区第六届人民代表大会第三次会议列席人员范围和在主席台就座人员建议名单、区第六届人民代表大会第三次会议议案审查委员会名单（草案）、区第六届人民代表大会第三次会议选举和通过人选办法（草案）、代表资格确认有关事项、2022年度优秀区人大代表名单、区人大常委会工作报告（讨论稿），决定区六届人大常委会第12次会议议程、召开日期。

3月13日，区六届人大常委会第23次主任会议召开，审议《区人大常委会2023年监督工作计划》（审议稿）、区人大法制委关于2022年度规范性文件备案审查工作情况报告、《区人大常委会贯彻落实“江西数字人大3.0”建设工作方案》（审议稿）、相关人事任免事项。

5月10日，区六届人大常委会第24次主任会议召开，研究2023年区人大常委会开展调查研究和理论研究工作、2023年区人大代表和人大干部履职能力提升培训工作、区人大信息和代表服务中心人事任命事项，审议相关人事任免事项。

5月26日，区六届人大常委会第25次主任会议召开，听取区人民政府关于吉州区钓源乡村旅游集聚区基础设施提升工程（二期）EPC＋O实施方案情况报告。

6月26日，区六届人大常委会第26次主任会议召开。传达全市数字人大3.0建设工作推进会精神，布置全区贯彻落实举措；听取和审议区人民政府关于提请审议《吉州区国土空间总体规划（2021—2035年）（送审稿）的议案》、区人大城环委关于全区工业废水处理工作情况的调研报告、区人大常委会监察司法工委关于全区未成年人检察工作情况的调研报告、区人大财经委关于全区国有资产管理情况的调研报告、区人大社会委关于全区人力资源市场建设管理情况的调研报告、区人大农委关于全区高标准农田建设情况视察报告，审议《吉州区人民代表大会代表建议、批评和意见办理工作评议办法（试行）》、关于对区六届人大三次会议代表建议进行督办有关事项、相关人事任免事项。

8月25日，区六届人大常委会第27次主任会议召开。传达学习省人大综合考核工作提示精神，研究吉州区贯彻落实意见；传达学习《区委办公室 区政府办公室印发〈关于改进干部作风强化执行落实的实施意见（试行）〉的通知》，研究贯彻落实意见；审议《2023年度镇人大工作考评办法（审议稿）》、《2023年度街道人大工作考评办法（审议稿）》、《2023年度区直部门单位人大工作考评办法（审议稿）》、相关人事任免事项，听取和审议吉州区2023年上半年经济运行情况调研报告、关于吉州区国民经济和社会发展“十四五”规划纲要中期评估的调研报告、《江西省农村供水条例》执法检查报告，研究许可公安机关对个别区人大代表采取刑事强制措施事宜、召开常委会第17次会议事宜。

9月19日，区六届人大常委会第28次主任会议召开。传达学习市人大综合考核工作提示精神，研究吉州区贯彻落实意见；审议《区人大常委会机关2023年工作考核方案（审议稿）》、相关人事任免事项，研究全区人大代表联络工作站经费安排事项。

10月27日，区六届人大常委会第29次主任会议召开。传达学习市委《关于实施民生实事项目人大代表票决制工作的意见》精神，研究贯彻落实意见，听取和审议区人大常委会教科文卫工委关于全区职业教育工作情况的报告、区人大财经委关于政府债务管理工作情况的报告、区人大常委会执法检查组关于吉州区贯彻落实《江西省养老服务条例》实施情况的执法检查报告，审议相关人事任免事项，研究区人大常委会第18次会议召开时间和议题。

11月27日，区六届人大常委会第30次主任会议召开。听取和审议区人大常委会教科文卫工委关于全区职业教育工作情况的报告、区人大城环委关于开展背街小巷点亮工程建设专题调研情况的报告、区人大常委会监察司法工委关于集中视察全区平安建设情况的报告，审议相关人事任免事项。

12月26日，区六届人大常委会第31次主任会议召开。审议研究区六届人大四次会议筹备工作方案和人员职责分工，研究2024年人大干部和人大代表履职能力提升培训事项、预算审查网络平台运维服务合同续签事宜，审议区人民政府关于提请审查批准2023年区级财政收支预算调整的议案、区人民政府关于提请审查批准2023年地方政府债务限额的议案、区人民政府关于审计查出问题整改情况的报告、区政府办公室关于区六届人大三次会议代表建议办理情况的报告、《吉州区人民代表大会代表议案和建议、批评、意见办理规定（修订草案）》、相关人事任免事项，听取和审议区人大常委会教科文卫工委关于全区文化旅游景区建设运营情况的报告，通报代表建议办理评议结果，研究召开区六届人大常委会第十九次会议事宜。

【区人大常委会会议】 区六届人大常委会会议召开8次，即区六届人大常委会第十二次会议至区六届人大常委会第十九次会议。

2月7日，区六届人大常委会第十二次会议召开。审议通过关于召开区第六届人民代表大会第三次会议的决定、区第六届人民代表大会第三次会议议程（草案）、区第六届人民代表大会第三次会议主席团和秘书长名单（草案）及决定提请区第六届人民代表大会第三次会议预备会议审议、区第六届人民代表大会第三次会议列席人员范围和在主席台就座人员建议名单、区第六届人民代表大会第三次会议议案审查委员会名单（草案）、区人大常委会工作报告（讨论稿），审议有关人事任免议案，听取和审议区第六届人民代表大会常务委员会代表资格审查委员会关于有关代表的代表资格审查报告。

3月31日，区六届人大常委会第十三次会议召开，听取和审议区人大法制委关于2022年度规范性文件备案审查工作情况报告，审议有关人事任免议案。

5月12日，区六届人大常委会第十四次会议召开，审议有关人事任免议案、确认区人大常委会主任会议许可公安机关对个别人大代表采取刑事强制措施的决定。

5月26日，区六届人大常委会第十五次会议召开，听取区人民政府关于钓源乡村旅游集聚区基础设施提升工程（二期）EPC＋O实施方案情况报告。

6月29日，区六届人大常委会第十六次会议召开。听取和审议《区人民政府关于提请审议〈吉州区国土空间总体规划（2021—2035年）（送审稿）〉的议案》、区人民政府关于2022年度全区国有资产管理情况的报告、区人民政府关于人力资源市场建设管理情况的报告、区人民政府关于全区工业废水处理工作情况的报告、区人民检察院关于未成年人检察工作情况的报告；审议有关人事任免议案。

8月25日，区六届人大常委会第十七次会议召开。听取和审议区人民政府关于2023年上半年国民经济和社会发展计划执行情况的报告、区人民政府关于2022年度区本级财政决算和2023年上半年全区财政预算执行情况的报告及审查和批准2022年度区本级财政决算、区人民政府关于2022年度财政预算执行和其他财政收支情况的审计工作报告、区人民政府关于“十四五”规划纲要实施情况中期评估的报告、《江西省农村供水条例》执法检查报告，审议有关人事任免议案、关于许可公安机关对个别区人大代表采取刑事强制措施的议案。

10月30日，区六届人大常委会第十八次会议召开。听取和审议区人民政府关于政府债务管理工作情况的报告、区人大常委会执法检查组关于吉州区贯彻落实《江西省养老服务条例》实施情况的执法检查报告，审议有关人事任免议案。

12月27日，区六届人大常委会第十九次会议召开。听取和审议区人民政府关于提请审查批准2023年区本级财政收支预算调整的议案、区人民政府关于提请审查批准2023年地方政府债务限额的议案、区人民政府关于审计查出问题整改情况的报告、区人民政府关于职业教育工作情况的报告、区人民政府关于全区文化旅游景区建设运营情况的报告、区人民政府关于区六届人大三次会议代表建议办理情况的报告、区六届人大常委会代表资格审查委员会关于有关代表资格审查情况的报告，审议《吉州区人民代表大会代表议案和建议、批评、意见办理规定（修订草案）》、审议有关人事任免议案。

重要工作

【概况】 落实省委《关于加强新时代地方人大工作的意见》，依法选举任免国家机关工作人员30人次，召开上年度审议意见研究处理及其整改落实情况专题询问暨满意度测评会，推进吉州人大工作发展。

【人事任免】 依法选举任免国家机关工作人员30人次。

2月7日，区六届人大常委会第十二次会议决定免去宋智敏的区人民检察院检察委员会委员、检察员职务，何苏江的区人民检察院检察员职务，孙江龙的区人民检察院检察员职务。

3月31日，区六届人大常委会第十三次会议决定接受彭壬盛辞去区人民政府副区长职务的请求，决定免去王诚的区民政局局长职务。

5月12日，区六届人大常委会第十四次会议决定任命肖莺华为区人民政府副区长，聂芳为区人民法院审判委员会委员、民事审判庭（环境资源审判庭）庭长，肖睿昕为区人民法院长塘人民法庭副庭长，杨济浪为区人民法院兴桥人民法庭副庭长，曾秋兰为区人民法院立案庭（诉讼服务中心）副庭长，刘彦博为区人民法院行政审判庭（综合审判庭）副庭长。决定免去聂芳的区人民法院兴桥人民法庭副庭长职务，肖睿昕的区人民法院立案庭（诉讼服务中心）副庭长职务，肖少辉的区人民法院审判委员会委员职务，刘文起的区人民法院审判委员会委员、民事审判庭（环境资源审判庭）庭长职务，朱为业的区人民法院审判委员会委员职务，陈治民的区人民法院审判委员会委员职务。

6月29日，区六届人大常委会第十六次会议决定免去陈林的区人大社会建设委员会副主任委员职务，曾晔的区人民法院审判员职务。

8月25日，区六届人大常委会第十七次会议决定任命陈永德为吉州区白塘街道人大工委主任。决定免去肖征恶的区人大法制委副主任委员职务，吴冬娥的区人大监察司法工委副主任职务，王绿竹的区人大城乡建设与环境保护委员会副主任委员职务，周建华的区白塘街道人大工委主任职务。决定任命刘建钦为区民政局局长。

10月30日，区六届人大常委会第十八次会议决定接受彭丁辞去区第六届人民代表大会法制委员会主任委员职务的请求。决定免去刘国华的区人民法院审判员职务，白为平的区人民法院审判员职务。

12月27日，区六届人大常委会第十九次会议决定接受钟小亮辞去区监察委员会主任职务的请求。决定任命曾招梁为区人大法制委副主任委员，肖睿昕为区人民法院审判员，阚常绢为区人民法院审判员。决定免去徐光耀的吉州区人民检察院检察员职务。

【2022年度工作测评】 5月31日，区人大常委会召开2022年度区人大相关工作《审议意见》和监督报告研究处理及其落实整改情况专题询问暨满意度测评会，跟踪督办部分议题审议意见研究办理及其落实情况。会上，集中听取和审议区人民政府关于区人大常委会2022年度优化营商环境、中心城区既有住宅加装电梯等2项专项工作报告的审议意见和《全区水库水质整改提升“一库一策”实施情况专项监督报告》研究办理及其落实情况报告，及专题询问和满意度测评。

（林恺平）

吉州区人民政府

吉州年鉴 2024

综 述

2023年，是吉州区发展砥砺前行的一年。全区上下开展学习贯彻习近平新时代中国特色社会主义思想主题教育，做强做旺中心城区为统领，全面打响“十大攻坚战”，推动高质量发展取得成效。吉州区连续9年获评全省高质量发展先进区、连续5年获评全市高质量发展先进区，经济总量连续2年实现进位，前移至全省第29位，连续2年以全省县(市、区)第一名成绩入选中央财政支持普惠金融发展示范区，连续4年获评全省工业高质量发展先进区，物业纠纷“三方协同”(小区业主委员会、物业公司、居民三方协同)化解工作法等4项改革，获评全国专项工作典型案例，获评全国村庄清洁行动先进区，获评全省全面深化改革工作先进区、实际利用外资先进区、红色物业优秀区、生态产品价值实现机制改革示范基地、“四融一共”(景村融合、产村融合、三治融合、城乡融合、共同富裕)和美乡村先行区、优秀旅游服务体验城市试点等多项省级荣誉。

经济持续回升向好。出台推进经济回稳向好“区24条”，地区生产总值增长2.4%，规模工业增加值增长9.1%，固定资产投资增长9%，社会消费品零售总额增长7.5%，一般公共预算收入增长4.3%，实际利用省外项目资金增长5.42%。升级实施项目大会战，91个重点项目完成投资171亿元，落实各类无偿资金18亿元、历年最多。持续推进消费升级，举办中央广播电视总台家庭酷跑大会(吉州首站)、乡村振兴交流会以及系列促进消费活动，钓源古村获全国旅游市场服务质量监测点、国家级文旅农融合服务业标准化试点项目、全省首批“风景独好”旅游名村等10项省级以上荣誉，田侯路历史文化街区获评国家AAA级旅游景区、省级高品质美食街区并入选“中国服务”旅游产品创意案例，恺蒂酒店成为中心城区唯一的国家五星级旅游饭店，吉州都市田园乡村游入选中国美丽乡村休闲旅游行(冬季)精品景点线路。

产业集聚提质升级。招大引强大会战升级行动，引进亿元以上项目52个、总投资425亿元，其中优强重点产业项目11个。坚持工业强区战略，伊戈尔、华立源三期、祺利电子等22个项目加快建设，中旋新材料、嘉之宏二期、光明建材等15个项目建成投产，双胞胎公司入选省级智能制造业标杆企业，果宝特攻入选省级5G+工业互联网应用示范项目，规模工业、工业园区、电子信息产业主营业务收入分别增长10%、13%、20%，工业增值税增长61.4%、全市第三，吉州工业园连续2年获全省开发区综合考核第一等次。现代服务业提档升级，华通物流园入选全省现代服务业集聚区，万佶网络货运平台被命名为江西省多式联运示范工程，舌尖王国公司获评全省电子商务示范企业。农业标准化规模化品牌化建设快速提升，培育农业产业化省级联合体4家、粤港澳大湾区“菜篮子”供应基地10家、“井冈山”农产品区域公用品牌授权企业26家，果蔬网络销售额全省第八，农产品入驻高端商超数量全市第一。

改革创新动能充沛。统筹推进十大改革攻坚行动和98项重点改革，乡村振兴“三回三带”机制等6项改革获省部级领导肯定性批示，争创“食安前哨”国家级社会管理和公共服务综合标准化试点等30项省级以上示范试点，“一格八员、一网三色”市域社会治理获评全省全面深化改革优秀案例。持续优化营商环境，1265项事项实现“一网通办”，低风险市场主体“无事不扰”实现率99.36%，召开亲清连心政企恳谈会39期、企业回访满意度99%，兑现惠企政策资金7.4亿元，帮助企业招工4961人，营商环境综合评价保持全省前列，区工商联获评全国工商联2023年度民营企业调查点工作先进基层单位。坚持创新驱动发展，规上数字经济核心产业营业收入156.4亿元，增长13.4%，新增“上云”企业1257家，累计3639家，预计高新技术产业、战略性新兴产业占规模工业比重分别为68%和62.7%，获批高新技术企业20家，科技型中小企业入库94家，宏瑞兴公司获评国家级专精特新“小巨人”企业，兴泰公司获全省科学技术进步奖二等奖。

城乡发展加速融合。持续提升城市功能品质，交付棚改安置房5400套，完成8个老旧片区改造，既有住宅加装电梯总量全市第一，承接市级城市管理职能下放，有序推进雨污管网、闲置地块、背街小巷等整治提升工程，新增停车场、小游园、休闲健身场所、便民工坊28处，生活垃圾分类工作考核进入全省市辖区前五，全国文明城市、国家卫生城市高质量创建成果巩固提升。全面推进乡村振兴，新增耕地面积27.53公顷，高标准农田建设绩效评价连续2年进入全省前三十，粮食生产“二十连丰”；所有行政村集体经营性收入稳定在25万元以上，全省巩固拓展脱贫攻坚成果考核综合评价进入好等次；农村自来水普及率、规模化供水率均达97%以上，提前2年实现城乡供水一体化行政村全覆盖，农村生活垃圾有效治理率稳定在98%以上，高坎村入选中国传统村落，获评全省“美丽活力乡村+乡宿”联动建设先行区。

生态优势越发彰显。减污降碳协同增效，$PM_{2.5}$平均浓度26微克/立方米，空气优良天数比率98.9%、同比提高6.6个百分点；工业固体废物综合利用率100%，重点建设用地安全利用率100%，连续12年获评全省森林防灭火平安区；螺湖水系水环境整治实现整改销号，国考省考断面水质优良率100%，地表水水质综合指数进入全省前二十；万元GDP能耗强度连续3年下降、保持全市最低，获评省级县域节水型社会达标区、全省公共机构节能工作考评优秀区。生态价值加速转化，成立区“两山”公司，收储“两山”资产41.9亿元，实现营业利润1145万元；绿色贷款余额29.8亿元，同比增长51%；建成全省首个“两网融合”站点、全省首个生态产品价值实现共建点、全省首个碳中和景区。

民生安全保障有力。省、市重点民生工程全面完成，承诺的10件民生实事全部兑现。发放创业担保贷款3.4亿元，新增城镇就业5343人、转移农村劳动力2181人，追回拖欠农民工工资1480万元，居民收入水平稳居全市第一，仁山坪社区就业之家入选全国基层劳动关系公共服务样板培育站点，新村社区爱心驿站入选全国最美工会户外劳动者服务站点。基本医疗保险参保率全市第一，农村低保提升至城市标准84.7%、高于全市10.1个百分点。新增义务教育学位5000个，获评全省幼儿园保育教育质量评估试点区。城北全民健身中心、区妇幼保健院曲濑分院、永叔和文山街道社区卫生服务中心、庐陵县学、图书馆新馆等一批公共服务项目建成投用，提前完成乡镇敬老院区域整合，每1000人常住人口拥有婴幼儿托位数5.3个、提前2年达到并超过省定目标，挂牌成立江西省重点高端智库、江西省文化强省建设研究中心吉州基地。安全生产事故起数、死亡人数“双下降”，创新“从优待警”机制，常态化推进扫黑除恶斗争，完成颐祥园老年公寓违法建设专项整治，稳妥化解各领域风险，公众安全感和政法部门满意度持续提升，社会大局和谐稳定。

政府治理增效提能。完善政府会议“第一议题”理论学习、部门主要负责人领学讲法等制度，办结人大代表建议74件、政协提案80件，见面率、办复率、满意率均100%，行政机关负责人出庭应诉率100%，区司法局获评全国公共法律服务工作先进集体。严格落实意识形态工作责任制，区融媒体中心评估排名全省第四。完善“五拼五比五晒”机制，推行“红黄牌”预警管理，创新半月书面清单调度、每月赴省市对接汇报、工作排名末位“一把手”表态等八项工作机制，督促领导带头带动、干部创先争先。深刻吸取违纪违法典型案件教训，严格落实中央八项规定精神，坚持“过紧日子”，兜牢基层“三保”底线，综合会议压减5.2%、政府发文压减10.1%、区本级一般性支出压减6.6%。

重要会议

【概况】 区政府召开常务会议19次，即区六届政府第十七次至区六届政府第三十五次常务会议；召开区长办公会议13次，即区六届政府第十一次至区六届政府第二十三次区长办公会议。

【区六届政府常务会议】 区政府召开常务会议19次。传达学习习近平总书记发表重要讲话、重要批示指示精神，传达中央、省、市重大决策和重要会议精神。组织学习《中华人民共和国农产品质量安全法》《江西省优化营商环境条例》《江西省平安建设条例》《中华人民共和国统计法》《江西省城市管理行政执法监督暂行办法》《中华人民共和国招标投标法》《中华人民共和国文物保护法》《中华人民共和国湿地保护法》《信访工作条例》《吉安市城市绿化管理条例》《江西省医疗保障基金使用监督管理办法》《江西省征收土地管理办法》法律法规条例。听取和研究全区安全生产隐患排查整治情况汇报、全区2023年主要预期目标的初步考虑及《吉州区智慧乡村平台建设项目建设方案》《吉州区省级城乡融合发展试验区建设规划》《吉州区数字经济发展规划(2022—2025)》《吉州区关于在重点工程项目中大力实施以工代赈促进当地群众就业增收工作方案》《2023年吉州区消费升级攻坚行动工作方案》《关于城北污水处理厂设备定价的请示》《关于吉州工业园区返乡创业园建设项目增加装配式建筑设计费的请示》《关于恳请同意〈吉州区钓源古村·十里芳菲项目运营合作协议〉的请示》《吉州区2023年帮扶园区企业招工工作方案》《关于吉安鑫石阳实业有限公司董事会换届工作的请示》《2023年吉州区精准帮扶重点工业企业工作方案》《吉州区关于开展全区工业项目(企业)“建库、入库、充库”攻坚行动工作方案》《吉州区2023年招大引强实施方案》《吉州区2023年“项目大会战”实施方案》《关于向吉安市吉州区工业园投资开发有限责任公司注入资产的请示》《关于吉安市吉州区2022年财政预算执行情况和2023年财政预算草案的报告》《政府工作报告》《吉安市吉州区2022年国民经济和社会发展计划执行情况与2023年国民经济和社会发展计划草案的报告》《关于2022年吉安市吉州区生态文明试验区生态文明建设情况的报告》等议题169个。

【区长办公会议】 召开区长办公会议13次。传达学习习近平总书记重要讲话精神，传达中央和省、市会议精神，听取、研究2023年第一季度全区消防安全形势分析情况汇报、关于调整城北新城区建设总指挥部城南市场建设指挥部樟山新区建设指挥部机构职能调整、青春中国“家庭酷跑大会”(吉州钓源)主题活动、吉州区钓源乡村旅游集聚区基础设施提升EPC+O项目设备材料采购、吉州区钓源乡村旅游集聚区基础设施提升工程(二期)初步设计和概算、将原区国资中心办公用房提供给上田侯路社区办公、金樟职业教育园建设项目一期代建、鑫石阳实业有限公司计划减持联创光电股份有关事宜及《吉州区贯彻落实国家统计督察"回头看"反馈意见整改工作方案》《吉州区内砂场混凝土搅拌区一体化项目和预拌混凝土搅拌站搬迁整治工作方案》《关于恳请同意〈吉州区钓源古村·十里芳菲项目运营合作协议〉的请示》《吉州区防范因灾导致区域性、规模性返贫致贫应急预案》《吉州区土地开发及旱地改水田土地整治项目实施方案》《江西索特新型包装材料有限公司铝箔包装及新能源锂电池和钠离子电池专用铝箔膜项目投资合同》《钜成云创信息技术有限公司高端锂离子电池项目投资合同及补充协议》《深圳前海晋瑞前程科技有限公司医疗设备项目投资合同及补充协议》《深圳市前程互联科技有限公司帮刻云值守智能系统制造基地项目投资合同》《关于进一步提振信心巩固态势推进经济回稳向好的若干措施》《吉州区城市社区专职网格员招聘工作方案》《吉州区城市社区专职网格员管理办法(试行)》《2023年吉州区燃动五一消费季系列活动方案》《伊戈尔电气股份有限公司中压直流供电系统智能制造建设项目、智能箱变及储能系列产品数字化工厂建设项目投资合同补充协议》等议题74个。

办公室工作

【概况】 围绕"守底线、攀高线"工作要求,当好忠诚服务排头兵,发挥团队协作精神,做好政府基础服务工作,无线电管理平稳有序。区政府获评全省政府系统"五型"政府建设先进集体,政务信息工作获评省、市先进单位(综合排名全省二类县市区第一,全市排名第一),政府办党支部获评全市基层先进党组织,政府办获全市大数据工作优秀单位、全市政务公开工作优秀单位、全市首届政府办公室系统"政务杯"男子篮球赛冠军等荣誉。

【公文运转】 根据需要常态化更新完善文件流转、公文处理、会议组织等制度,组织办文办会交流会及办文办会知识竞赛,采取预抄送和快流转同步、直接流转和跟踪督促同步"两个同步"方式,做好公文流转。优化公文"签收、登记、拟办、审核、阅批、承办、交办、催办、归档"全流程闭环处理机制,分类、规范、高效办理各类公文,全年承办各类公文5248件。落实发文计划制度、控制发文规格和文件篇幅,全年发文数精减4.8%;压减会议数量和规模,全年会议下降11%。

【信息调研】 建立"点单培训强基础""点面结合深调研""点题评比提质量"三项制度,定期组织文稿交流培训、调研文章撰写、"最优"文稿、命题写稿评比、金句框架评比等活动,完成各类重要文稿撰写任务,全年起草区政府常务会议、区长办公会议、各类专题会议纪要86篇,撰写领导讲话、工作汇报、典型发言等综合材料86篇,专报及调研文章37篇,全年报送省级约稿信息300余条,省政府办公厅采用要情类信息10条、专报信息37条、国办采用专报信息8条,被国务院领导批示5条;报送市政府信息600余条、采用77条,全区政务信息在全省二类县市区排位第一。

【督查督办】 聚焦全区重点工作和区领导指示,落实重点工作督查机制,建立区政府主要领导交办事项动态更新台账,现场督查80余次,发放督办单、提醒函140余件,促进工作抓落实、强执行。组织市、区政府工作报告重点任务落实情况、交通安全、公厕管理等多项专项督查,常态化督查"十大攻坚战"工作,统筹做好迎接国务院推动高质量发展综合督查调研相关工作,钓源古村·十里芳菲被列入国务院推动高质量综合督查现场调研点。

【建议提案办理】 人大代表建议、政协提案分类梳理交办,并采取区领导领衔督办形式对建议提案办理工作跟踪督办,协调办理过程中遇到的问题,通过现场考察、召开座谈会等方式,主动与代表、委员沟通,确保办理工作取得实效。全年分类分办人大代表建议74件,政协提案80件,见面、办复、满意"三率"均实现100%。

【金融信贷】 2023年,全区银行业存款余额837.05亿元,较年初增加113.65亿元,增长15.71%,全市排位第二;全区银行业贷款余额634.69亿元,较年初增加66.91亿元,增长11.78%,新增贷款总量居全市第一;普惠小微企业贷款余额占全部贷款余额18.31%,同比增速21.1%,高于各项贷款平均增速9.32个百分点。全区"财园信贷通"放贷2.51亿元,"财农信贷通"放贷1085万元,"科贷通"入库企业5家、累计放贷1300万元。全区全年农业保险总保费金额1400.31万元,保费项目有水稻投保面积1.62公顷、育肥猪投保数量6.75万头、商品林投保面积5786.66公顷、新增家禽投保11.73万羽。

【外事工作】 践行"外事为民"理念,钓源古村获评全省第二批外事参观点,先后接待2023年东北亚青年可持续发展研习营江西分团研习营、日本岐阜日中协会访问团2批次60余人次外事团组。做好区政府主要领导因公临时出国境任务办理,及区级层面单独组团出访任务。服务外向型企业,颁发全区首批5张APEC商务旅行卡。建立外籍人员到吉州备案制度,做好泰国农业专家来区参加钓源客厅乡村振兴主题论坛活动事宜。做好区首个涉外案件处理、信息上报等工作。

（赵勇）

行政审批与便民服务

【概况】 吉州区行政审批局不断深化“放管服”改革，持续推进“一门、一窗、一网、一次、一链”政务服务便民化改革路径，唱响“吉事即办”“一个电话服务到、一枚公章审批完”等改革品牌，打造“四心”营商环境品牌，提升网上政务服务能力、政务服务事项便利度和政务服务满意度。2023 年，接待办事群众 9.3779 万人次，办结政务服务事项 8.9 万余件，办结率 100%，群众满意率 100%。吉州区“12345”政务服务便民热线受理工单 1.663 万件，平均按期办结率 98.44%，平均回访满意度 98.61%；“12343”生活服务平台受理订单 2249 件，热线回访率 100%、平均满意率 99.6%。

【“一门式”办理】 推进“吉事即办”政务服务标准化规范化智能化便利化专业化建设，明确全部政务服务事项进驻政务服务大厅办理。持续开展行政审批提速增效专项行动，行政许可事项承诺时限压缩比、即办件占比、“零跑动”事项覆盖率均 100%。企业群众办事设置身份证拍照申请领证一体机、赣服通一体机、企业自助服务终端、企业（个人）信用报告自助服务机自助服务设备，打造“24 × 365”自助服务超市，打通服务群众“最后一公里”。

【“一窗式”受理】 政务大厅设置 33 个通用综合窗口，全面实现“一窗式”无差别综合受理，群众办事“只进一个门，只取一个号，只找一个人”，“一窗通办”事项覆盖率 100%。

【“一网式”服务】 推动“赣服通”5.0 版吉州分厅建设，上线政务服务事项 1265 项，事项上线比例 100%。推出线上免证大厅、跨省通办、适老服务、全市通办等 21 个优质服务专区，增强“掌上办”服务体验。搭建“吉速帮”智慧平台，推广“吉州 12343”热线通增设“家政热线”“企业服务”等板块，建设 7 × 24 小时及时响应全区统一“马上就办、办就办好”信息化民生服务大数据平台，实现群众求助高效解决。规范中介服务推广“一网选中介”服务新模式，入驻中介机构 207 家、项目业主 178 家，区级选取项目 1951 个，节约资金 214.4 万元。

【“一次式”改革】 坚持“一次不跑”改革，通过“线上办”“邮寄办”让事项做到“零跑动”办理。推进政务服务“一网通办”“全程网办”数字化改革。“一网通办”率、网上可办率均 100%。全区镇街道便民服务中心和村（社区）便民服务站改造升级，全面推行一体化政务服务，推行“家门口办照”便民服务，让群众“就近办”，实现政务服务“零距离”，提升帮办、代办、导办服务水平。在政务服务大厅组建“吉事即办·小赣事”帮办服务队，全区 119 个村（社区）便民代办点实现全面覆盖，各镇（街）便民服务中心帮代办 2.9483 万件，村（社区）便民服务站帮代办 2.6532 万件。

【“一链式”审批】 突出简政降本，推进政务服务高效化，实现“一链式”办理，全程联审。完善“一事通办”改革。国家和省政务部署 22 件“一件事一次办”完成率 100%，梳理 115 项“一件事一次办”事项同步上线至“赣服通”和江西省政务服务网吉州区分厅，方便群众在线办理。推动惠企政策集中兑现。梳理全区 242 项惠企事项，编制惠企政策指南，同时上线“赣服通”惠企平台，做到纾企解困。全区兑现 21 余条惠企政策，5793 家企业兑现金额 7.4 亿元。同时，优化延时错时预约服务机制，让群众享受 24 小时、非工作日常态服务。

【办事体验活动】 10 月 20 日，区委书记尹冬荀到区行政审批局，开展“办事流程大体验”活动。在区行政审批局政务服务大厅，尹冬荀以普

10 月 20 日，区委书记尹冬荀（左二）在区行政审批局体验办事流程

（区行政审批局 供图）

通群众身份体验办事过程，并就体验过程中发现的问题向相关单位提出改进建议。

【建设标准化镇街便民服务中心】全区10个镇（街）便民服务中心均完成标准化建设，规范乡镇便民服务中心事项74项、街道便民服务中心事项52项，均按“一口式”服务流程实行。全年接待办事群众8.329万人次，办结业务1.6662万件。

（刘欢）

机关事务管理

【概况】 吉州区机关事务中心以“中心工作推进到哪里，服务保障就跟进到哪里”为宗旨，围绕“牢记初心使命、精细规范管理、优质高效服务、尽心竭力保障”目标要求，提升管理服务保障效能，推动机关事务发展。获“全省机关事务工作先进集体”称号，区公共机构节能工作被评为2023年全省公共机构节能考核优秀县（市、区）。

【办公用房管理】 根据领导变动及时调整办公用房管理领导小组名单，出台《吉州区党政机关办公用房使用管理实施细则（暂行）》，用规范文件指导推进办公用房资源合理配置和节约使用。加强办公用房集中统一管理，定期办公用房巡检，掌握各部门单位办公用房使用情况，协调区文广新旅局、区创建办等办公用房调配，统筹区保密机要局、科协、政法委及部分计划搬迁单位办公用房。

【公共机构节能】 坚持绿色转型、创新驱动，推进公共机构节能工作发展。举办吉安市公共机构节能经验交流会暨公共机构节能宣讲（吉州站）接力活动，营造浓厚节能低碳氛围，助力实现碳达峰、碳中和。“能源紧缺体验日”“生态文明宣传月”活动，推出低碳社区大讲堂、公共机构云课堂，并登上“学习强国”学习平台。将节能纳入干部培训常态化中，举办能耗统计规范、垃圾分类、节约型机关创建各类宣传培训4次。100%区属党政机关创建节约型机关，永叔街道初心小院入选全省第一批公共机构节能现场教学点，区行政中心获批全省生活垃圾分类样板单位。

【公务用车管理】 完善公车、驾驶员管理制度，实行公车标识化管理，规范社会化租车服务，保障公务活动出行。全年累计出车7547辆次，安全行驶59.72万千米，完成中央广播电视总台青春中国家庭酷跑（吉州站）、全省乡村振兴论坛等各项重大活动、重要会议车辆保障工作。“集中管理、分散停放”用车以及重点项目租车专项核查工作，下达书面《工作提示函》11份，纠正整改存在问题。召开全区公务用车驾驶员集体廉政谈话会，110名公务用车驾驶员签订《公务用车驾驶员警示教育承诺书》。

【后勤事务保障】 做好保洁绿化工作，维护大楼水电设施正常运行，保障食堂食品安全，做好全区500余场各类会议活动服务。建设区行政中心门禁道闸管理系统，完成区行政中心850辆公私车辆信息统计更新，完善安全保卫巡逻平台建设。

（郭嘉玮）

乡村振兴

【概况】 吉州区乡村振兴局学习贯彻习近平总书记关于“三农”工作重要论述和视察江西重要讲话精神，落实中共中央、国务院和省、市决策部署，继续发扬脱贫攻坚精神，坚持脱贫不摘政策、不摘帮扶、不摘责任、不摘监管“四个不摘”，强化责任、工作、政策“三个落实”，建立健全巩固拓展脱贫攻坚成果长效机制，坚决守住不发生规模性返贫底线任务。坚持每月召开现场推进会，调度推动各项工作落细落实，同时，做好全区示范村、重点村创建和美丽乡村建设。

【防返贫监测】 实行“一平台三预警”模式，构建农户主动申请、部门信息比对、干部走访排查三线并行预警排查工作机制，区级防返贫监测坚持一月一调度，一月一通报，无新增乡镇实行零报告制度，做到应纳尽纳。2023年，区级行业部门依托省、市平台，信息交换12次、信息比对1128条，新增纳入监测对象14户69人，经过差异化帮扶风险消除9户34人。

【遇困即扶】 引进第三方机构独立入户调查评估，监测对象认定流程缩短为7个工作日。推进防返贫监测帮扶“一网三环”闭环管理，依托吉安市大数据防返贫监测帮扶机制，实施7天快速认定、部门联动帮扶、精准跟踪退出3个闭环，区镇村三级联动，7个工作日完成监测对象识别纳入并建立帮扶并联审核高效机制，同时，优化创新防贫保险和快捷解困救助基金两大支撑，对因病、因学、因灾（含意外事故）、因赔偿责任、因生产资料损失等原因存在致贫返贫风险农村户籍人口，提供每人最高30万元防贫保障，对经常规帮扶后未摆脱困境的，叠加救助基金，做到“遇困即扶”、稳妥退出。2023年，吉州区筹集“遇困即扶”专项资金240万元，发放长塘镇毛山村1名监测对象快捷解困专项救助基金7万元。

【教育保障帮扶】 制订控辍保学实施方案，建立常态化义务教育监测预警控辍保学机制，落实义务教育学校和镇（街）属地双负责责任制，全区67所义务教育中小学签订责任协议书。残疾学生采取随班就读为主,送教上门为辅的帮扶模式,全年送教上门31人(小学13人、初中18人),确保义务教育适龄儿童不失学、不辍学。建立农村脱贫户子女帮扶台账、农村监测户子女帮扶台账,确保做到教育帮扶资金"精准资助"。2023年春季,发放补贴脱贫户及监测对象417人次、发放资金33.39425万元,其中,学前教育资助4.5万元、非寄宿生生活补助资金6.09375万元、寄宿生生活补助资金10.2125万元、普高助学金3万元、普高免学费0.548万元、中职助学金8.7万元、中职免学费0.34万元。

【医疗健康保障帮扶】 落实分类资助参保政策,特困人员给予全额资助,低保对象给予定额资助,返贫致贫人口和脱贫不稳定人口、边缘易致贫人口给予定额资助,确保农村低收入人口应保尽保,不落一人,全年代缴脱贫人口及监测对象人口2381人。区域内各医疗机构(市第一人民医院和6所乡镇卫生院)继续落实脱贫人口和监测对象住院"先诊疗,后付费"政策和"一站式"结算服务政策,全年脱贫人口、监测对象住院医疗累计928人次,总费用762.9万元,累计报销543.53万元。落实家庭医生签约服务,脱贫人口和监测对象提供家庭医生签约履约服务,全年签约3982人,履约1.039万人次,履约率100%。

【安全住房保障帮扶】 根据《吉州区2023年巩固拓展脱贫攻坚成果住房保障实施方案》,利用"遇困即扶"资金,完成24户脱贫户房屋维修补助工作,并动态监测脱贫户、低收入家庭、监测对象及房龄超过30年以上居住房屋。

【安全饮水保障帮扶】 开展脱贫户及监测对象饮水安全评价工作,动态监测农村饮水安全实施。建立农村饮水工程长效管理机制和饮水安全管理责任体系,全面排查1501户脱贫户及监测户饮水安全,落实农村集中供水工程维修养护资金27万元。

【产业帮扶】 加强产业发展资金扶持,发挥产业项目资金牵引带动作用,提高产业项目资金比例;加大产业项目扶持力度,推进产业发展提质增效,提升产业带贫益贫成效。吉州区中央财政衔接资金1657万元,产业项目资金1365万元,占比80%,达到国家、省、市不低于60%目标要求。发挥小额信贷"造血"功能,完成小额信贷目标任务436万元,帮助91户脱贫户自主发展产业。用活用好光伏产业,全区建成村级光伏电站43个、装机规模2216.02千瓦,户用电站188个,装机规模564千瓦。2016—2023年,累计收到国家资金823.91万元,其中发电收益104.95万元用于壮大村集体经济,惠及20个脱贫村;1—10月合计发放户用光伏补贴22.76万元,村级电站光伏补贴63.32万元。光伏收益开发公益性岗位116个,全年累计发放岗位工资27万余元。

【就业帮扶】 强化脱贫对象就业管理,开展劳动力资源调查工作,依托江西省公共就业服务信息系统,加大岗位信息供给力度,加强就业信息常态化管理,实行每月动态监测,全面摸排全区2821名脱贫劳动力情况。落实就业务工交通补贴政策,全年发放区外务工520人,补贴21.82万元。强化公益性岗位开发,2022年10月至2023年9月,安置脱贫劳动力及边缘户公益性岗位178人,落实补贴资金69.99万元。延续支持帮扶车间优惠政策,开发建设就业帮扶车间7个,吸纳贫困劳动力就业86人,落实就业帮扶车间吸纳脱贫劳动力就业补贴12.2万元。

【示范村、重点村创建】 按照省市工作部署,全面落实211乡村振兴示范工程要求,建设10个省级乡村振兴重点村和4个市级乡村振兴示范村。市级示范村按照创建类型打造,兴桥镇东塘村打造生态宜居型、长塘镇陈家村和曲濑镇曲濑村打造治理先进型、樟山镇陂上村打造综合发展型。10个省级重点村投入资金1300余万元,重点打造现代化高标准大棚蔬菜。

【乡村建设】 制订出台《关于做好2023年全面推进乡村振兴重点工作实施方案》,全面提升农村人居环境。农村厕所革命。按照"整村推进树标杆,零星农户补短板,脱贫户监测户优先落实"总体思路,推进常住户问题厕所整改、厕所粪污资源化利用。长塘镇粪污资源化场所建设完工。农村生活垃圾治理。发挥政府主导、群众主体、市场主推作用,加强农村生活垃圾收运处置体系建设,制订印发《吉州区推进农村生活垃圾治理工作实施方案》,全区农村清理生活垃圾8344吨。美丽乡村建设。新农村建设点48个,其中,省级村点22个,区级自建点26个,各村点主体建设基本完成。5G+长效管护平台建立。建成全域农村人居环境整治5G+长效管护平台,关注6.52万人次,上报事件8507个。

(肖韬)

中国人民政治协商会议吉州区委员会

吉州年鉴2024

综　述

中国人民政治协商会议吉州区委员会围绕“提升首位度、争当排头兵”目标任务，坚持发扬民主和增进团结相互贯通、建言资政和凝聚共识双向发力，发挥人民政协“重要阵地、重要平台、重要渠道”作用，谱写吉州高质量发展新篇章汇聚奋进力量。向区委专题报告工作8次、报送重要履职报告10份，反映社情民意100余篇，“委员讲堂”20余次，读书活动40余次，配合完成《吉州古楹联》编辑，完成市政协《庐陵家风》文稿征集工作，参与编撰《钓源故事》和《我的知青岁月》文史资料收集工作，媒体平台上稿200余篇，《带量采购触发行业垄断需引起重视》被全国政协采用。

重点协商调研。按照区政协年度协商工作计划以及区委点题，围绕优化街居区域划分、蔬菜产业高质量发展、加快区域性消费中心城市建设、打造“第一等”营商环境、新能源汽车充电设施建设等课题专题调研，向区委、区政府报送《关于优化街居区域划分 提升市域社会治理效能的调研报告》等履职报告10份，区委、区政府主要领导对协商成果作出肯定性批示，推动《吉州区社区管理工作调整方案》等文件和制度出台。

民主监督职能。紧扣重大决策部署，围绕“优化营商环境指标落实情况”专项民主监督，组建5个民主监督小组，重点对相关职能部门政策落实、工作成效等情况“一对一”监督，召开各类调研座谈会10场，面对面协商10余次，形成专题民主监督报告，推动开办企业和办理建筑许可两项指标在省市排名中争先进位。围绕安全生产等工作专题考察，助推《燃气预警装置安装工作方案》等制度和工作措施出台。

2月18日，政协委员们上台选举投票

（区融媒体中心　供图）

服务中心工作。按照区委统一安排，主席会议成员参与重点项目建设，推动项目建设提速提效，各重点项目建设均取得成效；“十大攻坚战”启动以后，主席会议成员分别担任相关指挥长或副指挥长，部分机关干部参与“十大攻坚战”协调对接、督查调研等工作，推动攻坚战各项重点项目（任务）进展达到序时进度目标；推动建立完善各个体育协会组织，举办各类项目比赛，助力全民健身运动普及和发展，提升中心城区吸引力。

政协委员构成。政协吉州区第六届委员会有委员175人。其中，男性105人，占60%；女性70人，占40%。政协委员中汉族173人，满族1人，畲族1人。

重要会议

【概况】 按照“全委会整体协商、常委会重点协商、主席会专题协商”原则，召开区政协六届委员会全会1次，区政协六届常委会会议7次，反映社情民意信息工作专题培训会1次，委员活动小组组长会议1次。

【区政协六届三次全会】 2月16日—18日，区政协六届三次全会在区会议中心一楼中心会场召开。会议议程：吉州区委书记尹冬苟讲话，听取和审议政协吉州区第六届委员会常务委员会工作报告、政协吉州区第六届委员会常务委员会关于区政协六届二次会议以来提案工作情况报告，列席吉州区第六届人民代表大会第三次会议，听取并讨论区政府工作报告及其他报告，审议通过政协吉州区第六届委员会第三次会议决议、政协吉州区第六届委员会提案委员会关于区政协六届三次会议提案初步审查情况报告，人事事项。

【区政协常委会】 年内，区政协六届常委会会议召开7次，即区政协六届常委会第六次会议至六届常委会第十二次会议。

1月19日，区政协召开六届六次常委会会议。学习习近平总书记近期发表重要讲话、重要指示精神，听取区政府关于区政协六届二次会议以来提案办理情况通报、区政协各专委会2022年度工作情况汇报，协商通过有关人事事项。

2月9日，区政协召开六届七次

常委会会议。学习习近平总书记近期发表重要讲话、重要指示精神，协商讨论《区政府工作报告》，审议通过辞去委员职务决定、关于召开区政协六届三次会议有关事项、区政协六届常务委员会工作报告、区政协六届常务委员会关于区政协六届二次会议以来提案工作情况报告、《关于表彰2022年度先进委员活动小组、优秀政协委员及优秀提案的决定》。

2月17日，区政协召开六届八次常委会会议。听取区委组织部领导关于人事事项说明，审议通过提交大会联组会议协商有关人事事项、提交大会联组会议酝酿讨论政协吉州区第六届委员会补选秘书长、常务委员建议人选名单（草案）、提交大会联组会议酝酿讨论的政协吉州区第六届委员会第三次会议选举办法（草案）和选举大会总监票人、监票人名单（草案）。

2月18日，区政协召开六届九次常委会会议。听取大会各组召集人关于委员协商和讨论情况汇报，审议提交大会通过有关人事事项决定、大会选举政协吉州区第六届委员会秘书长、常务委员候选人名单（草案），审议政协吉州区第六届委员会第三次会议选举办法（草案）和选举大会总监票人、监票人名单（草案）和政协吉安市吉州区第六届委员会第三次会议决议（草案）及提案初步审查情况报告（草案）。

3月29日，区政协召开六届十次常委会会议。学习习近平总书记近期发表重要讲话、重要指示精神，协商通过《政协吉安市吉州区第六届委员会常务委员会2023年工作要点》《2023年度吉州区政协协商工作计划》《政协吉安市吉州区第六届委员会提案委员会关于区政协六届三次会议提案审查情况的报告》。

9月20日，区政协召开六届十一次常委会会议。学习习近平总书记近期发表重要讲话、重要指示精神，围绕“优化营商环境”开展专题议政性常委会会议协商，审议通过调整和增补政协委员名单，人事事项。

11月10日，区政协召开六届十二次常委会会议。传达学习习近平总书记到江西省考察时重要讲话精神和在进一步推动长江经济带高质量发展座谈会上重要讲话精神及全省、全市领导干部会议精神，传达学习市、区“十大攻坚战”动员会会议精神，民主评议重点提案办理工作。

【反映社情民意工作培训会】 2月24日，区政协召开反映社情民意信息工作专题培训会。区政协各委员活动小组组长、党派主委以及全区社情民意信息员、全体政协机关干部参加培训，市政协相关负责科室人员应邀参加。培训会邀请省政协办公厅宣传信息处副处长曹小亮专题讲座。

【委员活动小组组长会议】 3月29日，区政协召开2023年度委员活动小组组长会议，区政协主席刘锡锋出席会议并讲话。会上，通报各委员活动小组反映社情民意信息和小组活动情况，各委员活动小组组长对如何发挥委员主体作用交流。

协商议政

【概况】 2023年，区政协把握新时代人民政协性质定位，坚持务实重效、守正创新，发挥专门协商机构作用，探索推进协商民主建设。

【优化区域划分专题议政会】 2月23日，区政协召开优化区域划分专题议政会，区政协副主席胡林云主持会议，相关委员和职能单位及部分街道参加。会上详细了解现有区划导致社会公共服务与治理存在低效、不便利等问题，探讨如何优化区域划分，提升社会治理工作，提出意见建议。

【推动全民健身运动对口协商会】 4月，区政协召开“发挥体育协会作用、推动群众体育健康发展”专题协商会，区政协副主席彭忠主持会议，区教育体育局、区体育总会及单项体育协会参加。委员们针对体育协会特点，提出意见和建议。

【休闲广场提升改造微协商会】 7月31日，区政协召开后河东路休闲广场提升改造微协商会。区政协副主席黄斌主持会议，古南镇街道党工委、桃树下社区、区城管局和城建花苑小区物业公司主要负责人，市园林绿化中心公共绿地所有关负责人，部分区政协委员、居民代表参加协商。与会人员现场查看古南镇街道后河东路（城建花苑段）休闲广场，对水泥乒乓球桌老旧破损、地面坑洼不平等问题协商讨论，达成一致意见并明确改造相关单位责任。

【优化营商环境专题议政会】 9月20日，区政协召开优化营商环境专题议政性常委会会议，区政协主席刘锡锋主持会议，区政府副区长黄柳青出席会议并讲话，区政协常务委员会组成人员和区营商办、市场监督管理局、行政审批局、工业园区管委会、住建局、自然资源分局等单位主要负责人参加会议。会上区政协副主席黄斌对区政协开展优化营商环境专项民主监督情况作说明，常务委员与部门单位对优化营商环境面对面协商讨论，并提出意见建议。

提　案

【概况】 2023年，区政协收到提案98件，经审查，立案80件，其中委员个人及联名提案61件，占76.3%；集体提案19件，占23.7%。提案在区委、区政府重视和33家承办单位努力下，得到及时办复、办复率100%。所提意见和建议解决或基本解决61

件,占提案总数 76.3%;正在解决或列入计划逐步解决 9 件,占 11.2%;因条件所限留作参考 10 件,占 12.5%;委员满意率 100%。

【提案工作交办会】 4 月 15 日,区政府召开专门会议,研究部署 2023 年度政协提案办理工作。区委副书记、区长罗青球出席会议并讲话。会上通报 2022 年政协提案办理工作情况,表彰提案承办先进单位,安排部署 2023 年提案办理工作。

【提案办理“回头看”】 7 月 26 日,区政协提案委员会同区政府办公室,邀请部分政协委员和提案者组成督查组,通过采取实地调研和座谈交流形式,对 2022 年度区政协提案落实情况“回头看”。督查组一行实地了解餐饮油烟处理现场规范管理、区图书馆拓展公共阅读空间建设、老旧小区改造等提案办理落实情况,提出意见建议。

【重点提案督办】 7 月中旬至 8 月下旬,区领导带队,组织相关委员会及提案人,赴承办单位重点提案督办暨民主评议提案办理实地督查。通过现场察看、听取汇报、查阅资料、座谈协商等方式,督促提案办理落实,并对督查情况量化打分,做好民主测评前期准备。

【提案办理民主评议】 11 月 13 日,区政协召开六届十二次常委会会议暨民主评议重点提案办理工作会,区委书记尹冬苟出席会议并讲话,区政协主席刘锡锋主持会议,区政协六届常委和提案委员会部分委员参加。2023 年,区政协创新重点提案办理民主评议方式,首次以量化打分形式对 12 件重点提案办理集中评议,区委政法委、区教育体育局等 9 等个重点提案承办单位负责人以幻灯片形式向参评人员展示、亮晒提案办理成效。

调研与考察

【概况】 2023 年,区政协自觉把政协工作放到全区发展大局中谋划和推进,开展调研和考察,提出意见建议,服务党委、政府科学民主决策。

11 月 13 日,区政协六届十二次常委会会议暨民主评议重点提案办理工作会召开

(区政协 供图)

【文旅融合发展考察】 3 月 15 日,区政协主席刘锡锋率考察组,赴新干县、永丰县考察,交流学习文旅融合发展方面做法、经验,助力推动吉州区乡村振兴发展实现新的突破。

【蔬菜产业高质量发展专题调研】 5 月,区政协副主席胡林云率调研组,专题调研推进蔬菜产业高质量发展。通过召开座谈、实地参观等方式,听取区直单位、各镇以及种植大户,关于蔬菜产业发展情况,分析全区蔬菜产业发展现状及存在问题,提出推进全区蔬菜产业高质量发展意见建议。

【加快区域性消费中心城市建设专题考察】 5 月,区政协副主席刘红林、龙旭红率考察组,专题考察加快建设区域性消费中心城市建设。实地察看天虹商场、莱斯百货、四方园和凯震建材市场、卓厦建工、华通物流园、能仁巷等市场和企业,并邀请各镇街和有关部门单位参加座谈,形成调研报告报区委、区政府。

【新能源汽车充电设施建设专题调研】 5 月,区政协副主席刘龙春率调研组,调研新能源汽车充电桩建设。委员们围绕新能源汽车充电面临困难和问题建言献策,提出政府加强统筹规划、出台优惠政策、规范审批程序、加强物业管理等意见建议。

【提升老旧小区物业管理水平专题调研】 6 月,区政协副主席金皓率调研组,调研提升老旧小区物业管理水平。调研组深入如意苑、电信、有线电厂等老旧小区,实地调研物业管理情况,详细了解物业服务、发展规划及存在问题和困难。同时,召开协商调研座谈会,听取区住建局等单位负责人,关于加强老旧小区物业管理工作汇报。委员们提出明确改造标准、压实属地责任等建设性意见建议。

(周彤)

中国共产党吉州区纪律检查委员会 吉州区监察委员会

吉州年鉴 2024

综　述

吉州区纪委区监委忠实履行党章和宪法赋予职责，全面落实党中央和省委、市委全面从严治党重大决策部署，推进勤廉建设，严肃党内政治生活，坚定不移正风肃纪反腐，发挥监督保障执行，促进完善发展作用，推动政治生态持续向好，提供全面建设现代化吉州坚强纪律保障。全区办理留置案件10起，立案审查调查140人，运用“四种形态”（让“红红脸、出出汗”成为常态；党纪轻处分，组织调整成为违纪处理的大多数；党纪重处分，重大职务调整的成为少数；严重违纪涉嫌违法立案审查的成为极少数）批评教育帮助和处理268人次。

打造“廉心驿站+居务监督”。发挥居务监督委员会“前哨”“探头”作用，提高政府履职尽责能力与水平。廉心驿站建设为契机，探索居务监督新模式、新路径，以连、议、办、评为重点落实居务监督工作“四步走”，当好社会治理“前沿哨”，连心服务万家群众。数字化助连，畅通问题收集渠道。建立社区党务居务会议列席制度，督促各网格廉情信息员收集上报群众诉求，引导居民在一点通触摸屏上扫码使用，畅通问题收集渠道。分类化商议，厘清职能职责范围。根据居民反馈问题类型，由区纪委监委、街道、社区根据职责范围分类处理。社区不能解决的，引导居民扫“廉心E站”二维码预约线下办理。常态化督查，化解群众诉求难题。强化履职尽责，建立监督内容、工作标准、目标时限、责任落实“四清单一台账”（制定政治监督任务、责任、问题、考核）监督体系，常态化督查分类处置问题情况，群众上报问题线索逐一核实追踪、对账销号，及时整治群众身边不作为、慢作为、假作为、乱作为等行为，树立为民服务宗旨意识。公开化评议，提升居务监督实效。召开居务公开事项评议会议，详细了解涉及群众利益重大事项、重要惠民政策落实公开情况，进行事前、事中、事后全过程监督，及时发现和纠正工作中违法违规和侵害群众利益问题。对不及时公开、不按规定公开、不实行公开或弄虚作假社区主要负责人，严肃批评教育，限期整改落实；情节严重、造成不良影响，严肃追究责任。

维护群众利益。组织乡村振兴领域不正之风和腐败问题专项整治，加强对重点项目、重大资金、重要环节监督检查，批评教育帮助和处理165人。下发《关于开展村级“小微”工程腐败和不正之风问题专项整治工作方案》，排查全区乡村建设盲目“造景”问题。印发《关于进一步深化镇街借款专项清理整治的通知》，清理乡镇借款327万余元。组织师德师风、医德医风专项整治，教育、医疗领域均实现自办留置案件“零的突破”，党员干部主动上缴不当得利170余万元。营商环境腐败和作风问题专项整治，定期召开营商环境跟踪督办会，查处吃拿卡要、违规借贷和投资入股，以及不担当不作为乱作为问题。全年，查处营商环境领域不正之风和腐败问题103起103人。

《党风政风热线》栏目现场直播。8月2日，由吉安市纪委监委指导、吉安广播电视台主办《党风政风热线》栏目到吉州工业园区现场直播，吉州工业园区党政班子成员参加直播节目。与广大听众、网友面对面交流园区党风政风建设、营商环境和社会经济发展等内容，现场解答企业代表和群众提问。

重要会议

【全区纪检监察干部队伍教育整顿动员部署会议】 3月13日，全区纪检监察干部队伍教育整顿动员部署会议召开。会议学习贯彻习近平总书记关于加强纪检监察干部队伍建设的重要讲话和重要指示批示精神，落实《中共中央关于开展全国纪检监察干部队伍教育整顿的意见》和全国、全省、全市纪检监察干部队伍教育整顿动员部署会精神，以及区委指示要求，对全区纪检监察干部队伍教育整顿进行动员部署。会议指出，全区纪检监察组织要深刻领会开展教育整顿重要性、必要性和紧迫性，落实党中央部署和各项措施要求，自觉接受刻骨铭心革命性锻造和深入灵魂精神洗礼，把队伍建强、让干部过硬，真正做到让党中央和习近平总书记放心，让人民群众满意。会上，镇街纪（工）委、区纪委区监委机关和派驻纪检监察组代表作表态发言。

【五届区委第四轮巡察工作动员部署暨业务培训会】 3月31日，五届区委第四轮巡察工作动员部署暨业务培训会召开。会议强调，要提高政治站位，理解把握新时代巡察工作内涵要求。发现和推动解决影响党的领导、党的建设、全面从严治党根本性、全局性问题作为巡察监督重点，开展政治体检，查找和纠正政治偏差，督促各级党组织和党员领导干部不断深化对“两个确立”政治认同、思想认同、理论认同、情感认同，确保全党沿着正确的政治方向前进，做到令行禁止、步调一致。该轮巡察设立5个巡察组，巡察樟山镇、古南镇街道、区国有资产事务中心、区科协等11个部门单位党组织。

【全区巡察工作会议暨五届区委第五轮巡察动员部署会】 9月7日，全区巡察工作会议暨五届区委第五轮巡察动员部署会召开。会议要求，要提高站位、把握要义，领会巡察工作政治内涵、时代要求、使命责任；要精准聚焦、持续发力，确保巡察工作巡出实情、察出问题、开出良方；要密切配合、严明纪律，实现巡察工作落实落细、同题共答、稳中提质。树立以人民为中心工作理念，重点围绕“四个聚焦”巡察。全区各被巡察单位党组织，配合区委巡察组完成好巡察任务。

监督执纪

【概况】 2023年，区纪委监委坚持把党的政治建设摆在首位，增强“四个意识”、坚定“四个自信”、做到“两个维护”，巩固和发展吉州风清气正良好政治生态。

【政治建设】 坚持用党的创新理论统领纪检监察一切工作，学习贯彻习近平新时代中国特色社会主义思想和习近平总书记到江西省考察时的重要讲话精神，确保纪检监察工作正确政治方向。区纪委常委会会议认真落实“第一议题”制度，将学习习近平总书记最新讲话、最新文章、最近指示、最新要求等作为首要政治任务。组织全系统干部先后前往青原区东固革命根据地、井冈山革命根据地、江西省苏维埃革命历史陈列馆等地，开展系列红色走读活动，通过参观学习、现场教学、主题党课等形式，推动全区纪检监察干部传承红色基因，涵养初心使命。召开学习贯彻习近平总书记考察江西重要讲话精神研讨会，组织全系统干部集中学习和分组交流研讨，教育引导全区纪检监察干部对标落实、感恩奋进。

【政治监督】 紧盯“三新一高”(新发展阶段、新发展理念、新发展格局，高质量发展)、乡村振兴、粮食安全、高标农田、生态环保等重大决策部署落实情况，建立“清单管理、季度扫描”机制，督查落实政治监督创新。抓好责任、政策、工作落实情况再监督，全年监督检查24次，批评教育帮助和处理36人。

【日常监督】 组织乡村振兴领域不正之风和腐败问题专项整治，批评教育帮助和处理151人。精准纠治“四风”(形式主义之风、官僚主义之风、享乐主义之风和奢靡之风)，组织开展违规发放津贴补贴、收受礼品礼金、课后延时费用管理、单位内部食堂违规吃喝等专项监督检查20余次，全年查处违反中央八项规定精神问题52起54人。

党风廉政建设

【概况】 2023年，区纪委监委贯彻落实中央和省委、市委、区委关于全面从严治党各项部署要求，出台印发《区委落实全面从严治党主体责任2023年度任务安排》《关于开展2023年政治谈话工作的通知》《吉州区“三重一大”事项报备制度》《关于进一步规范纪检监察建议工作的办法(试行)》等，推动全面从严治党向基层延伸、向纵深发展，筑牢思想之堤，提升清正廉洁党悟力，真正做到不敢腐、不能腐、不想腐。

【一体推进“三不腐”】 保持高压之势，强化反腐惩恶震慑力，坚持无禁区、全覆盖、零容忍，做到有贪必肃、有腐必惩，保持反对和惩治腐败强大力量常在。全年办理留置案件10起，自办案件5起，协助指定居所监视居住2起，立案审查调查140人，其中科级领导干部22人，同比增长29.41%。严肃查处周某松、刘某等严重违纪违法案件。运用“四种形态”批评教育帮助和处理268人次，其中第一、二种形态占95.15%。规范廉洁用权约束力，向区四套班子领导制发《履责提示》28份。组织“一把手”“五个不直接分管”有关问题专项整治行动，增强“一把手”和领导班子监督质效。制发纪律检查建议书和监察建议书10份，有针对性地督促案发单位警示教育、完善制度、堵塞漏洞。

【廉政警示教育】 强化以案促改，做好查办案件“后半篇文章”，“周某松案”查办后，及时在市第一人民医院召开全区医药领域腐败问题集中整治工作推进会，持续净化全区医疗卫生系统政治生态；“刘某案”查办后，拍摄警示教育视频《借“标”生

6月9日，区纪委监委联合区妇联在区行政中心举办“争当廉内助 涵养好家风”家庭助廉培训班

(区妇联 供图)

财的专家》，全区教师节庆祝大会上开展警示教育，组织全区教育系统干部职工旁听现场庭审。履行好同级监督责任，定制警示教育“家庭套餐”，先后举办县级领导干部专题警示教育活动及其家属“廉内助”培训班。注重立足吉州本地历史文化和红色革命资源，先后推动建成周忱勤廉教育基地、江西省苏维埃革命历史陈列馆等场所，按照每月“一个镇街+一批区直单位”形式，分期组织党员干部勤廉教育轮训，全区党员干部全面实现轮训。

专项治理

【概况】 2023年，区纪委监委坚持以人民为中心，聚焦民生关切，坚决整治群众身边腐败和作风问题，巩固拓展落实中央八项规定精神成果，营造浓厚干事创业氛围。常态化开展扫黑除恶斗争，处理失职失责干部4人。

【形式主义整治】 组织开展形式主义加重基层组织负担专项整治，推进“三严五整”攻坚行动，至年底，全口径文件同比减少12.3%，重点精简类文件同比减少13.7%，累计清理微信工作群208个。落实“十大攻坚战”，制定《吉州区党员、干部能力作风提升攻坚战实施方案》《关于改进干部作风强化执行落实的实施意见（试行）》，出台《吉州区“躺平”干部认定标准及处理办法（试行）》，创新绩效考核方式，加强“躺平”干部治理和教育转化，认定“躺平”干部14人。

【师德师风专项整治】 年初，区纪委监委在全区范围内开展师德师风专项整治工作，下发《吉州区教体系统师德师风专项整治工作方案》，围绕招生考试、项目建设、物资设备采购、研训经费管理等重点环节监督检查，并在全区范围内师德师风突出问题自查自纠，做到早发现早纠治，规范教师从教行为。区纪委监委创新工作举措，自编、自导、自演以“家风、家教、家规”为题材微电影《规矩》，制作并发放宣传折页《勤廉教育你我同行——致全区家长的一封信》1万余份，并在全区48所中小学校、幼儿园开展勤廉教育活动，通过观看一部勤廉小短片、讲好一个勤廉小故事、发放一封勤廉倡议书、送上一份“廉情寄语”等方式，鼓励和引导广大学生家长参与到勤廉校园建设中来，共同维护风清气正教育生态。

【医德医风专项治理】 4月，召开卫健系统警示教育大会暨医德医风专项治理会，针对医疗系统腐败问题，以案促改，警示教育医务从业人员，筑牢拒腐防变思想防线。区纪委监委发挥“室组地”联动机制，成立联合检查组，采取明察暗访方式，通过“专项监督+日常监督”方式，开展专项整治，并与卫健部门建立联席工作制度，定期听取专项整治情况汇报，针对发现问题线索和风险点集中研判，实现整治效果最大化。督促廉政集体谈话5次，发现并督促整改问题21个，推动建章立制5项，80多名医疗卫生行业党员干部和工作人员主动向组织说明问题，上缴不当得利22万余元。同时，坚持思想政治教育和纪律警示教育并行，通过组织勤廉教育轮训、参观区纪律教育室、上廉政党课等方式，引导干部职工筑牢廉洁从业思想防线、树立良好医德医风。

巡察工作

【概况】 2023年，区纪委监委把握政治巡察定位，聚焦被巡察党组织职能责任，紧盯影响政治生态突出问题，开展不同问题专项巡察，彰显巡察利剑作用和联系群众纽带功能。

【完善巡察工作】 对标省委巡视工作领导小组《关于推进市县巡察工作高质量发展的若干意见》要求，对意见涉及县（区）级巡察七大方面相关具体部署研究细化，总结以往经验做法，剖析工作不足差距，制定41项具体落实清单。深化“纪巡审”联动机制，出台《吉州区纪巡审协同联动工作实施办法（试行）》制度，通过联合监督检查、跟踪问题整改、督促建章立制，推动政治监督和经济监督协同发展。

【政治巡察】 推进五届区委第四轮、第五轮巡察，巡察6个镇街和17个区直单位党组织，督促解决立行立改民生实事35个。全区巡察对象70个，至年底，巡察37个，覆盖率53%，村（社区）党组织巡察覆盖率68%。

（魏志刚）

民主党派

中国国民党革命委员会吉州区总支部委员会

【概况】 中国国民党革命委员会（以下简称“民革”）吉州区总支部委员会成立于2007年9月，下辖8个支部，有党员150人，其中，教育界党员占36.2%，医药卫生界党员占26.1%，政府机关及其他界别占37.7%。在职副县级干部2人，正科级干部1人，副科级干部3人。市人大代表2人，市政协常委2人，市政协委员8人，区人大常委会委员1人，区人大代表2人，区政府副区长1人，区政协常委1人，区政协委员12人。担任各级人大代表、政协委员占党员总数的19%。2023年，民革吉州总支围绕“凝心铸魂强根基、团结奋进新征程”主题教育活动，履职尽责，服务社会。

【民革参政议政】 专项调研3次，申报《创新MAP（现代农业技术服务平台）模式助力农业农村现代化》《以江西PPP（公共私营合作）模式为例——打造乡村振兴投资建设的市场化新样板》《加强中学生心理抗压能力教育 助力中学生健康成长》课题3个。上报《吉州农业发展建议》《关于新庐陵公司停车场“无车停”与周边群众“停车难”的矛盾解决建议》《调整调查春播面积为核实夏粮成果的建议》等社情民意12篇。向江西民革、民革吉安市委会、吉州统战等报送信息6篇。党员王淑华《关于将盆底肌治疗纳入医保报销范畴的建议》受到区政府重视，党员刘东波提交市政协提案《关于加快吉安市中心城区学校建设，优化中心城区学校布局的建议》和党员胡丽萍提交《关于完善家庭医生签约服务工作的建议》被相关部门采纳。

【民革自身建设】 抓好政治理论学习，组织好总支中心组和各支部学习。带领各支部党员参观吉安革命历史陈列馆、九打吉安城、毛泽东李家坊调查研究旧址，开展红色教育学习。通过支部间联谊、与民革企业家联谊会联谊，开展党员活动日等形式，强化基层组织凝聚力。优化党员队伍年龄、知识结构，提高综合素质，发展新党员4人。28名党员获市“优秀党员”荣誉称号、4名党员分别荣获市参政议政先进个人、市社情民意信息工作先进个人称号。党员刘东波被吉安市科协评为吉安市首届优秀基层“三长”（学校校长、医院院长、农技站长），先进事迹刊登在《井冈山报》。党员王淑华参加吉安市2023年老干部系统“奋进新征程、建功新时代”知识竞赛获二等奖，党员刘松被区政府授予固定资产投资“优秀统计员”称号。

【民革社会服务】 “同心法援行”品牌特色建设。通过“社区共建”模式，推行社区民革“同心法援行”工作室实质化运转，落实桃树下社区法律咨询常态化值班制度；推进民革吉安市中山法律援助工作站党员律师，定期参与社区矛盾纠纷化解。联合司法所、社区新时代文明实践站、律师事务所，进社区开展“博爱·牵手”法律宣讲活动，提升社区干部和群众法律意识和社区干部矛盾纠纷调解能力，注入基层法治化治理新活力；在李家坊村开展“纪念五一口号发布75周年同心法援行”活动，为村民们宣讲宣传法律知识，解答相关法律问题、提供法律咨询等服务。年内，工作站成员社区法治宣传7次，发放宣传资料500余份，提供法律咨询150余人次，参与矛盾纠纷化解2起。送医、送课活动。联合三支部、六支部在区老干部服务中心、兴桥镇，开展“真情关爱老干部、健康体检暖人心”活动和送医送健康义诊活动，服务1000多人。同时，在文山街道社区、西苑小区、思源社区，举办健康教育知识讲座，提供家庭医生签约服务。优化营商环境民主监督。走访企业13家，优化营商环境民主监督2次；联合民革吉安市委会、民革吉安市企业家联谊会，开展优化营商环境工作座谈会，收集意见建议3条。

【党派优势】 做好促进祖国统一工作是民革党派特色和重要职责。民革区总支利用“三胞”党员较多优势，推荐党员担任吉安市台联会领导班子成员，推动民革祖国统一工作品牌创建。区民革党员聂林海担任吉安市台联会会长，刘莉担任副会长，在服务台胞台属、助力对台招商、推进两地民间交流交往、开展涉台参政议政等方面做出有益工作。

（刘东波）

中国民主同盟会吉州区总支部委员会

【概况】 中国民主同盟会（以下简称“民盟”）吉州区总支部委员会，于2007年8月15日成立，2023年盟总支有7个基层支部，盟员118人，政府部门担任科级干部5人（其中正科级1人，副科级4人），市政协委员1人，市人大代表3人，区人大代表6人，区政协委员9人。2023年，民盟吉州总支围绕“凝心铸魂强根基、团结奋进新征程”主题教育活动，履行参政党职能，服务社会，发展新盟员1人。

【民盟参政议政】 盟总支集体提案“坚持问题导向推动农村厕改提质增效”和盟员提案“完善优化机制，提升住宅小区物业管理质效”在区政协大会书面发言，李明志的《关于加强市政消火栓的建议》获市委主要领导批示，李明志的《防范化解“房地产办证难”问题的建议》《冬闲田油菜种植四方面难题亟待破解》获民盟省委会采用，程卓云的《网络暴力泛滥应加强治理和引导》获全国政协采用，程卓云的《建筑施工领域安全生产亟待整治防范》《警惕消字号产品存在“漏网之毒”》《基层反映：药品说明书可读性差影响患者用药安全》《农民专业合作社发展瓶颈亟须破解》《高考志愿填报辅导乱象亟待整治》获盟省委采用，彭群香《为新办企业免费刻公章政策引发的争议需重视》《社区托育机构的登记性质需进一步明确和引导》《建议进一步完善歇业登记制度》《切换江西省可信身份认证系统后相关问题亟须改善》《建议加强国家企业信用信息公示系统功能》《自建房用于经营亟须规范管理》《营商环境指标设定应以是否有利于企业发展为基准》获盟省委采用。《三孩背景下托育机构发展研究》、《程卓云：‘零距离’协商议事 推动基层治理提质增效》获民盟省委会调研课题结题。

【民盟思想建设】 开展“凝心铸魂强根基、团结奋进新征程”主题教育，组织多形式中共二十大精神和习近平新时代中国特色社会主义思想学习活动，促进广大盟员领悟“两个确立”决定性意义，增强“四个意识”、坚定“四个自信”、做到“两个维护”。组织盟员赴周忱廉政教育基地学习，提高盟员廉政意识和政治素质，增强廉洁从政能力。邀请民盟盟史学者讲授《民盟故事》《费孝通人物小记》等盟史课和民盟人物传，加强盟员统战知识、盟史知识学习，浓厚盟员知盟、爱盟氛围。组织盟员观看《望道》主题教育电影，坚定盟员理想信念。

【民盟社会服务】 招引江西省硕铭电子有限公司落户吉州工业园区，帮扶乐滋食品完成改建和新建厂房消防验收，帮助园区企业寻找订单。根据政企恳谈会食品企业提出鸡蛋供应不足问题，联系市农业局盟员，为康娃缘、吉乔食品、乐滋食品等公司，提供全市畜禽企业和禽蛋企业名单及联系方式，架起供需连心桥。

【民主监督】 开展民主监督，通过走访建筑企业和园区工业企业，深入街道社区走访居民，听取和收集基层、群众意见。针对办事企业反映施工许可办理时间长、程序复杂等问题，民盟总支联系召集区工改办、行政审批局、住建、发改、自然资源、城管等部门协商研究，优化联审联批制度和压缩办理时限，并创新分阶段许可制度和分阶段竣工验收制度，方便企业施工许可办理和竣工验收办理。针对传统建筑企业反映政府扶持不够、发展乏力问题，向区委、区政府汇报，促成区里出台《吉州区建筑业高质量发展实施意见》，对企业在资质升级、获评工程质量和安全方面表彰、税收贡献等给予多项扶持政策，并开展4个批次正向激励表彰，受到企业好评。

（程卓云）

中国民主建国会吉州区总支部委员会

【概况】 中国民主建国会吉州区总支部委员会（以下简称“民建”）主要由经济界人士组成中国特色社会主义参政党，吉州区民建总支下设3个支部，有会员52人（17人因年龄原因转市老年支部，2023年新入会4人），其中，在职正科级干部1人、副科级干部5人，市人大代表1人，市政协委员3人，区人大代表8人，区政协委员9人。2023年，民建吉州总支围绕“凝心铸魂强根基、团结奋进新征程”主题教育活动，履职尽责，全面加强自身建设。被民建江西省委会授予全省先进集体称号。会员肖敏琦荣获民建中央2023年参政议政工作先进个人称号，段为民被民建江西省委会表彰优秀会员。

【民建自身建设】 主题教育与履职相结合，确保学习教育成效。总支委班子带头领学促学，召开集体学习2次，组织支部联谊学习研讨4次；组织会员在吉安城革命历史陈列馆，纪念五一口号75周年“重温一段历史、讲述一个故事、同唱一首红歌”活动；组织骨干会员参与上级培训32人次，组织会员观看《大道薪传——中国的民主党派》专题片。提交民建省委会、市委统战部征文2篇，《团结报》刊登1篇、民建省委会公众号刊登1篇。3月，区委常委、统战部部长杨彩霞带队到民建上海浦东轻工支部考察学习；4月14日，民建吉州总支与民建上海浦东轻工支部，举行结对共建活动暨签约仪式；7月，赴湖州民建市委会考察学习。

【民建建言资政】 提交提案建议，递交政协提案5篇、建议（含口头建议8条）14条。其中，会员肖敏琦撰写的《发展普惠托育 破解带娃难题》被列为2023吉州区政协年度大会口头发言，会员陈英撰写的《构建品牌体系 助推乡村振兴》被列为2023年度书面大会发言，会员陈英撰写的《强化社会组织协同管理 提升市域社会治理效能》、会员肖敏琦撰写的《以文旅融合为主线 推动吉州高质量发展》、会员段为民撰写的《切实加强农村改厕后污水无害化处理》3篇提案获评区政协优秀提案。强化调查研究质量，发挥党派建言资政途径，当好宣传员、参谋员，《关于推进学生心理健康教育提升行动的调研报告》《推进圩镇生活污水治理，擦亮赣江生态底色》《关于未成年人犯罪低龄化的调研报告》《关于发展直播带货促进经济发展的建议》4篇课题被民建省委会立项，《构建农产品品牌体系，助推乡村振兴发展》有关调研成果被民建中央采用。拓宽社情民意渠道，选拔6位特约社情民意信息员，全年向各级报送社情民意31篇，其中，报全国政协3篇，民建中央采用2篇，省政协采用4篇，民建省委会采用4篇。力求民主监督有效，开展会员企业大走访活动，5月，调研吉安理工技工学校、舌尖王国等营商环境，了解企业经营中问题，帮助舌尖王国解决问题1个，形成调研问题无法解决材料《关于农民工节后返岗和就业存在的困难和建议》《以工代赈存在的问题和建议》《关于优化特殊人员个人所得税代扣代缴及汇缴制度的建议》4份，并上报民建市委会。

【民建社会服务】 融入乡村教育，组织8所学校"音乐响起"师生，参加民建省委会组织文艺表演比赛；调研全市十大民生实事之"推进学生心理健康教育提升行动"。引导广大会员扶贫济困、回报社会，会员眭正辉资助贫困学子双胞胎姐妹14万元，用于高中、大学求学费用。助力招商引资，外出上海、苏州招商1次，引荐7批客商到吉州考察。优化营商环境，举办企业税收知识讲座2期，税法宣传进企业活动获省政协"赣事好商量"和《井冈山报》宣传报道。

（陈英）

中国民主促进会吉州区总支部委员会

【概况】 中国民主促进会（以下简称"民进"）吉安市吉州区总支部委员会，辖经科、三中、综合等11个支部，会员151人，主要分布在教育、文化艺术等界别。会员中有市政协委员2人、区人大代表5人，区政协委员15人（其中，区人大常委会委员1人，区政协副主席3人，区政协常委1人）。2023年，民进吉州区总支围绕区委、区政府中心、重点工作，聚焦"提升首位度、争当排头兵，挺起赣江中游生态经济带脊梁"发展定位，发挥民进会员人才、智力优势，服务全区经济社会发展做出贡献。陈青荣获全国科技活动周及重大示范活动先进个人称号，肖丽萍被评为全国档案工匠型人才，李玲姿、王丹、肖晖等区年度工作考核优秀获表彰嘉奖，胡贤尧、周建勤、王晓东等教师会员荣获省、市、区优秀称号，蒋巧、阙永根、刘海江、胡贤尧教育论文分别在《教育科学》《教师博览》《江西教育》《新教育时代》刊物发表。

【民进思想教育】 政治理论学习。召开总支全委（扩大）会、座谈会和党外干部学习培训等形式多样学习活动，学习中共党的方针政策、习近平总书记到江西省考察时的重要讲话精神，学习全国、省、市民进会议文件精神等，提高会员思想政治素质和理论水平，增强接受中国共产党领导坚定性和自觉性。开展主题教育。开展政治建设和"凝心铸魂强根基、团结奋进新征程"主题教育活动，各支部分别举办同心读书会、民进会史学习、纪念"五一口号"发布75周年"同唱映山红"、统一战线和多党合作发展史上重要历史事件学习、主题教育培训班等活动。

【民进参政议政】 围绕经济发展、养老服务、教育改革等方面，履职尽责提交高质量大会发言、集体和个人提案、社情民意等。区政协第六届委员会第三次会议上，作《移风易俗"四举措"助推乡风"大文明"》大会口头发言，《以钓源为中心集团式打造兴桥镇古村群的建议》获区委书记尹冬苟亲笔批示。开展民主党派优化营商环境民主监督工作，完成《优化营商环境 助推吉州经济高质量发展》调研，助力全区营商环境优化升级。

【民进社会服务】 开展系列服务社会活动，向社会传递正能量，传播真善美。送教送文化送科技下乡活动，助力乡村振兴；"春联万家奔赴新征程"送春联主题活动，祝福群众春节祥和；"快乐相伴和孩子一起成就未来"主题活动，关爱儿童健康成长；会员中优秀老师、学科带头人、名师送课到农村学校，提高农村学校教育教学质量；会员中文艺工作者送文艺作品到基层，丰富群众文化精神生活。

【"会员之家"揭牌仪式】 8月3日，民进吉州区总支"会员之家"揭牌仪式在区华夏大楼举办。江西省政协常委、民进省委会原一级巡视员陈洪萍，民进江西省委会办公室三级调研员姚林强出席活动。民进吉安市委会主委管萍，中共吉州区委常委、统战部部长杨彩霞出席活动并致辞。民进吉安市委会专职副主委谢文斌，民进吉州区总支主委陈青及支部代表10余人参加活动。该"会员之家"集中展示民进发展历程、总支理论学习、组织建设、参政议政、社会服务、双岗建功成果，展现民进前辈们自强不息革命精神和新时代民进会员良好精神风貌。

（陈青）

中国农工民主党吉州区基层委员会

【概况】 中国农工民主党（以下简称"农工党"）吉州区基层委员会，辖7个支部，党员95人。担任人大代表和政协委员党员有10人，其中，市政协委员2人（其中区政协常委1人），区人大代表3人，区政协委员5人。2023年，农工党吉州区基层委员会聚焦"走在前、勇争先、善作为"目标要求，围绕中心、服务大局，发挥党派自身优势，履行参政党职能，加强自身建设，努力服务吉州经济社会发展。党员郭芬、王芮被吉安市教体局评为“骨干教师”，党员阮继旭被上海交通大学附属第六人民医院评为“第64届骨科进修班优秀医生”，党员许志华被评为吉州区法院“优秀陪审员”，党员黄志勇参加2023年吉州区妇幼健康技能竞赛，荣获危重新生儿救治项“个人一等奖”，党员王琼荣获“吉州区优秀少先队辅导员”称号。

【农工党政治建设】 坚持以学为要，理论学习作为主题教育首要任务，开展“凝心铸魂强根基、团结奋进新征程”主题教育学习会、宣讲会、座谈会等系列活动20余次，党员用党的创新理论凝心铸魂取得新成效。

【农工党组织建设】 坚持走“人才强党”道路，优化党员结构，把好党员入口关。发展新党员2人，入党积极分子1人，均为中、高级职称，本科学历。选派党员参加省、市举办各类培训班，提升党员理论和业务水平。

【农工党参政议政】 开展政党协商、民主监督和党派大调研活动。联合区政协开展优化营商环境民主监督，专题调研工业园区企业办理建筑许可指标落实情况，助力打造“四心”(放心、舒心、安心、尽心)营商环境。提交提案、议案10篇、社情民意31篇，其中1篇被全国政协采用、5篇被省政协采用、12篇被农工党省委会采用。集体提案“聚焦‘瓶颈’难题，多措并举助力营商环境持续优化”被选为区政协大会口头发言材料。党员周鑫执笔的《以党为师 深入推进新时代参政党的自我革命》中标农工党省委会理论研究课题。

【农工党社会服务】 农工党吉州区“三师”(医师、教师、律师)志愿者团队，继承农工党“爱国、革命、奉献”优良传统，发挥党派特色和党员专业优势，聚焦“一老一小”民生领域，开展社会服务活动，推进服务“健康吉州”品牌建设。全年，志愿者团队社会服务活动20余场次。响应农工党中央号召，动员党员购买贵州大方县扶贫农产品，“我为大方下一单”活动中，消费帮扶2163元。

（饶莉）

九三学社吉州区基层委员会

【概况】 九三学社吉州区基层委员会辖科技、医卫、综合3个支社，社员34人。社员中有市人大代表2人、区人大代表6人（其中，人大常委会副主任1人，人大常委会委员1人，法制委委员1人，农业和农村委委员1人）、市政协专职副秘书长1人，市政协委员3人、区政协委员6人(其中，政协副主席1人，政协常委1人)。2023年，九三学社吉州区基层委员会以“凝心铸魂强根基、团结奋进新征程”主题教育为主线，助推经济社会高质量发展为出发点和落脚点，围绕区委、区政府重点工作，抓好党派自身建设，履行参政议政职责，推进各项社务工作。

【九三党派建设】 加强党派建设，推进党派发展。完善活动场所基础设施，打造社员活动中心——“社员之家”。加强社员精神建设，组织社员学习统一战线工作重要思想理论，在长塘镇李家坊召开“凝心铸魂强根基、团结奋进新征程”主题教育动员部署会，举办“调查研究”专题读书分享会。夯实中坚力量，新发展社员1人。

【九三参政议政】 发动全体社员参政议政、建言献策，取得良好成绩。2月，9名社员分别以区政协委员、区人大代表身份参加区人大、政协会，提交人大建议、政协提案20余件。政协会议上，副主委秦文羚作《“店小二”更强 营商环境更优》大会书面发言。中标社省委A类重点课题1个，为《强县域经济，做优县城公共服务，做大县城服务半径，促进乡村可持续振兴》(刘冬兰、温志琳)；中标社省委A类一般课题1个，为《发挥行业协会商会作用，服务民营经济健康发展》(曾祥辉、温志琳)。反映社情民意20余条，其中，省政协采用4篇，省委会采用5篇，报送全国政协4篇。

【重点工作】 招大引强工作。围绕市区重点产业项目，通过“走出去、请进来”招商方式，多次赴福建漳州、厦门和江西萍乡等地开展招商推介工作，引进吉安市海晟建材检测有限公司，该项目落户在区中小企业园区，项目主要为年产100万平方米陶粒轻质墙板及10万延米发泡陶瓷装饰线条加工等。优化营商环境民主监督活动。6月，开展区绿色食品产业园优化营商环境民主监督调研活动，实地参观健乐谷物、康娃缘食品等企业，并与园区5家企业负责人座谈交流，听取企业意见建议，做好优化营商环境建言献策。

【九三社会服务】 春节前，主委肖艳带领青年社员走访慰问70岁以上老社员，提前给老社员们送上节日问候。3月，联合市青工委、市综合支社赴北门街道钟鼓楼社区，开展弘扬雷锋精神志愿者服务活动，医疗专家和法律专家为群众检查身体、答疑解惑，累计咨询200余人次。11月，联合市医卫支社赴永叔街道竹笋巷社区，开展“国际和平周”送医送药志愿者活动，医学专家向社区民众讲解常见疾病预防方面知识，手把手教会常见慢性疾病康复家庭治疗技巧。同时，联合市综合支社开展普法宣讲活动，为社区民众普及基本法律常识，并在九三学社抖音平台进行普法医学知识视频制作及宣传。

（颜秋梅）

群众团体

吉州区总工会

【概况】 吉州区总工会聚焦全区工作大局和职工群众实际问题，广泛开展“中国梦 劳动美”主题宣传教育，弘扬劳模精神、劳动精神、工匠精神。推进工会改革和产业工人队伍建设改革，解决职工群众急难愁盼问题，深入开展集体协商集中要约行动，完善落实企事业单位民主管理制度。创建职工体面劳动、舒心工作氛围，推动“爱心驿站”扩面提质增效，将“爱心驿站”作为维护户外劳动者权益窗口。推动“百年工运 服务先锋”党建品牌创建向基层工会延伸，全区工会系统建成一批富有特色、服务实效明显子品牌。探索经审工作新思路、创新经审工作新机制，提升经审工作水平，工会经费管理和使用发挥新作用。全区各级工会围绕中心、服务大局，团结引领广大职工在建设实践中建功立业，推动吉州工运事业和工会工作迈上新台阶。吉州区基层工会组织414个，工会会员40547人，会员由新就业形态劳动者、非公有制企业、机关、事业单位方面人员构成。职工重大疾病医疗互助，全年参保金额191.2万余元，参保2.4万人次，累计赔付金额120.3万余元，赔付183人次。

【工会中共二十大精神宣讲】 学习宣传贯彻中共二十大精神与弘扬劳模精神、劳动精神、工匠精神、“县级工会加强年”专项工作结合起来，组建吉州区劳模工匠宣讲团，通过劳模工匠示范讲、一线职工交流讲、网络媒体线上讲、“最美劳动瞬间”职工摄影展等形式开展中共二十大精神进校园、进企业、进车间、进班组宣讲活动各5场，并赠送《吉州最美劳动者》书籍2000余册。

【选树宣传】 全年每月组织开展吉州区“最美劳动者”“吉州工匠”选树宣传网络活动，做好舆论和意识形态引导工作，利用报刊、网络、“两稳一端”等新媒体平台，宣传好工会工作和全区先进典型，用好工会微信公众号平台，推送信息100余条，浏览量5万余人次，点赞数8000余人次。中国工会网、《江西工人报》、《井冈山报》等中央、省、市级报刊媒体刊载文章30余篇，提升广大职工参与度，广泛宣传各行各业劳动者奋斗故事，发挥模范人物示范引领作用。

【“职工之家”阵地建设】 启动全区“职工之家”阵地建设，完善工会服务载体，提升服务职工水平。“职工之家”阵地建设对象为全区机关、镇街(社区)、企事业单位。区总工会制定“职工之家”阵地建设示范(合格)单位评价细则，达到“职工之家”阵地建设示范单位标准，给予基层工会补助3万~15万元建设资金。区总工会指导下，按标准打造白塘街道、永叔街道、曲濑镇、兴桥镇“职工之家”阵地建设示范单位，总面积3000平方米，并上报江西省总工会批准验收。

【技能竞赛】 科学制定竞赛实施方案，按照竞赛相应职业资格标准组织命题和竞赛操作，确保竞赛质量，立足于竞赛对技能人才培养、评价促进作用，注重竞赛成果和经验交流，推动各领域技术创新和技能水平提升。4月14日，联合区卫生健康委员会举办“肩负健康使命 守护全民健康”家庭医生岗位练兵和技能竞赛，200余名医护人员参加。8月25日，举办全区第二届生物医药技能大赛，新赣江药业股份有限公司、江西众源药业有限公司、江西奥匹神药业有限公司3家企业30名生物医药一线员工选手参赛。

【“吉州最美劳动者”发布仪式】 4月27日，“吉州最美劳动者”发布仪式在区行政中心举办，表彰首届“吉州最美劳动者”32人，并现场赠送《吉州最美劳动者》新书。仪式之前，区总工会组织文化工作者对吉州最美劳动评选者“一对一”现场创作，集结成《吉州最美劳动者》一书。

【暑期公益性爱心托管班举办】 开展主题为“暑期童行 工惠有你”的2023年度职工子女托管托育服务活动。发挥工会主体作用，推动区、乡镇、街道、园区和有条件用人单位，举办小学一年级至六年级学生暑期公益性爱心托管班。7月10日，暑期爱心托管班正式开班，利用职工之家、女职工康乃馨服务站等职工服务阵地，对接职工上下班时间，帮助全区职工解决年幼子女无人看护问题。托管服务内容以看护、兴趣拓展为主。

【送法律服务】 10月13日，工会阳光法律援助志愿服务走基层活动，现场举办普法讲座、法律咨询、劳动用工风险体检、劳动争议调处等送法律送服务送关爱活动，服务职工群众300余人次。全年借助工会网站、公众号等媒介，推送法律维权典型案例、劳动法规知识解读、工会维权服务资讯等，引导新就业形态劳动者尊法守法学法用法。

【技能培训】 10月30日至11月10日，举办“携手小康”职业技能培训，为期5天180余人参加，采取“理论授课+技能实践指导”培训方式，开设1期育婴员、2期电子商务(抖音)和1期茶艺师技能培训，提升培训者职业理论和职业实践技能。

【关爱活动】 开展劳动模范等先进人物为重点关爱活动，褒扬他们先进事迹。5月29日，组织各级劳模15名到庐山工人疗养院进行为期5天的疗养休养；6月26日，组织一线职工先进人物59名到庐山工人疗养院进行为期5天疗养休养。5月31日，联合吉安市第一人民医院为100名企业女职工免费“两癌”筛查活动，提升女职工获得感、幸福感和安全感。关爱困难留守儿童，组织20名困难留守儿童参观吉安城革命历史陈列馆，向全区94名困难留守儿童捐赠价值8000元的青少年法治系列读物，赠送“六一”慰问大礼包40份。7月26日，工会通过开展送清凉物资、送健康体检、送互助保障、送法律宣传等活动，先后慰问江西万佶物流有限公司的货运司机、区消防大队消防员、区重点项目建设者、区环卫中心环卫工人、区城管局、荣成美团站点外卖骑手。“夏送清凉”为一线职工送去价值7.98万元防暑降温物资，“金秋助学”为7名困难学子发放助学金3.1万元，“冬送温暖”为167名困难职工、6个困难企业和72名环卫工人发放慰问金25万元、慰问品价值近4万元，全年为患大病职工送去互助保障理赔金31.2万余元。

11月26日，吉安市吉州区工会第四次代表大会召开

（区总工会　供图）

【区总工会第四次代表大会召开】11月26—27日，区总工会第四次代表大会召开。市总工会常务副主席孙纪新，区委书记尹冬苟，区委副书记、区长罗青球，区人大常委会主任王巍，区政协主席刘锡锋等区领导参加会议。会议听取和审议区总工会第四次代表大会工作报告，并审议批准吉州区总工会第三届委员会工作报告、第三届委员会财务工作报告和第三届经费审查委员会工作报告，选举产生新一届领导班子成员。

（罗来强）

2023年吉州区首届“最美劳动者”情况一览表

表1

姓名	性别	工作单位及职务（职称）	姓　名	性别	工作单位及职务（职称）
尹海军	男	吉安市青科源农业科技开发有限公司董事长	刘学灿	男	吉安市微书奇艺文化科技有限公司工艺美术师
晏顺明	男	樟山镇东陂村委会报账员	彭月红	女	兴桥镇钓源村委会妇联主席
肖卿根	男	吉州区兴桥葡萄专业合作社理事长	周　军	男	江西绿巨人生态环境股份有限公司董事长
陈细根	男	吉州区田心蔬菜专业合作社理事长	张邦文	男	吉州区文羽菌类种植农民专业合作社创始人
张治平	男	江西舌尖王国供应链管理有限公司董事长	艾合麦提.阿卜力米吉	男	永叔街道上田侯路社区乡贤联谊会会长
赵自学	女	文山街道思源社区宜家帮忙团团长	习　锋	男	吉州区靓典造型发屋创始人之一、高级美发师
涂传禄	男	吉州区江南御景园业主委员会原主任	葛桂兰	女	北门街道北门社区党委书记、居委会主任
刘家京	男	吉州区业委会协会会长、香榭丽都小区业委会主任	杨承奉	男	白塘街道螺川村党支部书记
黄穗青	女	吉安市第八中学年级组长	晏桂香	女	古南镇第一小学党支部书记、校长
胡春艳	女	吉安市第一人民医院重症医学副护士长	胡建红	女	吉州区税务局习溪桥税务分局副局长

续表1

姓名	性别	工作单位及职务(职称)	姓 名	性别	工作单位及职务(职称)
曾 峥	男	原摩比通讯技术(吉安)有限公司质量部部长	史宝军	男	摩比通讯技术(吉安)有限公司总经理
叶 志	男	江西省宏瑞兴科技股份有限公司董事长	李 铁	男	江西住电电装有限公司行政部高级部长
刘光森	男	江西万佶物流有限公司董事长	傅 斌	男	吉州公安分局古南派出所一级警长
彭 晨	女	吉州区人民法院综合办公室副主任	李永平	男	江西永海实业有限公司总经理
刘 欣	男	江西古貌古心文化发展公司董事长	邱杨根	男	吉州区融媒体中心采访室主任
尹向鹏	男	吉州区检察院检委会专职委员	周志虹	女	永叔街道办事处社会治理办主任

共青团吉州区委员会

【概况】 共青团吉州区委(以下简称“团区委”)深化“凝聚青年、服务大局、当好桥梁、从严治团”工作要求,聚焦主责主业,提升组织力、引领力、服务力和大局贡献度,推动各项共青团事业取得新发展。全区有团委29个,团工委1个,团总支9个,团支部515个,团员总数12766人。吉安西站综合管理中心青年集体荣获“2021—2022年度江西省青年文明号”称号,团区委推荐的江西服装学院刘晨轩获评“扬帆计划”大学生实习专项优秀个人,联合作品《谱青春华章 展时代风采》荣获省内宣作品三等奖,龙珑获评2022年度全国大学生“返家乡”社会实践活动表扬工作者,彭龙灿获评2022年度全国大学生“返家乡”社会实践活动表扬学生,在共青团江西省委、政协江西省委员会提案委员会、江西省学生联合会联合开展的2022年江西省模拟政协提案征集活动中,吉州区有2件作品荣获奖项。

【“庐陵英才 青年计划”活动】 落实“吉”聚青优行动,做好寒暑假期间返家乡大学生服务工作,提供大学生政务实践、暖冬行动、童心港湾、“吉”聚青优支教等岗位1100余个,2600余名大学生报名参加。组建、对接返乡支教志愿服务队,设置5个支教点和1个暑期“三下乡”(文化下乡、科技下乡、卫生下乡)点,35名志愿者开展为期一个月的支教活动。组建15名志愿者组成“社区青春行动”志愿服务队,构建人员、项目、阵地、志愿“四位一体”青年志愿者参与社区治理模式。组建30名志愿者组成“守护童心 筑牢港湾”志愿服务队,先后在10余个村(社区)开课40余次,服务留守儿童780余人。被评为吉安市2023年“庐陵英才”返家乡社会实践优秀集体。

【志愿服务】 组织12支青年志愿者储备队,招募志愿者2300余人,成立吉州区青年突击队、“蓝先锋”志愿服务队、“返家乡”志愿服务队,深入各社区(村)开展消防安全宣传、吉安西站“春运暖冬”行动、社区环境整治、“河小青”净滩行动、防溺水宣传、关爱留守儿童等志愿服务活动,累计服务群众10万余次。组织青年志愿者多次助力钓源古村相关活动。“童心港湾”阵地常态化开放,开展关爱留守儿童活动。实施全市唯一试点“伙伴计划”,9月始,联系社会组织在西苑社区开展关爱青少年活动83场。“河小青”巡河护河活动380余场,组织650余人次开展河长制建设,组织各学校团、队开展植树活动。

【“五四”活动】 拍摄制作“五四”视频短片《多彩青春 扮靓吉州》,获得省、市级媒体刊发转载。纪念五四运动第104周年,各级团组织开展主题演讲、红歌合唱、寻访红色印记等“五四”青年节系列活动。

【基层团、队组织建设】 围绕“喜迎二十大、永远跟党走、奋进新征程”主题教育实践活动主线,开展“红领巾寻访”社会实践、“同唱映山红”红歌接力、“红色故事我来讲”演讲比赛、“传承红色基因,讲好红色故事”红领巾讲解员培训会等,加强青少年理想信念教育。面向团员和青年主题教育,团干带头讲团课、青年之家读书分享会、青联委员宣讲等,夯实团员和青年听党话、跟党走思想根基。线上线下学习教育,组织动员青少年参与“青年大学习”“红领巾爱学习”等网上主题团(队)课,组织红领巾巡讲团进校园宣讲63场,“悦读新时代 赣鄱青年说”“学习新思想 争做好青年”等学习宣讲活动覆盖青少年3000余人次。守牢团属意识形态阵地,举行入团、分批入队、成人礼仪式,增强团员、队员荣誉感。各少先队集体通过寻访军营、检察院、消防、“非遗”传承人等掀起队员寻访实践热潮,被中央、省、市、区媒体刊发。

【相亲交友】 弘扬新时代中国特色社会主义文明新风，发挥团委组织服务职能，引领培育青年正确婚恋观，倡导抵制高价彩礼，搭建全区优秀单身青年婚恋交友服务平台，组织各级团组织开展青年交友活动5场，近300名单身青年参加。

【扶贫助困】 联合吉州麦田实施“焕新乐园”爱心公益项目，为6户困难家庭孩子送去价值6万元的爱心物资，用于困难孩子房间温馨改造。利用“99公益日”，发动各爱心组织、企业、个人累计募捐3.5万余元，用于关爱困境儿童。

【乡村振兴活动】 选聘4名西部计划（江西省大学生志愿服务乡村振兴计划）志愿者在吉州开展乡村社会治理、基层青年工作等服务。7—8月，清华大学、南昌大学、江西科技师范大学、江西水利职业技术学院，赴吉州区文旅产业调研、“三下乡”社会实践活动，助力吉州乡村振兴。

【童心港湾】 全区有12个“童心港湾”点，定期开展留守儿童、困难儿童关爱活动。包括“喜迎新春”、安全教育、“闹元宵”、网络安全、“农情端午 成长相伴”、传统文化教育等主题活动。

【吉州青年联合会成立】 10月13日，吉州区青年联合会成立大会暨第一届委员会全体会议在区行政中心召开。会议审议并通过吉州区青年联合会组织细则（草案），选举产生吉州区青联会第一届委员会常务委员、主席、副主席。区政府副区长王锐波等领导及86名青年代表参加。

【第四次团代会召开】 12月24—25日，团吉州区第四次代表大会在区行政中心召开。大会审议通过《高举旗帜跟党走 挺膺担当勇争先 为奋力谱写吉州全面现代化建设新篇章 贡献青春力量》工作报告，会议选举产生共青团吉州区第四届委员会常委、书记、副书记。区委书记尹冬苟、团市委书记彭少峥、区四套班子领导及相关单位主要负责人和来自全区各条战线团代表等150余人出席开幕仪式。

（郭翼）

12月24日，中国共产主义青年团吉州区第四次代表大会在区行政中心召开

（团区委　供图）

吉州区妇女联合会

【概况】 吉州区妇女联合会加强妇女思想政治引领，加强家庭家教家风建设，关爱儿童健康成长，联系服务妇女工作，发挥桥梁纽带作用，广泛开展系列活动，团结带领全区广大妇女奋进新征程、建功新时代。全区资助困难女童100人，发放爱心救助款8万元。全年普法宣传12场，发放法律宣传册2000份，张贴法律宣传海报400张。

【关爱儿童活动】 1月6日，组织巾帼志愿者在长塘镇和樟山镇，开展“把爱带回家——暖童心护成长”寒假儿童关爱服务活动，丰富孩子们寒假多彩生活。7月7日，举办“春蕾计划——梦想未来”助学金发放仪式暨春蕾女童研学活动，各镇、街道50余名春蕾女童参加，各镇、街道妇联干部及巾帼志愿者全程陪同研学活动。7月19日，“少年儿童心向党 关爱守护伴成长”2023暑期亲子航空科普活动在江西省航空运动管理中心举办，30名6－12岁儿童及陪伴家长参加。

【教育活动】 3—6月，联合区心动力青少年成长中心，组织7场家庭教育进社区系列活动，400余个家庭参加。3月24日，6月9日，联合区纪委区监委开展两期“争当廉内助 涵养好家风”家庭助廉活动，全区各单位党政主要领导干部配偶120余人参加，活动通过观看一部警示教育片、发放一封家庭助廉倡议书、揭晓一批“清廉家庭”、讲授一堂党课、书写一封廉洁家书等形式，引导党员干部家属知敬畏、存戒惧、守底线，筑牢反腐倡廉家庭防线。4月7日，联合永叔街道妇联在光明社区举办“学好用好《习近平走进百姓家》书香润庐陵”——“赣鄱红色娘子军”宣讲团主题宣讲活动，60余名群众参与，活动通过领学、谈体会、赠书和知识问答等方式，中间穿插歌曲和舞蹈，让主题宣讲走进社区、走进百姓身边。4—6月，组织区家庭教育讲师团成员到各中小学校，宣传“陪伴的力量”家庭教育、儿童安全活动22场，2300余名家长与学生参加。

【家庭教育讲师团成立】 5月10日，吉州区家庭教育讲师团成立大会暨家庭教育骨干培训班在区委党校举办，讲师团成员及各镇街妇联干部60余人参加。大会宣读讲师团成员名单，颁发成员聘任证书，选出讲师团领导成员，同时，讲师团骨干成员授课培训。

【巾帼家政服务职业技能大赛】 9月16日，联合区人力资源和社会保障局在吉安市理工技工学校，举办吉州区巾帼家政服务职业技能大赛，50余人参加。比赛包括有育婴、养老护理、家务料理3个单项组。通过理论、实操两项考试，12名选手分别荣获3个项目一、二、三等奖。

【节日活动】 3月3日，“三八”妇女节来临之际，联合区总工会、教育体育局在井冈山农业科技园，举办吉州区第三届妇女趣味运动会，全区50支代表队、600余名女干部职工参加。9月26日，“舞动巾帼风采 悦享健康生活”喜迎国庆妇女广场舞大赛在区城北全民健身中心举办，全区20支代表队270余人参加。10月18—19日，分别在古南镇街道太平桥社区、兴桥镇敬老院，举办“暖暖重阳节·浓浓巾帼情”——敬老爱老志愿服务活动。

【培训活动】 7月12日，联合吉安市妇联在区委党校，开展井冈红嫂来说法暨妇女“法律明白人”培训，各镇街妇联主席或专职副主席、区直单位妇委会主任、“两新”组织妇联主席60余人参加。该活动提高妇女知法依法能力，维护自身合法权益。11月23—24日，2023年吉州区基层妇联干部培训班在区委党校举办，区妇联执委，各镇、街妇联主席和专职副主席，各村、社区妇联主席，部分村妇女小组长，区直各单位妇委会主任，部分“三新”组织妇联组织负责人180余人参加。该活动提高全区基层妇联干部综合素质和业务水平，增强基层妇联干部服务广大妇女群众能力。

（贺永媛）

吉州区科学技术协会

【概况】 吉州区科学技术协会（以下简称“区科协”），组织和团结全区广大科技工作者，围绕全区中心工作，准确把握科协为创新驱动发展服务；为广大科技工作者服务；为提高全民科学素质服务；为党和政府科学决策服务；不断加强科协自身建设的“四服务一加强”工作职能定位，开展多形式科普宣传活动，助推全民科学素质发展，促进全区经济社会发展作出贡献。2023年，全区有企业科协21家、科协组织33家。江西宏业铜箔有限公司获批市级专家工作站，江西电缆有限责任公司科协获评市级“科技工作者之家”。有科技志愿者11952人，位列全市第一。区科协先后荣获中国科协2023年“全国科普日”活动优秀组织单位、2023年江西省“全国科普日”优秀组织单位，2022年度县（市、区）优秀科协称号，在全省2022年度科普和科学素质建设考核中获第一等次。

【科普宣传活动】 科普进校园。6月9日，组织200名中小学生到江西省科技馆“科技一日游”活动；9月25日，邀请省工程师联合会会长林珲院士在吉安三中，开展以“大地图时代——走进精细化管理的新常态”为主题弘扬科学家精神宣讲；10月13日，联合区教育体育局在石阳小学，举办“追科学家精神之光，树强国有我鸿鹄志”科学家故事演讲比赛。全年，科普进校园活动42场，全面促进青少年科学素质提升，相关活动在“学习强国”学习平台、微吉州、爱吉安等媒体平台报道。科普进社区。联合区老科协在各社区举办井冈老专家大讲堂，联合北门街道庐境园社区、石阳小学在国防科技科普驿站开展少儿国防科普教育活动35场。科普进社区活动，现场解答群众咨询3000余人次，助推全民科学素质发展，营造科普宣传浓厚氛围。科普进农村。2月27日，联合区乡村振兴局、区委组织部，举办吉州区2023年乡村振兴学院电商暨创业致富带头人培训班，通过视频培训、现场参观、外出考察及直播实训等多形式相结合方法，培养致富带头人电子商务经营技巧，提升农村电子商务运营服务能力；10月11日，联合樟山镇科协、泸田村委会，组织青少年到泸田村科普驿站，开展“弘扬新时代科学家精神”科普巡展活动。扩大科普覆盖面，提升农村科普知识，全年组织科普进农村巡展活动28场。同时，通过学雷锋志愿服务、全国科普日、科技活动周等，开展进社区、进校园、进农村等集中宣传科普活动100余场，实现全区114个村（社区）科普活动全覆盖，参与科普志愿者2000余人，受益2万余人次。

【科普项目建设】 指导推荐吉州大叶蕹菜科技小院获批中国农技协科技小院，吉安三中、永叔街道竹笋巷片区获批省级科普教育基地，北门街道庐境园社区国防科普驿站、白塘街道办事处获批市级科普教育基地。

【服务科技工作者】 通过科技工作者联系服务机制，开展“主席接待日”活动5次，接待20余人。推荐江西新赣江药业股份有限公司工程师刘龙，申报并获2023年吉安市“最美科技工作者”荣誉称号；推荐吉安三中校长刘东波获评2023年吉安市最美“基层三长”，其先进事迹在微吉州、科普吉安等新媒体平台宣传报道。举办科技辅导员培训班2期，采取专题讲座与科普教育基地研学相结合的模式，加强对专兼职科技辅导员队伍培训，提升科技工作者素质能力。6月15日，吉安市、吉州区科协，联合邀请江西省“最美科技工作者”周显恩博士，在工业园社区科技工作者之家，召开“全国科技工作者日”科学家精神宣讲报告会，各镇、街科协主席和工业园区企业科技人员30余人参加。

【组织比赛】 6月15日，组织中小学参与2023年“科技少年 智创未来”全市中小学生创意编程和智能设计比赛，吉安三中《基于人工智能技术查找制定服饰人员研究》荣获青少年科技创新成果竞赛项目一等奖，吉安二中、石阳小学获评优秀科普学校。10月22日，组织中小学参与第38届江西省青少年科技创新大赛。

（徐丹）

吉州区归国华侨联合会

【概况】 吉州区归国华侨联合会（以下简称区侨联）联系海外同胞及其社团，促进海外侨胞与吉州区经济技术合作和交流，做好到吉州探亲访友、贸易洽谈侨胞服务工作。负责联系侨联界区人大代表、区政协委员及归侨侨眷代表人物，开展海内外文化交流活动，参与侨务法规及政策研讨，为归侨、侨眷、海外侨胞提供法律和政策咨询服务，依法维护其在国内合法权益。负责内外联系与综合协调工作；会同有关部门做好区人大中归侨、侨眷代表和政协中侨联委员及区侨联换届人事安排和增补工作。吉州区“侨胞之家”获得“全省侨胞之家”典型选树示范点，吉州区邓道龙获评全国归侨侨眷先进个人，中国青年网刊发《江西吉州区：“检侨驿站”助企解忧》，“学习强国”学习平台刊发《吉州区“检侨驿站”》，江西政法网刊发《依托“检侨驿站”平台 优化营商环境》。

【招商引才】 广结侨缘，涵养资源，加强与吉州籍海外侨胞联系，参与“三请三回”等引才活动，为园区企业和区直单位引进海外人才6人。招商引资，邀请吉州籍侨领、著名生物工程学家、德国国家工程院院士曾安平等到吉州考察，多次邀请上海、广东、福建等地侨胞、侨企负责人到吉州考察投资。区侨联招商工作在全区群团单位中领先。

【侨企帮扶】 开展“入企连心”活动，定期走访座谈，落实专人挂联，掌握企业动态，加强解困纾难，把侨企反映“问题清单”变成“履职清单”，帮助妥善解决反映问题，并为侨企争取财源信贷通，深入新永胜环球（江西）实业、京麟电子、新赣江药业等侨企，协调职工社保、用工等问题，帮助园区侨企完成招工500余人。吉州侨企——江西新赣江药业股份有限公司登陆资本市场。

【“侨胞之家”筹建】 提升吉州区功能，组建涉侨社团组织，鼓励和推动涉侨社团组织健康发展，落实到面积40余平方米侨胞活动用房，新打造区“侨亲联谊会”等侨界群众联系联谊组织，做好侨界群体联谊和服务工作。

【护侨维侨】 与区检察院联合印发护侨维侨文件，建设“检侨之家”快速受理涉侨案件绿色通道，深化“检侨合作”工作机制，开展“检侨合作”联合调研活动，做好维护侨益等工作。全年为归侨侨眷提供法律咨询和指导服务10余人，帮助侨胞侨眷防范和化解法律风险5起。开展“进工业园区 为侨企送法”活动3次，现场解答侨企涉法涉诉问题28个。开展“送温暖、献爱心”活动，走访慰问困难归侨侨眷。

【联谊活动】 8月23日，海外江西人文化商务交流团一行到吉州区考察交流访问，区委副书记、区长罗青球，区委常委、统战部部长杨彩霞参加会见并交流座谈。整合侨属、侨胞资源，动员侨界人士发挥表率作用，参与社区各种公益活动和志愿者活动，先后组织开展“侨心向党”庆“七一”活动，“同心志愿 美化吾家”侨界人士助力创城、微心愿认领反哺社会活动等600余人次。开展对外文化交流，加强对海外华侨网络宣传工作，短视频征集和展示活动，发出中国好声音、吉安好声音、吉州好声音。

（秦宗梁）

吉州区工商业联合会

【概况】 吉州区工商业联合会辖10个乡镇（街道）基层商会、3个行业商会、7个异地商会和1个园区分会。2023年，区工商联发挥自身优势、履行职能，紧扣“两个健康”（非公有制经济健康发展和非公有制经济人士健康成长）工作主题，坚持“四会”（政治建会、服务立会、实干兴会和改革强会）要求，努力营造“四心”（放心、舒心、安心和尽心）营商环境，构建亲清政商关系，助推吉州区民营经济高质量发展。荣获全国工商联2023年度民营企业调查点工作先进基层单位。

【政企恳谈会】 组织企业参加市、区两级“政企恳谈会”，解决企业急难愁盼问题。用好“吉州亲清在线”问题收集二维码，出台《吉州区亲清连心政企恳谈会实施方案》，固定每周四举办亲清连心政企恳谈会，全年召开政企恳谈会39期，邀请企业参加恳谈会311家，提出问题建议508个。

【"万企兴万村"行动】 部分企业开展情况：华厦集团向联建村樟山镇陂上村捐赠20万元，打造"老年人互助之家"建成使用；会员企业青庐陵生态农业公司以"商会+企业+农户"模式与樟山镇陂上村共同打造面积40公顷荔浦芋头基地。系列荣誉：十里芳菲·钓源古村项目获评省级"万企兴万村"行动典型项目，樟山镇获评省、市"万企兴万村"行动先进典型乡镇，吉州区峡江商会获评市"万企兴万村"行动先进典型商会，江西隆康农业开发有限公司、兴桥葡萄专业合作社获评市"万企兴万村"行动先进典型企业。

【维权服务】 发挥总商会调解中心、维权中心作用，联合区人民法院、区司法局，出台《关于建立吉州区涉企商事纠纷诉调对接工作机制的实施细则》，建立"涉企商事纠纷一站式化解"服务机制，调解商事纠纷9起。法律"三进"（进企业、进商会、进机关）活动，联合区人民法院开展防范涉企劳资纠纷专题培训会，现场解答如何有效解决企业劳动争议纠纷问题；联合区社保中心为商会会员企业举办"社保宣传进商会，解读政策零距离"专题授课，发放《吉州区社会保险政策宣传手册》，现场解答员工养老保险、工伤保险等问题；邀请吉泰律师事务所进企业开展"入企连心"走访暨"法治体检"活动，提供建筑工程合同纠纷等法律援助。推进涉案企业合规整改工作，召开涉案企业合规第三方机制管委会第一次联席会，学习《关于建立吉安市吉州区涉案企业合规第三方监督评估机制的实施办法（试行）》《吉安市涉案企业合规第三方监督评估机制管理委员会办公室工作规则（试行）》，并建立沟通联系机制。完成一起第三方管委会组织涉案企业合规整改案例。

【履行社会责任】 组织"同心·爱心有我"捐资助学暨"万企兴万村"教育帮扶活动，8家爱心企业和商会合计捐资4.5万元，资助15名困难学子。引导商会、企业参与公益事业。区电动车商会开展"践行雷锋精神·携手志愿同行"便民活动，义务免修理电动车；区永丰商会党支部到樟山敬老院开展以"情系端午节、爱在敬老院"为主题慰问活动；中康餐饮、金弓汽车公司参与"全民防溺水"专项行动，合计捐赠2500元；江西国元公司到樟山镇陂上村开展"奉献爱心 传递温情"端午慰问活动，为20户困难户送去大米、食用油、鸡蛋及热水壶慰问品。

【研讨交流活动】 4月上旬，召开吉州区生鲜配送产业"三回促五兴"（人才回引、资金回流、项目回归，促进乡村产业、人才、文化、生态、组织全面振兴）暨政协委员联系工商联界别群众恳谈会，区内外从事生鲜冷链行业企业家，围绕如何推动吉州区生鲜配送产业高质量发展，"吉州菜帮"劳务品牌在新形势下，如何转化为促进全区乡村振兴产业发展研讨交流。8月下旬，赴东莞市虎门镇工商联（商会）考察交流，并签订友好工商联（商会）协议，建立区民营企业产业链上下游对接合作交流平台。12月下旬，邀请吉安市欧美同学会、井冈山大学留联会博士团队，到园区企业开展调研对接活动，取得良好效果。

（刘琳）

吉州区文学艺术界联合会

【概况】 吉州区文学艺术界联合会下辖作家协会、书法家协会、美术家协会、摄影家协会、音乐家协会、舞蹈家协会。2023年，区文联贯彻落实习近平总书记关于文艺工作系列指示精神和党的文艺方针，对照区委、区政府年初确定目标任务，聚焦"走在前、勇争先、善作为"和"提升首位度、争当排头兵，挺起赣江中游生态经济带脊梁"目标要求，组织全区各类文学艺术协会，全面推进吉州区文学艺术工作。

【组织文艺活动】 促进文旅融合发展，组织各类文艺活动。策应"春光灿烂嘉游赣"钓源古村·十里芳菲首届花朝节暨2023吉州春季文旅消费季活动，助推乡村振兴和特色农业产业发展。联合区文广新旅局、区社联，举办以"春光灿烂嘉游赣"钓源古村·十里芳菲首届花朝节暨2023吉州春季文旅消费季活动为主线，反映"全景吉州、全域旅游"征文大赛。组织为期9个月的"寻梦钓源 芳菲桃源"全国旅游摄影大赛，大赛于5月8日结束，6月3日起，摄影获奖作品在钓源、市行政服务中心、区行政服务中心巡展。8月22日，举办"寻梦钓源 芳菲桃源"全国旅游摄影大赛颁奖仪式、宋韵七夕、爱在钓源主题摄影赛、摄影公益交流讲座等系列活动。加强文旅深度融合，常态化开展文艺宣传，5月起，每周陆续组织各文艺家协会前往钓源文艺创作采风。组织区摄影文艺志愿者到长塘镇陈家村、樟山镇清湖村、曲濑镇水南村、兴桥镇钓源村，开展吉州春季文旅消费季采风活动，并在油菜花节举办摄影艺术作品展，向老乡赠送摄影作品。

【文艺志愿服务】 提升公共文化服务，开展文艺志愿服务。组织开展"礼赞二十大 奋进新征程"文化进万家系列活动。1月，"礼赞二十大 奋进新征程"暨"百馆千万场、服务来共享"迎新春美术作品在吉安革命历史陈列馆巡展。作品形式多样、立意新颖、主题突出、特色鲜明，全面描绘吉州区山水、非物质文化遗产、本土产品以及风土人情，题材丰富、意境深远，反映全区近年来变化、群众幸福生活。到樟山、白塘、兴桥、习溪桥、北门等10个街道（镇）巡展，同时，利用微信公众号对作品线上展播。1月8—18日，组织区书法家协会、区作家协会在正丙角社区、仁寿山社区、达观天下小区、光明社区、吉福路社区、习溪桥街道、区行政中心举办“礼赞二十大 奋进新征程”元旦、春节文化进万家——“迎新春，送祝福”文艺志愿服务活动，书写春联2000余副、“福”字3000余个，为居民们送上新春祝福。1月，组织区摄影家协会在樟山镇、曲濑镇、古南街道、文山街道等7个乡镇（街道）开展“礼赞二十大 奋进新征程——我们的中国梦·摄影文化进万家”文艺志愿服务活动，参与活动群众近1000人，志愿者们为群众送上全家福和幸福照，并赠送摄影作品年画和作品集，同时，在部分社区举办吉州区第四届摄影艺术作品展。

【红色文化宣传】 传承吉州红色文化基因，推进文艺强基工程。联合区教育体育局、区融媒体中心、区委网络信息中心、区委党史和地方志研究中心，以“九打吉安”故事为主线，开展网上征集故事连环画，线下评选活动。7月18日—19日，组织“江南望郡 红色摇篮”全国名家看吉安文学笔会成员知名作家到水巷、能仁巷、吉安革命历史陈列馆采风。10月，组织开展强基工程——吉州区2023新时代文明实践文艺志愿服务书法进周忱故里活动。12月23日，联合市文联、区委宣传部、区文广新旅局等共同举办“世上无难事 只要肯登攀”——纪念毛泽东130周年诞辰文艺志愿服务走进钓源文艺会演。

【文艺创作】 发展繁荣文学艺术，组织文艺精品创作。根据省文联《关于做好2023年文艺精品创作扶持项目申报工作的通知》文件要求，向省、市文联上报舞蹈作品《钓源古村的变迁（暂名）》、作品《二胡重奏》文艺创作项目。罗顺根作品《大扫除》《冬瓜园拾趣》分别荣获江西省第九届漫画作品展优秀奖、第二届“庸非杯”金华市“扫黄打非”主题漫画大赛一等奖，王志斌作品《幽谷家园》入选“奋进新征程 丹青绘赣鄱”江西省大型美术作品展，宋丹作品《黄昏时起飞》《关于我》《感谢你的守护》分别荣获“春华耀庐陵——江西省女美术家绘画作品展”优秀奖、“巾帼丹青·江西省女画家作品线上展”三等奖、“翰墨抒情怀 青春颂百年”——各领域青少年喜迎二十大艺术作品征集大赛美术类三等奖。

【文艺人才培养】 推进文艺队伍建设，推动人才培养工程。5月，组织吉安市二胡专业委员会吉州分会，在北门小学一楼报告厅，举办文艺家下基层之二胡知识讲座进校园志愿服务活动——“浅谈二胡基础专业知识”主题讲座；11月，二胡分会会员到区文化馆、古南镇街道、五里小学、石阳小学举办讲座。11月10日，组织区书法家协会主席刘仁仨到吉安八中举办“弘扬文化，翰墨薪传”书法讲座。推荐文艺志愿者王克铭，获得全国文明城市吉安市2022年模范市民称号。推荐青年作家林少俊参加鲁迅文学院第四十四届青年作家高级研讨班（全省唯一一个），漫画家罗顺根加入中国新闻漫画研究会，区美术家协会会员廖姝、徐根水加入江西省美术家协会，区书法家协会会员王云鲲加入江西省书法家协会。组织新文艺群体和文学创作（网络文学）职称申报工作。

（刘媛英）

吉州区残疾人联合会

【概况】 吉州区残疾人联合会促进残疾人全面发展和共同富裕，保障残疾人平等权利，做好新时代残疾人工作，增进残疾人民生福祉，增强残疾人自我发展能力，用实干实绩实效彰显吉州残联担当作为。2023年，全区有持证残疾人9933人，助残志愿者联络站11个，登记在册青年志愿者136人，残疾人协议康复机构8家。

【康复工作】 残疾人康复服务率和辅具适配率均100%。98名0～15岁残疾儿童得到康复救助，残疾人适配辅助器具305件，22名肢体残疾人免费适配假肢；精神障碍患者社区康复服务试点，持续为48名精神障碍患者及其家庭提供专业康复训练服务；邀请专家授课，举办多场孤独症儿童康复公益培训讲座。

【教育就业工作】 协同区教育体育局抓好残疾学生教育资助工作，2名残疾学生高中阶段享受学杂费减免政策，奖励高校新生3人，其中，本科生2人，专科生1人，发放奖励金1.1万元；加强与企业对接，了解企业用工需求，扶持建立4家区级残疾人阳光助残就业示范基地及1家家政服务福利企业，解决60余名残疾人就业；强化残疾人保障金征收工作，2023年度征收残疾人保障金较上年增幅超100%，录用残疾人比例较上年增长20%。

【保障实施】 发放“两项补贴”（困难残疾人生活补贴和重度残疾人护理补贴）913.016万元，惠及残疾人5848人；完成106户困难残疾人家庭无障碍改造，满足残疾人家庭个性化需求；做好建档立卡贫困重度失能残疾人照护和托养服务工作，发放贫困重度失能残疾人照护补贴39人、22.5万元，并每季度探视巡访1次；阳光家园计划居家照料服务60人。

【文体活动】 组织举办多期残疾人文艺小分队进乡村（社区）演出活

动，多次组织残疾人代表观看文艺会演、电影、无障碍体验、重阳节助老志愿服务、文化进社区、书香助学等活动，多次组织残疾人参加健身周象棋、围棋、马拉松轮椅比赛及盲人运动会等赛事，并获得多项奖牌。实施“康复体育关爱家庭计划”，推进西苑社区、正丙角社区、光明社区等残疾人自强健身示范点建设。通过一系列活动帮助残疾人走出家门，融入社会，实现自我价值，营造全社会理解和尊重残疾人、关心和支持残疾人事业浓厚氛围。

【第7次全国残疾预防日宣传活动】 8月25日，以“预防先天残疾 守护美好未来”为主题的宣传活动在步行街举办。活动悬挂主题横幅、发放宣传折页、面对面讲解等形式，向群众宣传和讲解残疾预防和康复知识。现场设有辅具适配、听力视力检查、儿童康复救助咨询等服务平台。

【第33次全国助残日主题活动】 5月16日，以“完善残疾人社会保障制度和关爱服务体系，促进残疾人事业全面发展”为主题的助残扶残活动在市中心人民广场举办。通过志愿服务、文艺会演等助残方式，为残疾人办实事、解难题，推进残疾人事业全面发展，增强残疾人自尊、自信、自立、自强信念，同时，呼吁社会各界共同关心、支持、帮助残疾人，营造全社会扶残助残良好氛围，并开展走访慰问活动。

（施玉娟）

吉州区红十字会

【概况】 吉州区红十字会是从事人道主义工作群众团体组织，正科级事业单位，于2019年9月依法成立。按照《中华人民共和国红十字会法》要求，区红十字会坚持依法治会，履行职能职责，发挥党和政府在人道领域助手和联系群众桥梁纽带作用。现有基层组织28个（新增基层组织6个），基层组织示范点11个（新增基层组织示范点7个），发展成人会员795人、青少年会员787人、志愿者1434人。全年完成遗体（器官）捐献1.25例，造血干细胞捐献1例，发展遗体器官捐献登记志愿者405人。为全区62所中小学校配备急救箱263个，发放药品1690套。习溪桥街道正丙角社区入选“省级红十字会基层组织工作联系点”单位。

【红十字阵地建设】 联系上级支持、融合社会资源，打造红十字基层阵地。2023年，有国家级城市社区“博爱家园”3个（北门街道钟鼓楼社区“博爱家园”、习溪桥街道正丙角社区“博爱家园”、永叔街道光明社区“博爱家园”）。自筹资金，建成北门街道螺子山社区“博爱家园”；动员爱心企业吉安星望置业有限公司捐资30万元，建成吉安二中文星分校“生命健康安全教育体验教室”；镇（街）和社区，建成16个基层红十字会服务窗口；庐陵文化生态园和钓源古村，各设立1个景区救护站；建成5所中小学红十字会，提前两年超额完成省、市红十字会下达任务。

【人道资源动员】 提升人道资源动员能力和水平，持续打造多元化、多渠道、可持续筹资工作格局。接收社会各界爱心捐款250.88万元，并按捐赠人（企业或单位）意愿，及时开展救援救助工作。“5·8”世界红十字日，线上线下宣传活动，募集善款10499.45元，用于购买救生圈、逃生绳、专业扣环等防溺水设备98套，增添吉州区防溺水工作一份保障。

【“三救三献”工作】 推进“三救三献”（“三救”指应急救援、应急救护、人道救助，“三献”指无偿献血、造血干细胞捐献、人体器官捐献）核心业务工作，组织专业师资走进机关、学校、园区、企业、社区，举办救护员培训班25期，颁发区红十字会救护员证1192人。在永叔路小学、吉安市消防支队、正丙角社区等13家单位，举办13期防溺水和应急救护普及培训活动，培训1.5806万人次；“5·8”世界红十字日、“6·14”国际献血者日，开展“汇聚青春正能量，无偿献血传爱心”主题宣传活动，向群众宣传普及“三献”知识，提高“三献”工作在群众中知晓率；到吉安慈济二医院，开展遗体器官捐献登记动员及宣传活动，倡导医务工作者和群众，加入遗体器官捐献志愿者队伍；“生命光彩基金”救助行动，为2名器官捐献者家属申请到江西省生命光彩基金人道救助金，为22名老年慢性病患者申请到医疗救助金。

【养老服务工作】 组织南丁格尔志愿服务队在各镇（街），开展20期以“养老服务+生命教育”为主题的养老护理知识普及培训活动，培训949人；进社区开展“用心守护，救在身边”爱心义诊志愿服务活动和“关爱老人，护佑健康”养老服务活动17次，免费为老人测量血压、血糖，提供健康咨询。

（涂秀琼）

吉州年鉴 2024

法治

政法委与综治

【概况】 吉州区委政法委履行维护国家政治安全、确保社会大局稳定、促进社会公平正义、保障人民安居乐业职责使命，建设平安吉州、法治吉州，营造现代化吉州安全稳定政治社会环境。全区社会治安良好状态持续巩固，全区公众安全感98.46%、满意度97.18%。区委政法委、区综治中心荣获全市“枫桥经验”吉安实践先进典型单位称号，区委政法委经复核继续保留全国维护青少年权益岗称号，年度考核以全市总分第一名的成绩荣获“全市平安建设优秀县（市、区）”称号，获评“2023年度全省红色物业优秀县”。物业纠纷“三方协同”化解工作法在全国“枫桥经验”研讨会（上海片区）代表江西作经验介绍，入选省市“枫桥经验”优秀典型案例。

【社会安全维护】 落实中央、省委维护社会稳定责任制规定，保障全国两会、杭州亚运会、第三届“一带一路”高峰论坛等重要时期社会大局和谐稳定。落实“日巡查报告、周汇总会商、常督查督导”三项机制，加大涉众金融、房地产等重点行业领域风险防范化解力度，完成第一次“民融登”追赃挽损资金兑付。信访积案制定攻坚计划，定期召开联席会议对案件评估研判，信访积案实质化解26件。加强重大决策社会稳定风险评估工作，成立吉州区社会稳定风险评估专家库，下发稳评项目工作提示函30余份，督促项目稳评应评尽评，完成稳评项目数量50个。出台《吉州区农村社会治安突出问题专项整治行动方案》，保障重点项目建设。全区刑事案件立案同比下降27%，打击电诈专项行动实现“两降两升”目标，社会治安形势持续好转。整治道路、校园等重点行业领域，保障全区公共安全。

【矛盾纠纷化解】 获评新时代“枫桥经验”吉安实践先进典型3个，评选新时代“枫桥经验”吉州实践先进典型20个。强化重点人员服务管理，防范“民转刑”案件发生，矛盾纠纷化解率98.95%，全区未发生一起“民转刑”案件。挂牌督办社会治安突出问题村（社区），整治工作取得成效。重点打造一站式解纷平台，整合综治维稳等多功能为一体，形成矛盾纠纷化解整体合力。加强行业性、专业性社会矛盾调解平台和解纷机制建设，镇（街）、村（社区）全部建立“讲法评理”调解工作室，构建“示范诉讼+多元化解”“法院+特邀调解员”“诉调对接+司法确认”诉源治理新模式，成功调解诉前纠纷1256件，得到省委、政法委主要领导肯定。

【扫黑除恶斗争】 加强《中华人民共和国反有组织犯罪法》学习宣传，制发线索征集公告2万余份，宣传展板12块；制定出台《吉州区有组织犯罪线索举报奖励办法》，创新开通公安局局长专线征集违法犯罪线索。破获九类刑事案件27起，抓获犯罪嫌疑人40人。

【社会治理改革】 持续深化“一格八员、一网三色”社会治理改革，构建“三级统筹、三方协同、三所联动、三长激励”工作体系，将34类民生服务部门全部纳入“八员”（在职党员、乡贤代表人员、志愿服务人员、群众代表人员、法治工作人员、城市管理人员、市场管理人员、消防安全人员）队伍。搭建“区三方办+街道三方办+社区三方办”三方协同治理组织体系，成立小区业主委员会、物业管理委员会279个，建立“红色物业”137家。出台“三所联动”工作方案，设立基层司法所、派出所和律师事务所“三所联动”一站式解纷平台，调处各类矛盾纠纷1000余件，相关经验做法在《江西改革工作简讯》刊登。研究制定“三长”（网格长、楼栋长、单元长）积分激励制度及群众评“三长”机制，探索物业“输血”反哺助力“三长”联动、“吉福享福”积分管理等方法举措，62名优秀楼栋长、单元长按程序转录专职网格员，激发“三长”工作热情。“一格八员、一网三色”社会治理，获评全省法治政府建设示范项目以及省、市2022年全面深化改革优秀案例。

【网格化服务管理】 区财政每年预算1400万元（2023年投入800万元）全额保障专职网格员配备，299名城市社区专职网格员全部配齐配强。制定《吉州区网格事项准入制度（试行）》《吉州区网格员工作职责清单》《吉州区城市社区专职网格员管理办法（试行）》等相关制度，明确网格员岗位职责、目标任务、奖励措施，实现定人、定岗、定责三统一。建立专职网格员进退留转机制，按照10%左右比例评选年度优秀网格员，激励网格员履职尽责。探索推行“一格八员、一网三色”大数据平台“2510”限时办理机制（简易问题2小时内办结、需协调问题5个工作日内办结、疑难复杂问题10个工作日办结）。年内，收集处置各类社情民意20.6万余件，办结20.5万件，办结率99%，其中解决群众急难愁盼问题1万余件，办结率99%。

【法治化营商环境优化】 出台《全区政法机关打造一流法治化营商环境优化提升年活动方案》，健全完善联席会议、法治化营商环境特邀监督员等制度，开展“访千企、进万家、优服务”活动，组织举办“警民恳谈会”“送法进企业”等活动，走访企业、商铺3000余人次，收集意见建议、问题诉求200余个，办结率98.5%。“昆仑2023”专项行动，破获侵犯知识产权案件8起，抓获犯罪嫌疑人10余人，扣押违法所得100余万元。制定下发《关于开展

“扫楼清街”排查整治非法集资专项行动的实施方案》，防范化解金融风险工作纳入网格化管理，“扫楼清街”行动36次，排查企业84家，发现问题企业6家并依法责令整改。

【执法监督】 发挥政法委监督指导职能，推进执法监督“五案五化”（听案常态化、评案专业化、督案精准化、备案规范化、不干预办案制度化）工作。组织法学会、执法监督库法律专家现场旁听活动8期，完善“选案、听案、评案”闭环机制。案件评查10余件，并督促政法单位完成问题整改。抽取区检察院81件不起诉案件检查，并督促问题整改到位。组织政法单位学习《“不干预办案制度化”实施办法》20余次，定期督促政法各单位落实记录报备通报等机制，实现“被动监督”变“主动监督”，“事后监督”变“事中监督”。跨部门大数据办案平台和监督平台吉州区政法系统综合排名全市第一。

【平安建设】 召开全区基层社会治理流动现场会6次，组建“平安义警”队伍1862人。强化社会心理服务体系建设，整合“心之新”“四语”工作室等“心防”品牌，镇（街）、村（社区）、学校均设立心理服务站（室），开展“平安江西建设心理健康大讲堂”活动。打造区级智能安防管理平台，提升钓源古村智能安防项目建设。开展“进网格访民情、解民忧护民安”系列活动，政法系统主要负责人进网格接访，开展“平安夜巡”大型活动3次，组织专职网格员等力量对近14.78万户居民“敲门行动”、解决问题3000余件，“平安护夏”志愿活动700余场次，发放宣传资料8万余份。

【城市社区专职网格员岗前培训班】 5月23—24日，吉州区举办2023年城市社区专职网格员岗前培训班，落实城市基层党建引领基层治理工作要求，加强专职网格员队伍规范化管理，提升专职网格员履职能力。培训内容：网格员任前集中廉政谈话、网格工作职责清单等解读、生活中《中华人民共和国民法典》、调解技能培训、城市基层党建引领基层治理、邪教种类及当前全区邪教组织活动情况分析、如何做好安全生产隐患排查工作、“一格八员”城管类事件解读、如何及时做好困难群众主动发现工作、江西省社会治理大数据平台操作、镇街网格员消防培训。区委常委、政法委书记邱建军作开班讲话，区政府副区长、公安分局局长刘立强主持，各街道城市社区党组织书记、综治专干和专职网格员近200人参加培训。

【专题研讨班开班】 11月7日，全区政法领导干部学习贯彻习近平新时代中国特色社会主义思想专题研讨班开班，区委书记尹冬苟讲授题为《筑牢绝对忠诚，强化责任担当，锻造让党放心、人民满意的政法铁军》的党课。区领导邱建军、刘立强、龙裕明、尹小龙参加。区委常委、政法委书记邱建军主持开班式，并就做好学习轮训提出具体要求。

（刘引逸）

法治政府建设

【概况】 制定吉州区2023年法治政府建设工作要点，开展法治政府建设示范创建活动，持续深化改革，健全依法行政体制机制，规范行政决策制定程序，加大规范性文件管理力度，强化行政执法监督，推进吉州法治政府建设。

【法治政府建设示范创建活动】 探索“一格八员、一网三色”基层治理新模式，构建“党在格中领、人在格中走、事在格中办、矛盾不出格”基层治理新格局。“一格八员、一网三色”基层治理新模式获评第一批全省法治政府建设示范项目，配合迎接第三批全国法治政府吉安市示范创建省级实地复查。

【深化服务改革】 “放管服”改革，打造“赣服通”升级版，探索“区块链+无证通办”，实现一窗式综合服务平台与赣服通4.0、电子证照系统对接。至年底，“赣服通”上线高频多发事项1059项，用户注册38.65万户，用户数占比90%，名列全市前茅。基层审批服务改革，推行“一次式”改革和“一链式”审批服务。至年底，全区实施4批“一次不跑”事项265项、3批“只跑一次”事项697项，可办率95%。行政审批提速增效“四减一优化”（减材料、减流程、减时限、减费用、优服务）专项行动，减68个环节、50个材料、384个承诺审批时限、15857个承诺受理时限。社会基层治理改革，推进“一格八员、一网三色”基层治理新模式，建设“讲法评理”村（社区）工作室，累计打造“讲法评理”工作室125个，创建“刘家京”“邝欣”“化冰”等13个特色品牌调解工作室。

【健全依法行政体制机制】 规范重大行政决策制定程序，梳理重大行政决策界定标准、审查内容、程序要求及示例模板。重大行政决策文件4件，均经合法性审查。清理现行有效行政规范性文件42件，全部录入江西省法规规章规范性文件数据库。年内，区政府行政规范性文件4件，均经合法性审查及备案。

【法治服务】 组织司法干警、法治副校长、普法讲师团成员到各中小学，举办法律知识讲座、道路交通安全法宣传等活动40余场。组织乡贤、人民调解员、网格员、法律明白人骨干，开展全民“国家安全教育日”“民法典宣传月”“禁毒日”“消费者权益保护日”主题活动200余场。区妇联、退役军人事务管理局、法院等部门建立法律援助工作站，“三八”

"六一"等节日,开展农民工、老年人、残疾人、妇女儿童等法律援助专项宣传。全年受理法律援助案件568件,接待来电来访咨询3369人次。

【行政执法行为规范】 建立行政执法人员证件管理制度,动态清理不符合条件行政执法人员证件,注销不符合条件执法证件101张,组织行政执法人员考试4次,新增执法人员48人。组织全区行政执法业务培训、行政复议法宣讲,提升行政执法人员执法业务水平。全区案卷评查及专项领域案卷评查,规范行政执法部门行政执法行为。每季度收集行政执法基础数据,落实行政执法数据年度公示制度。建立行政执法和行政执法监督工作年报制度,掌握全区行政执法状况,强化全区行政执法监督。

【法治化营商环境】 "双随机、一公开"监管营商环境,监管与信用风险分级结果结合,做到精准监管。34个行业部门领域推行"包容免罚""首违不罚"制度,轻微违法行为不予实施行政处罚事项423项,从轻行政处罚事项31项,减轻行政处罚事项15项,不予实施行政强制措施事项26项,推行包容审慎监管。

【主要负责人履责述法】 党政主要负责人履行推进法治建设第一责任人职责情况被列入年终述职内容,采取书面述法与会场述法的方式进行。召开吉州区2022年度法治建设工作述职评议会议,通过述法总结工作、接受监督、发现问题、督促整改,落实党政主要负责人履行推进法治建设第一责任人职责。

(刘蕾)

7月12日,吉州区2022年度法治建设工作述职评议会议召开

(区司法局 供图)

公 安

【概况】 吉州公安分局推进公安工作现代化主题主线,捍卫政治安全、打击违法犯罪、防范化解风险隐患、全面夯实基层基础、护航经济发展、持续强化队伍建设,确保全区政治安全和社会大局持续稳定。全年破获各类刑事案件958起,刑事拘留585人,提请逮捕233人,移诉451人,同比分别上升20.5%、63.9%、109.9%、19.6%;查处治安案件778起,治安拘留1204人;立刑事案件1294起,同比下降19.8%。安保警卫工作累计出动安保警力6000余人次,安保维稳任务80余件。妥善处置各类涉稳群体访1168起、19200余人次。接收各类信访件156件,同比下降23%,办结153起,办结率98%。累计排查矛盾纠纷2016起,化解1987起,化解率98.6%,未发生"民转刑""刑转命"案事件。全区寄递物流业安全检查,覆盖企业120家,发现整改治安隐患18处。执纪监督,下发督察通报26期,发现可疑案件551个,可疑警情152个,整改率均100%。获评全国公安机关成绩突出个人1人,荣获公安部个人嘉奖1人,获评吉安公安"十大先锋民警"1人,经济犯罪侦查大队荣立集体二等功,警务督察大队获评吉安公安"十大先锋警队"。

【重点场所整治】 成立工作专班,联合区卫健委、监督局、消防等部门,组织专项清查整治行动11次,累计出动警力5000余人次。联合执法检查全区KTV、沐足按摩、宾馆等场所,责令停业整顿问题场所7家。检查消防三级重点单位759家次,"九小场所"(小学幼儿园、小医院、小商场、小饭店、小旅馆、小歌舞娱乐场所、小美容院、小网吧、小生产加工企业)6698家次,下发整改通知书77份。

【易制爆危险化学品整治】 危爆物品和易制毒危险化学品管理检查,检查涉枪爆、危制品单位20家,发现整改治安隐患13处,妥善处置各类枪支零部件25支(含气枪、仿真枪)、子弹295发,销毁线性炸药26米、雷管2根、手雷1颗,收缴并组织销毁各类非法存储烟花爆竹1000余箱。

【禁毒专项行动】 2023"夏季战役"禁毒专项行动,破获刑事案件33起,刑事拘留47人,行政处罚165人,强制戒毒13人,查扣毒资50余万元,缴获新型毒品替代物152.7克,教育训诫59人。办理全市第一起妨碍药品管理案和第一起上头电子烟非法经营案，刑事拘留4人。

【反诈防诈】 打击电信网络诈骗，"断卡""断流""长风"行动，破获电诈刑事案件156起，抓获犯罪嫌疑人239人，同比分别上升21.4%、37.38%，电诈发案和损失数同比分别下降24.89%、30.49%，实现"两降两升"目标。立足"打防结合、预防为主"工作思路，管控涉诈风险和高危人员，资金预警见面劝阻工作，见面预警3089人次、减少损失1800万元，冻结银行卡802张，冻结金额988.52万元。

【政务服务】 全区11个派出所及分局办证大厅、区行政审批局自助服务大厅均投放身份证自助办证设备（13台），兴桥、樟山、曲濑镇派出所，投放"交所融合一体机"，实现"让信息多跑路，群众少跑腿"目标。老弱病残孕等特殊群体，设置"优先通道""爱心窗口"，并提供延时错时、电话预约和上门服务，上门服务特殊群体32次。分局户政科被推选为省户政优秀工作单位，并在全省户籍培训会和全市治安工作会上作代表性发言。

【市场经济秩序维护】 打击非法集资、金融诈骗、涉税洗钱等经济犯罪，各类经济犯罪案件23起，破案23起（含历年），抓获嫌疑人70人，刑事拘留50人，取保候审41人，提请逮捕28人，移送起诉48人。区"民融登""信创小额贷"案件处置，依法对30人采取强制措施，追赃挽损8000余万元。制订印发《关于开展"扫楼清街"排查整治非法集资专项行动的实施方案》，"扫楼清街"行动39次，排查企业102家，发现问题企业6家，并依法责令整改。"昆仑2023"专项行动，依法打击侵犯知识产权和制售伪劣商品犯罪，破获侵犯知识产权案件10起，抓获犯罪嫌疑人20余人，扣押违法所得近2000万元。

3月27日，全警下网格进社区活动全面启动

（区公安分局　供图）

【基础建设】 投入4000余万元用于基层基础标准化建设，特巡警大队和禾埠派出所业务用房建设项目完成主体工程，文山派出所打造新型智能警务模式，森林分局完成快检实验室建设，合成作战中心投入使用，白塘派出所"一站式"综合服务窗口投入使用。9月28日，余家河派出所揭牌。

【夜间联勤巡逻】 发动全局力量与网格员、平安义警、治安志愿者等群防群治力量组成巡逻单元，于晚上9点至次日早上5点在案件多发部位、人员密集场所、治安复杂地段等公共场所排查巡逻。全年累计出动夜巡警力1.65万余人次，通过夜巡抓获入室、拉车门等盗窃违法犯罪嫌疑人171名，破获案件150余起，全区社会治安持续好转。分局夜间联勤巡逻工作获中央广播电视总台中国之声《新闻联播》《新闻和报纸摘要》两个栏目聚焦报道。

【公安宣传】 组建"进社区下网格"宣传队，选择傍晚、周末等群众闲暇时间，采取"流动+定点停留"形式，深入各网格摆上"宣传摊位"，宣传反诈防骗、防火防盗防溺水安全防范知识125场，发放宣传资料18万余份，覆盖群众20余万人次。组织校园应急疏散演练300余场，4万余名在校师生受到教育培训。举办禁毒公益宣传文艺晚会，2000余人参加观看。禁毒防艾宣传活动，覆盖群众3000余人。拍摄公安题材短视频60余个，媒体报道300余篇，制作公安电视专栏《金盾耀吉州》14期、广播《警民时空》栏目52期。

【全警练兵】 从严治警，打造过硬队伍，推进警务实战技能常态化训练，配备15名警务实战教官、25名所队教官，组织"一所一队一教官"实战培训，集中训练基础上推广"微练兵"模式，累计自训40余次，训练400余人次。"预防毒品宣传培训""反诈业务培训""刑事照相培训"等警种业务培训12次，参训人员900余人次。组织全局400余名辅警分3批开展为期15天的封闭培训，全面提升辅警综合素质和实战能力。

【选树典型】 选树典型人物与先进事迹，推树特巡警大队网格员裴优健、稽伟、吕军、丁时、罗文杰、史鉴、肖新国、刘德福等不顾自身安危挽救轻生群众，工业园派出所民警彭增仪蹚入内涝解救被困市民、北门派出所民警王璐20年扎根户籍窗口、白塘派出所民警王武不熟水性跳入河中解救落水群众等先进事迹，在全局起到以点带面、示范引领良好效果，展现吉州公安良好形象。肖淋获评全国公安机关成绩突出个人、'周辰男获评公安部个人嘉奖'、虞飞云获评吉安公安"十大先锋民警"。

【暖警政策】 增强民辅警荣誉感和归属感，举办庆祝"中国人民警察节"警察荣誉仪式、辅警光荣退休仪式。落实战时表彰奖励，走访慰问因公受伤民辅警21人。帮扶救助特困民辅警，走访慰问困难重病党员民辅警、退休干部205人次，发放慰问、补助、捐款等各种款项50余万元。6名民警配偶通过“团圆计划”调入城区工作。

【广场天虹老庙黄金首饰被盗案破获】 3月8日，分局接到报案称广场天虹老庙黄金展柜内黄金首饰被盗，涉案黄金价值30余万元。经过合成作战、视频追踪、现场蹲守，民警历时33小时将正欲外逃犯罪嫌疑人罗某明抓获归案，并追回所有被盗黄金。

【防盗窃宣传动员暨赃物返还大会】 3月16日、10月28日，分局分别在市中心人民广场举办防盗窃宣传动员暨赃物返还大会。分局党委班子成员及局属单位负责人、民辅警代表、平安义警、商铺业主代表参加。大会通报分局打击盗窃违法犯罪成效，开展防盗宣传，集中公开向受害群众返还追缴价值1550余万元财物，中国新闻网、《新法治报》、江西政法网等主流媒体报道。

【全警下网格进社区活动】 3月27日，分局在5个城区派出所辖区启动“全警下网格进社区”活动。各街道主要领导、分局领导、机关民警、派出所民警、“平安义警”、街道社区干部、网格员、店铺物业代表参加启动仪式。发挥“平安义警”力量，加强与下沉民警、社区干部联动，联合开展矛盾纠纷排查化解、巡逻防控、防范宣传等工作，实现“基础牢、出事少、治安好、党和人民满意”工作目标。

【夏季治安巡查宣防行动】 6—9月，分局夏季治安巡查宣防集中统一行动6次，累计出动警力5790人次，设立综合卡点57个，检查车辆15310辆次，检查场所673处，巡查重点部位1351处，设置宣防点278个，发放宣传资料4.48万份，排查各类安全隐患1228处，抓获现行违法嫌疑人115人和网逃违法嫌疑人5人，捣毁电诈窝点2处。

【局长专线开通】 7月3日，开通局长专线，实行违法犯罪有奖举报。收集违法犯罪线索38条，通过线索破获刑事案件12起，刑事拘留26人，行政拘留96人。

【流动赌场捣毁】 7月13日，调度分局60余名民辅警，捣毁隐藏在长塘与樟山连接处山林中流动赌场1个，现场抓获违法犯罪人员24人，刑事拘留5人，行政拘留15人，收缴赌资10余万元。

【电诈窝点捣毁】 8月1日，分局刑警大队捣毁一处藏匿在汇丰御园小区内电诈窝点，抓获犯罪嫌疑人4人，现场查获作案用电脑及手机若干。经查，邓某良、王某、钟某松、刘某钦4名男子通过冒充女性对境外人员实施电信诈骗。

【命案积案告破】 10月7日，分局刑警大队破获一起命案积案，潜逃犯罪嫌疑人李某宝缉拿归案。1989年7月16日，李某宝因琐事伙同他人在区大巷口持斧头、菜刀将人砍伤致死后逃逸。2023年10月7日，分局收到外市公安局转来线索，办案民警将犯罪嫌疑人连夜带回审讯，李某宝对犯罪事实供认不讳，尘封34年命案积案至此告破。

【拉车门盗窃案破获】 12月12日，分局刑警大队联合视频侦防大队，用时1天侦破一起拉车门盗窃案，抓获未成年嫌疑人12人，追赃挽损4万余元。据查，12月10日凌晨，虞某、谢某、龚某、周某4人到天一园小区实施拉车门盗窃，发现一车内有大量现金，出于害怕盗取1000余元。离开前，虞某拍摄视频在圈子里传播炫耀，其余未成年嫌疑人获悉后陆续前往天一园小区寻找该车辆盗走剩余现金，涉案金额7万余元。

【新闻发布会】 12月19日，分局召开“2023年度特色亮点工作”新闻发布会，分局领导及相关大队大队长出席发布会并答记者问。《江西日报》、江西广播电视台、中国江西网、《江西都市频道》等10余家省、市、区级媒体及吉安本地知名自媒体运营人参加发布会。会上，介绍分局2023年度特色亮点工作情况，相关单位负责人针对媒体记者关切打击预防黄赌、未成年人及电信网络诈骗违法犯罪方面问题逐一解答。发布会现场氛围良好，达到预期效果。

【“扶摇直上”庐陵音乐嘉年华安保活动】 12月22—23日，分局落实落细各项安保措施，圆满完成2023吉安“扶摇直上”庐陵音乐嘉年华安保活动。参加活动观众4.8万人次，其中吉安市外观众2万余人，安保工作呈现参加人员多、持续时间长、演出场地复杂特点。安保期间，抓获涉嫌倒卖演出门票“黄牛”9人，打掉外省籍盗卖手环团伙1个，行政拘留6人，教育训诫3人，抓获涉嫌破坏围挡嫌疑人3人。

（周俊睿）

检　察

【概况】 吉州区人民检察院统筹抓好服务大局、维护稳定、强化监督等重点工作，推动新时代检察工作发展。批捕各类刑事犯罪嫌疑人211件258人，不捕242件402人，起诉336件503人，不起诉74件89人，出庭公诉346件，所起诉案件均作有罪判决，起诉准确率100%。故意杀人、故意伤害犯罪，批捕22人起诉40人；“盗抢骗”“黄赌毒”犯罪，批捕112人,起诉182人;非法集资犯罪,起诉26人;电信网络诈骗、帮助信息网络犯罪,批捕35人,起诉92人;知识产权刑事案件49件,批捕21人,起诉42人,敦促退缴违法所得248万余元;办理职务犯罪领域内移送审查起诉案件7件7人,危害营商环境起诉100人,“检侨驿站”帮助侨胞侨眷防范和化解法律风险9起。1个案例入选典型案例、2篇法律文书入选优秀法律文书、1篇调研文章获二等奖,1名干警获评省级打击涉税违法犯罪成绩突出个人,2名干警获评吉安市文明市民。

【未成年人保护】 坚持惩治侵害未成年人犯罪和教育挽救罪错未成年人工作“两手抓、两手硬”,强化未成年人综合司法保护。依法严惩侵害未成年人犯罪,批捕15人,起诉15人。推动罪错未成年人分级干预,犯罪较严重,起诉23人;情节轻微、认罪悔罪,符合条件不起诉12人,考验期满后不起诉7人。制发《督促监护令》11份、《责令接受家庭教育指导令》3份。

【轻罪治理探索】 全面准确落实宽严相济刑事政策,轻微刑事案件依法不批捕402人,不起诉89人。完善轻罪处理机制,落实好对轻微犯罪不诉后法律责任衔接,通过“不起诉+检察意见”形式,制发检察意见书22份,均被相关主管单位采纳。依托《刑事案件赔偿保证金提存制度(试行)》,化解社会矛盾,适用该制度办理刑事案件22件,提存保证金184万余元用于赔偿被害人,29名犯罪嫌疑人得到从宽处理。

【认罪认罚从宽制度落实】 履行检察机关主导责任,559名自愿认罪、同意量刑建议并签署具结书犯罪嫌疑人依法从宽处理,认罪认罚适用率92.7%,节约司法资源,提高司法效率。

【刑事执行监督】 监督公安机关立案(撤案)37件,制发《纠正违法通知书》219份,依法提前介入案件73件,与公安机关召开联席会议3次,类案会商3次,提供咨询指导10次,提出刑事抗诉2件,均被依法采纳,检察长列席审委会8次,发现纠正违法监督线索3条,发出纠正违法通知书75份、检察建议1份,均整改到位。

【民事行政监督】 各类民事行政检察监督案件62件,发出检察建议10份,支持起诉书5份,均被法院采纳;落实《关于共同推进行政争议实质性化解工作的协作意见》文件精神,该类案件9件;促成45件民事争议案件息诉和解,实现案结事了人和;强化对弱势群体保护,帮助6名农民工追讨回劳动报酬94.5万元。

【公益诉讼监督】 公益诉讼案件74件,发出检察建议9份、公益诉讼磋商函62份,均被行政机关采纳并完成问题整改;生态环境和资源保护领域公益案件35件,追缴违法所得150万元;农田残留地膜“白色污染”专项监督活动,督促清理废弃农用薄膜15.3吨;保护耕地,推动面积约7公顷荒地改造成高标准农田。

【数字检察监督】 应用数字检察提高监督职能,成立由检察长任组长的数字检察工作领导小组,集合办案力量,推动应用数字检察监督模型办案在公益诉讼方面率先破零,构建“水土保持补偿费监督模型”,筛选该类线索80余条,立案6件,督促收回水土保持费15.98万元。

【检察信访】 加强检察环节社会矛盾预防化解,落实院领导定期值班接访制度。妥善处理人民群众来信来访18件,均做到7日内程序性回复、3个月内实体性答复;落实基层院领导包案办理首次信访规定,办理案件2件;办理司法救助案件49件,发放国家司法救助金44.1万元;案件审查、释法说理等听证会95次,推动息诉罢访。

【检察宣传】 开展平安建设主题宣传活动,在市人民中心广场宣传活动4次,发放宣传资料1000余份,接待群众法律咨询30余人次;每季度组织干警开展提升公众安全感大走访活动,走访基层群众500余人次,发放宣传资料500余份,征求各类意见建议20余条;发送以防范非法集资、守护耕地红线、未成年人保护为主要内容的提示性短信55万条。“六进”(进机关、进乡村、进社区、进学校、进企业、进单位)送法活动16次,指派22名检察干警担任全区26所中小学法治副校长,送法进校园、乡村宣讲46次;组织挂点社区开展法治宣传2次,发放宣传资料600余份,解答群众咨询法律问题20余个。

【检务公开】 案件质量评查2次,评查案件18件;业务数据分析研判12次,制作业务态势分析研判报告12份。运行“一站式”检务公开大厅和“两微一端”平台,邀请人大代表、政协委员、相关职能部门及群众代表参与“检察开放日”活动4次,召开公开听证会95次;利用手机短信平台、“江西吉州检察”微信公众号,定期推送介绍检察职能及检察工作进展情况的文章,“两微一端”平台发布、转发政务、队伍各类信息84条,发布原创信息44期。

【案件信息公开】 “案件信息公开网”平台,发布案件程序性信息815条,公开法律文书10份,组织人民监督员参加检察办案活动40件次。接待律师阅卷192人次,网上辩护与代理预约24人次,办理“12309”网络在线问卷22人次。

【接受人大政协监督】 加强与人大

代表、政协委员联络，聘任24名代表、委员为审查案件听证员，通过开展检察开放日、执法检查、公开听证等活动，邀请人大代表、政协委员考察检察工作52人次，听取和答复人大代表意见建议11条。

（朱为安）

法　院

【概况】　吉州区人民法院坚持服务大局、司法为民、公正司法，依法履职尽责。全年受理各类案件12919件，办结12849件，同比分别上升13.94%和15.36%；法官人均结案数429件，是全市法官人均结案数1.72倍，居全市第一位；审限内结案率、结收比等6项审判质量管理指标位列全省前十。17篇论文、案例在全国法院学术讨论会、年度优秀案例等国家级、省级评选中获奖，1篇调研报告荣获中国法学会审判理论研究会征文一等奖，1篇案例入选全省法院参考性案例。

【防范化解风险】　维护安定有序社会治安环境，提高人民群众安全感。依法严惩焦文杰等人涉恶案件、郭平平涉伞案件，依法妥善审理市“铜锣湾”、区“民融登”等非法集资涉众犯罪案件11件，打击电信网络诈骗犯罪及关联犯罪48件79人。审理周某理帮助信息网络犯罪案入选《江西法院案例选》。注重研判多发高发类案成因，主动与政府及相关部门沟通，聚焦家事保护、金融风险预防、环境资源保护等领域突出问题，发出司法建议40份，取得良好成效。

【法治营商环境】　保护创新创造，主动对接知识产权案件集中管辖，成立吉安知识产权纠纷联调中心，审结侵犯知识产权犯罪案件15件，化解知识产权纠纷297件，两案入选全省法院数字经济知识产权司法保护、服务保障数字经济发展典型案例。设立司法保护联系点，服务“安福火腿”“遂川三宝”“新干箱包”等全省地理标志知名商标。建立常态化府院联动机制，统筹化解企业破产职工安置、税款缴纳、房产证办理等突出难题，“汇丰御园”等3件破产积案全部审结。打造“法企月谈”暖心品牌，探索“法院+商会”联动解纷模式，健全内控制度、隐患预警等“点单式”帮扶企业23次。

【未成年人保护】　贯彻“教育、感化、挽救”方针，依法审理未成年人刑事犯罪17件23人，成立法护春蕾·少年保护服务站，推进庭前社会调查、法治副校长帮教席、强制亲子教育等制度落实，发布《家庭教育指导令》21份，提供心理疏导17人次，“亲情连线”25次。打造青少年模拟法庭基地，实现法治宣传、犯罪预防、禁毒教育等“参与式”实践教育，举办研学活动35场次，引导学生尊法学法守法用法，该院获评全国维护青少年权益岗。

【刑事犯罪惩治】　审结刑事案件381件，判处刑罚548人。严惩故意杀人、故意伤害、抢劫、强奸等暴力犯罪38件。打击“两抢一盗”等侵财犯罪案件62件，审结交通肇事、危险驾驶等案件74件。依法惩治黄赌毒，审结贩卖毒品、开设赌场等案件39件。审结茅惠民、王诚等职务犯罪案件6件6人，协助市、区纪委监委组织700余名党员干部旁听庭审，接受廉政警示教育。公开审理全市首例代替考试罪案件，现场宣判、以案释法，维护公平竞争考试秩序。

【民商纠纷处理】　审结民商事案件6530件。审理教育、医疗、养老、就业、住房等民生案件913件，“颐祥园老年公寓”案件办理获得市委、市政府肯定和区委、区政府通报表扬。办理婚姻家庭案件328件，开设人身安全保护令案件受理绿色通道，创新发出《夫妻共同财产申报令》8份，遏制隐藏、转移夫妻共同财产行为。完善立案调解速裁快审机制，调解速裁团队办结案件1185件。解决物业、金融领域等涉众型、群体性矛盾纠纷，优先适用督促支付令317件，平均办理时长缩短至3天，实现简案快立快审快结。

6月8日，区人民法院开展“赣鄱利剑·吉州执行”专项行动

（区法院　供图）

【行政争议化解】 依法审查行政非诉案件22件。依托行政争议多元调处中心，实质化解行政复议案件4件；深化“院院”协作，与青原区法院建立行政诉讼协作机制，参与跨区域行政争议调处5件。联合水利等部门印发《吉州区河湖安全保护专项执法行动工作方案》，开展保护预防、水运巡航、现场勘察等专项行政执法行动。

【案款执行】 执结案件7565件，执行到位金额10.38亿余元。开展“猎狐—2023”“赣鄱利剑·吉州执行”专项行动，利用节假日、凌晨时间执行34次，搜查清场851次，拘留拘传271人，累计纳入失信人员280人，限制高消费3168人次，两起案件分别入选全省法院十大执行、能动执行典型案例。探索“执前督促+预强制措施”执源治理新模式，提高执行完毕率，相关举措被《江西法院》执行专刊刊载。区“民融登”案追赃挽损资金兑付1530万余元。

【诉讼服务】 开展诉讼服务“工作之问”大讨论活动，细化一窗多办、诉前鉴定、延时服务等17项“一站式”提升举措。确保诉讼服务“e”直在线，网上、跨域立案2683件，网上开庭调解2329次，收转发e中心电子送达文书73467人次，电子送达率99.78%。推进“有信必复”，健全庭长轮流接访、院领导轮周接访制度，运用赣法民意吉州分中心办结群众诉求工单590件，接待来信来访人员351人次，信访办结率100%。依法缓减免困难当事人诉讼费58.84万元，发放司法救助金33.49万元。

【诉源治理】 出台《规范参与诉前矛盾纠纷跟案化解工作的规定》，法官诉前跟案化解矛盾纠纷2458件。依托区综治中心驻法院调解室、诉讼仲裁联合解纷中心，打造“一官三员”（法官+特邀调解员、跟班专职人民调解员、驻院仲裁员）、“吉时解”机制，诉前调解、导流仲裁解纷1459件。用好示范裁判，推动批量解纷812件，1物业服务合同纠纷案入选《市域社会治理江西司法实践案例选编》。联动交警部门、保险公司前置化解交通事故纠纷135件，纠纷化解率71.32%。组织优秀法官“讲师团”，为全区城市社区专职网格员授课，培养基层治理法治护航员。

【普法宣传】 组建“吉法巾帼红”志愿服务队，深入一线宣传“逢三说法”（每月挑选3日、13日、23日和每周三作为说法日）以案释法、典型案例活动35次，“两微一端一抖”推出普法剧场、个案警示专栏，累计观看量100万余次，引领群众崇法向善、弘扬美德义行、守护道德底线。《失信“网红”发表不当言论妨碍执行被司法拘留》文案入选江西法院弘扬社会主义核心价值观十大典型案例。

【司法改革】 健全完善绩效考核方案，合理设置赋分指标及权重。建立院长庭长长效办案机制，带头办理社会关注、疑难复杂等案件8408件，占比65.1%。落实人员分类管理改革要求，完善员额法官进退机制，遴选、递补员额法官4人。出台《审判委员会工作规则》《关于加强审判委员会委员履职工作的规定》，细化委员履职内容及标准，明确7类退出审判委员会情形，增强工作责任感、使命感。

【审判监督管理】 出台《院庭长履行案件阅核职责办法》，阅核监管案件1035件，相关举措被《人民法院报》头版头条刊载。前移审限监督关口，坚持审管预警分析、情况通报等机制，超3个月未结案件重点督办、逐级约谈、专题共商5次183件；组织专业法官会议讨论案件83次207件，提请审判委员会决策、评查重大疑难复杂案件14次101件，加强对重大、疑难、复杂案件监管，统一法律适用标准，推动发改率、结案率、调解率等核心指标优化提升。

【智慧法院建设】 《基于司法大数据的吉州区经济社会运行情况评估报告》发布，提供党委、政府科学决策参考，得到区主要领导批示肯定。推进全流程无纸化办案，拓展“法官e助理”“审判e管理”等智能化系统运用，提升审判执行质效，无纸化案件覆盖率、材料阅读率等指标位列全省第一。

【主动接受各界监督】 主动接受人大及其常委会监督，自觉接受政协民主监督，重视代表、委员联络工作，逐项办理代表意见建议、委员提案及关注案件，邀请代表、委员考察法院、出席会议、旁听庭审等34人次。支持派驻纪检组履行监督职责，邀请负责人列席党组会、参与专项督查检查15次，及时报告重大事项。依法接受检察监督，邀请检察长列席审判委员会5次，共同维护司法公正。广泛接受社会、媒体监督，健全人民陪审员选任和履职保障机制，实质化参审案件210件；促进司法与传媒良性互动，新媒体发布法院动态信息580条、短视频102条，营造良好法治环境和舆论氛围。

（彭晨）

司法行政

【概况】 吉州区司法局提高法治政府建设新水平，提升公共法律服务质效，维护社会大局安全稳定，锻造过硬司法行政干部队伍，全面推动司法行政各项工作再上新台阶。接待群众法律咨询26350人次，受理各类法律援助案件650件。审查各类文件和合同29件、重大行政决策类4件、党内规范性文件6件，政府规范性文件4件。办理公证文书

2394件，其中，涉内地1569件，涉外736件，涉中国港澳台地区89件。全区有调解组织145个，行业性专业性调解平台10个，配备调解员720人，摸排化解矛盾纠纷1308件。吉州区“一格八员、一网三色”基层治理模式，获评第一批全省法治政府建设示范项目，北门街道调解员刘家京获评全国模范人民调解员。

【“三所联动”矛盾纠纷多元化解机制建立】 凝聚司法所、公安派出所、律师事务所“三所联动”合力，坚持和发展新时代“枫桥经验”，实行“1名司法行政人员或人民调解员+1名社区民警+1名法律工作者”联合服务模式，全年调处各类突出矛盾纠纷1000余件，化解率98.5%，相关经验做法在《江西改革工作简讯》刊登。

【调解工作室品牌打造】 持续推进村(社区)“讲法评理”工作室建设，累计打造镇(街)、村(社区)“讲法评理”工作室125个。创建“刘家京”“邝欣”“化冰”等13个“个人调解工作室”品牌，推动人民调解工作向规范化、专业化、特色化、品牌化发展。

【“法律明白人”北京工作实践站建立】 依托驻外党组织体系，探索“党建+法律明白人培养工程”品牌，打造“法律明白人”北京工作实践站，遴选培育20名驻北京务工人员成为“法律明白人”，解决到北京务工人员法律需求。

【公共法律服务工作站建设】 依托司法所打造12个“一站式”公共法律服务工作站，投入65万元升级打造文山街道、白塘街道公共法律服务工作站。同时，打造工业园区公共法律服务工作站，推动法律服务产业园区发展。分别在区人力资源和社会保障局、妇联、退役军人事务管理局、法院等部门建立法律援助工作站，全区累计建立法律援助工作站23个。

【行政复议】 维护人民群众合法权益，促进行政机关依法行政，提高政府公信力。新收行政复议案件57件，受理49件，同比分别增长103.5%和96%。办结行政复议案件37件，未结案12件。办结案件中，维持和驳回17件，占比21.05%；直接纠错14件，纠错率37.8%；纠错、调解、和解等方式审结25件，矛盾纠纷综合化解率67.5%。

【社区矫正】 累计接收社区矫正对象1602人，累计解除社区矫正1402人，现有在矫对象200人，无因管理不到位出现脱漏管和重新犯罪现象。完成社会调查评估案179件(其中法院采纳157件，不予采纳22件)。与公安部门建立社区矫正信息化核查合作机制，推动社区矫正工作共建共治共享。先后与区、市社会心理服务协会签订合作协议，提供全区社矫、安置帮教对象个别心理咨询、集中心理辅导，建立149份个人心理档案，心理帮扶教育活动17场。

【普法宣传】 5月，线上发动全区各单位利用微信、微博等新媒体发送《中华人民共和国民法典》宣传信息30余条，利用LED显示屏滚动播放《中华人民共和国民法典》宣传标语80余次，并组织全区各单位参与线上《中华人民共和国民法典》答题，答题人数2300余人，参考率99%，合格率100%；线下在全区各镇街通过集中培训、摆摊发放宣传资料、制作展板、张贴海报等方式，《中华人民共和国民法典》宣传活动46次，制作宣传横幅56条，发放宣传资料300余份。5月30日，以“美好生活·民法典相伴”为主题《中华人民共和国民法典》的知识竞赛在区委党校举办，参赛群众278人。

【省级观摩接待】 10月8日，全省市县法治建设现场推进会暨“法律明白人”培养工程扩面提质增效工作部署会在吉安市召开，参会人员实地考察吉州区螺湖社区、吉安法治公园等点位，观摩法治建设相关工作。

(高雅)

军事

人民武装

【概况】 吉州区人民武装部落实省军区、军分区党委决策部署，高举旗帜铸军魂、全神贯注抓备战、担当尽责促落实，守住安全保稳定，各项建设呈现持续向上向好发展态势。

【战备工作】 常态开展“战备日”活动，结合等级部署演练，修订完善《人武部作战值班手册》《人武部三级加强部署指导手册》，做好节日战备工作。

【军事训练】 坚持以战领训、按纲施训、科技强训，突出成建制遂行任务训练、动员指挥编组训练、必备基础技能训练，持续推进国防动员训练转型升级，提升人武部部队履行使命任务能力。抓好专武干部队伍建设，组织专武干部集训，增强专武干部备战打仗意识，提高专武干部应急处突指挥能力，培养在关键时刻能“拉得出，干得好，起作用”专武干部应急骨干力量。

【安全工作】 开展条令学习月活动，落实安全教育、队列训练和条令条例考核。推进安全自查，重点排查涉密电脑，消除安全隐患。抓好日常管理，管住人、管住车、保住密，确保不出政治性问题。

【作风建设】 持续抓好“严禁违规喝酒、严防酒驾醉驾”教育整治和“五查五纠”清理整治，通过授课辅导、警示教育、签订责任状、检查抽查，会同公安部门核查等措施办法，形成高压严抓态势；组织所有征兵工作相关人员廉洁征兵教育，组织廉洁征兵监督员培训，学习典型案例、签订承诺书，筑牢廉洁征兵“防火墙”，打好廉洁征兵“主动仗”。

【兵役征集】 按照征兵办调整运行、部署会召开推进、宣传发动、网上报名、体格检查、政考走访、审批定兵、役前教育等步骤圆满完成全年征兵工作，进入省军区“第一方阵”，获评全省征兵工作先进单位。

【双拥共建】 实现全省双拥模范城“五连胜”目标，汇编4套全省双拥模范城评选迎检资料。打造特色亮点，军地联合举办“最美”系列表彰活动，指导打造“双拥示范街”，协调安置转业军士进单位，解决多名军人子女入学入托自主择校。召开军地联席会，开展辖区国防教育示范学校联审，开展学生军训中国防教育，开展“军营开放日”活动。9月30日，组织干部文职职工、专武干部和民兵代表参加市、区组织“烈士纪念日”活动，全民关心国防、热爱国防、建设国防意识不断增强。

6月30日，区人武部在明德小学开展军事日活动

（区人武部　供图）

【文化阵地打造】 按照上级关于打造营区文化相关要求，加强党性和战斗精神培育。开展“感竹廉清风、守清廉本色”主题活动，打造“廉洁文化”；利用营区两面围墙，打造“忠诚文化墙”“强军文化墙”。

【国防动员】 抓好国防动员体制改革，推动全区国防动员建设发展。组织全市首场小区防空疏散演练，演练在习溪桥街道枫丹白露小区完成，疏散近200人，提升人民防空队伍组织能力和应急行动能力。运用“报网端微屏”，国防动员宣传教育常态化。全民国防教育日、全国防灾减灾日、全省防空警报试鸣日、宪法宣传日等重要节点，开展国防宣传进校园、进社区活动，通过印发宣传手册、现场讲解等方式，引导广大居民了解各类防空警报、临战应急对策等相关国防知识。开展“百万网民学法律”国防动员法律法规专场知识竞赛，树立国防法律意识。组织参加吉安市2023年“中国梦，国防情”主题征文活动，获全市优秀组织奖。摄制“国防教育小课堂”系列短视频10期，推出国防教育小课堂7期，科普国防动员知识。北门街道庐境园社区国防科技科普驿站建成，提供青少年近距离学习、认识、感受国防科学知识科普阵地。荣获全市国防动员训练演练工作优秀单位称号。

（金鑫）

退役军人事务管理

【概况】 吉州区退役军人事务局围绕“尊崇服务年”开展系列活动，创建全省双拥模范城“五连冠”，打造双拥工作“升级版”，推进吉州退役军人事务工作发展。服务专干配备结合全区推广村（社区）网格员同步进行；创建“井冈红”品牌，创新打造北门社区、广场社区、桃树下社区退役军人服务站；白塘街道将退役军人服务站与人武部融合打造，统一管理和服务。

【双拥优抚】 八一建军节、春节期间，分别走访慰问驻区部队、老复员军人、困难退役军人等，发放慰问金50余万元。能仁巷街区打造吉州区“拥军示范街”，入驻商户40余家。落实退役军人优待清单，优抚对象凭优待证在吉州区行政区域内免费乘坐公交，免门票参观游览博物馆、纪念馆等公共文化设施和实行政府定价或指导价管理公园、展览馆、名胜古迹、景区。

【移交安置和就业创业】 完成多名转业军士安置、多名退役士兵技能培训。举办各类招聘会4场，初步达成就业意向450余人。落实多名军队离退休人员和无军籍职工工资待遇及政治待遇，做好全区企业军转干部和1953年底前参军后在企业退休退役士兵解困资金发放工作，并做好八一建军节、春节走访慰问。

【尊崇工作法】 清明节期间，开展网上祭扫、线下祭扫、专题座谈、走访慰问、代祭扫、英烈故事宣讲“六个一”活动。确保烈士信息准确，核验全区700余名烈士信息，核定吉州区烈士576人，移交青原区204条烈士信息。组织人员将其他烈士墓，集中迁葬至吉州区革命烈士陵园。

【特色亮点工作】 结合全省“尊崇服务年”活动要求，推出“尊崇英雄十项行动”，即组织一场英雄宣讲、开展一次英雄慰问、打造一条拥军示范街、实施一批英雄就业创业金融支持、打造一批“庐陵老兵驿站”、开展一次英雄解困帮扶、举办一场英雄军歌大赛、开展一批“最美”英雄表彰、编印一本“最美”英雄画册、制作一批“最美”英雄视频。“尊崇英雄十项行动”在退役军人事务部网站宣传推广，省政府分管副省长给予肯定批示，省委退役军人事务工作领导小组简报专篇刊发。推出“英雄保”，动员社会各方力量广泛参与拥军优属活动，筹集资金为全区120名烈属、老复员军人、荣立二等功以上退役军人，提供“英雄保”综合保险，每人年度保障额度100万元，赔付比例80%，并为退役军人提供白血病、甲状腺癌等40种适用病种特定高额药品保障清单，退役军人罹患疾病自付部分提供一定额度补充保障风险。关心关爱解困境，发挥吉州“军人关爱基金”“老兵关爱基金”作用，开展“为现（退）役军人服务 向英雄致敬”“一对一”结对帮扶活动，发放困难现（退）役军人家庭救助金。“庐陵老兵驿站”显温暖，全区村（社区）退役军人服务站均建立“庐陵老兵驿站”，推出退役军人“八个一”（一名志愿者、一杯茶、一把伞、一本书、一张网、一台查询机、一个便民药箱、一个充电台）服务。

【学雷锋志愿服务活动仪式】 3月3日，“新长征”退役军人志愿服务学雷锋活动仪式在文山步行街举办。省、市、区领导、退役军人及军属等150余人参加。仪式上，表彰10名最美退役军人志愿者，为5户荣立三等功现役军人家庭送上立功喜报。仪式后，退役军人志愿者开展健康检查、打扫卫生、修手机、理发、金融、心理疏导等志愿服务活动。

【祭先烈活动】 9月30日，第10个烈士纪念日，200余名干部群众在白鹭洲公园革命英雄纪念碑前举办向英雄烈士敬献花篮仪式，寄托对革命先烈深切怀念和哀思。区委书记尹冬苟，区委副书记、区长罗青球，王巍、杨彩霞、钟小亮、肖莺华、邱建军、胡云祥、张学伟等在家区四套班子领导参加。

（邹建毅）

吉州年鉴2024

经济管理

综合经济管理

【概况】 吉州区发展和改革委员会（简称区发改委）围绕“抓项目、争资金，抓投资、稳增长，抓创新、优服务，抓协调、提效能”工作重点，推动各项工作取得新成绩新突破，促进吉州高质量跨越式发展。2023年，全区地区生产总值为300.5亿元，比上年增长2.4%；一般公共预算收入11.65亿元，比上年增长4.3%；规模工业增加值比上年增长7.4%；固定资产投资比上年增长9%；社会消费品零售总额224.24亿元，比上年增长7.5%。升级项目大会战，91个重点项目完成投资171亿元，落实各类无偿资金18亿元。荣获2023年度全省国防动员高质量发展目标管理考评优秀单位称号。

【中心城区攻坚战】 牵头推进中心城区攻坚战，对标制定完善实施方案，建立健全每周调度会商、每周问题清单、每周督查通报、每月亮晒评比“四项机制”，2023年四季度责任清单（涉及市、区两级62项重点项目）进展全部达标，区中心城区常住人口34.89万人，增长3.3%，经济总量保持全省前30位，2023年度考核全市排名第一档次。

【“两山”转化突破攻坚战】 牵头推进“两山”（绿水青山与金山银山）转化突破攻坚战，实行周调度工作机制。钓源古村设立全省首个生态产品价值实现共建点，颁发全省首张景区碳中和证书。塔水桥社区东投金麟府小区建成全省首个“两网融合”试点，入选江西省生态产品价值实现机制改革示范建设单位（改革示范基地），成为全省唯一一个未经创建阶段，直接入选省级生态产品价值实现示范基地县（区）。荣获全市生态文明建设工作先进单位称号。

【重点项目建设】 升级实施“项目大会战”，常态化推进节假日“重大项目不停工、重点企业不停产”，常态化开展擂台比拼、领导评议、亮晒表态、督查通报，用好“红黄绿”三色通报、提醒函、督办函，保障项目建设。年内，开展重点项目现场督查12次、巡查2次、集中开工活动2次，推动全区91个重点项目，累计完成投资171.1亿元，占年计划的84.6%，同比提高3.5个百分点，拉动固定资产投资增长9.7%。

【项目资金落实】 抓住国家重大政策机遇，把握国家投资导向，统筹调度，牵头全区向上落实项目资金工作。组织有关部门上京赴省汇报对接，召开集中调度会，协调解决落实项目及资金中遇到问题，全区全年累计落实上级各类无偿资金约20亿元，申报发行专项债项目19个，落实地方政府专项债券10.6亿元。

【产业发展】 坚持项目为王、数字赋能，丰富应用场景。建设生产性服务业项目，京鼎冷链仓储建设项目一期工程完工、二期工程完成82%，江西省舌尖王国商贸公司食品电商产业园完工，江西国光吉安云智科技运营中心开工动建。印发《吉州区数字经济发展规划（2022—2025）》，伊戈尔数字能源项目入选第二批省级数字经济重点项目清单，申报2023年省预算内基建投资创新能力和产业升级平台建设专项（数字经济方向），获批资金110万元；申报吉安市数字经济发展2023年重点应用场景3项、重点企业11家、重点项目6个、省基建项目1个、省新基建领域“项目大会战”项目3个；申报2023年数字技术应用场景建设需求3批，分别为第一批4项（数字产品6项）、第二批5项、第三批4项。

【民生工作】 统筹推进农业农村、交通物流、能源监管、价格等民生工作。农业农村方面，落实重点工程领域，实施以工代赈，促进当地群众就业增收工作。交通物流方面，推进吉安农副产品物流中心二期、吉安市农产品供应链物流中心二期、国光吉安云智科技运营中心等物流项目建设。能源监管方面，能源领域安全度汛保障巡查，确保能源系统安全。价格工作方面，受理各类涉案价格认定工作150余起，依法依规办结价格认定145件，认定涉案价格金额110余万元，采信率100%，案件办结量和采信率综合排名全市第一。

【保供稳价】 牵头抓好保供稳价，统筹推进生活物资生产供应、调度运输、终端销售和市场秩序维护。实施应急监测，掌握市场动态，重点对粮油肉蛋奶菜等生活物资市场价格、供应数量、运输情况、销售情况、储备情况等实施按日应急监测。同时，联合相关部门督查特困人员生活物资保障及物资配送到位情况，确保全区生活必需品供应总体稳定，人民群众基本生活稳定。

（曾小龙）

国有资产管理

【概况】 吉州区国有资产事务中心贯彻做大做优做强国有资产决策部署，推进国资国企改革创新攻坚行动和区属国有投资融资平台改革，推动授权范围内国资国企发展取得新成绩新突破。2023年，完成国有资产注入划拨资产189项，评估价值17.08亿元。吉安鑫石阳实业有限公司（以下简称“鑫石阳公司”）资产规模107.80亿元，实现主体AA保级。负债总额26.41亿元，净资产总额81.39亿元，资产负债率24.50%，营业收入总额5241.37万元,全年上缴税收 624.71 万元。

【重点项目建设】 原吉安市机床厂生活区地块棚户区改造项目,完成 75 户非成套公租房征迁任务。区中心城区智慧停车场提升改造项目,完成瑞庆里、茶匙巷、道署坪等 14 个闲置地块改造,完成中粮车队、新村粮站等 4 个智慧停车场施工建设和设备安装。区金樟职业教育园建设代建项目(一期),完成工程桩 1168 根、12 座塔吊基础浇筑等,完成项目总进度 6%。新增泸水河道曲濑镇长乐村委会上砂点,11 月初,全面完成土地租赁、场地平整、设备安装调试等工作,并全面投入生产。鑫城佳苑小区建设项目,工程总进度完成 95%。钓源古村项目,完成钓源小学资产移交协议及钓源一期房屋租赁协议签约。长征文化公园、舒行故居项目交付使用,田侯路历史文化街区项目全面开街,城北全民健身中心正式运营。

【国有企业发展】 鑫石阳公司新成立子公司吉安市吉州区两山资产运营有限公司(认缴出资 5000 万元,出资比例 100%)、入股吉安市新鑫供应链有限责任公司(认缴出资 375 万元,出资比例 37.5%)。完成吉安鑫石阳建筑工程有限公司房建总承包、市政工程总承包二级资质升级工作。

【国有资产管理】 完善国有企业管理制度,制定出台《吉安鑫石阳实业有限公司投融资管理制度》《吉安鑫石阳实业有限公司财务管理制度》《吉安鑫石阳实业有限公司资产部资产管理办法》《吉安鑫石阳实业有限公司人事管理制度》《吉安鑫石阳实业有限公司薪酬管理制度》《吉安鑫石阳实业有限公司末位淘汰制考核方案》《评优评先方案》等涵盖财务管理、人力资源、投融资管理、项目建设等内容的 28 项公司管理制度,并将规章制度汇编装订成《2023 制度汇编》,推进国有企业规范运行,促进国有企业可持续发展。

【投资融资】 至 2023 年底,鑫石阳公司及子公司银行授信累计 31.51 亿元,累计审批贷款 23.36 亿元。年内,申请专项债项目 6 个,包括区中心城区智慧停车场提升改造项目、数字电商创意产业园项目、两网融合生活垃圾处理循环再利用项目、城市大脑—智慧城市现代化治理建设项目、社会治理现代化智慧工程项目、全域新能源充电桩和充电站建设项目。鑫石阳公司向江西电缆有限责任公司注资 1.5 亿元、吉安华赣环保能源有限公司注资 200 万元。

(郑磊昌)

自然资源管理

【概况】 吉安市自然资源局吉州分局对标工作目标,坚持党建引领,持续提升作风效能,坚持规划引领,统筹推进国土空间规划编制,严格用地标准,坚持耕保优先,全面推进绿色发展,各项工作取得一定成效,提供全区经济社会发展自然资源保障和支撑。2023 年,完成 2022 年度国土变更调查工作并通过省级评定为优秀。全域废弃露天矿山生态修复(第一批)项目完成外业施工,并通过吉安市自然资源局验收。宗教活动场所发证率 100%,列全市第一方阵。

【建设用地管理】 坚持土地要素跟着项目走,完成 4 个批次国有建设用地报批组卷工作,面积 56.29 万平方米。完成 4 个农民建房和 3 个村庄建设用地报批,总面积 23.29 万平方米。完成全区土地公开出让 14 宗,面积 62.37 万平方米,成交价款 6.5 亿余元,其中"标准地"出让 4 宗,面积 14.61 万平方米。完成吉州区樟山新区金樟职教园、吉州工业园区道路提升改造等 9 个项目用地预审与选址初审。完成樟吉高速改扩建工程 A5 标钢筋加工场等 4 个临时用项目初审及系统录入。

【耕地保护】 排查整改耕地流出问题和落实进出平衡,2022 年,耕地面积达到进出平衡,2023 年,落实耕地进出平衡,耕地占补平衡指标耕地数量和水田指标,由年初双负数全面实现双转正。

【节约集约用地】 消化批而未用土地面积 212.83 万平方米,消化周期从 2023 年年初 5.4 年降至 3.5 年,省定消化任务完成率 135.53%;处置批而未供土地面积 258.84 万平方米,省定任务完成率 131.35%;处置闲置土地面积 66.3 万平方米,省定任务完成率 175.87%。

【规划管理】 完成区国土空间总体规划编制及 24 个"多规合一"实用性村庄规划编制工作(含 10 个省级"十四五"规划期间乡村振兴重点帮扶村,5 个市级"十四五"规划期间乡村振兴重点帮扶村)。组织召开区国土空间规划建设委员会议 6 次,审议通过区国土空间总体规划(2021—2035 年)等 32 个议题,其中,社会投资类项目 6 个、政府投资类项目 13 个、村庄规划 13 个。组织召开区国土空间规划项目审查领导小组会议 8 次,审查通过 47 个项目。配合区行政审批局核发用地预审及选址意见书 7 份、用地规划许可证 2 份、工程规划许可证 4 份。完成兴桥农机加油站提升改造项目、樟山镇宏阳鑫城(牛街)项目和兴桥紫荆佳苑(三期)项目规划核实。完成中环小区、星港澳园、天龙花园等小区 71 台电梯加装规划选址,完成中环小区、星港澳园、电信小区、天龙花园等小区 57 台加装电梯规划选址验收。

【地质灾害防治】 编制印发《吉州

区2023年地质灾害防治工作方案》,明确地质灾害防治目标和落实各相关部门工作职责,健全“区、乡、村、组”四级群测群防体系,落实并完善地灾隐患点防灾责任人与防灾措施。组织镇街及相关单位对全区31处地质灾害隐患点及山区圩镇、学校、医院、移民安置点、公路沿线、农村建房切坡段等重点区域巡查排查130余点次。通过微信、短信、Mas平台及时转发地质灾害气象风险预警信息,确保第一时间将预警信息传达给各防灾责任人、群测群防员和受威胁群众。全年,全区未发生一起地质灾害安全事故。

【自然资源法治宣传】 增强全社会珍惜土地,保护耕地,依法合理用地,节约、集约用地,保护土地资源法律意识,利用“4·22”地球日、“6·25”土地日等活动,制订宣传方案,开展法治宣传,发放宣传资料300余份,普法宣传报道7篇(国家级1篇,省级6篇),普法进校园授课1次。

【自然资源违法整治】 全年自然资源执法动态巡查2346次,确保违法行为能够及时被发现和制止。配合吉安市自然资源局监察支队立案查处自然资源违法行为5起,违法占地面积约6.02万平方米,罚款1955.94万元。

(罗志坚)

财政管理

【概况】 吉州区财政局做强做旺中心城区,打好打赢“十大攻坚战”,抓好稳增长、促改革、调结构、惠民生、防风险等各项工作,稳定经济增长,主要经济指标逐渐好转,经济发展呈现回升向好态势。全年全区实现财政总收入24.2亿元,比上年增长1.7%;实现地方财政收入11.65亿元,增值4.3%,其中税收收入8.19亿上,比上年增长5.3%,占地方财政收入的比重为70.3%。全年全区一般预算财政支出34.02亿元,下降1.4%。2023年,吉州区以江西省县市区第一名的成绩入选国家普惠金融发展示范区(连续两年),普惠金融改革工作被国家级、省级主流媒体宣传推广。

【一般公共预算收入完成情况】 全区一般公共预算收入完成11.65亿元,比上年决算数增加4789万元,同比增长4.3%。一般公共预算收入加上划中央收入及上划省级收入,全区财政总收入完成24.2亿元,比上年决算数增加4056万元,增长1.7%,完成调整预算101%。其中,一般公共预算收入主要项目预算执行情况:税收收入完成约8.19亿元,比上年决算数增加4139万元,增长5.3%;非税收入完成3.46亿余元,比上年决算数增加650万元,增长1.9%。

【一般公共预算支出完成情况】 全区一般公共预算支出完成34.02亿元,比上年决算数减少4929万元,下降1.4%。各项支出完成情况:一般公共服务支出4.08亿元,国防支出533万元,公共安全支出3234万元,教育支出7.9亿元,科学技术支出1.17亿元,文化旅游体育与传媒支出4189万元,社会保障和就业支出3.48亿元,卫生健康支出2.67亿元,节能环保支出1343万元,城乡社区支出3.05亿元,农林水支出3.51亿元,交通运输支出5558万元,住房保障支出1.19亿元,工业商业金融等事务支出4.79亿元,灾害防治及应急管理支出2405万元,债务还本付息等支出4660万元,其他支出18万元。

【财政收支平衡情况】 2023年,可用财力36.71亿元。其中,一般公共预算收入11.65亿元,税收返还补助2.72亿元,均衡性转移支付资金3.18亿元,基本财力奖补资金1.37亿元,各项结算补助资金2.06亿元,共同事权转移支付补助8.19亿元,上级财政专项追加1.91亿元,调入资金2.5亿元,地方政府债券转贷收入2.05亿元,上年滚存结余收入5849万元,动用预算稳定调节基金5000万元。减去定额上解1208万元,共享税上解28万元,其他各项结算上解1.44亿元,当年可用财力35.15亿元。减去财政总支出34.02亿元,国债还本支出9611万元,结转下年支出1678万元,当年财政收支平衡。

【稳定经济增长】 面对多行业税收下滑,全区财政收入一度出现呈下降趋势,该局及时调整财政政策,推进经济恢复,实现财政收入正增长。全年统筹调度12.95亿元,支持全区各项重点项目推进落实。争取政府债券资金,新增地方政府债券额度11.69亿元,连续3年保持10亿元发债规模。持续抓好“财园信贷通”“财农信贷通”“科贷通”工作,累计放贷企业金额2.74亿元。多项惠企政策全面落实,投入财政资金5.5亿元,扶持文旅业、工业、商贸业等企业发展。

【增添民生福祉】 统筹调度财政资金,关切民生需求,保障乡村振兴、社会保障、医疗卫生、科学教育、公共服务设施等重点民生支出。投入社会保障和就业资金3.48亿元,支持社会保险、就业创业、抚恤和社会救助、社会福利等工作;投入医疗卫生资金2.66亿元,提升医疗卫生保障水平。推进粮仓建设,提升智能化管理水平,第一时间拨付粮补资金,保障粮食安全。推行过“紧日子”细化举措,开展零基预算摸底,压减一般性公共支出,累计盘活存量资金0.83亿元,统筹用于“三保”(保工资、保运转、保基本民生)支出。

【普惠小微金融支持】 全区支农支小信贷规模得到扩大，企业融资成本降低，提供全区经济恢复和服务实体经济金融保障。2023年末，全区普惠型小微企业贷款余额116.63亿元，较年初增长21.51%；普惠型农户生产经营性贷款余额14.8亿元，较年初增长8.93%；全区普惠型小微企业贷款平均利率4.56%，利率水平全市最低，三项指标皆高于全省、全市平均水平。

【营商环境优化】 2023年，吉州区入选国家普惠金融发展示范区，连续两年入选并获得中央奖补资金，成为全省唯一获此殊荣的区。"新市民贷"创新做法，省领导批示全省推广。健全多层次普惠金融组织体系，推进普惠金融、数字金融、绿色金融、供应链金融融合发展。常态化推进"金融保链强链行动"，全年为70家企业融资35亿元。推行不见面开标和远程异地评标，完成全省首笔由网上申请、银行放款、采购单位支付到回款全周期线上"政采贷"及全市首个政府采购跨省远程异地评标项目。率先在全市实现政府采购合同管理"1+5+1"(1个工作日内进行结果公告、5个工作日内签订政府采购合同并在1个工作日内进行合同公告)模式，提高采购环节流转效率。推行非招标方式全流程电子化、框架协议采购全流程电子化改革和"信用+承诺制"，全年为3305家次供应商降低交易成本约66.1万元。

【金融风险防控】 健全地方政府债务风险防控机制，截至12月底，区地方政府债务余额53.03亿元，全口径债务率约130%，债务风险等级黄色，风险整体可控。财政投资评审服务，全年组织工程预算和招标控制价评审429项，评审金额27.2亿元，审定金额21.9亿元，审减金额5.3亿元，审减率19.37%，节约财政资金。防范和处置非法集资工作，印发《关于做好春节期间防范非法集资宣传教育工作的通知》《吉州区2023年防范非法集资集中宣传日活动方案》《2023年吉州区金融领域联合执法及非法集资风险排查整治"扫楼清街"专项行动方案》等通知和方案。防范非法集资专题宣讲30多场，宣传折页1.5万余份，活动小礼品4000余份，接待群众咨询6000余次，参加群众2.2万余人。办理非法集资案5件，杜绝隐患公司注册90余家，"扫楼清街"专项行动30余次、排查企业(公司)180家，推进"区民融登"等重大案件风险化解处置，守住不发生区域性金融风险底线。吉州区《非法集资防范歌》(快板)获评省优秀作品。

(李海)

税务管理

【概况】 吉州区税务局聚焦"抓好党务、干好税务、带好队伍"主责，全面从严治党、组织税费收入、落实优惠政策、深化征管改革、优化营商环境、严肃监督执纪等各项工作稳步推进，获得全国青年文明号、江西省巾帼建功先进集体、江西省行政执法先进个人称号。

【税费收入】 落实税费皆重要求，提升税费收入质量，加强各税种管理，做到应收尽收。全年完成政府口径税收收入20.73亿元，比上年增长1.7%；全年累计组织社会保险费收入10.99亿元，比上年增长19.3%；全年累计组织非税收入2.94亿元，比上年增长35.8%。

【税收政策宣传】 实行"漫灌式"全面辅导+"滴灌式"辅导机制，宣传推广新组合式税费支持政策，变"人找政策"为"政策找人"。以"税惠千万家 共建现代化"为主题，开展第32个全国税收宣传月活动，开展"春雨润苗促发展 税惠筑梦向未来"助力大学生就业创业税费服务活动、"党建联盟红色商圈"活动、"政企面对面"恳谈会等7项活动，普及税法知识，扩大税收政策知晓度，提升税法遵从度。

【服务地方经济发展】 落实小微企业所得税优惠政策，惠及企业3846户，减免企业所得税税额3.3亿元。落实国家需要重点扶持高新技术企

4月27日，税务青年干部到街边宣传税收政策

(区税务局 供图)

业税收政策，优惠高新技术企业7户，优惠税额2366.55万元。

【以数治税】 依托江西省税务局“征管质量5C监控评价系统”，重点围绕“征、服、控、查、纠”五个维度8个主模型18个子模型83项监控评价结果，评价该局征管质效，夯实征管基础质量。4月，代表吉安市电票平台“冒烟测试”，现场辅导试点纳税人，通过电子发票服务平台13个场景38个事项可用性验证，开具全市首张数字化电子发票。

【税收营商环境】 压缩企业开办办理时长，新办企业通过市场监管部门“一网通办”平台设立登记、申领发票，不再重复身份核验。同时，推进税务注销便利化，会同市场监管部门完善简易注销登记，推行简易注销预先提醒服务，便于纳税人在发布公告前或在公告期内及时办理未结涉税事项，提高简易注销办理效率。推广电子税务局、赣税行和惠企通平台，拓展“非接触式”办税缴费、“全程网上办”事项范围，推出进厅实名“无证”办、自助办、延时办、预约办等个性化服务措施，政务服务多元便捷。“百名税干访千企”活动，走访涉及企业1.1127万户，组建60余个法定代表人微信群，通过数据集成分析和人工筛选，“一户一策”推送惠企政策，及时回应法人代表、企业代表涉税意见需求，“线上+线下”点对点“听企声”“去企忧”。

（李重庆）

审计监督

【概况】 吉州区审计局聚焦主责主业，履行好审计监督职责，规范审计执法行为，提高审计质量，创新审计工作机制，做好常态化“经济体检”工作。2023年，组织实施财政财务类审计项目43个，出具审计（调查）报告51篇，查出主要问题金额1.1266亿元，其中，违规金额2331万元，管理不规范资金8935万元，上缴财政29.6万元；实施政府投资建设审计项目145个，核减金额6019.28万元。

【财政审计】 组织实施区本级2022年度预算执行和其他财政收支情况审计，完成区财政局、应急管理局、商务局等11个部门预算执行审计。8月，形成区本级预算执行和财政收支审计工作报告，向区人大常委会报告，反映预算编制、内部管理等方面问题72个，完成整改70个，正在整改2个。

【经济责任审计】 经济责任审计领导干部19人，其中，任中审计11人、离任审计8人，任中审计比例首超50%，逐步建立任中审计为主，离任审计为辅领导干部经济责任审计新格局。制发《吉州区2022年—2026年区管领导干部经济责任审计项目五年规划》，提高经济责任审计监督质效。

【固定资产投资审计】 审计区交通局S223钓源至兴桥公路改建工程（吉福路西延三期）、区法院审判法庭及地下车库建设项目二次装修工程等政府投资项目竣工决算145个，重点关注政府投资项目前期审批、招投标管理、施工过程、竣工验收、决算办理等建设管理关键环节，揭示建设领域突出问题和共性问题。形成《吉州区审计局关于2020年—2023年超预算重大项目情况报告》，呈报区委主要领导，并经区政府常务会议研究部署整改工作，备区委、区政府决策参考。

【自然资源资产审计】 审计白塘街道原党委书记自然资源资产管理和生态环境保护责任，发现生活垃圾治理不到位、林业监管不严格等问题4个，审计建议4条，提供自然资源资产管理和生态环境保护审计助力。

【民生项目审计】 围绕各项民生大事、难事、急事，专项审计全区农民建房保证金、区属国有企业资产负债损益情况和高标准农田建设，关注民生政策贯彻落实、资金筹集管理使用情况以及民生政策普惠性、基础性和兜底性，确保惠民利民政策落到实处。

（徐招红）

统计调查

【概况】 吉州区统计局落实国家、省、市统计工作会议精神和区委、区政府各项决策部署，聚焦统计数据质量，依法履行统计调查、统计报告、统计监督职责，提供吉州区经济社会发展统计保障。全区地区生产总值为300.5亿元，比上年增长2.4%；全区规模以上工业增加值比上年增长7.4%；固定资产比上年增长9%；社会消费品零售总额224.24亿元，比上年增长7.5%。

【第五次经济普查】 全面掌握全区第二产业、第三产业发展规模、结构和效益等情况，建立健全基本单位名录库及其数据库系统，提高决策和管理水平，按时圆满完成单位清查工作，全区清查单位1.6734万个，个体户3.6597万个。

【统计监测分析】 做好经济运行监测预警，发挥信息咨询职能作用，撰写各类分析材料95篇，统计专报18篇，省、市统计局网站采用信息数量居吉安市第一。

【入规入统工作】 牵头统筹入规入统工作，年初制定印发年度入规入统任务文件，会同区发改委、工信局、商务局、住建局等行业主管部门，筛选出拟入库企业名单，建立重点培育企业库，同时，把握入库标准和规范流程，确保申报材料真实性和准确性。2023年，全区新增“五上”企业97家，其中，工业17家、建筑业22家、批零住餐业43家、房地产业3家、服务业12家。新增入库固定资产投资项目76个，其中，5000万元以上项目37个、500万—5000万元项目39个。

【统计工作系列活动】 3月，区统计局分管领导和专业人员，配合记账户在家时间，利用晚上到国家监测点曲濑镇大巷村实地走访记账户，确保住户记账工作质量。3月22日，区统计局专业人员到文山街道开展入规入统以及统计法律法规等相关知识业务培训，街道全体机关干部、社区支部书记和社区统计专干全程参加。4月20日，根据《国家统计局关于开展主要畜禽监测调查样本轮换工作的通知》及主要畜禽监测调查样本轮换实地交叉核查方案通知要求，协同区农业农村局及相关业务人员，在吉安县溪下村和濯田村，开展畜牧业样本轮换县际交叉检查，提高主要畜禽监测调查样本代表性，确保主要畜禽监测调查样本轮换后续工作质量。5月23日，召开2023年二季度住户调查业务培训会。局分管领导、专业人员、10个住户调查点统计员、各样本点辅调员参加。会上，区局分管领导通报2023年上半年住户调查工作情况，要求各样本点抓好基础工作，确保源头数据质量，并集中学习统计相关法律法规和业务，同时，培训“e调查”，观看“e管理”小程序视频，提高对问卷数据处理能力。5月25日，召开统计工作暨业务培训会，各镇街、相关部门主要负责人、分管负责人及统计员参加。会议表彰2022年固定资产投资和“五上”企业入规统计工作先进单位，相关单位作住户调查等工作经验典型发言。7月25日，根据《2023年住户收支调查基层基础工作和数据质量检查实施方案》相关工作要求，协同安福县调查队，交叉检查吉州区住户调查基础工作和数据质量，检查组入户走访核实长塘镇荷洁村003—004调查小区和习溪桥街道友谊社区，两个调查点10户记账户家庭问卷填报及记账情况，检查全区住户调查样本质量、源头数据质量、基础工作质量、调查信息化水平、调查条件保障等内容。11月30日，组织城乡10个住户调查点，召开住户调查年报工作部署暨技能练兵业务培训会，相关镇街道分管负责人、首席统计员、村（社区）辅助调查员及人力资源和社会保障局、农业农村局首席统计员等30余人参加。12月29日，召开第五次全国经济普查登记工作动员会。区委副书记、区长罗青球出席会议并动员讲话，区委常委、常务副区长、区第五次经济普查领导小组组长肖莺华主持。各镇、街道、园区、平台以及有关行业主管部门、区统计局等主要负责人参加。

（王静）

5月23日，吉州区开展2023年二季度住户类调查技能岗位练兵活动

（区统计局　供图）

市场监督管理

【概况】 吉州区市场监管局把市场监管工作规范和提升放到突出位置，强监督、优服务、保民生，全面落实市场监管各项责任和工作，并取得较好成效。全年出动执法人员7000多人次检查各类企业3000多户次，立案98件，结案72件，罚没款201万元，实施免予处罚案件19件，免罚金额70万元。《吉州区“食安前哨”食品安全智慧监管标准化试点》入选全国第九批社会管理和公共服务综合标准化试点项目，帮扶指导江西宏瑞兴电子科技股份有限公司获得“第四届吉安市市长质量奖个人奖提名奖”，“钓源古村·十里芳菲”康养生态旅游项目入选2024年度国家级标准化试点项目。

【市场主体发展】 企业开办流程优化，企业开办耗时缩短。2023年，区市场主体总数4.3453万户，其中新增市场主体8746户，市场主体总数比上年增长25.20%，企业总数1.9274万户，其中新增企业3046

户，企业总数比上年增长18.77%，个体户总数2.4179万户，其中新增个体户5700户，个体户总数比上年增长30.85%。更新完善“两库一单”，制定《吉州区市场监督管理局2023年“双随机、一公开”随机抽查工作计划》。吉州区联合事项占比100%，低风险无事不扰率99.34%。做好“守合同、重信用”企业申报工作，受理审核申报守合同重信用材料企业市级43家、省级40家。

【知识产权服务】 全区新增发明专利授权量47件，有效发明专利213件，每万人有效发明专利5.29件，同比增长28.3%，其中高价值专利数据46件。全年知识产权质押金额完成9239万元，质押数7笔；商标质押金额1100万元，质押数2笔；完成专利保险1笔，保单责任限额2万元；专利许可促成企业完成16笔，PCT国际专利申请4件实现零的突破。

【食品安全监管】 全年出动执法人员2500余人次，食品经营单位600家次，宣传活动8次，发放宣传资料2000余份。食品抽检工作，全年完成食品监督抽检任务1078批次，其中涉及校园食品、餐饮食品农村市场及食品应急等10个专项。农村假冒伪劣食品整治行动，出动执法人员530余人次，检查农村食品生产企业10家次，食品小作坊20家次，食品经营单位235家次。“禁捕退捕 打非断链”专项监督检查，检查辖区内农产品批发市场、农贸市场、超市等销售水产品及餐饮水产品提供情况，出动执法人员586人次，检查农贸市场124个次，检查商超147个次，检查餐饮单位1073个次，未发现违法违规现象。校园食品安全专项治理提升行动。联合区教育体育局组织学校食堂食品安全总监（安全员）、从业人员食品安全知识培训考试；春秋开学专项检查，检查学校食堂705家次、校外供餐单位8家次，排查校园食品安全问题412个。

【药械化安全监管】 全面排查整治抗（抑）菌制剂类消毒产品工作，完成药品监督抽检14个批次；配合公安机关检查肉毒素违法经营使用单位2家，扣押涉案产品5瓶；涉疫药品医疗器械监管工作，全年检查医疗器械经营、使用和网络交易单位184家，下达责令改正124家，给予警告26家；做好祛斑美白祛痘类化妆品和“一号多用”化妆品监管工作。

【特种设备安全监管】 专项排查整治电梯大井道贯通门安全隐患、小型锅炉“大容小标”情况和安全隐患、高压气瓶安全和气瓶质量安全追溯体系运行情况、油气长输管道和燃气压力管道安全，全区3家石油液化气充装站充装气瓶采用充装数据与监管部门实时联网传输。全年出动安全监察人员320人次，检查安装、使用单位150家，设备520台（套），下发特种设备监察指令书24份，提出整改意见62条。

【消费维权】 开展“3·15”消费维权系列宣传活动，到社区、学校、企业、景区、商超、商街，宣传咨询服务活动8场，宣传展板70块，编印发放相关宣传资料3000余份。1—12月，全国“12315”平台受理投诉举报5435件，其中，商品消费投诉举报3265件、服务消费投诉举报2170件，办结5144件，办结率94.65%。“12345”政府服务热线受理各类投诉1837件，挽回消费者经济损失77.08万元。

【价格监督检查】 专项检查辖区范围内殡葬行业、粮食收购企业、养老服务机构、学校、农资、医院等重要民生领域。早稻收购前期制定发放《关于规范粮食市场价格行为的提醒告诫书》，联合区农业农村局制定印发《关于开展2023年全区早稻收购质量监管联合执法的通知》。全年专项行动检查149家次，出动执法人员515人次。节假日前开展食盐销售专项检查以及“五一”、国庆、中秋等节日市场检查。全年市场整治检查329家次，出动执法人员498人次，发放提醒告诫函108份。

【餐饮节约工作】 组织开展厉行节约制止餐饮浪费行为工作，各分局（所）通过张贴2000余份“光盘行动、杜绝餐饮浪费”宣传海报和桌贴，同步落实制止餐饮浪费监督检查工作。全年检查餐饮服务经营者2089家，其中，提供外卖650家、婚宴服务92家、自助餐服务37家，未发现餐饮浪费问题。4月28日，“随机查餐厅”直播活动，邀请人大代表、政协委员、“小个专”党员代表组成检查组，在城南天虹商场现场随机抽查小匠喜、坛子李烤肉、海底捞3家餐饮店餐饮浪费情况。组织餐饮经营户现场培训和线上培训，学习《中华人民共和国反食品浪费法》相关条款和制止餐饮浪费举措等内容，700余人次参加。进小区、进学校、进商场，宣传“勤俭节约 杜绝浪费”，让反浪费观念深入人心。

【“食安前哨”智慧快检工作】 智慧快检平台实际检测总量5.3134万批次，其中，蔬菜类4.4935万批次，阳性样本307批次，合格率99.32%；水果类898批次，阳性样本1批次，合格率99.89%；畜禽肉蛋类2620批次，阳性样本3批次，合格率99.89%；水产品779批次，阳性样本4批次，合格率99.49%；加工食品类1818批次，阳性样本16批次，合格率99.12%；其他类（餐具、调味料）1715批次，阳性样本87批次，合格率94.93%。从检测情况看，5.3134万批次检测项目中阳性样本418批次，合格率99.21% ，阳性率0.79%。同时，通过云快检系统完成大米镉项目快检855批次，对出现的2批次阳性样本跟踪抽样，并及时送至市食品药品检测中心结果验证。

（刘涛）

2023 年吉州区具体样本品类合格率情况一览表

表 2

检测主体	检测(批次)	阳性(批次)	合格(批次)	合格率(%)	不合格率(%)
美正生物	67206	499	66707	99.26	0.74
其他主体	42964	23	42941	99.95	0.05
合计	110170	522	109648	99.53	0.47

2023 年吉州区阳性样本场所分布情况一览表

表 3

检测场所	阳性(批次)	阳性占比(%)	检测(批次)	阳性率(%)
快检中心	257	49.23	17696	1.45
农贸市场	239	45.79	40731	0.59
批发市场	15	2.87	24954	0.06
商超	8	1.53	16698	0.05
监管站	2	0.38	1556	0.13
学校	1	0.19	7223	0.01
连锁餐饮	0	0.00	1312	0.00
合计	522	—	110170	0.47

2023 年吉州区阳性样本检测项目情况一览表

表 4　　单位:批次

检测项目		阳性样本种类	阳性样本
农药残留	有机磷和氨基甲酸酯类	葱蒜类蔬菜、豆类蔬菜、叶菜类蔬菜、茄果类蔬菜、根菜类蔬菜、水果	33
	腐霉利	葱蒜类蔬菜	38
	甲基异柳磷	葱蒜类蔬菜	63
	灭蝇胺	豆类蔬菜	5
	阿维菌素	豆类蔬菜、葱蒜类蔬菜	51
	毒死蜱	葱蒜类蔬菜、叶菜类蔬菜、茄果类蔬菜	71
	噻虫胺	茄果类蔬菜	53
	啶虫脒	叶菜类蔬菜	1
	克百威	茄果类蔬菜、豆类蔬菜	34
	倍硫磷	豆类蔬菜	1
	甲拌磷	叶菜类蔬菜、茄果类蔬菜、葱蒜类蔬菜	8

续表4

检测项目		阳性样本种类	阳性样本
违禁添加	吊白块	面粉制品	2
	双氧水	水发制品	1
污染物	镉	茄果类蔬菜	4
其他	极性组分	食用植物油	13
	酸价	食用植物油	3
	肉类水分	畜肉	1
	洁净度	餐具	1
	ATP	餐具	27
	阴离子合成洗涤剂	餐具	103
总 计			522

2023年吉州区阳性样本品类情况一览表

表5　　　　单位：批次

检测项目		阳性样本种类	阳性样本
蔬菜	葱蒜类蔬菜	葱、韭菜57、蒜薹6、蒜苗2	129
	豆类蔬菜	豇豆68、四季豆3、毛豆1、扁豆1	73
	叶菜类蔬菜	芹菜10、西芹4、上海青3、包菜2、有机花菜1、生菜1、大白菜1、青菜(大菜)1、菠菜1、莴麻叶1、雪里蕻1、萝卜苗1	27
	茄果类蔬菜	青椒16、螺丝椒21、红椒26、辣椒9、小米椒30、红线椒10、青线椒6、红泡椒2、灯笼椒1、红螺丝椒1、茄子2、秋葵1	125
	根菜类蔬菜及菌菇类	芋头3、姜1、海鲜菇1	5
水果		凤梨1、沃柑1、葡萄1	3
水产品及水发制品		昂刺鱼1、泥鳅1、鲈鱼2、黄尖子鱼1、水发笋干1	6
畜禽肉蛋		鸭蛋2、猪肉1、牛肉1、鹌鹑蛋1	5
食用植物油		大豆油5、、调和油11	16
面粉制品		饺子皮1、馄饨皮1	2
餐具			131
总 计			522

说明：表中菜名后的阿拉伯数字指阳性样本检测次数

农业农村

吉州年鉴 2024

综　述

2023年，吉州区农业农村局围绕“产业兴旺、生态宜居、乡风文明、治理有效、生活富裕”总要求，坚持区委“小而美、小而精、小而优、小而强”发展定位，实施乡村振兴战略，推进农业强区建设，实现农业提质增效、农村和谐美丽、农民持续增收，人民群众获得感幸福感不断增强。全区农业总产值20.37亿元，增长4.34%，农民人均可支配收入2.51万元，增长6.8%。确保不发生重大农产品质量安全事件，确保不发生区域性重大动植物疫情，确保农业用种安全。全区初步形成粮油、畜禽、蔬菜、果业、水产、休闲农业等产业。11月，兴桥镇钓源村、曲濑镇福田村被列入全省学习运用“千万工程”经验建设“四融一共”（景村融合、产村融合、三治融合、城乡融合、共同富裕）和美乡村现场推进会现场考察点，接受省委省政府领导检阅。吉州区被评为全省“四融一共”和美乡村先行区，全省第三批“美丽活力乡村+乡宿”联动建设先行县。承办全省第二批星级休闲乡村民宿授牌会，钓源古村·十里芳菲和永海石语荷园分别被评为全省五星级、三星级休闲乡村民宿。吉州区2022年高标准农田建设工作，荣获全省通报表扬，连续两年获此荣誉，吉州都市田园乡村游被农业农村部，推介为2023中国美丽乡村休闲旅游行（冬季）精品线路。

机构改革。根据《关于吉安市所属县（市、区）168家单位列入参照公务员法管理范围的通知》《关于区农业农村局所属事业单位人员转隶和编制调整的通知》要求，区农业农村产业发展服务中心被列为参照公务员法管理单位，按照有关工作要求，事业单位不得与参照公务员法管理人员混编混岗，将20名事业人员从区农业农村产业发展服务中心转隶至区农业技术推广中心。核减区农业农村产业发展服务中心13名事业编制，调剂到区农业技术推广中心。调整后区农业农村产业发展服务中心编制16名，在编人员10名；区农业技术推广中心编制58名，在编人员59名。区农业农村产业发展服务中心有关划出职责另行通知。

根据《关于印发吉州区动植物疫病防控体系建设实施方案的通知》，实行区、镇（街）、村三级动植物疫病防控体系建设同步推进。区农业技术推广中心承担动植物疫病防控技术保障职责，设动物疫病预防控制站、植保植检站，并保留种业与植保植检股、水产技术推广股牌子，分别加挂在动物疫病预防控制站、植保植检站，确保动植物疫病防控职责的落实。各镇（街）内设机构农业农村办公室承担本区域动植物疫病防控职责，设置动物和植物疫病防控专职岗位，做到定岗定责定人，避免职责悬空、任务落空。采取政府购买服务方式，每个行政村配备村级动物防疫员和植保员，配合村干部共同做好疫情排查和报告工作。

根据《关于吉州区畜牧家禽服务中心更名的批复》，同意区畜牧家禽服务中心更名为区畜牧兽医技术服务中心，更名后，单位性质与人员编制保持不变。

根据《关于调整区现代农业示范园管理办公室（区绿色食品加工产业园管理办公室）有关机构编制事项的通知》，吉州区现代农业示范园管理办公室（吉州区绿色食品加工产业园管理办公室）为井冈山农业科技园管理委员会（江西井冈山高新技术产业开发区管理委员会）分支机构，升格为正科级公益一类事业单位，归口区农业农村局管理。吉州区现代农业示范园管理办公室（吉州区绿色食品加工产业园管理办公室）主要承担园区规划建设、产业发展、管理运行等职责。重新核定事业编制10人，领导职数设主任1人（乡科级正职），副主任2人（乡科级副职）。

农业“三化”提升攻坚战。农业标准化、规模化、品牌化攻坚战启动以后，组建“1+3”工作专班，“1”即综合协调组，“3”即“品牌强农”、农业产业化“外引内培”、农业综合生产能力提升等3个专项行动组。统筹推进高标准农田新建和改造提升工作，建成面积8133.3公顷，高标准农田建设绩效考核连续两年全省前30。产业规模化基地53个，富民产业总面积累计8330.67公顷，70家果蔬进入吉安农副产品批发市场；高标准打造桐江沿线万亩果蔬产业示范带，占地面积533.3公顷，吸纳投资5000余万元、产值1亿元；新增粤港澳大湾区“菜篮子”供应基地8家、总数10家、全市第一，授权“井冈山”农产品区域公用品牌26家，新增绿色食品认证7个、有机农产品认证产品8个，井冈蜜柚获评2个市级金奖，舌尖王国获得第六届中国农创优胜奖。江西国元农业公司2023年销售额突破10亿元；京鼎冷链公司、万吨冷库投入使用，总投资40亿元省供销冷链项目开工。培育市级龙头企业50家，预制菜企业4家，年营业收入超亿元龙头企业6家；培育优质农产品进入盒马鲜生、山姆会员店等国内优质电商6个，进驻高端商超8款、数量全市第一，淘宝、京东、拼多多等平台线上农产品销售额2.3亿元；全省农产品销售网络监测数据，吉州区果蔬全省第8；外出招商79次，签约项目4个、签约额13.2亿元，其中完成投资额亿元以上项目2个，实际进资额2.12亿元。

提升农业科技服务水平。围绕绿色水稻、有机蔬菜、井冈蜜柚等富民特色产业，依托国家基层农业推广体系改革与建设项目，建立2个农业科技试验示范基地，遴选50户农业科技示范户开展农业科技试验示范，培育农业科技示范主体185

个，辐射带动约1850名农户发展致富产业；示范主体遴选重点向19个脱贫村和10个省定乡村振兴重点帮扶村倾斜，吸纳和指导脱贫户发展农业产业数量纳入考核指标。抓好重大成果和关键技术推广应用，完善以“专家联系到乡、农技人员包村联户”为主要形式的工作机制和“专家+农技人员+基地+科技示范户+辐射带动户”技术服务模式，提升基层农技推广服务效能。构建“基地+农技人员+示范户”农业科技成果转化应用快速通道，促进全区先进农业生产技术推广和普及，确保主导品种和主推技术入户率和到位率95%以上。建设农业科技网络书屋和农技服务信息云平台，全区农技人员安装中国农技推广应用程序比例不低于70%。开展江西农业大讲堂下基层宣讲活动、“百万农机闹春耕”、送科技下乡和放心农资下乡进村活动。组织科技小分队5个、农技人员130人次，解决农民技术难题125个，解答农民技术咨询2265人次，印发农民一封信、政策宣传、动物防疫、秸秆综合利用、农产品质量安全、测土配方施肥、病虫害防治等农业技术资料4.15万份，举办各类培训班22期次，培训农民2012人次、专业大户45户、科技示范户235户，科技贡献率50%，完成农技推广服务，特聘农技员8名。农业机械化进程，重点突破水稻机插瓶颈，创建水稻生产全程机械化示范点，因地制宜推动经济作物、养殖业、农产品初加工机械化，水稻综合机械化率82.3%。完善“12316”惠农短信平台、农技宝平台和阳光农廉网服务平台。利用平台、手机短信、专家坐诊等为农民解决农业技术问题212个。实施高素质农民培育，造就一批具有较强市场意识、懂经营、会管理、有技术高素质农民，完成高素质农民培训145人，学员综合满意度90%。组织5名基层农技人员分期赴江西农业工程职业学院学习，提高基层农业技术推广人员业务素质。实施“互联网+现代农业”，加快建设农业物联网和农产品互联网络，发展农产品电子商务，组织动员农业企业及新型经营主体农产品，入驻赣农宝电商平台。引进江西友谊之家实业有限公司等电商企业，建设68家乡村益农信息社和1家区级益农信息社运营中心，达到行政村数量70%以上。

强化干部队伍作风建设。打造“初心强农·振兴乡村党旗红”新品牌。依托“江西农业大讲堂下基层宣讲”“听党话、感党恩、跟党走”宣讲活动，到基层一线宣讲新思想、新政策、新文明、新技术，累计开展活动4次，解决问题2个，同时，选派5人参加全市宣讲比赛，获得二等奖2人、三等奖1人。成立农技服务、产业服务、社区服务、帮扶工作4个小分队，到基层一线活动60余场，服务群众720余人，解决问题50余件。建立“我为群众办实事”长效机制，搭建“党支部+服务小分队+直接联系群众”服务网格，落实安全生产、党风廉政建设等一岗双责，打造让党放心、人民满意模范机关。优化农技服务体系，抓乡村振兴领域作风建设，督促指导抓好各项工作任务落实，组建一支35人“田教授”“土专家”专家服务团。围绕“帮助农民、提高农民、富裕农民”要求，培育新型农业经营主体，提升规模经营水平、完善利益分享机制，发挥其引领帮带作用，先后与脱贫户建立产业利益联结机制，所有脱贫村集体经济收入均在20万元以上。

政府开放日活动。8月28日，“政府开放日”活动，邀请人大代表、政协委员、企业负责人和种植大户等15人参加，通过实地参观、会场座谈等形式，共谋乡村振兴。

种植业

【概况】 以粮食生产安全为目标，落实党政同责，稳定播种面积，开展单产提升行动，创新发展方式，调整优化种植结构为主线，农业投资项目建设为载体，抓好粮食生产，全面启动种植业振兴行动，加快农业新技术推广应用，实施项目带动战略。2023年，农作物总播种面积2.63万公顷，其中，粮食播种面积1.95万公顷，粮食再获好收成，总产量10.4万吨，果菜等农产品供给充裕。优质绿色农产品比重提升，种植结构和区域布局更趋合理。油料作物播种面积1490公顷，总产量2278吨；选定蔬菜、果业为省级优势特色产业，蔬菜播种面积6200公顷，总产量13.21万吨；井冈蜜柚、绿色蔬菜、绿色大米、油茶等特色富民产业基地规模新增面积1300公顷，总规模突破面积8300公顷。绿色发展取得新突破，化肥、农药使用量实现零增长。种植业形势持续稳中向好，全年未发生区域性重大植物疫情。

【粮食生产】 抓好耕地“非农化”“非粮化”政策宣传工作，完善全区粮食生产功能区和重要农产品生产保护区划定工作，推进粮食高产创建，强化良种良法、早稻集中育秧、农机农艺结合，开展技术和品种试验和展示，早晚稻各引进17个新品种展示示范，每个展示点核心区面积3.33公顷，提供下年度水稻主要种植品种引进、良种推广依据，筛选出适应本区环境种植、市场前景看好主导品种，分别为早稻7个品种、晚稻8个品种。选择曲濑镇彭家坊为绿色生态生产核心示范基地，推广优质高产新品种、测土配方施肥、四机作业、节水灌溉和专业化防治与绿色防控融合技术6项，展示水稻主导品种17个，组织农技人员、村组干部、科技示范户和种粮大户现场观摩，先进技术覆盖率95%，确保粮食稳定增产。完成耕地地力保护补贴、稻谷补贴实际种粮农民一次性补贴、稻谷补贴及耕地轮作补贴资金发放工作。

8月24日，樟山镇陂上村芋头基地

（区融媒体中心　供图）

【蔬菜产业发展】　促进城郊蔬菜产业发展，保障中心城区蔬菜稳定供应，出台《吉州区2023年推进蔬菜产业发展工作方案》《吉州区农业产业化扶持资金奖补办法》配套扶持政策。参与井冈山芦笋、黑木耳、竹荪、香菇等团体标准制定。新增设施蔬菜基地面积165.3公顷，引进推广蔬菜新品种10个，推广蔬菜生产新技术3项，完成蔬菜巩固提升面积100公顷，全区有8家蔬菜基地入选粤港澳大湾区“菜篮子”生产基地。

【果业发展】　果园开发建设，新增面积40公顷，完成市下达任务120%。基地巩固提升，完成果业基地面积133.3公顷，重点实施井冈蜜柚提质增效技术工程。创新推动项目建设，探索推广果园蜜蜂授粉技术，实施面积近200公顷。继续推广葡萄促早技术，引进和推广应用先进实用技术，提升果业面积133.3公顷，果业基地（果园）水肥一体化滴灌设施覆盖率90%以上，有机肥施用和绿色防控面积大幅提升，扶持建设智慧果业、生态果业、现代果业，提高果园机械化率，减少人工成本，推动果业高质量发展。重点推动建设千亩园1个，百亩园3个。

【化肥农药减量增效】　印发《2023年吉州区化肥减量增效技术行动推进方案》《2023年吉州区化肥减量增效项目实施方案》《2023年吉州区耕地质量监测评价工作实施方案》《吉州区2023年中央财政化肥减量化项目实施方案》《吉州区到2025年化肥减量化行动实施方案》，促进化肥农药减量增效。推广测土配方施肥技术面积2.4万公顷，主要农作物测土配方施肥技术覆盖率稳定在90%以上。完成取土化验34个，确定248个测土配方施肥取样检测。曲濑镇早稻肥料利用率试验1个和新型叶面肥料对比试验1个。水稻、果蔬园地、水田绿肥种植、机械种肥同肥播等化肥减量示范，示范面积465.3公顷。完成2021年和2022度耕地质量等级变更工作。5个长期监测点（包含1个国家级监测点、2个省级监测点）正常开展。广泛宣传农药化肥减量增效，推广测土配方施肥微信小程序，发放宣传环保袋等技术宣传资料5000份。化肥农药减量增效现场观摩会5次，举办全区农药化肥减量增效技术培训班6期。采购磷酸二氢钾叶面肥5吨，发放给中晚稻种植主体喷施。农药使用推广使用高效低毒、生物农药等农药，农业措施推广深耕沤螟等措施，物理灭虫推广使用太阳能杀虫灯等灭杀害虫，生物防治推广使用田埂种豆、性诱剂诱杀试、人工释放蜘蛛灭杀田间害虫等技术，施药防治推广统防统治技术措施，水稻绿色防控与统防统治融合示范片面积200公顷。

【绿色植保技术】　病虫害监测预警工作，全年发布《病虫情报》14期5万余份，短期预报准确率95%以上，中长期预报准确率85%以上，病虫害损失率控制在5%。3月—6月，全面检查种子、果苗、花卉经营户和单位，查验种子16批次、2.1吨，出动车次6次、人员28人次。同时，做好植物检疫宣传。新建立绿色植保防控基地4个，使用其他非药剂防治技术如黄板、杀虫灯、耕沤治螟等面积8667公顷，使用生物农药面积4000公顷，农药减量控害增产技术应用面积早晚稻各2000公顷。规范农药经营行为，建立农药经营台账和溯源管理体系，审核发放非限制性农药经营许可证2张，农药经营许可证延期10家，累计审核通过发放非限制性农药经营许可证45张，其中江西省农业农村厅审核发放限制性农药经营许可证3家。统防统治工作，设立3个示范点，核心面积40公顷，辐射面积300公顷。绿色植保技术应用覆盖面43.2%，统防统治覆盖率45.2%，农药利用率45.3%。

【土壤“三普”工作】　启动第三次土壤普查，印发《吉州区第三次全区土壤普查工作方案》，成立第三次全区土壤普查领导小组，落实区级财政土壤普查经费260万元。组织市级现场会，完成全部198个表层样点取样，确定第三方制样和检测服务机构，全程对第三方机构外业质量控制，开展剖面调查采样、测试化验，内业由省级质控评分。

【耕地抛荒和安全治理】　春耕备耕

期间，每星期派出5个督察组到镇村、田间地头督查，整治耕地抛荒和乱占耕地建房现象，全区成片及历年遗留抛荒耕地基本消除，抛荒率历年最低。耕地重金属污染修复监测，制订《2023年受污染耕地安全利用实施方案》，并委托第三方江西倪胜农业发展有限公司实施，受污染耕地安全利用面积123公顷，其中耕地有农业生产活动面积24.1公顷，完成上级下达工作任务。全区耕地安全利用率93%以上。

【秸秆综合利用】 根据《吉州区农作物秸秆禁烧及综合利用实施方案》，农作物秸秆肥料化、燃料化、饲料化、基料化高效利用为重点，推进秸秆资源综合利用，形成布局优化、产业链完整秸秆综合利用产业化格局，建立科学、合理、全覆盖秸秆收储运销体系，制定出台打捆机奖补政策。出台《吉州区农作物秸秆综合利用实施方案》，各乡镇和各类经营主体动员捡拾打捆机21台打捆作业，江西赣农农业发展有限公司打捆秸秆面积约80公顷。全区水稻秸秆还田率85%以上，农作物秸秆综合利用率稳定在95%以上。全区秸秆禁烧宣传巡查，做到全区基本无大面积焚烧现象。

畜牧业

【概况】 畜牧业综合生产能力总体稳固，肉类总产量7621.15吨，生猪出栏71725头，存栏37368头；肉牛存栏8126头，出栏3359头；家禽存笼46.77万羽，出笼96.74万羽。畜禽养殖效益一般，饲料、兽药、生鲜乳、屠宰等重点领域质量安全风险得到有效管控，全年未发生重大质量安全事件；产业转型升级持续推进，畜禽养殖规模化率60%以上，规模养殖场粪污处理设施装备配套率92%，其中大型规模养殖场粪污处理设施装备配套率100%；畜牧业绿色发展取得进展，畜禽粪污综合利用率96%以上，没有发生畜禽养殖污染重大事件；兽医卫生风险管控能力增强，非洲猪瘟疫情得到有效控制，其他重大动物疫病疫情形势平稳。抓好樟山本地黄牛协同推广项目实施，江西省农业农村厅组织专家对吉安华弘牧业有限公司吉安黄牛保种测定。

【生猪生产】 根据生猪复产增养和稳产保供年度目标任务要求，推进生猪生态循环养殖小区建设，落实贷款贴息、引种补贴、生猪保险等各项恢复生猪生产政策，生猪产能逐步提高，生猪产量略有增长。全区生猪养殖场现有16家，其中，年出栏5000头以上3家，年出栏500头到5000头13家。曲濑和长塘生猪生态循环养殖小区运营情况良好。

【定点屠宰监管】 推进屠宰场和无害化处理场监管平台建设，强化入场检查、屠宰检疫、非洲猪瘟检测、消毒等措施，确保屠宰无害化、绿色化，保障生猪屠宰稳定，实现猪肉稳定供应。畜禽出栏（笼）检疫率100%，实现区内所有生猪及其产品全部来自2个A型生猪定点屠宰场（吉安市康泰食品有限公司屠宰场和吉安市思倍得农牧有限公司屠宰场），区内生猪定点屠宰率100%，年生猪屠宰量20万头，病死生猪及病害猪肉产品无害化处理率100%，没有问题猪肉进入市场。全区未发生畜禽产品质量事故。

【重大动物疫病防控】 建立健全重大动物疫病防控工作责任制和责任追究制，强化免疫、疫情监测、疫情报告制度和疫情处置等措施。按照“政府保密度，业务部门保质量”原则，做好全区春秋两季重大动物疫病防控工作，重大动物疫病免疫密度100%，抗体水平85%，实现市里下达防控工作目标。完善兽医实验室检测设备和器材，按要求对辖区动物疫病和疫情监测。加强非洲猪瘟排查和调运监管，未发生非洲猪瘟等重大动物疫情。强化思牛牧场布病和结核病检测和净化工作，完成省市监测任务，监测结果处理完成，保障奶品源头安全。做好反刍兽疫、猪瘟、高致病性猪蓝耳病、生猪腹泻等其他动物疫病防控。

【兽医卫生监管】 规范动物诊疗行为，动物诊疗办证后方可开业，开展畜牧兽医行政许可检查。与省市业务部门沟通，开展检疫监督执法，加大全区检疫申报点管理，规范检疫操作程序，确保检疫申报受理率100%，处理率100%。加强官方兽医巡查，实现官方兽医巡查全覆盖。

农业综合执法与农产品质量安全

【概况】 农产品质量安全监管工作被列入政府高质量发展考核体系，编制《吉州区农产品质量安全突发事件应急预案》，强化农产品检测体系建设，完善区、镇两级农产品质量安全监管机构，重点加强镇农产品质量安全监管机构建设，厘清职责，健全制度，规范管理。农产品“三品一标”（无公害农产品、绿色食品、有机农产品和农产品地理标志）发展得到提升，实现主要农产品监测合格率稳定在98%以上，确保不发生较大农产品质量安全事件。全区未发生重大农产品质量安全事故。

【农业综合行政执法改革】 全区各乡镇（街道）全面签署赋权协议，日常巡查、农民投诉举报、协助调查取证等工作带来便利。改善执法基础条件，全面配发制服，购置无人机，依托市农业农村局和铁塔集团，安装7个远程监控摄像头、8根语音警示提示杆，提升执法效率。加强随机抽查监管工作统筹协调，建立健全相应工作，充实并合理调配一线执法检查力量，提高检查水平。

【农资执法专项整治】 保障全区农资产品质量稳定和农产品质量安全，定期稽查巡查195次，累计出动执法人员950人次，检查经营主体215家，查处办结案件5起。宣传培训3次，悬挂宣传横幅8条，发放宣传资料4520余份，接受群众咨询服务1320人次。

【粮食流通领域整治】 粮食流通专项检查10次（与区市场监督管理局联合执法2次），检查各类经营企业32家，出动执法人员100余人次，下达责令整改通知书5起，立案查处5起。

【生猪调运整治】 规范生猪跨省调运监管，加大查验力度，规范处置违规调运生猪行为，生猪调运专项检查3次，出动执法人员28人次，立案查处1起。

【农村乱占耕地建房整治】 加大对各类违法违规建设行为查处力度，发现正在实施各类违法建筑，一律依法予以拆除；破坏土地非法平整的，要求复耕复绿。农村乱占耕地建房巡查10次，联合区检察院、区自然资源分局巡查5次，区自然资源分局移交涉及农民乱占耕地建房问题图斑5个，均下达整改通知书到涉及乡镇，并全部整改到位。

【非法捕捞整治】 牵头制定《2023年吉州区严厉打击非法捕捞专项整治行动实施方案》，联合相关单位渔政执法巡查10次，分发警示宣传单2400余份。非法电捕鱼生态破坏问题大排查整治行动36次，接到群众举报30余次，检查渔船100余艘，收缴违规网具90余副、涉渔“三无”船只5艘，出动执法人员800多人次，立案查处案件5起。通过开展座谈、宣传法律法规、与渔民宣讲合作等方式，营造全社会共同打击非法捕捞和保护水域生态新格局。

【农产品质量安全监管】 印发《2023年吉州区农产品质量安全工作要点》《2023年吉州区农产品质量安全抽样检测方案》，提出全年农产品质量安全监管工作重点及农产品质量安全抽检任务。全年完成区级定量检测任务不少于300批次，每个镇（街）快速检测任务不少于200批次。采取聘请第三方检测公司开展检测技术服务工作，区级定量检测任务完成311批次，乡镇快检工作完成1594批次。配合做好部、省、市年度农产品质量安全例行监测、专项监测、监督抽查等抽样检测工作，接受部、省、市农产品质量安全例行监测、专项监测、监督抽查累计10多次，抽检蔬菜、水果、畜禽产品、禽蛋禽肉、水产品等样品累计200余批次，抽检合格率98%以上，检测数据上报至江西省农产品质量安全监管与追溯信息平台，未检出违禁药或非法添加物。

【农业标准化及“两品一标”建设】 按照农业生产有标可依、对标生产、按标管控，推动辖区内生产基地实现“三上墙”（操作规程上墙、投入品科学使用上墙、风险等级上墙）和“三到户”（农业技术推广服务到户、农业标准化生产手册发放到户、投入品科学使用宣传到户），为生产经营主体制作“三上墙”制度牌200多块、印制发放“三到户”手册300余本，提高生产经营主体农业标准化示范创建意识。完成区级农产品质量安全检测机构CATL和CMA认证“双认证”工作，完成长塘镇、曲濑镇星级检测站建设。印发《吉州区“两品一标”农产品认证奖励实施办法》，获得绿色食品或有机农产品认证每个产品奖补2万元，获得地理标志农产品认证每个产品奖补4万元，全区“两品一标”（绿色食品、有机农产品和农产品地理标志）农产品数量新增绿色有机农产品认证标志15个。

【农产品网格化监管巡检】 完善农产品质量监管对象名录，全区60家种植养殖生产经营主体，被纳入省农产品质量安全大数据智慧监管平台，其中“两品一标”申报及获证生产主体全部被纳入平台。加密网格化巡查巡检工作频次，农产品质量安全情况巡查3次，网格巡查覆盖率100%。

【农产品品牌建设】 建设井冈山农产品区域公共品牌，鼓励企业、合作社等农业主体申报“井冈山”农产品、“井冈蜜柚”区域公用品牌认证和加入市绿色农产品促进会，40家企业（合作社、家庭农场）加入市绿色农产品促进会，26家果蔬企业（合作社）获“井冈山”和“井冈蜜柚”区域公用品牌授权，新增8家果蔬基地入选粤港澳大湾区“菜篮子”生产基地，樟山镇清湖村建立“井冈山”品牌旗舰店1家。打造全区农产品展示销售平台，吉州区“水巷”市级井冈山区域品牌旗舰店，展示展销吉州区农产品；培育依淘淘商业运营有限公司在吉安爱琴海购物公园，打造井冈好礼网红街。全市“井冈蜜柚王”评选活动中，吉州区获2个金奖。引导经营主体与京东、阿里巴巴、华润Ole’等大型电商销售平台和大型商超，开展农产品销售对接，其中，江西乐滋食品有限公司成为山姆会员店，江西硕丰果业入驻华润Ole’。优质农产品种类进驻大型商超7款，数量全市第一。全省农产品销售网络监测数据，吉州区果蔬排全省第八名。

农村经营管理与乡村治理

【概况】 巩固完善农村基本经营制

度，统筹推进宅基地管理与改革等农村改革，推进乡村治理体系建设，全面推进乡村振兴，加快农业农村现代化。通过吉州政府网、阳光农廉网、农技宝平台，印发宣传资料等形式，宣传国家各项惠农政策。

【惠农政策落实】 全年规范发放“财农信贷通”贷款22笔，资金2104万元；农业保险完成面积1.53万公顷水稻、850头母猪、1.7万头育肥猪、420头奶牛，推动种植业主购买蔬菜保险。办理农机购置补贴，累计购置123台核发资金约180万元。核定耕地地力保护补贴总面积9600公顷，稻谷补贴总面积约1.58万公顷。发放养殖环节无害化处理病死生猪补贴资金15万元。

【农村集体产权制度改革】 强化对农村集体“三资”规范管理，规范村级组织银行账户管理，全面实行以村级组织为独立会计核算主体，每个村级组织在镇“村账乡代管”统管账户基础上开设二级银行账户，实行双印鉴制度，村级分账账户预留“村账乡代管”单位公章和村委会公章。全面推进农村集体产权制度改革，全区各村均成立“三会”（建立健全股东大会、董事会、监事会），制定章程，批复成立24个村级股份经济合作社，65个村级经济合作社，村级赋码登记开户工作全面完成。建立健全土地承包经营权流转市场，全面推进土地承包经营纠纷仲裁体系建设，鼓励和引导承包土地向农民合作社、专业大户、家庭农场、小农户流转，确保不损害农民权益、不改变土地用途、不破坏农业综合生产能力。全区土地流转面积4100公顷。

【新型农业经营主体培育】 江西堆花酒业有限责任公司、江西国元农业发展集团有限公司、江西省舌尖王国供应链管理有限公司、吉安双胞胎饲料有限公司、吉州区源佰鑫农业发展有限公司、江西京鼎供应链管理有限公司、吉安市汕洋荪生物科技有限公司等企业获得2023年农业产业化市级龙头企业，吉州区宏兴牛肉养殖专业合作社认定为2022年度市级农民合作社示范社，吉州区宏盛家庭农场、吉州区荣鑫家庭农场一分场、吉州区长塘镇长柚农场、吉州区农顺水稻种植家庭农场认定为2023年第二批市级示范家庭农场，吉州区文波家庭农场、吉州区长塘祥瑞家庭农场评定为江西省2023年省级示范家庭农场。现有农民专业合作社总数175家（其中，国家级示范社1家，省级示范社6家），家庭农场总数123家（其中省级示范家庭农场6家），市级以上龙头企业总数50家（其中省级8家），专业大户总数215家，农业产业化联合体4家。江西国元农业发展集团有限公司2023年销售额突破10亿元，樟山镇清湖村、长塘镇案前村、兴桥镇钓源村获吉安市2023年“一村一品”示范村。

渔业渔政

【概况】 推进渔业渔政工作，渔业经济稳定向好，长江十年禁渔顺利，水产绿色健康养殖深入推进，资源养护和渔政执法成效明显，安全生产形势总体稳定。渔业养殖面积稳定在面积1653公顷，水产品产量1.38万吨，渔业总产值5.1亿元。未发生水产品质量安全事故。

【生态健康养殖】 主要推广采用80:20主养草鱼技术、池塘生态健康养殖技术和水库渔业生态修复技术，开展“测水投料，查菌施药”养殖示范试点，实施“牧渔养水”“养鱼促景”保护和利用模式。推广水产新品种、新技术、新工艺，带领全区渔民发展名优水产品养殖。全区水产养殖品种主要有四大家鱼及中华鳖、黄颡鱼、珍珠等名优水产品。开展水产养殖种质资源普查工作，配合农业农村部和省水产品质量检测中心，开展水产品质量监督抽查工作，监测合格率保持在98%以上。全年未发生渔业生产安全事故。

【水产业绿色发展】 先后实施农业结构调整水产业发展工程、渔业绿色发展、渔业信息化建设、增殖放流、渔业油价补助等多个渔业项目，投入项目资金300余万元。建成设施渔业基地4个，其中，工程化循环水池塘圈养桶养殖基地3个（60个桶），工厂化陆基池养殖基地1个（16个池）；建成省渔业物联网示范基地1个。全区稻渔种养面积60公顷，种养模式为稻虾、稻蛙、莲虾种养，稻蛙种养基地4个。

【渔业安全】 做好水产养殖规范用药宣传和技术服务，重视养殖生产全过程管理，落实水产品苗种、饲料、用药、加工、包装、销售等环节全部依标生产，保证水产品从池塘养殖生产到销售市场全程质量安全。强化水产品产地监测，水产品抽检合格率100%以上，无质量安全事件。平安渔业建设，渔业安全生产专项行动7次，安全生产宣传教育及技能培训3次，并建立捕捞渔民微信群，发送安全提示。

【禁捕退捕】 全区核定建档立卡退捕渔民150户299人，其中，按捕捞持证情况分，有证渔民141户282人，无证渔民9户17人；按渔民身份识别情况分，专业渔民116户232人，兼业渔民25户50人，事实渔民9户17人。退捕渔民信息录入“长江流域重点水域退捕渔船管理信息系统”。

农业机械

【概况】 全区农机总动力8.4864

万千瓦，较上年增长10%，机耕率99.3%，机收率99.2%，机插率40.96%，综合机械化率80.1%，全年无重大农机安全事故发生。

【农机宣传展示】 开展农机新技术新机具推介会、“农机送科技下乡”活动、“百万农机闹春耕”、水稻机收减损、水稻机械侧深施肥示范等多场宣传和示范活动，宣传展板5个，横幅6条，发放宣传资料400余份，现场咨询100余人次。组织农机大户、合作社等农机主体，参加2023年中国农民丰收节江西活动农机展、武汉市新机具新技术农机展。

【农机购置补贴】 按照《吉州区2021—2023年农机购置补贴实施方案》，农机购置补贴资金使用量得到提升，使用补贴资金180万元，补贴新购置机具123台。严明补贴纪律，实现农机购置补贴信息网络化管理。按照《吉州区农机购置综合补贴试点工作实施方案》要求，开展农机购置综合补贴试点工作。同时，增加乘坐式水稻插秧机、乘坐式水稻有序抛秧机、谷物烘干机、履带式旋耕机等机具，纳入农机购置贷款贴息试点机具范围。

【农机安全监管】 农机牌证管理，全区挂牌办证33台（其中，拖拉机26台，收割机7台），发放跨区作业证7张。举办农机购置补贴政策和农机安全生产培训班，培训70余人，发放宣传资料100余份；举办拖拉机和联合收割机农机驾驶员培训，培训人员30人。加强农机安全生产检查，查处无牌无证驾驶、疲劳酒后驾驶、超载、违法载人、机库违规存放燃油等违法违规行为，同时，检查各类农机具40余台（套），出动检查人员20余人次，发现并整改安全隐患2处。

【水稻控茬和跨区作业机具巡查】 “双抢”“秋收”季节，组织工作组到田间地头巡查，严格控制水稻留茬高度10厘米以下，收割机安装切碎装置，切碎长度10厘米以下。加强外地跨区作业收割机备案登记管理，并签订控茬承诺书，发放《严控水稻收割机留茬高度在十厘米以下》等资料220余份。

【冷链物流建设】 农产品冷链物流建设，完成江西好必来食品有限公司冷库容积3190立方米、江西康娃食品有限公司冷库容积1100立方米、江西荣玉食品有限公司冷库容积470立方米建设。农产品冷藏保鲜设施建设，吉安绿机隆昌家庭农场预冷库容积126.6立方米、吉安宏盛种植家庭农场通风库容积730立方米正在建设；完成吉州区泉塘果业家庭农场预冷库容积61.7立方米建设。物联网基地建设，引导和帮助江西新信羽农牧发展有限公司和吉州区鸿图养殖有限公司主体，申报2023年省级农业物联网示范基地。

粮　食

【概况】 扛稳粮食安全政治责任，把住粮食安全主动权，聚焦储备安全核心职能，坚持数量安全与质量安全并重，健全保障政策性粮食安全长效机制，服务和促进粮食产业经济发展，全面提升粮食储备安全及应急保障能力。吉州区长塘粮管所粮食仓储设施改造提升项目和长塘安全教育基地项目竣工验收。

【粮食质量安全风险监测】 印发《2023年吉州区粮食质量安全风险监测扦样方案》，完成省农业农村局下达吉州区10个早稻、14个晚稻、5个花生风险监测样品扦样工作，送至省粮油检验中心检测；印发《吉州区关于进一步加强粮食质量安全风险监测的通知》，做好全区收购和库存粮食质量安全监测工作，扦取5个早稻收购样品、5个晚稻收购样品、2个早稻入库样品、2个晚稻入库样品，送至第三方检测，并将检测数据汇总形成吉州区粮食质量安全数据库和分析报告，全面掌握全区粮食质量情况，确保粮食质量安全。

【粮食储备安全生产】 健全粮管所、储备库粮食库存质量档案，确保所有库存粮食储存安全。全区所有粮食收储、加工企业，实行岗位安全执行表、设备安全要素表的“两张表”安全生产管理模式。多次对粮食收储企业储粮安全检查、安全生产检查，通报发现问题，限期整改和反馈。世界粮食日，开展以“端牢国人饭碗，保障粮食安全”为主题的科普宣传活动，通过展板、媒体等方式向企业、群众普及粮油科学知识和质量安全知识，提高全社会对粮油产品、科技和质量安全认知。

【首次粮食应急联合演练】 落实市、区两级政府部门粮食应急工作机制，增强应对粮食突发事件意识，增强应急处置能力，完善和健全粮食应急预案体系，完善仓储设施建设，增强粮食收储能力。10月27日，市、区农业农村局联合开展2023年粮食应急培训及演练，参演单位有市、区粮食部门。

【粮食流通监督和质量监管】 早稻收购专项检查，督促收储企业执行粮食收购政策，确保粮食收购仓容充足，做好政策宣传及收购现场管理服务工作。粮食购销领域专项整治，抓好涉粮问题整改，先后迎接省、市专项检查3次，自查4次，建立全国、全省政策性等涉粮问题台账清单，全部整改到位。

农村人居环境整治

【概况】 实施乡村建设行动和乡村

治理，打造“清净整洁、精细秀美”农村生态家园，开展村容村貌整治、农村生活垃圾治理、农村生活污水治理、农村“厕所革命”、美丽宜居示范创建、村庄环境长效管护等专项提升行动，推进农村人居环境整治由表及里、由线到面。

【和美乡村创建】 突出地域特色，注重历史传承，对照“五化”标准（规划一体化、设施现代化、环境洁美化、乡风文明化、产业特色化），创建长塘镇全域美丽宜居乡镇，对照“五优”标准（规划设计优秀、环境整治优美、建设管护优良、景观打造优质、发展优势产业），创建樟山镇口江村、曲濑镇福田村等6个全域美丽村庄，对照“五美”标准（布局美、设施美、卫生美、绿化美、家风美），创建1027户全域美丽庭院。48个新农村建设点全面铺开，其中，省级村点22个，区级自建点26个。樟山镇获批创建全省乡村振兴示范镇，长塘镇陈家村和案前村、兴桥镇钓源村和东塘村、曲濑镇曲濑村、樟山镇陂上村和清湖村7个村获批创建全省乡村振兴示范村。吉州区被推荐为全省“四融一共”（景村融合、产村融合、三治融合、城乡融合、共同富裕）和美乡村先行区，兴桥镇钓源村、曲濑镇福田村被列入全省学习运用“千万工程”经验加快建设宜居宜业和美乡村现场推进会现场考察点。吉州区被评为全省第三批“美丽活力乡村+乡宿”联动建设先行县，承办全省第二批星级休闲乡村民宿授牌会，钓源古村·十里芳菲获评全省五星级休闲乡宿，长塘镇陈家村、曲濑镇腊塘村被认定为2023年度省级乡村治理示范村镇。

【农村生活垃圾治理】 8月，根据区委、区政府部署，农村生活垃圾清转运工作下放至各镇。印发《吉州区推进农村生活垃圾治理工作实施方案》，购买一批垃圾分类桶发放至各镇，补充完善设施设备、管理制度、考核制度。联合区城管、区环卫中心督查城乡环境综合整治工作10次，清理生活垃圾9000吨，垃圾处理率100%。获评全市农村生活垃圾分类和“三线”（电力线、通信线、广播电视线）整治试点县。

【农村生活污水治理】 全区4个镇均完成圩镇污水处理厂建设，日处理能力4500吨，其中，曲濑镇2000吨，兴桥镇、樟山镇均1000吨，长塘镇500吨。完成新建20个污水村点、17个改造提升污水村点建设。推进樟山镇、长塘镇圩镇管网雨污分流和处理终端扩容工程，长塘镇路口村黑臭水体治理项目完工。

【农村厕所问题整改】 吉州区推行“一二三四”（一个目标、二个保障、三项措施、四个有利于）工作法在全省农村厕所革命培训班上做典型发言，兴桥镇高家村和长塘镇陈家村、社上村被列为现场教学观摩点。统筹整合中央专项资金、乡村振兴衔接资金等各类资金约4000万元，新建三格式标准化粪池补助1500～2000元，三格式化粪池改造提升补助460～1000元。完成改厕8026座，长塘镇硕丰果业厕所粪污资源化项目完工。

【村庄长效管护】 落实村庄长效管护机制，创新组、村、镇、区“日巡、周查、月考、季表彰”制度。各镇通过授予“三色旗”、记者暗访曝光、交叉检查等多种形式，常态化农村生活垃圾巡查检查。发挥乡村振兴理事会、“五老”人员、村小组长、妇女示范带头作用，通过开展美丽庭院、文明户、文明家庭等评比活动，逐步形成齐抓共管管护格局。建成全域农村人居环境整治5G+长效管护平台，关注6.5289万人次，上报事件8507个，好评率99.68%。吉州区被推荐为全国村庄清洁行动示范县。

（曾敬富）

林业·水利

吉州年鉴 2024

林　业

【概况】　吉安市林业局吉州分局聚焦森林资源培育、管护、利用，在增绿、护绿、用绿上下功夫，做好“绿水青山就是金山银山”文章。建立区三级林长制体系，推进森林生态、廊道建设，绿色林庄和城镇森林生态廊道基本形成，绿化美化水平明显提升，森林生态体系建设不断完善。强化公益林、天然林管护，严禁生产经营活动。强化森林灾害防控，做好森林防灾管理和宣传，落实森林防灾责任，确保不发生重大森林火灾。以绿化提升、增绿增效和森林乡村创建相结合，加大林业经济结构调整力度，促进林业生产可持续发展。全区完成全民义务植树2万余株，林地面积1.21万公顷，森林面积1.28万公顷，活立木总蓄积量58.1万立方米，活立木林分蓄积量54.5万立方米，森林覆盖率32.97%。荣获2023年全省森林防灭火“平安春季行动”先进单位。

【林长制工作】　维护林区生态资源安全，推动林长制落地见效。发布区级总林长令1次，召开区委常委会研究部署林长制工作2次，区委、区政府主要领导批示林长制工作4次，区级林长巡林30次，镇级林长巡林733次，提交林长责任区域林业资源清单5份，林长工作提示单8份，林长责任区域问题清单4份，督办函1份，推动林长主动协调解决问题4个。护林员全年上报事件846起，事件办结率100%

【规范林地征占用审批和林木采伐】　依法审核审批林地，全年审核审批22宗面积64.83公顷，收取植被恢复费1149.79万元；办理临时占用林地9宗面积17.34公顷，收取植被恢复费73.47万元；办理农村宅基地建房林地使用备案230余户。依法实行“限额采伐、凭证采伐”制度，全年采伐林木蓄积7340.77立方米（其中因林地征占用不占限额2475.3立方米）。

【林业执法】　保护森林生态资源环境，开展打击毁林毁草专项行动和打击野生动物违法犯罪行为“清风行动”专项执法行动。全年查处非法猎捕野生动物、乱砍滥伐、毁坏森林、擅自改变林地用途等案件20起，罚款82.88万元。

3月6日，区政府联合吉安市林业局到真君山公园开展义务植树活动
（区林业局　供图）

【古树名木保护】　开展第三次全区古树名木普查工作，据统计，名木古树661株，其中，一级古树28株，二级古树102株，三级古树531株，均实施挂牌保护。

【森林防火】　实行“区、镇、村”三级森林防火网格化管理机制，全区划分网格36个，配置护林网格员36人。高森林火险橙色预警与禁火令期间，成立包片蹲点督导组，督导各镇（白塘街道）森林防火。“森林防火平安春季行动”“森林防火宣传月”“防灾减灾日”等活动，张贴《吉州区人民政府禁火令》3000余份，发放《致农民朋友严防森林火灾的公开信》8000余份，推广应用“防火码”。同时，录制《森林防火条例》《吉州区人民政府禁火令》，村庄、林区等地流动播放，强化森林防火安全。森林火灾隐患排查治理，查处案件4起，罚款6000元。

【林业有害生物防治】　坚持“预防为主，综合治理”方针，围绕“治、防、改，检、封、罚”措施，建立监测巡查、枯死木清理除治、木材加工运输、松木采购使用，到检疫执法全过程闭环监管体系。落实松材线虫病防控工作，全年实施打孔注药1500株2200针，释放天敌花绒寄甲5万只、卵卡5000张，燃放白僵菌1吨，清理枯死松树825株。

【森林资源建设】　全年完成新造林面积61.8公顷，退化林修复面积74.53公顷。“植树造林绿化家园”行动，融入森林乡村创建，赣江、泸河等沿线100个自然村绿化，投资约1000万元，植树13万余株。

【林业产业建设】　落实关于保障食用植物油供应安全决策部署，加大政策支持力度，调动农户扩种油茶等林业产业经济作物。年内，新增油茶造林面积604公顷，油茶改造面积40公顷，新增木姜子森林药材种植面积20公顷。

（欧阳光通）

水　利

【概况】 吉州区水利局对照年初政府工作报告确定各项目标任务，逐项梳理，坚持抓重点、补短板、强弱项，抢抓水利发展机遇，推动水利项目建设；加快实施城乡供水一体化建设，全面提升农村供水保障；推动水利高质量发展目标，突出水旱灾害防御，守牢防汛抗旱安全底线；聚焦幸福河湖建设，推动河湖长制创先争优；加大重点领域改革攻坚力度，规范砂石资源管理，各项水利工作呈现良好发展态势。全区设立区级河长6人、镇（街）河长21人和村级河长78人。评定2022年区级优秀河长2人、称职河长19人、先进单位1个和称职单位5个。

【重点水利工程】 2022—2023年冬春水利建设项目完工，完成工程项目67个，完成投资445万元，新增和恢复灌溉面积67万平方米，改善灌溉面积333万余平方米。官溪水库灌区续建配套与节水改造项目完工，完成投资1100万元。灌区水源及灌区改造建设项目全面开工，泸水吉州区段防洪工程项目完成。

【农村饮水安全】 吉州区城乡供水一体化项目，自2021年9月启动开工建设，2023年12月基本完工。全区541个自然村，实现通水527个，农村自来水普及率97%，完成项目总投资2亿元。脱贫户及监测对象饮水安全评价，完成全区四镇二街1501户脱贫户及监测户饮水安全集中排查，并对全区2023年脱贫户和监测对象水质检测。开展水量、水质、用水方便程度、供水保证率4个方面饮水安全评价，完成812份水质检测报告，通过动态监测和全面排查，确保全区农村饮水安全。

【河湖长制】 11条山区河道纳入河湖长制体系，推动组织体系向河流末端延伸。建立巡河履职“周调度、月通报、末位提醒”工作机制，压实河长责任。下发巡河通报11份，三级河长巡河5435次，解决问题463个，重点水库水质Ⅲ类达标率100%。

【水资源管理】 落实水资源管理制度，规范办理水资源论证以及取水许可，控制用水总量。年内，全区用水总量1.31亿立方米，未超红线指标，万元工业增加值用水量较2020年降低82.4%，万元GDP用水量较2020年降低24.6%，重要江河湖泊水功能区水质达标率100%。全年征收水资源费120万元。开展“世界水日”“中国水周”等宣传活动，创建省级节水型企业3个。

【水土流失预防监督】 审批生产建设项目水土保持方案30项（其中，报告书12项，报告表18项），征缴45个审批生产建设项目水土保持补偿费166.78万元，委托第三方开展水土保持信息化监管工作，利用无人机监管项目228个，完成水土流失治理面积212.7万平方米。

【水旱灾害防御】 建立安全检查长效机制，全区水利设施及在建水利工程定期安全隐患排查，发现并整改问题20余处。完善监测预警设施，建立自动水位站和雨量站，昼夜监测雨、水情，制订防汛应急预案，落实汛期昼夜专人值班制度，确保全年安全度汛。

【水政执法】 整治非法采砂专项行动，全年出动巡查161人次、执法车辆46台次，巡查河道900千米。处置河湖问题7个，查处水事违法案件5起，行政罚款4.5万余元。

【水库移民】 下达项目资金577万元，安排项目28个，完工19个；完成水库移民人口核定368人，发放直补资金22.08万元。

【河长制主题公园开园】 4月18日，承载吉州区治水历程首个河长制主题公园涣清公园建成并开园。公园坐落于后河西路东与南大道交会处，面积3380平方米。布置上后河由浊至清实际，设立缘“河”而起、为“河”奔走、还“河”清水、幸福河湖4个主题板块，分别运用主题广场+有声知识角+绿道标语+桥渡变迁+VR线上全景游+线上承诺+夜景灯光动、植物等科技化、现代化形式生动融合宣传河湖长制内容和水文化知识，增强群众在主题公园游览期间互动性和体验感。同时，设计推广具有本地山水特色IP形象“小水”，以其引领公园4个主题板块，并延展制作“小水”说河湖长制漫画、“小水”河湖管护表情包和“小水”打卡雕塑等串联4个板块内容，成为科普知识主题公园和网红打卡点。

（项建军）

工业

吉州年鉴2024

综　述

2023年,吉州区工业运行稳中有升。1—12月,总产值累计209.44亿元,比上年增长7.44%;规模工业营业收入211.74亿元,比上年增长10.21%;规模工业利润总额24.54亿元,比上年增长22.39%;工业用电39422万千瓦时,比上年增长4.56%;工业增值税25298万元,比上年增长61.4%;工业税收38529万元,比上年增长47.3%。吉州工业园连续2年获全省开发区综合考核第一等次。

工业项目攻坚。做好入规入统工作,印发《关于开展全区工业项目(企业)“建库、入库、充库”攻坚工作方案》,明确目标任务,落实责任主体,各单位纳入攻坚方案之中。开展“建库、入库、充库”攻坚行动,推进项目建设持续扩大有效投入,推进规模以上工业企业培育,持续扩大工业规模,推进全区工业倍增升级。

工业发展合力。区委、区政府主要领导亲自调度工业企业入规入库工作,召开专题分析会,分析研判“双赛制”(重大工业项目开工点将赛、擂台赛),区分管领导多次召开工业领域工作推进会,破解工业发展难题,工信局联合部门单位,每个月召开经济运行调度会,监测分析工业经济主要指标,实现工业经济上行。

重大项目落地。坚持招大引强和“老树发新枝”双轮驱动,融入“双赛制”比拼,推动工业经济持续展现新气象。规模工业增加值逐月提速增效,工业增值税、工业税收、工业投资、技改投资等均在全市稳定靠前。举办2场擂台赛活动,重大项目开工建设带动全区工业经济发展活力。截至年底,引进亿元以上项目52个,总投资425亿元,其中优强重点产业项目11个。

产业链条优化。印发《吉州区推动产业链链长制深入实施工作机制》,统筹推进全区产业链优化升级。推进产业合作,组织宏瑞兴科技、同为科技,参加吉安市电子信息产业联盟联合电子科技大学吉安实验室,2023年度国家高新技术企业政策宣讲交流会;组织电子信息产业联盟企业,参加吉安市对接粤港澳大湾区(东莞)经贸合作活动,促进电子信息产业链供应链项目签约及后续以商招商走访企业活动。优化产业改革项目,打造电子信息产业链链长制升级版,走访电子信息产业43家,助力帮扶企业做大做强。牵头制订《吉州区强化“双百”攻坚培育壮大产业集群攻坚战实施方案》,实施“百亿项目招引、百亿企业培育”双百攻坚,新增先进装备制造、医药食品、新能源新材料三大百亿级产业集群。

工业管理

【概况】 吉州区工业以电子信息产业为龙头,逐步形成装备制造产业、新能源产业和医药食品产业四大工业产业集群,全区规模以上企业77家,实现主营业务收入235.01亿元。持续实施优化企业营商环境行动,支持企业创新发展。

【电子信息产业】 全区规模以上电子信息企业43家,实现主营业务收入130.79亿元,比上年增长19%。主要产品有通信终端、触控显示、电子元器件、数字视听、高端线路板等。重点企业以摩比通讯为龙头,初步形成以通信设备产品制造为主,集线路板、电子元器件、塑胶、印刷等产品制造于一体的通信传输设备产业链。电子信息产业重点企业摩比通讯技术有限公司,实现主营业务收入17.5亿元。

【装备制造产业】 全区规模以上先进装备制造企业27家,实现主营业务收入81.72亿元,比上年增长12%。主要产品有电线电缆、曲轴连杆、数控机床、输配电及控制设备、电子工业专用设备、基础件零部件等。江西电缆为代表电线电缆制造、杰克机床为代表数控机床产品制造和辉业曲轴为代表汽车零部件制造产业集群初步形成。江西电缆有限责任公司为先进装备制造产业链龙头企业,实现营业收入12.62亿元。

【新能源新材料产业】 全区规模以上新能源企业4家,实现主营业务收入18.8亿元,比上年增长29%。主要产品有电气设备、锂离子动力电池、光伏设备及元器件制造等。重点企业以华立源为龙头,初步形成以锂电池动力电池为主产业链。新能源产业重点企业江西华立源锂能科技股份有限公司,实现主营业务收入13.6亿元。全区规模以上新材料企业有13家,实现营业收入31.20亿元,比上年增长22%。主要产品有覆铜板、金属结构件、特种玻璃、防水和防腐材料、新型建筑材料、催化剂、光引发剂等。

【医药食品产业】 全区规模以上生物医药工业企业3家,实现主营业务收入3.7亿元,比上年增长51.9%。主要产品有化学药、中成药、原料药、天然冰片等。生物医药工业重点企业新赣江药业有限公司,2023年,实现主营业务收入1.75亿元。全区规模以上绿色食品企业13家,实现营业收入18.07亿元,比上年增长5%。主要产品有酒类(白酒)、米粉、糯米粉、蛋黄酥、薄酥饼、桃酥饼、蛋糕、月饼等。

【项目储备】 加强对新招引项目、拟建工业项目梳理,建立“重点储备项目”清单,定期召开工业固定投资入库及点将赛活动调度会,推动储备项目及时备案、入库，做好点将赛活动项目摸排、资料收集、项目核查准备工作，实现工业投资稳定增长。1—12月，工业投资29.01亿元，增长17.3%；工业技改投资1.13亿元，增长11.6%。至年底，亿元以上工业项目投产15个。

【企业帮扶】 出台《吉州区2023年精准帮扶重点工业企业工作方案》《吉州区2023年重点工业企业帮扶安排表》《吉州区精准帮扶重点工业企业工作考评办法》等企业帮扶系列文件。牵头组织全区特派员大走访行动，帮扶全区116家工业企业，并发放企业特派员公示牌方便联系。组织全区70多家单位，开展工业经济知识业务培训。推荐嘉之宏和江西电缆申报制造业专项贷款，组织宏业铜箔等15家企业银企对接活动，协助召开第十七期吉州区亲清连心政企恳谈会。江铜江缆完成尽职调查，并出具尽职调查报告、整改。新赣江药业实现北京证券交易所上市，券商团队定期对宏瑞兴、华立源上市辅导。

【企业创新】 支持企业创新，引导企业加大科技创新投入，协调和帮助企业与科研机构、高等院校建立协作关系，鼓励企业引进先进适用技术，更新装备、改进工艺、降低能耗、研发新产品。组织光明建材、江西电缆、吉美城智慧科技、雪松天然、兆红电子等12家企业，申报并获批江西省创新型中小企业。组织光明建材、江西电缆、摩比通讯、新赣江药业4家企业，申报并获批江西省“专精特新”中小企业。组织宏瑞兴科技企业，申报并获批国家级专精特新“小巨人”企业。

【两化融合】 推动制造业数字化转型，宏瑞兴和万年完成贯标，评定结果均为AA级；兴泰科技、江西电缆正在开展两化融合贯标；光明建材、嘉之宏、万年获评2023年省级两化融合示范企业。制订出台《吉州区关于开展产业数字化发展水平评价普查工作实施方案》，成立评价普查工作协调小组，明确相关部门单位的工作职责。组织全区规上工业企业，开展产业数字化转型“十百千万”人才培训，启动全区规上工业企业产业数字化发展水平评价普查工作，组织数字专员入企评价，完成入企评价企业135家，完成率106%，超额完成市级下达任务数。果宝特攻入选省级5G+工业互联网应用示范项目，摩比入选2023年省级工业发展专项未来产业专题。

【节能环保】 制定《吉州区2023年工业领域碳达峰工作要点》明确工作目标、重点任务和责任分工。保留江西兴泰科技有限公司等2家企业国家级/省级绿色工厂名单。3家企业获评省级节水型企业，其中江西宏业铜箔有限公司获评省级节水标杆企业。指导吉安市光明建材有限公司申报，并入选江西省绿色建材产品名录。组织江西电缆、宏瑞兴科技公司，主动开展自愿性清洁生产审核（不代替强制性清洁生产审核），通过吉安市工业和信息化局审核评估并备案。引导企业加大技术改造力度，节能评估和审查技改项目3个。做好环保工作，制订出台《混凝土搅拌站搬迁整治工作方案》，推动4家搅拌站搬迁整治。

【惠企政策宣讲暨走企访才纳谏座谈会】 10月26日，区工业和信息化局组织10余家机械装备产业党建联盟企业到江西电缆有限责任公司，开展惠企政策宣讲暨走企访才纳谏座谈会。惠企政策宣讲，重点解读中共中央、国务院《关于促进民营经济发展壮大的意见》和省委、省政府《关于促进民营经济发展壮大的若干措施》等重要惠企文件，现场发放政策汇编20多份，解答企业提出问题。重点辅导“专精特新”中小企业、专业化“小巨人”企业、制造业“单项冠军”企业等申报认定条件、流程，提升服务企业精准度。访才纳谏座谈会，了解与会企业情况，倾听企业意见建议。会上，机械装备产业联盟企业，对力促产教融合、搭建校企合作平台、构建产业学院达成共识。

（李杨柳）

2023年吉州区辖区内规模工业一览表

表6

产业	企业名称	主要产品
电子信息45家	摩比通讯技术（吉安）有限公司、京麟电子（吉安）有限公司、江西住电电装有限公司、吉安市华阳电子集团有限公司、吉安联华科技电子有限公司、光协电子科技（吉安）有限公司、吉安市天利电声有限责任公司、江西同为科技有限公司、江西兴泰科技有限公司、江西省宏瑞兴科技股份有限公司、江西华立源锂能科技股份有限公司、吉安市金诺工程塑料有限公司、江西华浩源电子科技有限公司、江西省和盈电路有限公司、江西宏业铜箔有限公司、吉安市点成鑫电子科技有限公司、江西鑫满达电路有限公司、吉安嘉一电子科技有限公司、江西德昌电气设备有限公司、吉安市德超跃科技有限公司、吉安市华跃电子科技有限公司、江西君鹏电子科技有限公司、江西电缆有限责任公司、江西小桥电线电缆有限公司、吉安市博悦电线电缆有限公司、吉安市金鹏塑胶制品有限公司、江西省同讯科技有限公司、吉安创德精密电子有限公司、江西德顺芯科技有限公司、江西景航电子科技有限公司、江西明诚电子科技有限公司、吉安嘉之宏电子有限公司、江西华佳富电路有限公司、吉安市超创电子有限公司、江西晨道电路板有限公司、江西固得宝电子有限公司、江西兆红电子有限公司、江西祺鼎电子有限公司、江西正鸿电子有限公司、吉安国伏新能源有限公司、吉安市己获电子科技有限公司、江西松为电路有限公司、江西尧米光学科技有限公司、江西辉业曲轴连杆制造有限公司、江西湘吉曲轴制造有限公司	通信天线、电子元器件、汽车线束、通信终端设备、电子零配件、耳机、雷电防护设备、通信设备塑胶配套产品、电子纸显示屏、覆铜板、电路板、电子铜箔、电线电缆、光学仪器等
先进装备制造企业25家	吉安市爱尔创精密机械制造有限公司、江西杰克机床有限公司、天铭电气有限公司、江西吉安电机制造有限责任公司、江西德昌电气设备有限公司、江西小桥电线电缆有限公司、江西电缆有限责任公司、杰克（江西）智能缝制设备科技有限公司、吉安市博悦电线电缆有限公司、江西住电电装有限公司、江西创天科技有限责任公司、吉安市铁牛机械设备有限公司、江西鑫瑞金属制品有限公司、江西晟源电力科技有限公司、江西兆红电子有限公司、摩比通讯技术（吉安）有限公司、吉安联华科技电子有限公司、吉安市天利电声有限责任公司、吉安市金诺工程塑料有限公司、吉安市金鹏塑胶制品有限公司、江西省同讯科技有限公司、江西尧米光学科技有限公司、吉安翔升电工材料有限责任公司、吉安恒兴塑胶电子有限公司、江西华立源锂能科技股份有限公司	电线电缆、曲轴连杆、数控机床、输配电及控制设备、电子工业专用设备、基础件零部件等
医药食品16家	江西新赣江药业股份有限公司、江西众源药业有限公司、江西林科龙脑科技股份有限公司、江西堆花酒业有限责任公司、吉安市吉州区金林粮油食品有限公司、吉安市吉乔食品有限责任公司、吉安市康泰食品有限公司、吉安大汉饲料有限公司、吉安双胞胎饲料有限公司、吉安市庐水河食品有限责任公司、江西乐滋食品发展有限公司、江西果宝特攻食品有限公司、江西复真大健康科技有限公司、江西三健乳业有限责任公司、江西正元饮用水有限公司、吉安水务集团有限公司	化学药、中成药、药剂、天然香料、天然冰片、酒类（白酒）、米粉、糯米粉、蛋黄酥、薄酥饼、桃酥饼、蛋糕、月饼等
新能源新材料企业18家	江西华立源锂能科技股份有限公司、江西德昌电气设备有限公司、天铭电气有限公司、吉安国伏新能源有限公司、江西宏业铜箔有限公司、江西省宏瑞兴科技股份有限公司、江西雪松天然药用油有限公司、吉安市光明建材有限公司、江西美玲建材科技有限公司、吉安市华彩装饰材料有限责任公司、吉安市吉州区丰美特瓷家居用品有限公司、吉安市东庆精细化工有限公司、吉安市福陵化工有限公司、江西鑫瑞金属制品有限公司、吉安市锦驰砂石有限公司、江西吉友科技发展有限公司、吉安市吉州区信邦建材装饰有限公司、吉安市吉泰环保节能材料有限公司	电气设备、锂离子动力电池、光伏设备及元器件制造、覆铜板、金属结构件、特种玻璃、防水、防腐材料、新型建筑材料、催化剂、光引发剂等
其他40家	吉安市吉州气体有限公司、吉安科创塑胶制品有限公司、吉安市冠韬塑胶制品有限公司、新永胜环球（江西）实业有限公司、吉安宏伟针织服装有限公司、吉安南发针织时装有限公司、吉安市吉州区愿景服饰有限公司、江西吉瑞实业有限公司、万年（吉安）实业有限公司、江西吉州南方水泥有限公司、吉安市巨峰混凝土有限公司、江西吉安和泰混凝土有限公司、吉安市吉州天阳混凝土有限公司、吉安市贝融新型建材有限公司、吉安市众力建材有限公司、吉安市龙腾新型建材有限公司、吉安建和建材有限公司、吉安市金瑞祥建材有限公司、吉安市天利彩印有限公司、江西新立源印刷包装有限公司、江西宏远纸制品有限公司、吉安金隆包装制品有限公司、吉安市金智包装制品有限公司、吉安千秋实业有限公司、平成玩具（吉安）有限公司、江西创天科技有限责任公司、吉安新源污水处理有限公司、吉安市神龙建材厂、吉安市吉盛木业有限公司、吉安市闽凤建材有限公司、吉安昌兴木业有限公司、吉安市兴昌木业有限公司、吉安市黄厝木业有限公司、吉安市贵仁木业有限公司、吉安道和交通工程有限公司、吉安市新庐陵砂石有限公司、利法宝（吉安）科技有限公司、吉安市吉州区鑫石阳水利投资有限公司、吉安宏源污水处理有限公司、吉安华润燃气有限公司	工业气体、医用气体、塑料、橡胶制品、服装服饰、水泥、混凝土、简支梁、水泥制品、新型建材、非金属矿物制品、印刷制品、印刷包装制品、包装箱、预应力管桩、玩具、锌钢护栏门窗、家具、建材、木制品、木材制品、竹制品、管道燃气

工业园区管理

【概况】 2002年11月，江西吉州工业园区经吉安市人民政府批准设立，并于2003年11月开园，园区位于“大吉安”总体规划的河西片区城北组团，距105国道1.5千米，赣江集装箱码头2千米、京九铁路4千米、井冈山机场40千米、赣粤高速公路3千米，水陆空交通运输便利，是对接长珠闽6小时经济圈的中心点。2004年，园区进入全省30家样板工业园行列；2006年，被省人民政府批准为省级工业园区；2008年，成为江西省创建省级生态工业园区试点单位；2011年，荣获“江西省生态工业园区”称号，成为江西省电子信息产品生产出口基地，荣获“吉州省级民营科技园”称号；2012年，成为江西省战略性新兴产业基地；2017年，成为江西省循环化改造示范点、省级产城融合示范区；2018年，挂牌为井冈山经济开发区吉州产业园。2023年，园区持续开展“五链”行动，发挥党建引领作用，助力产业健康发展，推动“党建引领、产业链接、融合发展”企业党建工作新体系走深走实，统筹发展和安全，继续做好“六稳”工作、落实“六保”任务，实施园区倍增升级计划，推进体制机制改革，加快园区产城融合，提升首位度、争当排头兵，全面融入并挺起赣江中游生态经济带脊梁，全面建设社会主义现代化吉州贡献园区力量。2022年度全省开发区争先创优综合考核中荣获第一等次。全年完成主营业务收入188.6亿元，比上年增长13.28%，其中电子信息产业主营业务收入139.25亿元，比上年增长16.69%；完成利润24.78亿元，比上年增长41%。完成入规企业9家［江西尧米光学科技有限公司、江西港特电气有限公司、飞派仕包装（吉安）有限公司、江西米鲤电源有限公司、吉安市鑫万洲电气设备有限公司、江西诚之益科技有限公司、吉安谦盛汽配有限公司、江西省乐之木电子科技有限公司、江西华创电路有限公司］、入库项目4个（中旋二期、光明二期、众源二期、祺利一期）。园区工业用电量18631万千瓦时，比上年减少3.21%。

【园区非公党建】 做好非公有制企业党建工作，培育万佶、摩比、宏瑞兴、新赣江、园投等基层党建示范点；打造完成新赣江面积200平方米党群服务中心，并打造“吉先锋赣未来”党建品牌；组建31个非公有制企业党组织，覆盖62家非公有制企业。

【园区重点项目建设】 树立“项目为王”理念，持续开展项目大会战，2023年园区实施重点项目23个，总投资274.25亿元，年度计划投资125.84亿元。伊戈尔、祺利、振邦等9个总投资153亿元新开工工业项目正在建设，中旋、嘉之宏二期、兴泰二期、光明玻璃、众源药业项目临近竣工投产，推进创德、摩比、华立源二期等项目扩产满产。完善园区路网体系，实施路网建设及提升改造工程，返乡创业园周边路网、吉庆路（井冈山大道—沿江路）、东片区道路、发展大道行车道、石溪头学校周边路网等项目建设。城北污水处理厂正式通水运行。屋顶光伏项目建设，安装8.5兆瓦、正在安装2兆瓦，安装并网后，年均发电量1000万千瓦时，年均二氧化碳减排约1.2万吨，年发电电费收入约600万元。

【园区招商引资】 加大招引力度，聚焦重点产业、重点区域，开展“走出去”“请进来”招商活动，全面开展产业链招商、以商招商，精准招“大商”。年内，引进川卉草本、软屏光电、固电电子等亿元以上重大工业项目17个，投资总金额约50亿元。

【园区企业培育】 落户“存量企业”作为培育新经济增长点，引导企业采用新技术、新工艺、新设备、新材料技改提升，推动企业增资扩产，带动园区整体经济提质增效。如华立源锂能科技，其新购设备投资不低于4亿元高端26700/26650锂能电池全自动化生产项目，项目达产后预计实现年应税主营业务收入20亿元以上，年实缴税收2000万元以上。该项目是吉州区实施“工业倍增升级行动”，招大引强和“老树发新枝”双轮驱动取得重大成果，产业升级发展成效体现。推进数字经济。聚焦“1+2+N”产业发展方向，以“一园四区”组团式发展格局整合资源，持续开展工业智能化改造，推动数字经济与实体经济深度融合，引导支持企业广泛应用数字技术改造升级，加快实施传统产业转型升级和企业技术改造行动。

【园区企业帮扶】 全面优化营商环境，实行企业服务专员和挂点帮扶制度，激发园区企业市场活力，稳人才、拓融资、兑政策、辅上市取得质效实效。结合“春风送暖”“政企恳谈会”“上门纳谏”等活动，走访企业100家，解决企业各类问题100余件。全程帮扶新招商入驻10余家企业办理入园相关手续，助企招工3000余人。帮扶园区20余家企业兑现省、市、区优惠政策，减负金额2500余万元。帮扶享受财园信贷通贷款政策企业69家、金额2.51亿元，享受反担保政策企业2家、金额8500万元，享受助保贷政策企业1家、金额800万元。帮助园区企业引进博士2人、硕士3人、本科以上人才50余人、一线技术和研发人员100余人。协助13家企业申报高新技术企业、2家企业培育省级技术中心，同时，园区5G通信传输产业基地获江西省工业和信息化厅批准。协助宏瑞兴、新赣江、华立源、兴泰科技4家公司上市工作，其中，新赣江于2023年2月在北京证券交易所上市，属江西省首家。

【园区体制机制改革】 落实全面深化改革工作要求，服务市场主体，破解发展难题，推进园区体制机制改革。“园区事、园区办”改革。梳理园区涉企高频办理事项，实施精准服务，通过推出绿色通道、建立服务专班、启用网上平台等优化服务举措，为重大产业和重点项目落地建设、增资扩能占领有利赛道。配备服务专班统一办理园区涉企服务事项，做到办事指南“一单清”、企业咨询“一口清”、受理材料“一手清”。全年，办理企业各类事项270余件，其中，企业变更170余件、初审入园90余件。园区全面实行“简单办”“一次办”“帮代办”“四个一全流程服务”审批服务，优化“容缺审批+承诺制”和并联审批等制度，优化企业办事体验，打通服务企业“最后一米”。协助起草《吉州区企业投资项目“四个一”全流程服务改革方案》，力争在多项改革攻坚中完善设计，助力园区营商环境优化升级。园投公司改革。推行“小管委会+大公司”模式，推进平台公司“实体化转型、市场化运作、规范化管理”改革，实现公司资产倍增。同时，成立园投公司党支部，发挥党组织对公司治理作用。推行“基金+招商（产业）”模式改革，向伊戈尔投资7000万元，发挥基金在支持企业发展中作用。搭建金融服务平台，授信金融机构融资额度25亿元，帮助企业解决资金难题。提高资产运营管理效益，按照“应划尽划”原则，将罗家段、惠民家园小区停车场、柳树塘等近2亿元资产注入公司，接收新井冈山大桥西侧棚改（舒馨佳苑小区）剩余安置房和公共建筑等资产，协调新赣江收购闲置厂房金冠公司，提高资产利用效率。推进新井冈山大桥西侧棚改舒馨佳苑项目竣工验收，解决华翔历史遗留问题和城北污水处理厂运营，实现污水处理一体化管理；提升公司建筑等资质级别，成立区人力资源公司，扩大公司业务范围。园区改革发展成效及经验在《江西日报》《江西改革》等媒体和刊物报道。

（龚明睿）

企业简介

【江西电缆有限责任公司】 位于庐陵新区禾埠街道钵盂山1号，占地面积16.74万余平方米，厂房面积11.52万余平方米，注册资金62260.24万元。江西电缆创建于1969年，是一家专业化电缆企业，2020年12月23日，江西铜业集团有限公司与吉安市举行江西电缆有限公司重整靠大联强项目签约仪式，实现靠大联强。江西电缆现有员工250余人，技术人员30余人。2023年，总产值10.65亿元，销售收入10.66亿元，上缴税金887万元。江西电缆拥有国内外先进水平生产设备、检测设备1000余台（套）。主要产品有500千伏及以下电力电缆、架空绝缘电缆、裸电线、变频电缆、辐照电缆、控制电缆、电子计算机用电缆、塑料绝缘电缆（电线）、防火电缆（矿物质绝缘电缆）、船用电缆、风力发电机用电缆、预分支电缆、新能源电动汽车用充电桩电缆，产品可应用于电力、建筑、能源、汽车、通信、交通、石化、采矿、船舶等行业。主要销售为象有国家电网、中建集团、中核集团、五矿集团、上海宝冶集团、中铁集团、中国电建集团。

【吉安创德精密电子有限公司】 位于吉州区工业园井冈山北大道146号，2019年8月成立，2020年建成投产，注册资金3000万美元，隶属于新加坡万德集团，占地面积6.67万余平方米，规划厂房建筑面积9万平方米，员工800余人，其中技术工种90余人。2023年，产值1.5亿元，纳税1100余万元。公司100T～300T各色注塑机100余台，200T～300T油压机60台，LSP/喷涂机约40台，含汽车按键、手机按键、医疗器材等多条塑胶硅胶制品生产线。分别通过ISO 9001：2015认证、ISO 9001：2000、ISO 14001环境管理体系ISO 13485医疗器械质量管理体系QS－9000质量管理体

江西电缆有限责任公司500千伏超高压生产车间

（区融媒体中心　供图）

系认证和 IATF 16949:2016、OHSA 18001 职业安全管理体系认证,为华为、苹果、BOSE、大陆汽车、德赛西威、中兴等世界 500 强知名企业长期合作伙伴。先后获评吉安市 2020 年度工会工作先进单位和先进非公有制企业、2021 年度吉安市重点建设项目先进单位,成为吉安市经营示范单位"三看"企业。2022 年取得国家级高新技术企业证书,获评江西省"专精特新"企业、AAA 级诚信企业。

【江西省宏瑞兴科技股份有限公司】 位于吉州区工业园发展大道 29 号,2012 年 8 月注册成立,投资 1 亿元,公司占地面积 10.5 万余平方米,建筑面积 10 万平方米,厂房面积 4 万平方米,有员工近 800 人,行业资深技术人员近 200 人。2023 年,主营业务收入 11 亿元,税收 1200 万元,研发投入 3300 万元。公司属国家高新技术企业,并注册普宏基板商标、宏瑞兴科技商标,投产使用调胶系统 7 套、立式上胶机 18 台、压机 7 组、全自动裁剪包装线 7 组。公司主要研发生产环氧玻纤布 FR4 覆铜板、中高 Tg 无铅多层芯板、无卤素无铅制程兼容多层芯板、高速电路用低介质损耗及高耐热层压板材料。公司拥有 3 个生产基地,覆铜板满产可达 4500 万张/年。公司产品质量符合 IPC－4101 规范,通过 UL 认证,符合欧洲 RoHS 标准。产品主销广东珠三角一带,少量产品外销日韩等东南亚国家。公司拥有一支技术创新、综合实力过硬覆铜板研发团队,由 34 名专业研发工程师组成,另有 5 名外聘专家,研发团队拥有本科以上学历人数 13 人,其中博士 2 人。主要技术骨干及研发管理层均拥有覆铜板产品研发和管理从业 5 年以上经验 。拥有 30 多项专利,在审发明专利 20 余项。先后荣获国家级专精特新"小巨人"企业、中华全国总工会授予的"工人先锋号"、江西省企业技术中心、江西省智能制造标杆企业、江西省两化融合示范企业、江西省"专精特新"企业、江西省名牌产品、江西省管理创新示范企业等荣誉,连续多年被吉安市授予"高质量发展先进企业"称号。公司为中国电子材料行业协会会员,中国印制电路行业协会会员。

【江西宏业铜箔有限公司】 位于吉州区工业园内,2016 年 9 月成立,公司注册资金 2000 万元,占地面积 2.66 万余平方米,建筑面积 2.5 万余平方米,2023 年在职人数 72 人,技术研发人员 15 人。2023 年,总营业额 8000 万元,纳税 200 万元,科研投入 400 余万元。公司是一家专业从事研发、生产 PCB 柔性可穿戴设备及锂电等高档铜箔的科技型企业。拥有高精度、高质量、高效率现代化专业生产设备和检测仪器。产品主要销往国内电子产品生产企业,覆盖领域广,主要包含锂离子电池、笔记本电脑、手机、代替能源车辆、混合动力装置、电动汽车、航天、军工、船舶、轨道交通、海洋工程、工程机械等。公司会集一批具有 20～30 年电解铜箔生产经验技术与管理团队。曾多次赴日本电解株式会社专业技术培训,并获得日本技术专家对公司予以长期技术支持。2020 年,公司与河南科技大学就高频高速覆铜板(5G)用高端电子铜箔展开产学研深度合作,并在公司成立河南科技大学产学研合作基地及 5G 电子铜箔工程技术研究中心,有效激发企业研发活力。公司现有自主发明专利 2 项,授权实用新型专利 21 项及软箸 6 项。2018 年 11 月,取得质量管理体系符合 ISO 9001:2015的认证、环境管理体系符合 ISO 14001:2015 的认证、职业健康安全管理体系符合 OHSAS 18001:2007 认证。2022 年,公司成立"科技工作者之家",2023 年 5 月,通过市科学技术协会"专家工作站"申报。为江西省电子电路行业协会及中国电子材料行业协会会员单位。公司获评省 2021 年"专精特新"中小企业、2022 年"高新技术企业",先后荣获中国装备制造业发展论坛"创新实践奖"、机械工业经济管理研究院"中国装备制造业创新实践奖"。

【江西华浩源电子科技有限公司】 位于吉州区工业园内,2013 年 11 月 22 日成立,2017 年 12 月 8 日正式投产,注册资金 5000 万元,投资规模 5 亿元,占地面积 7.46 万余平方米,厂房面积 13 万平方米。现有员工 230 人,其中技术人员 60 人。2023 年,企业生产总值 3294 万元,上缴税收 148 万元。公司专业生产 FPC、软硬结合板及 SMT 贴片等,主要生产设备为日立钻机、VCP、宇宙黑孔、DES 线、丝印机、测试机、补强机、冲床等;产品类型有 LED 背光源、TFT 模组、LCD、电池、摄像头、车载板等,月产能达 3 万平方米;主要应用行业为手机行业、电脑行业、医疗行业、数码行业、液晶行业、汽车行业。荣获 ISO 9001 质量管理体系、ISO 14000 环境体系等证书。先后被评为"吉安市优秀企业""江西省优秀品牌企业""江西省高新技术企业",2019—2022 年,连续获吉安市高质量发展企业荣誉称号。

【江西华立源锂能科技股份有限公司】 位于吉州区工业园,2013 年 12 月在江西成立,园区公司总投资约 15 亿元,占地面积 20 万平方米,规划建筑面积 23 万余平方米,公司 436 人,研发技术人员 65 人。2023 年生产总值 8.6 亿元,销售收入 6.8 亿元,上缴税收 840 余万元。主要生产 18650、26650 和 26700 锂离子电池,主要生产设备有锂离子电池生产用浆料制备系统、全自动双面挤压涂布机、高精度电池极片辊压机、全自动 750 分条机、全自动制片卷绕一体机、全自动入壳机、全自动点焊机、隧道式电芯真空干燥系统直线注液机、全自动下拉式电池封口机、全自动双工位多功能电池套膜机、全自动分选机、化成分容柜、MES 系统等。公司园区分三期建设。一期工程于 2016 年竣工投产，日产 15 万只 26650 圆柱锂离子电池和 30 万只 18650 圆柱锂离子电池；二期完成面积 10 万平方米厂房建设，规划日产 26700 磷酸锰铁锂复合材料（LMFP）电芯 80 万只，其中第一条日产 20 万只 26700 磷酸锰铁锂复合材料电芯全自动化产线于 2022 年底开始投产，并在 26700 磷酸锰铁锂复合材料电芯生产上创造“四个全国之最”：国内最先进的 26700 磷酸锰铁锂复合材料电芯生产线，国内第一家实现 26700 磷酸锰铁锂复合材料电芯量产的企业，国内第一家解决磷酸锰铁锂复合材料 26700 电芯过针刺这一重大安全问题的企业，并拥有自己知识产权和相应发明专利，四条全自动化 26700 生产线全部达产后，日产 26700 磷酸锰铁锂复合材料电芯 80 万只，生产规模和水平居全国同行业之首。公司三期工程完成后，将达到 100 亿元生产规模，争取 2025 年在深圳证券交易所的创业板或上海证券交易所的科创板挂牌上市，并最终把公司发展成为国际领先的、绿色安全的新能源产品服务商。主要客户有新日等生产电动车龙头企业和上市公司、旭派铅酸电池生产企业、天能集团、共享经济租赁市场，公司与国内最优秀租赁市场营销团队成立合资公司“巨人锂电”，总部设在吉州区，开发属于自己的全国网络租赁平台和腾讯小程序系统，为美团、饿了么、顺风、邮政等外卖和快递小哥提供锂电池组租赁服务，签订订单近 5 万组，合同金额 2 亿多元。公司先后被评为工信部第三批专精特新“小巨人”企业、江西省潜在瞪羚企业、江西省智能制造标杆企业、江西省管理创新示范企业、江西省绿色技术企业、江西省军民融合企业、江西省省级企业技术中心、江西省“专精特新”企业、江西省“小巨人”企业、江西省绿色工厂、江西省映山红上市后备企业、吉安市工程技术研究中心。公司生产 26650 锂离子电池获得江西省名牌产品和江西省优秀新产品三等奖，获得高工锂电核心合作伙伴、快速成长企业和创新技术企业金球奖及华锂奖等荣誉和证书。公司通过 ISO 9001、ISO 14001、ISO 45001 等体系认证，汽车行业质量管理体系认证。

1 月 27 日，江西华立源锂能科技有限公司生产车间

（区融媒体中心　供图）

【江西新赣江药业股份有限公司】 位于吉州区工业园云章路 36 号，2004 年成立，北京证券交易所上市企业（证券代码：873167），占地面积 9.8 万平方米，建筑面积 4.8 万平方米，总投资 2.6 亿元，现有员工 310 人，其中技术骨干 65 人。2023 年，主营业务收入 3 亿元，上缴税收 3000 万元。是集原料药、化学药制剂、中成药生产于一体的综合性制药企业，国家高新技术企业、国家知识产权优势企业、省级民营企业、省级企业技术中心。公司有药剂 116 个品种，其中片剂 67 个、散剂 5 个、颗粒剂 5 个、硬胶囊剂 27 个，原料药 11 个、锭剂 1 个。主要生产原料药：葡萄糖酸钙、葡萄糖酸锌、葡萄糖酸亚铁；制剂药：地仲强骨胶囊、复方银翘氨敏胶囊、感冒灵胶囊、心脑康胶囊、酚氨咖敏片、葡萄糖酸钙片、维生素 C 咀嚼片。其中，地仲强骨胶囊为全国独家品种，葡萄糖酸亚铁原料药为全国独家生产。主要生产设备有红外图谱仪 3 台、薄层扫描仪 2 台、高效液相色谱仪 5 台、原子吸收色谱仪 3 台、气相色谱仪 2 台。公司产品主要销往欧美及国内市场。

2013 年获评省级民营科技型企业，2014 年获评 A 级纳税人，2019 年获吉安市模范企业职工之家、吉安市专利示范企业、吉安市五一劳动奖状和“江西省品牌”企业荣誉，2013 年、2016 年、2019 年荣获“国家高新技术企业”称号，2020 年荣获江西省“专精特新”中小企业称号，2021 年荣获江西省级企业技术中心称号，2017—2021 年连续 5 年荣获吉州区高质量发展奖，2022 年荣获国家知识产权优势企业称号。

商贸

吉州年鉴 2024

商　务

【概况】　吉州区商务局构建招引平台，细化招引机制，举办招商活动，招商合力增强。组织企业举办各类商贸促消费活动，刺激各商贸场所消费活力，组织企业参加商品交易会，开拓产品销售市场，商务各项工作进展顺利。利用省外项目资金完成65.91亿元，比上年增长5.42%，全市排名第四。申报入统项目22个，纳入省亿元以上项目14个，其中10亿元以上项目4个。完成现汇进资1010万美元，占年计划的76.92%，增幅负19.20%，现汇比100%。获评2020—2022年全省实际利用外资先进区。

【招商引资】　制订《吉州区2023年招大引强实施方案》，把准招大引强工作导向，浓厚招商工作氛围。组建"6局+39队"招商引资队伍，与区相关部门建立工作对接、项目研判、项目落地等联动机制。与深圳博中、清华紫光等头部基金管理机构，组建运作20亿元产业引导基金，发挥上海中产、深圳战新投等招商中介作用。召开"三请三回"恳谈会暨吉州英才、企业家新春座谈会，联动各乡镇街道召开"三请三回"乡贤迎春恳谈会，2023年6月举办江西吉州·粤港澳大湾区产业招商精准对接会等系列招商活动。全区新签约引进项目52个，总投资额约425亿元，其中，重点产业项目11个，5亿元以上项目35个。

【组织企业参加活动】　助力吉州区名优特产品展示推介，提升市场竞争能力，促进全区贸易增量发展。组织吉州区优民之家食品有限公司参加第五届赣菜美食文化节、吉安市东庆技术有限公司参加第133届中国进出口商品交易会（广交会）、江西堆花酒业有限责任公司参加第十二届中国（贵州）国际酒类博览会、江西益之益生态农业发展有限公司参加2023全国乡村振兴产业博览会、吉州区越豪电商参加第三届中国米粉节等17次省内外各类会展。

【商贸消费】　出台《2023年吉州区消费升级攻坚行动工作方案》《2023年吉州区燃动五一消费季系列活动方案》《2023年吉州区"金秋购物消费季"系列活动工作方案》等促消费政策。节庆日发放超市、汽车加油、百货家电、餐饮等品类电子消费券200余万元，活跃全区消费氛围。全年社会消费品零售总额224.24亿元，增幅7.5%，总量保持全市第一。根据省、市要求，"五一"期间，组织汽车企业举办2023吉安春季大型惠民车展，给予19家企业，559辆新车发放111.8万元购车补贴，带动汽车消费7500万元。

【商贸市场监管监测】　加大商超、成品油、二手车市场、拍卖企业监管力度，组织辖区内加油站、拍卖企业年度审查，全区14座加油站和7家拍卖行均年检合格，确保商贸市场运行合法合规。同时，建立以城市生活必需品、重要生产资料、典型企业和重点流通企业为主体的四大市场监测系统，督促监测企业及时完成数据报送工作，提高监督信息准确性和时效性。

【商贸统计报表】　完善商贸流通业统计基础工作，确立国光、天虹等10余家商务部商贸流通行业报送企业，并督促企业及时做好网上数据周报、月报、季报、年报工作。

【商贸领域安全生产】　制订印发《区商务局2023年度安全生产工作计划》，明确全年商贸领域安全生产工作任务，专项整治商超、加油站、餐饮燃气等行业。制订印发《商贸领域安全生产重大事故隐患专项排查整治2023行动实施方案》，根据安全生产行业主管、属地管理、企业主体原则，安全生产责任延伸到各相关职能部门、各镇街、企业及具体责任人，确保安全生产组织健全、责任明确、工作落实。

【电子商务】　全年网络零售额

12月14日，电商直播大赛在吉安恺蒂国际大酒店举办

（区商务局　供图）

18.48亿元，总量排名全市第二。江西省舌尖王国供应链管理有限公司获评2022—2023年度江西省电子商务示范企业，江西尚食电子商务有限公司旗下“寨吗”品牌获评2023年吉安十大网络消费品牌。继续支持各大电商企业举办网上年货节、双品网上行、赣品网上行、十百千万行动等电商活动。9月28日，惠享庐陵·乐购吉州“十百千万”暨“赣品网上行”系列活动在文山步行街举办。12月14日，“惠享庐陵·乐购吉州”2023年吉州区电商直播大赛在吉安恺蒂国际大酒店举办，市商务局指导，区商务局、总工会、供销社主办，南昌大奔文化传媒有限公司承办，吉安职业技术学院旅游学院协办。

【外贸出口】 全区外贸出口总额31.33亿元，增长-25.1%，其中出口23.03亿元，增长-33.76%。江西住电电装有限公司、江西兴泰科技有限公司及平成玩具（吉安）有限公司全年出口额千万美元，其中江西住电电装有限公司全年出口5834.8263万美元，成为区外贸出口龙头企业。

（刘瑾）

供 销

【概况】 吉州区供销合作社联合社（以下简称“区供销社”）全面深化供销社综合改革，构建为农服务体系，发展农产品流通、壮大社有企业、夯实基层基础，推动全区供销社系统高质量发展。2023年，全区建立区域集配中心1个，镇街网点11个，村（社区）网点91个，经营业态涵盖农资、日用、生鲜、电商等4个。全区供销集配网点物流总收发件数20余万件，营业额200余万元。荣获吉安市供销合作社2023年度综合业绩考评一等奖。

【农资保供】 落实春季农资货源供应，建立化肥淡季储备制度，提前储备化肥1000余吨。多次召开农资供应座谈会、产销对接会，促进农资供应稳定，并组织全系统农资经营企业严把进货渠道关、验收关，守住“供销农资，放心农资，绿色农资”金字招牌。

【设立合作发展基金】 选定兴桥供销社作为合作发展基金承接单位，实行专款专户管理，初始募集资金100万元，此后每年将提取当年社有资产收益20%，注入本级供销合作社合作发展基金，统筹用于综合改革工作、基层组织建设、为农服务体系建设和供销合作发展等，发挥基金实效，提升为农服务能力。

【基层建设】 落实综合改革专项资金60万元，维修改造长塘供销社老饭店、禾埠新村商店。樟山供销社依托当地主导产业，建设区域性为农服务中心，整合区域内相关服务资源，创新服务内容模式，为农民和各类新型农业经营主提供农资供应、农机作业、统防统治等农业社会化服务。

【第一次社员代表大会召开】 4月18日，区供销社第一次社员代表大会召开，选举产生区供销社第一届理事会、监事会组成人员；召开第一届理事会第一次全体会议和第一届监事会第一次全体会议，选举产生理事会主任、副主任和监事会主任，大会审议通过《吉州区供销合作社联合社章程》修订草案决议。

【吉州首家供销乐民超市开业】 5月31日，与吉州区谷仓农业公司合作，联合创建吉州千禾农业公司，打造集超市连锁、物流配送、电子商务和综合服务于一体的供销乐民连锁超市——供销乐民超市宝华新城店开业，地址位于宝华新城小区南面，面积220平方米。该超市搭建助农销售平台，对接本地农户、帮扶地区、农特产企业及农民专业合作社，采取“线上+线下”运营模式，直采直销，助力农产品流通。

【冷链物流网建设项目签约】 10月24日，江西供销（吉安）冷链物流园基础设施建设项目正式签约。该项目为国家、省冷链骨干物流建设项目，项目预计总投资约20亿元，占地面积20余万平方米，落户区城南专业市场。项目建成将完善全省城乡冷链物流骨干网整网布局，实现全省冷链物流连点成网统筹运营，多元产业融合具有关键作用，促进吉安三产联动，助推全省农业产业高质量发展、助力乡村振兴具有重要意义。区供销社对接市、区两级政府，配合做好相关工作。

【心理健康大讲堂活动】 11月21日，区供销社联合区国有资产事务中心，举办“平安江西建设心理健康大讲堂”活动，邀请青原区心理协会成员、三级心理咨询师刘小艳到场授课，60余人参加。讲座以《“团队合作能力的培育”》为题，围绕“团队目标、团队分工、团队沟通、团队执行”等方面，讲授团队合作中心理健康相关知识，传授如何认识团队、理解团队进而提升团队合作能力相关知识。

（郭翠茹）

交通

交通运输管理

【概况】 吉州区交通运输局持续做好交通基础设施建设，提升交通便民服务质量，加强道路运输行业安全责任管理，推进各项工作目标任务，打造人民满意交通。2023年，境内公路里程978.84千米，其中，高速公路里程57.38千米、省级公路里程75.22千米、县级公路里程118.34千米、乡级公路里程188.57千米、村级公路里程539.33千米。办理普通货运企业开户96家（其中，企业5家、个体91家），驾驶员培训业户备案2家，维修业户新增10家，普通货运车辆年审530辆，普通货运车辆挂车年审154辆，道路运输证电子证照申领288辆，教练车备案16辆，教练员备案10人。运政系统办结业务1605件，驾驶员培训平台办结业务55件。

【高速公路建设】 樟树至吉安高速公路（吉州段）改扩建工程项目，是赣粤主通道重要一段，江西省“十”字形主骨架高速公路南北向最后一段实施改扩建工程，该项目（吉州段）全长24.44千米，其中主线双幅23.57千米，互通匝道连接线0.86千米，全线按双向八车道标准改扩建。现征地面积133.07万平方米，房屋拆迁106栋面积3.6万平方米，其他工作目标任务均于12月底完成。

【国省干线公路建设】 S222吉安桐坪至长塘段公路改建工程项目，起于吉安县桐坪镇，途经桐坪机场东侧，终于吉州区长塘镇樟吉高速吉安北互通出口附近，全长11.36千米（其中吉州区6.53千米），建设标准一级公路，吉州区段全程征地面积26.86万平方米，拆迁房屋面积540平方米，购买耕地占补平衡指标面积13.39万平方米。截至2023年底，完成全部征地协议签订，占比100%，完成交付用地任务。

【农村公路建设】 完成三江桥至黄桥、樟山镇至长塘镇、文石至小湖江（店下至西村段）、文石至小湖江（曲濑小城镇段）、古福路至大巷、兴桥至曲濑、黄洲至吉安县、瓦桥至泸家洲、白塘街道至石溪头村、江背至西村、兴桥镇至农科园路11条农村公路县道升级改造、建制村通双车道工程及1条曲濑镇公益性墓地便道，路线总长32.19千米，项目总投资约1.14亿元。

【桥梁建设】 兴桥镇泥源桥项目，位于兴桥镇沙江村委会泥源村，该项目为盖板涵改建桥梁，桥梁为1米×6米普通钢筋砼实心板桥，桥长16.8米，工程投资80余万元，6月完工。

【农村公路养护及绿化】 实施“市场化”养护改革模式，实现养护职责、标准、措施、保障到位，提高农村公路养护水平。养护资金足额配备，按照县道1万元/年、乡道5000元/年、村道3000元/年，省、市、区三级公共财政投入比例1:1:8，区级配套由原来200万元/年增加至330万元/年。同时，出台《吉州区农村公路市场化养护考核办法》《吉州区农村公路养护考核办法》，农村公路养护资金与养护成效挂钩。养护方式灵活多样，因地制宜。按照定路线、定频次、定标准“三定”原则，200余千米农村公路纳入市场化养护（涵盖所有县道、主要乡道、部分村道），提高机械化水平及养护水平；600余千米农村公路日常养护比照市场化养护标准，乡镇、村委会承包给公路沿线村民或脱贫户，确保养护时效性和解决沿线群众部分就业岗位。全年，铲除路肩杂草756千米，清理边沟392千米，清扫保洁路面1642千米，出动养护车辆126辆次，养护人员540人次，路域环境整治得到全面加强。

【长塘镇城乡客运中心建设】 项目位于长塘镇A－02－01地块（长塘镇菜市场旁），该工程用地北侧城西外环路辅道，东侧长胜大道，南侧田园路，项目占地面积2592平方米，投资1250万元。站内设有1栋2层客运用房（建筑面积909.46平方米）、公交停车场、公交充电棚、小车停车场、非机动车停车场等。合同工期180天，6月完成建设。

【道路运输管理】 科技赋能农村公路管理，建设“四好农村公路”（建好、管好、护好、运营好农村公路）信息化管理平台，利用App巡路员功能，发现并解决事件80余件；定制一批AI智能识别设备，收集公路病害数据，提供养护工程决策依据。联合开展超限超载工作，暗访、检查重点源头企业76人次，下达、转发工作提示函、通知11份。督促设备维护商，每月做好不停车检测点设备保养维护，并建立巡查台账。实行网格化管理，明确一级网格长1人，二级网格长1人（兼一级网格员），二级网格员30人，均在江西省交通运输安全生产监督监管信息系统内完成信息注册。全区普通货运企业143家，督促企业完成“安责通”（交通运输安全生产信息化平台）注册89家。

【审批事项下放工作】 做好吉安市交通运输局审批事项下放工作。8月1日起，正式从吉安市交通运输局移交区交通运输局7个审批事项，相关人员进驻区行政审批局窗口受理业务。下放业务内容有普货业户开户、驾培业户备案、维修业户新增、普货车辆年审、普货车辆转籍、道路运输证电子证照申领、驾培教练员备案、驾培学员学时审核等，主要办理平台有江西省道路运政管理系统、全国道路货运车辆公共监管与服务平台和江西省驾驶培训监管服务平台。

（李远高）

2023年吉州区农村公路建设情况(新改建农村公路)一览表

表7

乡镇名称	项目名称	路线编码	项目类型	建设规模及标准(千米)			总投资(万元)	开工时间	完工时间	进度
				合计	三级公路	四级公路				
合计	9			32.19	21.35	10.843	11372.2662			
长塘镇	三江桥至黄桥	X802360802	县道升级改造	5.3	5.3		1339	2023年3月	2023年12月	完工
长塘镇	樟山镇至长塘镇	C901360802 C902360802	县道升级改造	11.89	11.89		2643.25	2023年7月	2023年9月	完工
长塘镇	文石至小湖江(店下至西村段)	X001360802	县道升级改造	1.6698	1.6698(系统1.4千米)		423.905(系统371.8)	2023年7月	2023年12月	完工
曲濑镇	文石至小湖江(曲濑小城镇段)	X001360802	县道升级改造	1.392	1.392		1692	2023年3月	2023年12月	完工
曲濑镇	吉福路至大巷	Y036360802	建制村通双车道公路	2.513		2.513(系统2.3千米)	536.4332(系统493.518)	2023年10月	2023年12月	完工
曲濑镇	曲濑镇公益性墓地便道新建工程		公益路	0.8		0.8	123	2023年6月	2023年12月	在建
兴桥镇	兴桥至曲濑	C903360802	产业路	1.1	1.1		279	2023年3月	2023年9月	完工
曲濑镇	黄洲至吉安县	Y040360802	窄路面公路拓宽改造	2.5		2.5	753.375	2023年9月	2023年12月	在建
曲濑镇	瓦桥至泸家洲	Y023360802	建制村通双车道公路	1.8		1.8	291.303	2023年6月	2023年10月	在建
樟山镇	白塘街道至石溪头村新农村提升改造工程	CZ48360802	建制村通双车道公路	0.9		0.9	250	2023年7月	2023年9月	完工
长塘镇	江背至西村公路工程	CZ44360802	建制村通双车道公路	0.4		0.4	28	2023年6月	2023年8月	完工
兴桥镇	兴桥镇至农科园路	CZ49360802	建制村通双车道公路	1.93		1.93	3013	2023年	2023年	完工

交通安全管理

【概况】 吉安市公安局交通警察支队吉州大队，聚焦“减量控大”事故预防总体目标，抓好“三个一律”(一律遵守交通规则、一律保持良好驾驶行为、一律弘扬交通安全文明)道路安全风险隐患排查治理，围绕“三大专项行动”(源头治理管控、重点车辆隐患排查、道路安全秩序整治)、“交通秩序大整治”、“三零一戴”(零酒驾、零违法、零事故、戴头盔)等重点工作，全力做好防风险、保安全、保畅通、促改革、惠民生，队伍管理、规范执法、隐患治理、便民利企、科技强警等方面有新提升，创造中心城区经济社会发展良好道路交通环境。2023年，圆满完成交通安保任务107次。截至年底,全区机动车保有量190899辆,其中,汽车98470辆、摩托车90778辆、挂车1651辆;驾驶人保有量601145人,AB类驾驶人21081人,C类495440人,摩托车类84624人。

【交通秩序管理】 围绕"减量控大"工作核心,道路交通事故起数和死亡人数双下降为工作目标,严查严处各类重点违法行为;结合二、三轮车违法警示教育,货车违法查处,车辆乱停乱放三大专项行动及"全市秩序大整治行动"强化辖区道路交通秩序管控。截至12月底,查处酒驾醉驾1545起,货车超速925起,超载697起,违法载人51起,汽车超员108起,疲劳驾驶40起,飙车炸街105起,电动自行车违法127195起。

【文明交通建设】 持续深化全国文明城市文明交通治理工作,加大文明交通宣传力度,劝导二、三轮车逆行、闯红灯、不戴头盔、非法安装遮阳伞、行人横穿护栏、闯红灯、不走斑马线等不文明交通行为,中心城区驾驶二、三轮车佩戴头盔率85%、市民自觉等红灯文明过马路率90%、机动车礼让行人率80%。

【交通事故处理】 辖区内发生道路交通事故1.6718万起,比上年上升24.3%;死亡事故34起,比上年上升23.5%;受伤人数1761人,比上年上升40.4%。办理刑事案件52起,其中,危险驾驶案30起,交通肇事案22起;刑事拘留人数50人,取保候审45人,逮捕13人,移送起诉87起,教育违法人员1326人;吊销驾驶证43本,调解事故纠纷8923起。

【警务(勤务)机制改革】 按照"实战、实用、实效"原则,做实"连续在线、高效值守"昼夜工作机制,做强信息实战体系。加大天网视频巡查密度和交通违法抓拍系统维护力度,强化"110"警情处理能力,落实"非现场违法处理"要求。发挥集成指挥平台作用,通过缉查布控系统严查重点违法。常态化排查维护标志标线标牌、隔离护栏等道路交通设施,消除安全隐患。截至12月底,处理各类警情17434起(其中有效警情16787起),受理群众救助(挪车等)11167起,巡查发现并处置道路交通拥堵83起、道路交通事故2033起、施工4起、暴雨积水17起,收集各类交通违法信息91185条(其中大货车闯禁区1258条),缉查布控处罚违法车4493辆,辖区内新增大小标志牌100余套,新画或翻新标线面积约2万平方米,新增道路交通信号灯1个路口,新增掉头灯、倒计时灯、左转待转灯等10余套,完善路口优化信号灯配时设置8个路口。

【交通联合整治】 联合推动"交城联勤",协同城管部门启动"执法规范、联动快速"综合执法新模式。吉州大道人行道内区域停车宣传整治,电话通知违停车辆驶离1000余次,开具违停告知单300余张,拖移乱停乱放二、三轮车120余辆;违法超限超载行为查处,截至12月底,查处超限超载340起;联合督促企业落实主体责任,全面排查安全管理主体责任不落实、管理机制和制度不健全、车辆日常安全检查和驾驶人安全教育不到位、昼夜GPS专人值守动态监控制度不落实、管理混乱、事故频发等隐患突出运输企业,存在安全隐患,责令限期整改,并及时报送整改落实情况。

【"放管服"改革】 聚焦服务事项"零积压"、服务质量"零差错"、服务对象"零投诉",业务办理流程、监督举报方式等信息张贴上墙,公开接受群众监督检查,同时,设置"排队叫号系统""满意度评价"和视频监控系统,加强执法监督,推行"阳光服务",强化窗口服务人员理念教育,提升为民服务意识。执行"首问责任制""限时办结",深化"放管服"改革,落实便民利企举措和"延时错时"服务,升级改造业务大厅,完善群众办事软硬件设施。引导群众在微信公众号办理临时通行证、通过交管"12123"应用程序平台自主处理交通违法及学法减分,实现"一网通、网上办"。

【交通隐患排查】 依托区道路安全专业委员会平台,协调各成员单位,开展道路隐患排查治理和交通安全组织研判工作,形成齐抓共管良好格局。召开道路安全专业委员会全体成员会议3次,协调相关部门开展联动,进企业、进单位检查和道路隐患排查治理等工作15次。截至12月底,排查道路隐患72处(其中,省级隐患13处、市级隐患16处、县级隐患43处),整改完成70处。走访辖区中高运输企业102次,约谈企业35次,下发整改通知书46份,清理风险企业30余家,清理风险大车524辆,风险大车驾驶人4467人次。

【交通安全宣传】 打造交警岗亭宣传教育点,全面试点二、三轮车教育劝导"五选一"(在现场以志愿者身份执勤体验,劝导不文明交通违法行为,持续15分钟以上;抄写交通安全法律法规;举印有交通安全标语宣传牌的接力站岗15分钟以上,并向"接牌人"进行安全教育;在劝导点观看15分钟以上交通安全警示教育视频;根据现场工作人员提供的提纲,在微博或朋友圈发表并集齐10个赞,或发送到5个聊天群)活动。截至12月底,制作宣传单2.5万张、宣传海报3200张、宣传折页1.5万份、宣传横幅95条,"美丽乡村行"安全巡回宣讲75次,进学校90次、进驾校34次、进农村118次、进企业132次、进社区98次。微信公众号、抖音、视频号曝光辖区内未佩戴安全头盔、酒醉驾、超员、违法载人等典型交通违法案例,提升群众交通安全意识。截至 12 月底，“两微一抖”平台发布讯息 546 篇，阅读量 625.4 万人次，其中微信阅读量单篇过万人次 3 篇，抖音播放量单条过 10 万人次 10 条，抖音单条视频最高播放量 81.8 万人次。

（刘兴玥）

吉安西站综合服务中心

【概况】 吉安西站综合服务中心按照“树标杆、树品牌、树形象、强统筹”工作要求，做好吉安西站综合交通枢纽各项服务保障工作。2023 年，吉安西站接待旅客 441.9581 万人次，其中，客发 222.1724 万人次，到达 219.7857 万人次，日均运行列车 83 趟、日均客流量 1.2108 万人次。2023 年，《党建联盟架起为民服务“连心桥”》入选吉安市机关党建优秀创新案例，并在“吉安机关党建”公众号推送；荣获江西省青年文明号称号。

【“红色高铁”党建联盟】 聚焦吉安市、吉州区招大引强、优化营商环境重点工作，吉安西站“红色高铁”党建联盟基础上，新吸纳区商务局、区工信局为联盟单位，壮大“红色高铁”党建联盟队伍。依托吉安西站综合服务大厅和“红土情・庐陵韵”服务驿站，增设“客商驿站”，衔接客商在西站内候车、绿色通道服务相关事宜，提供客商接送站服务，保障客商平安顺利出行，助力吉安市、吉州区营商环境持续优化。

【联合执法】 依托吉安西站“红色高铁”党建联盟平台，公安、交警、运管、城管等多方联动，开展联合执法，

10 月 21 日，志愿者帮扶老人进站

（吉安西站　供图）

规范西站交通秩序。全年，联合执法 12 次，查处非法运营车辆 105 辆、乱停乱放乱驶二、三轮车 112 辆、游动摊贩 2 起，受理各类城市管理事项报备 2 件，处理交通事故 35 起，教育警告违规经营出租车 123 辆。

【站区设施设备维护】 对接区城管局市政管理所，修复站前广场上绿化带塌陷地块，维修公交西站出口附近破损道路路面、落客平台匝道上脱落花盆底座和加固西站南北两个电动车充电桩，维修和更换客运和公交小广场、出站口破损地砖。

【安全生产】 实施网格化管理，组织进（派）驻单位开展安全隐患排查。强降雨期间，工作人员加密巡查频次，延伸巡查范围，重点关注吉安西站周边铁路沿线涵洞桥，防止强降雨带来各种险情，筑牢汛期安全防护网。办公区域开展消防隐患排查，更换楼道内手提式干粉灭火器内置干粉。

【服务保障】 完成 2023 年春运保障工作和“扶摇直上”庐陵音乐嘉年华、家庭酷跑大会（吉州钓源站）等市、区重大活动服务，完成赣州市政府考察团和九江市柴桑区委组织部接待任务。联合吉安西车站派出所组织青年志愿服务队，在站区内开展“学雷锋”志愿服务活动，帮助旅客便捷安全出行。联合共青团吉州区委，招募大学生志愿者 350 余人次，利用节假日开展志愿服务活动 126 次，服务旅客 23.75 万人次。协调解决井冈山大学、吉安职业技术学院在出站口设置“迎新点”问题，支持高校迎接新生入学活动，提供 1600 余名新入学高校生暖心服务。

（肖娟）

吉州年鉴 2024

城乡建设

城乡规划与建设

【概况】 吉州区住房和城乡建设局(以下简称“区住建局”)围绕年度目标任务,聚焦“作示范、勇争先”目标要求,瞄准一流标杆,找准主攻方向,完善政策措施,推动数字经济发展、营商环境提升,激发住建高质量跨越式发展新动能新活力。办结网上信访案件98件,市政府“12345”投诉热线工单338件,问政江西28件,人民调解案宗5个,办结率均100%。

【城区老旧小区改造】 继续投入1.2亿元,改造8个片区3150户,年底全面完工。完成雨污管网改造22.7千米,道路改造面积7.1万平方米,老旧自来水管网改造14.5千米,安装路灯350盏,楼道灯约300套。全年发行政府专项债券8000万元,落实中央补助资金3974万元,全额保障年度项目经费。

【闲置地块微更新】 根据全市2023年度闲置地块改造计划,吉州区计划实施25处闲置地块改造,总面积1.5万平方米,永叔街道辖区内10块,文山街道6块,习溪桥街道5块,北门街道2块,吉安中专校内2块。计划新增停车场12个、车位约180个。

【既有住宅加装电梯】 既有住宅加装电梯工作全市领先,截至年底,全区累计审批加装电梯203台,完工156台,完成奖补108台,累计发放奖补资金1643.1万元。

【建筑工程质量安全监管】 年内,完成质监、安监手续工程31个,建筑面积77.44万平方米。区管范围内建筑市场违法违规行为查处,发出事故隐患整改通知书62份,停工通知单4份,下发处罚决定书16份,处罚金额31.87万元。实名制考勤工作,所有新建项目全部录入江西省实名制管理系统。工地扬尘整治总体目标明确,在建工程落实“六个百分之百”(施工现场100%标准化围蔽、工地沙土100%覆盖、工地路面100%硬化、拆除工程100%洒水压尘、出工地车辆100%冲洗干净、施工现场长期裸土100%覆盖或绿化)。

【建筑业发展】 区里下达建筑企业入规入统任务为建筑业、房地产业28家,其中建筑业任务数22家,全部完成;房地产任务数6家,完成3家。全区建筑业总产值209亿元,同比增长-5%。落实装配式建筑面积45.14万平方米,装配式建筑面积占比73.5%,远超33%任务目标,排名全市第一。

【营商环境优化】 出台《吉州区优化办理建筑许可和获得用水用气营商环境专项改革二十条措施》《吉州区关于进一步优化社会投资简易低风险工程建设项目审批服务的若干意见》《吉州区区管建筑工程施工许可证分阶段办理实施方案》等文件,辅导华耀、乐滋、光明玻璃等14个工业项目完成相关验收工作,并为伊戈尔、祺利等项目办理分阶段施工许可。

【工程标后管理】 公布投诉电话、电子邮箱,征集问题线索,畅通投诉渠道,重点对招标人、投标人、评标专家、招标代理机构和监管部门“五类对象”排查。按照《吉安市开发区工程建设项目招标投标专项整治工作方案》精神,检查工业园区内8个项目招投标情况,存在并完成整改问题项目2个,同时,处罚相关责任单位和个人决定书3份,处罚金额8.138万元。制订出台《吉州区2023年度房屋建筑和市政基础设施工程领域围标串标违规评标转包挂靠出借资质等违法违规行为专项整治方案》,按照方案对在建项目检查,存在并完成整改问题项目1个,处罚相关责任单位决定书1份,处罚金额2万元。按照《关于开展全市房屋建筑和市政基础设施工程领域围标串标违规评标转包挂靠出借物资等违法违规专项检查的通知》,配合市住建局专项检查吉州区在建工程招投标情况,存在问题项目3个,处罚相关责任单位决定书3份,处罚金额9.7347万元。

【自建房安全隐患排查】 制订印发《吉州区自建房安全隐患排查整治工作方案》,并委托专业第三方机构对各镇街自建房摸排。排查自建房73052栋,其中经营性自建房1702栋。经营性自建房危房11栋,拆除3栋,封控2栋,鉴定单位复核后改B级2栋,正在拆除2栋,拆迁户1栋,C级维修整改销号户1栋。同时,针对原机床厂生活区、中心车站南侧、井冈山大道111号汽运公司宿舍隐患房屋,申请列入市中心城区成片零星棚改范围。

【镇村房屋管理】 组织各镇对2397户低收入群体(脱贫户、监测户、其他贫困户)房屋安全情况监测,建立监测台账,每季度检查1次,存在隐患农房并完成改造27户。组织第六批国家传统村落申报工作,兴桥镇高坎村拟纳入申报。完成第五批、第六批国家级及东陂村传统村落保护规划省级评审工作,指导兴桥镇第四批传统村落上级补助资金项目落实。

【燃气安全生产】 制定《吉州区2023年城镇液化石油气安全管理工作方案》,要求各镇按照方案要求做好安全生产管理工作;建立吉州区液化气重大危险源台账及吉州区液化气安全隐患监管台账。联合组建排查整治组14个,每季度督查1次,同时,强化各重大节日前后突击检查,做好检查、复查、消除隐患闭环管理工作。年内，录入液化气站、餐饮、学校、医院、特种设备监测等企业信息1328家，燃气安全检查整治1328家，发现隐患并整改完成555个。

【矛盾问题化解】 改制企业遗留问题处置工作，完成99%职工安置费用发放，拨付安置费用3700余万元。问题楼盘化解。推动区管各问题楼盘化解处置工作，疏解业主矛盾纠纷。穗华玖隆嘉园（一期）、湖滨御景园、汇丰御园、浩城天禧、浩城天樾、浩城螺川嘉苑、浩城太学府一期、浩城天骄西区等项目基本化解到位，子山小区、金庐一号、浩城天骄东区、浩城水墨书香、浩城太学府二期、三期等楼盘化解有序推进。行业矛盾处置。按照"谁主管、谁负责"和"管行业、管领域必须管稳定"原则，组织矛盾纠纷大排查大化解防范遏制"民转刑"案件发生专项行动，较好化解问题楼盘延期交房等问题矛盾纠纷。

【物业管理】 全区小区282个，成立业委会143个，物管会136个，业委会（物管会）覆盖率98.94%。提升物业小区服务品质，加强对物业服务质量监督管理，持续推进区、街道、社区"三方"协同治理模式。党建+"红色物业"工作，强化业委会自治能力，红色物业小区、美好家园小区申报，获评2023年度红色物业优秀县（市、区），东投金麟府、城建花苑、古南蓝湾3个住宅小区获评全省红色物业小区，宝华新城、天龙花园等5个住宅小区获评全市"红色物业"小区，城建花苑小区和桃源盛景小区上报住建部参加全国"美好家园"小区评选。

【棚户区改造】 2023年，吉安市政府下达吉州区棚户区改造开工任务392套，其中，城市棚户区改造292套，机床厂棚改100套，主要以产权置换和货币化方式安置。至年底，棚户区改造开工任务数全部完成。

【保租房建设（筹集）】 2023年，市级下达区级保障性租赁住房建设（筹集）计划任务200套。该局结合实际情况制定《吉州区保障性租赁住房建设实施方案》《吉州区保障性租赁住房项目认定办法》，完成234套，超额完成任务数，其中，区工业园紫荆北苑1#楼既有项目104套、江西兴泰科技股份有限公司员工公寓新建项目130套。

【公租房分配】 规范工业园公租房使用，落实公租房动态管理。公租房分配方面，累计新分配公租房169套，其中，行政事业职工分配公租房39套、园区企业职工分配124套、政府棚改项目拆迁安置6套。公租房管理方面，累计清退106户购房产承租户，清退转租转借承租户12户，其他因工作变动、个人不需要等原因办理退租56户。

【扫黑除恶斗争】 巩固工程建设领域扫黑除恶斗争成果，全面推进住建领域行业整治。组织人员到区管在建工地、物业小区、挂点村（社区）、园区企业，发放整治宣传单、张贴公告、专题讲解等形式，宣传扫黑除恶斗争，同时，发布《吉州区住建局关于征集住建领域扫黑除恶斗争问题线索的公告》《关于吉州区房屋市政工程招投标领域各类人员充当"黄牛"掮客问题线索征集公告》，发动群众参与，营造良好整治氛围。

【与人大政协对接】 围绕行业职能，主动与人大工委和政协专委工作对接，配合做好年度老旧小区改造、物业管理、行业监管等各民生事业工作调研，推动各民生事业落实和问题改善。按时保质完成区人大代表建议、政协委员提案17件，办理质量和满意度、办结成效均达到100%要求。

（肖前）

城市管理

【概况】 吉州区城市管理局全面提升中心城区城市建设和管理水平，持续完善城市功能与品质，突出工作重点，补齐短板弱项，提升城市管理精细化水平。2023年，行政执法业务专项培训2次，行政检查事项巡查200余次，办理行政处罚案件656份；受理各类信访并处理3901件，群众满意率98%，参评率100%；城区绿化率43%。被评为年度省城管执法工作"先进单位""先进基层党组织"。

【市容整治】 按照"主干道严管、次干道严控、小街巷逐步规范"工作方针，采取日常巡查和集中整治，治理超店占道经营等现象。实行错时管理，违章行为得到有效控制。年内，集中整治行动141次，清理流动摊贩9205处、超店占道经营4799处、橱窗广告287处和垃圾广告141处。

【增设执法岗亭】 做好市容环境常态化管理，提高见城管率。阳明商城、步行街、仁山坪、云腾岭路、壹街区、东门街等重点部位，增设10座城管执法岗亭，做到及时发现问题并解决问题。

【规范非机动车停放】 落实常态长效管理，采取教育与处罚形式，规范整治辖区主次干道乱停放非机动车辆。全年整治乱停放非机动车2292辆，拖车处罚1456辆。

【占道三轮车专项整治】 按照"疏堵结合、精细摸排、严防死守、长效管理"工作要求，"每日整治"与"错时突击整治"相结合方式，专项整治占道三轮车，清理主次干道占道经营商贩。全年，整治行动63次，暂扣三轮车占道经营304起，按照首违不罚原则，签订保证书44份，处罚金额39450元。

【雨污管网及配套设施建设项目】按照区政府意见牵头实施螺湖水系整治工作，推进市中心城区雨污管网及配套设施建设项目（吉州区标段）勘察设计，包含螺湖水系标段计划改造34个排水单元雨污管网和3条主次干道，城南专业市场标段计划改造13个排水单元和17条市政道路及新建污水提升泵站2座。督促相关责任部门推进螺湖水系水葫芦打捞、上游引水渠道建设和水生态修复及农村污水治理等具体工作。

【人行道公园绿地提升工作】集中提升城北片区行政中心周边路网、井冈山北大道和城北新区路网等主要位置残次绿化景观，更换补种香樟、榉树和女贞等行道树1505株，安装智慧灯杆550杆。

【路段绿化彩化】营造春节氛围，高铁广场和阳明西路绿化端口布置时令鲜花，高铁片区和中心城区主次干道灯杆安装灯笼、国旗道旗及绿化带端口安装景观小品等，投资约430万元，彩化面积约1万平方米、装饰路灯约5000杆。主要路段全年持续绿化彩化景观。

【餐饮油烟防治】全面摸排辖区内餐饮商铺数量、油烟净化装置安装使用、厨房卫生等情况。落实新增餐饮联审联批工作，控制新、改、扩建餐饮业油烟污染行为发生。全年摸排有注册执照大中小型餐饮店602户，协同办理新增餐饮408户，处置油烟扰民212起，依法处置4起，罚款2万元。

【渣土车扬尘污染及建筑施工噪声整治】采取日常巡查与突击检查相结合的方式，查处建筑垃圾运输车辆未密闭运输、车体不洁、车轮带泥等现象，以及随意倾倒、抛撒或者堆放建筑垃圾等违法违规行为，同时，加大对夜间渣土运输和夜间施工等违法行为查处力度。全年查处违法违规行为为29起，处罚金额9.12万元，制止建筑工地夜间及午间施工噪声扰民行为为254起。

【菜市场建设】按照“统一规划、合理布局、提高标准、卫生美观、分期实施”原则，于1月、7月和8月分别完成环湖湾、跃进路、石阳路菜市场新建工作并投入使用，3家菜市场占地总面积2.18万余平方米，总建筑面积4.35万平方米，设置摊铺627个。

【颐祥园老年公寓专项整治】2019年9月，该公寓专项整治工作启动。区城管局主要领导每月现场工作调度1次，每半月召开1次专项工作会议，同时，联合习溪桥街道组建10个宣传动员工作组，持续攻坚克难，推进入户动员、房屋清退等工作，于2023年12月26日，全面完成该公寓116户119栋房屋违建拆除工作。

（肖志钦）

环境卫生管理

【概况】吉州区环境卫生管理处现有环卫车辆280辆，其中，各类机械车辆75辆、电动保洁车辆205辆。2023年，按照年初重点工作和总体安排部署，持续常态化创建全国文明城和国家卫生城，集中打好“十大攻坚战”，做好吉州环卫城市管理工作，完成中心城区面积928万平方米主次干道清扫保洁工作，完成11座公厕改造，较好完成省、市各级各类卫生检查、重大会议和大型活动市容环境保障任务，全面推进吉州各项环卫工作高质量健康发展。5月31日，区环卫中心正式全面接管高铁新区环卫工作。先后获第十六届省级文明单位、江西省城建管理协会先进会长单位、2023年度全省生活垃圾分类工作考评市辖区组前5名、2023年度全市生活垃圾分类工作考核第二名等荣誉。

【大气污染防治】制定《区环卫中心2023年中心城区大气污染防治联防联控应急响应工作方案》，负责道路清扫、保湿、保洁，强化对核心区域道路雾炮洒水、道路冲洗、清扫保洁等作业，确保达到应急管控和常态化管控频次要求。全年洒水车降尘洒水逾16500车次，喷雾抑尘车抑尘洒水逾1200车次，有效降低臭氧对大气环境质量影响，达到空气质量优良天数比例标准，巩固蓝天保卫战成果。

【“以克论净”示范路】完善中心城区城市功能与品质提升，打造井冈山大道、沿江路、阳明东路、鹭州东路、大桥西路、韶山东路等主次干道示范路，“以克论净”示范路段按照“一扫二冲三洗四保洁”作业标准程序运转，针对雨水过后道路两边积沙采取人车结合冲洗方式清洗。利用电动车突击队伍加大清洗力度，及时清洗路面突发污染，清洗垃圾屋、果壳箱，针对餐饮店周边油污污染加火碱清洗干净。通过“以克论净”机械化测评系列监管工作措施，“以克论净”实施区域基本达标。

【生活垃圾分类】六个方面落实中心城区生活垃圾分类推进工作：生活垃圾分类配套设施建设。居民小区新增安装30座分类收集亭，4座智能分类收集站，15块分类投放点示意图，10块垃圾分类管理制度标语，配置300余个分类收集桶，40余个消杀喷壶容器，更新宣传栏展板标语20余块，发放垃圾袋5万余个。生活垃圾分类宣传。联合区直相关单位、街道、社区开展“垃圾不落地”“垃圾分类进校园”“小手拉大手”等生活垃圾分类主题宣传活动10余次,居民小区定点宣传、入户宣传20余次,发放宣传手册及应知应会问题问卷1000余份。“四分类、两分法”工作。按照市生活垃圾分类办印发的《关于进一步规范居民小区生活垃圾分类的通知》要求,每个小区设置1处生活垃圾“四分类”投放点,其余投放点结合小区实际合理设置“两分法”投放点,按两分法要求撤除多余可回收物和有害垃圾收集桶,收集容器颜色标识统一,并保持常态长效。垃圾分类设施设备督察。区生活垃圾工作领导办公室,定期督察中心城区居民小区内垃圾分类设施设备清洁、维护、保养情况,督察结果以通报形式下发给各责任主体并要求及时整改做到常态长效。生活垃圾分类投放引导。结合居民小区实际情况,合理配置生活垃圾分类督导员,引导小区居民正确投放,同时,组织入户上门提供垃圾分类知识宣传服务,调动居民参与垃圾分类积极性和主动性,提高小区居民垃圾分类知晓率、参与率和准确率。示范点小区建设。创建中心城区10个生活垃圾分类示范样板小区,完善样板小区生活垃圾分类设施设备,建立样板小区生活垃圾分类情况巡查机制,开展生活垃圾分类工作宣传。同时,衔接吉安绿色分拣中心、大件家具处理中心,推动吉州区“两网融合”,形成可循环垃圾分类终端处理体系。

【赣江段环境整治】 做好赣江中心城区段环境整治工作,构建长效管理机制,提升赣江沿岸河道保洁质量。做好岸坡、水域和栈桥日常清扫保洁管护,全年开展集中整治逾20次,出动清扫保洁人员逾200人次,出动垃圾运输车逾30台次,清理垃圾1300余吨。同时,组织环卫人员学习水上作业和车辆驾驶员安全教育培训,提升赣江水域岸线管护水平。

【吉安市资源循环利用中心建设】 利用区大件家具处理中心,完成吉安市资源循环利用中心建设,该处理中心位于区中小企业创业园内,项目总投资约8000万元,一般工业固废处理规模9万吨/年。

【“两网融合”示范点建立】 区“两网融合”示范点(东投金麟府),是吉安市首个以“再生资源回收+垃圾分类宣传”为主要内容垃圾分类“两网融合”示范点,是重构再生资源回收网格体系、推动再生资源市场转型一项重要举措,奠定加快生态文明建设基础。该示范点结合垃圾分类工作需求,设有智能过磅称重及回收系统、人工服务区、可回收物暂存区、功能展示区、休息区。主要分为生活垃圾分类宣传板块和再生资源利用展示板块两大板块。打通线上线下服务通道,推进“垃圾分类+资源回收”两网深度融合,携手社区、居民、商业等一起做好垃圾分类工作,提高源头分类精准度,促进居民生活垃圾分类减量化、资源化、无害化,促进创建全国废旧物资循环利用示范城市。

【撤桶并点】 8月,落实吉安市城管局《关于推进城区生活垃圾集中收运专项整治行动的实施方案》,改善城市道路街面环境卫生状况,实行撤桶并点、定时收集。制定撤桶后沿街门店上门收集时间和路线,分步开展撤桶并点工作。城区主次干道撤桶593个,撤桶路段15条,服务门店635家,发放宣传单逾1500份;背街小巷撤桶198个,完成餐饮店111家、撤桶入店240个。

【生活垃圾收集站渗滤液处置实现达标】 8月31日,与光大环保能源(吉安)有限公司签订吉州区生活垃圾收集站渗滤液委托处置合同,垃圾收集转运站渗滤液处理工艺,出水水质满足《城市污水再生利用——工业用水水质标准》。

【吉州城市生活垃圾分类科普教育基地开放】 12月19日,区城市生活垃圾分类科普教育基地正式揭牌并投入使用。推进绿色发展,打造无废城市建设工作迈出重要一步。该基地位于区机械装备产业园吉安市绿色分拣中心,包括垃圾分类宣教展示、无废城市“两网融合”体系建设展示两部分内容,集宣传、教育、展示、互动于一体的多功能基地。

(聂士承)

生态环境

【概况】 吉州生态环境局执行国家和省生态环境法律法规和基本制度,融入赣江中游生态经济带建设,打好污染防治攻坚战,深化“四通四及时”(线索直通,及时发现问题;责任贯通,及时交办问题;处理畅通,及时整改问题;信息互通,及时反馈问题)生态环境治理改革,持续抓好中央和省环保督察反馈问题整改。$PM_{2.5}$年均浓度26微克/立方米,同比上升8.3%,空气质量优良天数比率98.9%、同比提高6.6个百分点,地表水断面水质达到或好于Ⅲ类断面比例100%,赣江干流吉州段断面水质达到Ⅱ类,集中式饮用水水源地水质达标率100%,受污染耕地安全利用率93%以上。受理信访件76件(其中,大气污染37件,噪声污染21件,水污染15件,固废污染1件,辐射污染2件),受理率100%,回复率100%。荣获2023年全省生态环境系统目标管理考核先进单位称号。

【环评审批与排污许可】 完成建设项目审批报告书(表)26个,并实时联网报送环评审批信息及相关月报表。实行环评告知承诺审批制度,环评豁免项目18个,承诺制审批项目1个。不符合国家产业政策高能耗、高物耗、重污染项目一律不予审批。完成固定污染源排污许可(简化管理)64家(许可证核发1家、变更12家、延续25家、排污登记26家),全面实现固定污染源排污许可(简化管理)和登记。

【环境监测】 配合市生态环境局做好土壤环境质量监测、农村环境质量监测、地下水环境监测。新源污水处理厂入赣江排口定期水质监测,并将监测数据及时录入全国污染源监测信息与共享平台,同时,做好应急监测工作。

【蓝天保卫战】 印发《吉州区大气污染防治落实方案》《吉州区2023—2024年秋冬季大气污染防治攻坚行动方案》,强化$PM_{2.5}$与臭氧协同控制,推动空气质量持续改善。强化重点行业领域整治,加大扬尘预防和治理力度,严防餐饮油烟污染,强化涉挥发性有机物排放企业监管,管控露天焚烧行为。餐饮场所安装油烟在线监测试点,好乐福、好客莱餐饮企业完成安装油烟在线监测;采取人工+无人机方式,加密对秸秆禁烧、烟花爆竹禁放巡查管控;工业领域大气污染问题专项整治和涉VOCs治理,排查企业31家、问题34个,均全部完成整改。

【碧水保卫战】 吉州区赣江干流127个入河排污口排查溯源,核减非排口30个,移交庐陵新区排口18个,移交吉水县排口1个,吉州区需排查整治排污口78个。制定《吉州区加强入河排污口监督管理工作实施方案》,赣江入河排口整治完成55个,完成比例70%以上,完成赣江支流禾水、泸水入河排污口排查、监测。集中式饮用水水源地保护,水质达标率100%。工业污染治理,7月,区城北污水处理厂一期工程2万吨/日建成投运。申报中央水污染防治资金项目,编制《吉州区入河排污口规范化建设项目实施方案》《吉安市吉州区螺湖水系水质改善与水生态修复工程项目可行性研究报告》,申报项目进入中央水污染防治储备库。

【净土保卫战】 土壤污染源头风险管控,排查涉镉等重金属企业及企业周边耕地污染情况,督促指导企业完成问题整改,保障土壤环境安全。重点建设用地安全利用,实行重点建设用地安全利用规范化、法治化准入管理,督促指导重点建设用地业主单位,调查土壤污染状况,全区重点建设用地安全利用率100%。农村生活污水治理,完成农村生活污水治理任务3个,农村生活污水治理设施改造提升任务3个。制订《吉州区长塘镇路口村农村黑臭水体治理工作方案》,完成长塘镇路口村农村黑臭水体治理。

【医疗机构及医废监管】 年内,检查辖区医疗机构11个,医疗废物处置机构1个,城市生活污水处理厂1个,出动执法人数160余人次,帮助协调解决技术问题2个,确保各医院医疗废水处理设施及消毒设施正常运行达标排放。优艺环保科技(吉安)有限公司,集中收集处理吉安市辖区内各医疗单位产生医疗废物,医疗废物处理能力15吨/天,全年收集处置医疗废物2899吨。

【环境应急管理】 与区消防救援大队签订《吉州区突发环境事件联动战略合作框架协议》,建立联席会商制度,互报、协调环境污染应急处置和应急联动工作,共同提高突发环境事件应对能力。排查环境安全隐患,发现隐患问题及时督促完成整改。组织污水处理厂、园区重点企业,先后开展突发水污染事件应急演练,增强企业和生态环境部门突发环境事件应急处置能力。

【环保督察】 按照“即知即改、立行立改、真改实改、全面整改”要求,解决历年历次环保督察反馈问题。2016年以后,中央和省环保督察及“回头看”反馈问题103个,其中,长期坚持整改43个、限期整改60个。截至年底,限期整改问题60个,完成整改销号48个,完成整改正在销号2个,其余10个正按时序推进;交办信访件169件全部办结销号。长江经济带警示片和省生态环境警示片披露问题4个,完成整改销号2个,完成整改正在销号1个,1个正按时序推进。

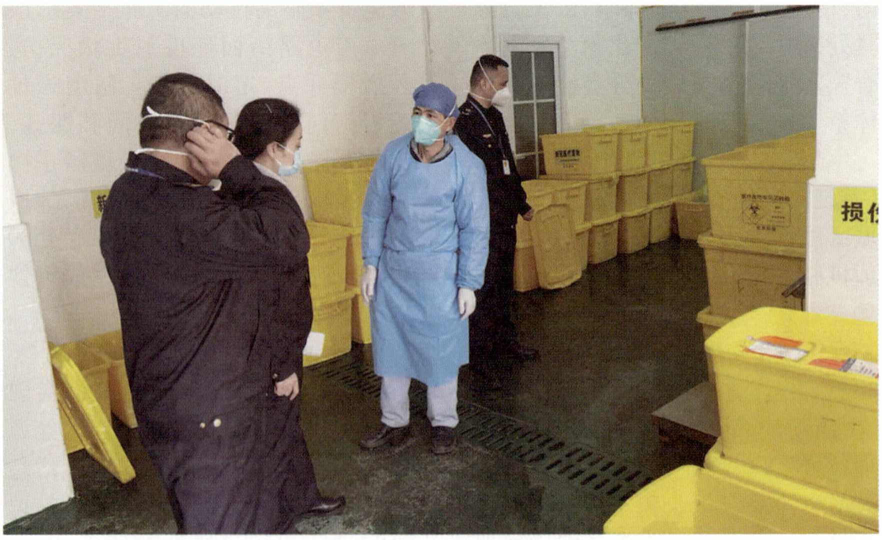

1月18日,吉州生态环境局开展医疗单位环境隐患排查工作
(区生态环境局 供图)

【“四通四及时”生态环境治理】 年内,吉州区“四通四及时”生态环境治理工作在问题发现、交办、处置、反馈等方面,及时发现并解决一批生态环境问题。畅通投诉举报渠道,办结环境信访问题76件;采取“定期+随机”“单独+联合”方式,排查环境问题493个;依托智慧环保监管平台,发现环境问题429个;拍摄制作生态环境警示片2期,曝光问题8个。建立环保督察、警示片、巡视巡察、审计、投诉举报、自查排查“六张问题清单”,制定问题整改销号管理办法,采取通报、提示、督办、约谈等方式,累计整改销号各类问题218个。问题整改与建章立制相结合,出台环评审批、镇(街)取土和“散乱污”企业管理、餐饮店“四方联审”等制度20余项,推出企业环保用电监管、环保业务专题培训等创新举措。

【无废城市建设】 成立以区委书记、区长担任正、副组长,各相关单位主要负责人为成员吉州区“十四五”时期“无废城市”建设工作领导小组,印发《2023年吉州区“无废城市”建设工作要点》。完成小微产废企业集中收集转运暂存场所工程建设,年产废量50吨以下小微企业作为集中收集重点,兼顾机关事业单位、科研机构、学校和第三方检测实验室等社会源。城市居民小区生活垃圾分类设施覆盖率100%,建成全省首个“垃圾分类+资源回收”两网融合试点(吉州区东投金鳞府试点)。辖区内吉安职业技术学院、韶山路小学获评2023年度市“无废学校”,天虹商场获评2023年度市“无废商场”,吉安宾馆、格兰云天国际酒店获评2023年度市“无废饭店”。累计完成区级以上“无废细胞”创建12个。

【非道路移动机械编码登记工作】 4月,开展非道路移动机械编码登记工作,调查登记活动采取“主动上门服务”,主要针对辖区内施工工地、工业企业非道路移动机械无牌无证车辆排查,建立排查工作台账,根据排查工作台账,逐一信息采集,编码登记和号牌核发。加大对排放不达标非道路移动机械查处力度,完成辖区非道路移动机械信息采集和编码登记。调查登记新增20余台非道路移动机械,全区有编码登记环保号牌非道路移动机械815台。

【环保宣传】 “5·22”国际生物多样性日,联合文山街道思源社区开展2023年“国际生物多样性日”暨党员“先锋日”活动,提升公众对生物多样性保护知晓度和参与度,助力新时代城市基层党建工作。6月5日,与市生态环境局等部门在市中心人民广场,开展主题为“建设人与自然和谐共生的现代化”的大型环保公益宣传活动。活动现场摆放环保科普知识展板,发放环保宣传手册、宣传单等。

【“政府开放日”活动】 7月,“政府开放日”活动举办,邀请人大代表、政协委员、企业负责人、村(居)群众代表15人参加。座谈会上,听取代表意见建议,回答代表问题。实地察看江西新赣江药业股份有限公司、区工业园污水处理厂、区污染源在线监控平台,现场观摩执法人员利用无人机检查企业、水质采样,并了解企业污染治理、工业污水处理、环保用电监管、污染源在线监管等生态环境保护工作情况。

【辐射事故应急演练】 11月28日,联合江西电缆有限责任公司组织辐射事故应急演练。此次演练事故模拟该公司在产品辐照时,在作业人员还在辐照间内确认产品状态情况下,辐照室外作业人员关闭防护门,开启辐照设备辐射作业,导致黄水龙受到超剂量照射。事故发生后,工作人员按下急停开关,切断电源,第一时间报告该公司应急领导小组办公室,并上报吉州生态环境局。公司应急领导小组和吉州生态环境局人员第一时间赶赴现场,各应急小组人员迅速就位,在现场指挥小组统一部署安排下火速封锁现场、人员疏散、医疗救治、应急处置、应急监测等工作,处置辐射事故。该演练对吉州区科学有效预防和应对辐射事故具有重要意义。

【环境统计现场培训会】 12月28日,2023年度吉州区环境统计现场培训会召开,辖区内22家重点企业具体工作人员参加会议。会上集中学习《生态环境统计管理办法》,介绍环境统计培训目的和意义,明确时间节点及工作任务,并就填报系统操作使用、数据采集、核算报送等流程做详细讲解,会后对企业提出问题现场答疑。

(李灵)

区域建设发展

吉州年鉴 2024

城北新区

【概况】 城北指挥部属政府临时机构，其法人主体是吉州投资发展有限公司（该公司主要从事城市开发建设融资和投资工作）。城北新区总指挥部位于吉安市中心城区城北组团，东濒赣江，北至赣粤高速公路北出口，西临城市外环线，南为北门河。中心区位于吉州区行政中心所在地块，分为A、B、C、D，4个区块，总面积4.46平方千米。城北新区加快重点项目建设，落实安全生产工作，完善工作机制，新区管理水平提升。2023年，A区基本建成，C区正在开发建设。区电子产业服务中心成立于2021年4月，属区直单位。

【城北开发建设】 区里下达城北新区牵头重点项目7个（其中，自建类项目4个、服务类项目3个），截至年底，年度投资总额4.54亿元，自建项目均超时序完成建设进度及投资占比。城北全民健身中心（土建工程、市政绿化工程、室内装修工程、设备采购全面完工）于6月对外开放，城北新区基础设施建设项目于8月完工，石溪头小学工业园分校于8月投入使用，城北社区卫生服务中心开工建设。完成城北控规C02－02地块、C09－02地块挂牌，完成工业园区控规A2－2－1－2地块挂牌出让，土地收益3987万元。

【城北新区管理】 打造平安城北、和谐城北，党建联席会为平台，实现社区、物业、业委会和相关职能部门共同商议机制，抓好“微网格”服务“大民生”，调解社区矛盾纠纷60余件，化解信访投诉问题700余件。妥善解决汇丰御园、金庐一号（含湖滨华府、湖滨御景园）、浩城3个问题楼盘。

（蒋鹏翔）

城南市场建设

【概况】 吉安城南市场是吉安市市场体系中最大一个市场群，是江西省第一批省级现代服务业集聚区和江西省重点项目汇集地。整个市场一期规划总面积3.23平方千米，形成建材市场、机动车市场、工程机械和农业机械市场、钢材市场、仓储物流市场、兴华国际商业城、凯旋汽车城、赣兴国际商贸城、江西迈凯利国际二手车市场、港耀商贸城、V时代微商创业总部以及总部经济、电子商务、酒店服务业等10多个市场业态商贸市场群，市场建成面积175万平方米，签约商户3000家，实施装修和开业商户分别有953家和2052家。市场积极转型升级，完善物流配套，引进国光云智商贸物流、江西供销（吉安）冷链物流园项目，落户医院配套等。市场建成路网面积53万平方米，形成钓源大道、黄洋界大道、吉兴大道和兴农大道为主干道，其他城市道路为主路交通网络。

【重点项目建设】 城南市场5个建设项目按期完成任务，金弓汽车4S店项目竣工封顶并正完善外墙及内部设施，江西国光吉安云智科技运营中心项目、江西启程健康管理有限公司吉安广济医院项目开工动建，江西信锋供应链公司吉钢项目建成并投入运营，东风、长安马自达、比亚迪等新能源汽车4S店开业。

【招商扶商】 打造冷链物流。10月，与江西省供销集团合作冷链物流园项目签约，12月，完成土地挂牌出让。招引综合物流项目入驻。引进祥云物流、鑫赣粤物流等企业入驻市场，盘活华通物流，开通广州、顺德、南昌等城市物流专线，补齐通往市内各县区、乡镇短线，完善物流网络。做大汽车市场板块。新引进广汽埃安、哈弗、欧拉、几何、东风日产、比亚迪、长安马自达等新能源汽车4S店，市场内销售乘用车和商用车品牌40家以上。新经济、新业态产业有所突破。以舌尖王国、飞天集团、易货贸易、淘菜菜等电商为龙头，新引进江西正意置换、国经配送公司等电商企业，洽谈项目有上市企业真橙二手车供应链公司二手车市场项目、浙江颐高集团网红直播基地、汽车后市场服务项目。申请专项债1.15亿元，打造数字电商产业园。做旺传统产业。引进郁华轩红木馆、名峰家具城、顺城汽修连锁店等企业，鞋业批发不断做大市场份额，洽谈项目有深圳方特主题公园项目、上海驴妈妈主题乐园项目。全年市场运营率提高10%。

【市场管理】 树牢“人人都是营商专家，事事关系营商环境”理念，推广扫码注册“吉事即办·惠企通”，建立健全市场各部挂点项目、各开发平台（或物业公司）配合、各企业参与三级网格化管理模式，定期开展企业走访，解决企业所急、所盼、所想问题，做到小事不出平台、大事不出市场。协助企业招工，解决融资难等问题，截至11月，为市场内18家企业申请财源信贷通贷款6500万元。抓好“五上”企业入规入统工作，完成工业企业2家，批发零售企业4家，服务业企业1家。完成固定资产投资入库2户（其中5000万元以上企业1户）。加强市场常态化管理，整治违章搭建，宣传普及安全生产知识活动，完成食品安全包保台账40户，抓牢生产安全隐患排查整治行动，及时回应企业群众合理诉求，维护市场健康安全稳定和谐发展。

（梁红家）

樟山新区

【概况】 樟山新区位于吉泰走廊核

心区北部，是中心城区金樟组团重要板块。新区规划范围：南至吉州工业园翠屏路，北至抚吉高速公路，西至昌吉赣城际铁路和赣粤高速公路，东至赣江，规划面积30.64平方千米。樟山新区建设指挥部办公室设综合部、招商部、工程部、征地拆迁部、财审监察部，有工作人员10人。2023年，新区紧扣区委、区政府“提升首位度、争当排头兵，挺起赣江中游生态经济带脊梁”目标要求，围绕“产城新区、康养新城、赣江新岸”发展定位，推动重点项目建设和招商引资等工作，各项工作取得新突破。

【重点项目建设】 塘下路（翡翠大道－林荫路）建设项目：道路全长400米、宽24米，主要建设内容为道路工程、综合管线工程、交通工程、排水工程、路灯照明等。项目于3月开工，10月建成通车。金樟职教园一期建设项目：占地面积16.5万平方米，总建设面积13万平方米，建设内容包括：教学楼、实训楼、综合楼、报告厅、风雨球馆、学生宿舍、食堂、运动场和室外管网及配套工程、室外景观绿化工程、道路亮化等附属设施。6月完成项目施工招标，至年底完成主体工程的30%，整体工程的15%。吉州港码头的产业园区标准化厂房及配套基础设施建设项目：规划建设面积13.3万平方米，总建筑面积9.5万平方米，其中，生产厂房面积7.5万平方米、仓储厂房面积2万平方米，建设标准厂房10栋，配套建设道路2.5千米及辅助用房。至年底，完成土石方约100万立方米，完成砂石传送带下穿沿江路北延箱涵、电力管道预埋、自来水主管安装，完成项目地块内220千伏玉樟线迁改工程及项目周边配套工程，新建搅拌站项目完成土地拍卖。其他项目：完成污水处理厂环评验收、环保验收和排污口许可证办理；翡翠大道二期、翠屏东路二期、垃圾填埋厂出水改道、自来水管网埋设等工程审计和道路移交，做好君悦府小区问题楼盘处置化解和信访工作。

【招商引资】 招商引资工作，全年接待61批次客商，主要考察职业教育、数字经济、生物医药、装配式建筑、光电子器械制造和航空配件等产业。

（饶莉）

都市田园观光区

【概况】 吉安都市田园观光区是吉安市“三山一江一城”战略格局中“环中心城区旅游圈”重点打造区域。观光区位于吉州区兴桥镇，以吉福路吉州段为主轴，两侧各1000米范围内为核心区域，规划研究范围面积55平方千米，核心区范围面积32平方千米。项目围绕“在推进新时代‘五位一体’总体布局中加强生态文明建设，描绘‘绿水青山就是金山银山’壮丽篇章，弘扬创新庐陵文化，探索符合实际高效可持续旅游扶贫路子，创建‘美丽中国、江西样板’具有原创意义吉州品牌”目标，依托规划区内丰富庐陵文化、特色村落、特色农业、山水景观等资源，以兴桥农耕文化旅游特色小镇为支点，立足于都市区位和城市人群定位，以钓源古村、石语荷园、柚乡园、福容台湾园、古貌古心园为核心，重点打造建设麻下水库周边区域等主题明确、业态包融、文化传承、不可复制旅游综合集聚区。2023年，观光区围绕区委、区政府工作部署，推进各项工作任务，提升平台承载能力，“一个主轴、三个片区”框架基本形成，农旅特色小镇初具规模，成为城市居民近处环游首选目的地、中心城区最美后花园。钓源古村获评国家AAAA旅游景区，永海石语荷园获评江西省AAAA乡村旅游示范点，古貌古心园申报国家AAA级旅游景区，都市田园乡村游入选中国美丽乡村休闲旅游行（冬季）精品景点线路。

【景点规划和建设】 完善古貌古心园建设，将古貌古心园打造成集古物展示、文玩交流、文化创意、传统民俗游学体验，非遗传承于一体的文、旅、研、产多种业态融合项目，并与石语荷园、绿色食品产业园融合，打造成集吃、住、行、游、购、娱于一体的旅游集聚区。钓源古村引进十里芳菲等专业团队参与景区运营管理、市场营销和品牌策划。举办吉州区第一届油菜花节（“春光灿烂嘉游赣” 钓源古村·十里芳菲首届花朝节）、中央广播电视总台家庭酷跑大会（吉州钓源站）、钓源亲子音乐会、钓源乡村振兴交流会等大型活动50余场。加大对庐陵文化、文玩产业、文化品牌的宣传推介力度，举办书画采风、研学拓展、文化交流等活动，提升观光区软件建设。观光区负责配合做好农业产业和文旅项目招商，将现代农业示范园与吉安都市田园观光区协同发展，丰富园区业态。

【基础设施建设】 观光区内9个自然村1个（钓源庄山村）环境整治提升，钓源古村按照景区核心区划分主次，依照维修方案修缮古建筑，加强景区宣传，提升景区环境，提升点建设全部完成。同时，完善农村生活垃圾第三方治理运行机制，整治“三沿两岸一区”环境，村容村貌得到明显改善。加大镇区、景区环境整治力度，区域内环境质量品质得到提升。健全完善农旅特色小镇市容管理机制，小城镇店招、路网、污水处理、绿化亮化、农贸市场等基础设施品质全面得到提升。

（李兵）

绿色食品产业园

【概况】 吉州区绿色食品产业园是

吉州区工业“一园四区”规划布局重要组成部分，位于吉安市城西兴桥镇，紧临高速公路吉安南出口和高铁吉安西站，区位优越、交通便利、生态良好。园区总规划面积约0.87平方千米，2017年全面启动建设，形成“两纵三横”路网，落户企业22家，建成厂房面积13万平方米，其中投产17家。园区主要特点：传统食品集聚区。入园企业主要加工生产蛋黄酥、麻薯、薄酥饼、酒类、茶油、蜂蜜、酱饼、小吃等具有传统庐陵特色绿色食品。品牌食品创建区。帮扶企业入规入统、做大做强，“小作坊”培育孵化成“大企业”。都市休闲观光区。园区按照园林式标准规划设计，突出“绿色、生态”主题，对接融入都市田园观光区、井冈山农业科技示范园和钓源古村等乡村旅游景点景区建设。2023年，实现年产值5亿元，税收500余万元。

【企业建设】 园区落户企业22家（含5家厂房租赁企业），吉安市吉乔食品有限责任公司、江西长丰酒业有限公司、江西正元饮用水有限公司、江西井蜂园蜂业有限公司、江西一禾食品有限公司、江西厚霖食品包装有限公司、吉安市健乐谷物有限公司、江西麦爸食品有限公司、江西尚食电子商务有限公司、江西爱怡食品有限公司、江西乐滋食品有限公司（东莞食滋源）、江西中麦食品有限公司、江西康娃缘食品有限公司、江西中康中央厨房管理有限公司、江西赣之然食品有限公司、江西聚吉宏食品有限公司、江西好必莱餐饮管理有限公司17家企业投产，江西大铭茶油开发有限公司、江西荣玉食品有限公司、吉安江南食品厂3家企业厂房竣工，新签约项目1个（纸箱包装企业厚霖包材制品有限公司）。同时，解决企业空置厂房盘活问题。

【基础设施建设】 5月底，随着丹桂路初验合格，绿色食品产业园建成“两纵三横”（兴德路、迎春路、金谷路、S442即腾飞路、丹桂路）路网，总长度6千米，绿化面积1.2万平方米。

【企业帮扶】 实行企业落户到投产跟踪帮扶，每月召开“茶叙会”及时了解和掌握企业情况，推动企业建设。全年，帮扶和解决企业问题20余个。落实企业返税奖补政策，帮助两个企业解决“房土两税”滞纳金过高问题，协调解决赣之然劳务纠纷问题，协调乐滋办理二期土地证事宜、协调解决企业生产中资金链问题及招工问题等。同时，帮助江西乐滋、赣之然、康娃缘等企业成功申报农业产业专项资金，鼓励企业参加国家、省、市专题产品展示、食品博览会等，帮助园区产品进入省机关事务管理局App、云享庐陵、区机关食堂、区扶贫馆平台。

【绿色食品产业政企恳谈会】 10月19日，区委书记尹冬苟专题调研绿色食品产业发展情况并主持召开第31期亲清连心政企恳谈会，区领导王锐波、彭忠参加。尹冬苟一行先后来到江西乐滋食品发展有限公司、江西康娃缘食品有限公司、江西赣之然食品有限公司和吉安市中康餐饮管理有限公司实地调研，与企业负责人面对面交流，详细了解区绿色食品企业在产品研发、市场开拓、安全生产等方面情况。会上，围绕“推动绿色食品产业高质量发展”主题，江西乐滋食品发展有限公司、吉安市中康餐饮管理有限公司等7位企业家代表，分别对品牌宣传、惠企政策、业务拓展等方面提出意见建议，区商务局、农业农村局等相关部门单位负责人作现场回应。

（殷程辉）

机械装备产业园

【概况】 吉州区机械装备产业园位于君华大道以西，禾河以北，总规划占地面积0.03平方千米，将打造成吉安市中心城区专业机械装备制造高端产业园区。产业园发挥区位优势，招大引强，做好基础设施建设，为园区企业降成本、增利润，打造江铜江缆为龙头先进机械装备制造产业集群，壮大吉州区工业税收总值。

【项目建设】 机械装备产业园区基础设施工作基本完成。通信、线杆、光缆迁移、园区挡土墙、临君华大道绿化带全部竣工；机械产业园直径30厘米给水管道改造工程全面完工，保障园区企业生产、消防、生活用水需求；确保胜泰实业二期综合楼、宿舍楼建设施工。吉安市宝润联科技有限公司完成4栋厂房建设并投入使用，江西冠马工业科技有限公司按实用功能调整好厂区规划，4栋厂房完成装修；吉安市美吉罗公司二期规划调整通过，调整后厂房开始施工建设。

【招商引资】 依托江铜江缆公司，杰克机床公司拓展产业链企业入园。新增3家规上企业：江西晟华金属制品有限公司、江西申德机械科技有限公司、江西隆坤电气设备制造有限公司；新进企业1家：江西倍立金属制品有限公司。

（欧阳劲）

教育体育

吉州年鉴 2024

综　述

吉州区有各级各类学校69所，在校学生83382人，有专任教师5499人。2023年，吉州区教育体育局围绕“全市首位、全省领先、全国有声音”目标定位，创建“红色校园”为总抓手，聚力攻坚，各项工作取得较好成效。荣获全国第七届中小学生艺术展演活动优胜组织奖，获江西省幼儿园保育教育质量评估试点区、2022年度全省中小学幼儿园“红绿古”三色文化教育活动先进单位、全省平安校园建设优秀县（市、区）等6项省级荣誉，获2022年度市党政干部履行教育职责督导评价优秀等次、全市教体工作目标管理考核一等奖等10项市级荣誉。劳动教育在全国中小学劳动教育实验区座谈会上作经验推广，安全稳定暨教育信访工作在全省视频会上作典型发言，党建、统战、防溺水、学生资助、劳动教育5项工作在全市作典型发言，《深挖本地资源传承红色基因》等4篇文章在国家级报刊媒体刊登。各校获市级及以上集体荣誉82项，其中，兴桥中心小学获评教育部“乡村温馨校园建设典型案例”学校，吉安三中获评江西省普通高中特色学校。

教育体制改革。中小学校党组织领导校长负责制改革，选优配强书记队伍，推动7所党总支学校完成党政分设，全区26所党组织书记和校长“一肩挑”公办学校配备专职副书记。指导全区学校参照示范文本制定“两个议事规则”，并对议程议题、会议记录、会议纪要“三个资料”进行规范操作。“两个议事规则”落实情况纳入学校年度考核内容，学校“两个议事规则”集中调阅并下发通报，加大日常督促指导力度，确保学校规范运行。

创建党员名师课堂。印发《吉州区学校创建“党员名师课堂”实施方案（试行）》，举行“党员名师课堂”启动仪式，举办“党员名师示范展示课”“学科优质课比赛”等活动，引导广大教师立足课堂、钻研教学，精进业务。实施“双提双培”工程，党员教师培养成教学标兵、业务能手，教学能手、学科名师发展为党员，促进党建工作和教育教学“双提升”、党员与名师“双培养”。全年发展党员教师37名，创建党员名师课堂34个。

招生入学系统打造。依托赣服通平台打造新生入学“一件办结”系统，整合打通9个部门间“数据”，通过网上报名、线上审核、网上录取、在线通知等方式，优化报名流程、智能匹配学区，实现“零证明”“办结”入学，营造公平公正、高效透明入学氛围。《吉州区探索义务教育入学“一站办结”机制》做法在江西改革网刊发，吉州区“上学一件事”作为吉安政务服务品牌出席“小赣事”政务服务云直播。

满天星教育宣传团组建。宣传工作纳入学校办学绩效考核重要指标，制订《吉州区中小学校宣传工作考核方案》，定期通报系统宣传上稿情况，学校自我加压形成工作合力。联合区融媒体中心创新打造教育宣传视频栏目，重点宣传教育体育工作经验做法、特色亮点，展现教育好形象。全年，重点媒体上稿150余篇，教育宣传视频10余个。

交流活动。10月29日，新疆克尔克孜州阿克陶县考察团一行42人到区保育院、区保育院附属吉新佳苑分院，结对共建考察交流活动。该结对活动，推动两地学前教育互促发展。加强两地沟通交流，通过实地调研、现场观摩交流、线上远程教研等方式携手并进，做好“教育润疆”活动。

学前教育

【概况】　吉州区有幼儿园102所，其中，公办幼儿园51所、民办幼儿园51所，在园幼儿15458人，全区从事学前教育教职工2552人，专任教师1240人。全区“省标准化幼儿园”50所，占比49.02%；市级示范幼儿园55所，占全市总数的34%，位居全市第一。举办第四届幼儿园教师竞赛节，全区幼儿园4个宣传月活动案例均获评省、市级优秀视频案例，《四维联动，助推幼小衔接双向奔赴》获评第一批全省幼小科学衔接典型案例。

【普及普惠】　实现无证园治理全面清零。通过多次召开多部门调度会和专项治理，8所无证园经整改后准入，25所无证园被取缔，全面消除无证园。实现小区配套幼儿园全面普惠。攻坚完成7所小区配套幼儿园办成普惠性民办幼儿园，实现吉州区小区配套幼儿园100%普惠。

【“安吉游戏”】　建立“1＋3＋7＋N”逐层递进实施模式，遴选出7个区级“安吉游戏”推广试点园，3所国家级试点园为领衔园，7所区级试点园为共建园。入园视导、专家指导、实操培训等形式，确保试点园“安吉游戏”落实方向与质量。区域观摩、联合教研、协作联盟等形式，引领带动各级各类幼儿园学习、实践“安吉游戏”，整体推进“安吉游戏”，深化幼儿园课程改革。全省学前教育工作会上，吉州区作“安吉游戏”典型经验发言。

义务教育

【概况】　吉州区有小学47所，其中，城区小学16所，乡镇小学31所，九年一贯制学校小学部5个，十二年一贯制学校小学部1个；初中有学校7所，其中，城区初中学校3所，乡镇初中学校4所，九年一贯制学校初中部5个，完全中学初中部1

个，十二年一贯制学校初中部1个。义务教育阶段学生5.5万人。依托“名校+弱校，强校+新校”探索“1+X”集团式办学模式，优化教育布局，开展学校结对帮扶工作，通过教育资源共建共享、信息互通、师生互动、差异互补等方式，共同提高办学水平。

【德育工作】 做好“红绿古”三色文化主题教育活动，创建红色校园，持续开展美丽班级、乐趣小组、三好少年选树活动。常态举办共读红色书籍、重讲红色故事、同享红色教案、竞答红色知识、高唱红色歌曲、争当红色宣传志愿者、红色优课赛、评选红色之星“八个一”教育活动、“红色故事我来讲”演讲比赛、“百万师生同唱一首映山红”音乐思政课活动、“最棒庐陵红娃”教育活动、红色故事宣讲员评选活动、“红娃巧手变废为宝”创意设计大赛等一系列活动。营造沉浸式党史学习教育氛围，推动红色精神薪火相传，确保红色育人成效。石阳小学、区保育院获评全省“红色基因传承示范校”，《创建红色校园，办人民满意教育》获全区基层党建书记项目成果展示活动一等奖。

【素质教育】 开展“1+1+1”素质教育工程（第一个“1”是指每位在校学生最少能掌握一项体育技能，养成良好的体育锻炼习惯；第二个“1”是指每位学生有一项音乐或美术、舞蹈、非物质文化遗产等技能特长；第三个“1”是指每位学生能掌握一门劳动技能，做自己力所能及的家务劳动）和“一校一品”（每个学校根据自己的师资、地域等特点，创建一个属于自己的品牌或特色）创建，促进学生综合发展。硬件投入到位。学校标准化建设效果显著，办学条件得到改善，体育锻炼及艺术教育活动场地和器材配备得到全面普及，为开展素质教育提供有力支撑。软件保障到位。音体美教师配备力度加大，在职音体美教师505人；邀请非遗传承人进校园授课，实施非遗传承与学校教育融合工程；引进课后服务专家志愿者进校园服务，提高素质教育活动实效性。活动时间保证到位。按照国家课程开设刚性要求，上好每一节音体美劳课程，并做好“晒课表”工作。活动形式拓展到位。活动安排上注重动与静、现代与传统、文艺体育与学科兴趣结合，多样化开展素质教育。评价落实到位。各校组建不同乐趣小组，每学年结束前，区教育体育局评选优秀乐趣小组，并将各校素质教育工程开展情况纳入年度工作督导评估考核，促使素质教育常态长效。

【“双减”工作】 全面落实课后服务义务教育学校和学生，推行“1+N”（“1”是开展作业辅导类服务，“N”是开展科普、体育、美育、劳动类等兴趣活动或社团拓展类活动）课后托管服务模式，增加兴趣类活动时间，丰富服务内容和形式，全区参与课后服务学生52751人，占比99.11%。校外培训专项治理，巡查180余人次，排查机构180多所次，下达限期整改通知书45份、关停学科类违规培训机构3所。同时，印发《吉州区关于对校外培训机构划片管理的通知》，调动学校资源，遴选聘任160名义务监督员，成立首批校外培训义务监督员队伍，排查无证经营机构23家，劝阻违规办学机构23家，受理各类消费投诉16起，完成退费金额10余万元。

高中教育

【概况】 吉州区高中教育学校有吉安市第三中学（完全中学）、吉安市吉州区瑞华学校（十二年一贯制民办学校）两所，学生近7000人，教职工500人。吉安市第三中学，于2012年成为全国教育信息化试点学校和市首批特色学校试点单位，2013年成为全省首批特色发展试点学校，2023年成为省普通高中特色学校。

【学校特色发展】 吉安市第三中学，根据学校实际情况，创新性开发特色课程，走出一条“一手抓文化教育，一手抓特色教育”特色鲜明办学之路。该校通过特色课程，构建“五育”培养体系，聚焦艺体领域，国家课程特色化，开设7个特色专业课程；构建落实特色发展目标课程结构体系（“必修课+选修课+专修课+活动课”）和教学体系，推进特色课程选课走班教学；学校课本课程精品化，开设“书法”“色彩”“庐陵文化”等学校课本特色选修课程；成立“科技创新小组”等30个社团，小班课形式，开展丰富多彩的实践与社团活动。

职业教育

【概况】 吉州区立足实际，坚持职业教育优先发展，加强产教融合、校企合作，优化调整专业结构，加强“双师型”教师队伍建设，实现“教育教学质量”“学校办学水平”“学生综合素养”3个提升。全区有中等职业学校3所（公办吉安市中等专业学校和吉安市扶园职业高中，民办吉安应用工程学校）。学生近5000人，教职工320人。推进金樟职业教育园建设工程。

【技能竞赛】 深化产教融合，通过举办职业教育活动周、第二十届技能竞赛节、中职学校“技能成才 强国有我”系列活动，提升师生技能水平。全区中职学校在第二十届技能竞赛节、班主任业务能力比赛等活动中，吉安市中等专业学校荣获团体总分二等奖，教师获一等奖3人、二等奖3人、三等奖4人;学生获一等奖8人、二等奖10人、三等奖14人;吉安市扶园职业高中首次参赛,获二等奖1人、三等奖4人。

学校建设

【概况】 推动校建工程,夯实教育底色,全区学校新增面积10.1万平方米,增加义务教育学位5000个。

【城区学校建设】 吉安二中文星分校、思源实验学校文成分校建成投入使用,新增面积10.1万平方米,增加义务教育学位5000个。优化中心城区网点布局,吉安四中扩建、阳光学校迁建、广丰小学新建、城北高中新建、吉州区特殊教育学校、吉安五中扩建等项目,入选市、区"十大攻坚战"项目清单。

【农村学校建设】 启动曲濑中学综合楼建设项目,完成樟山中学运动场周边活动场地硅面层铺设项目,兴桥中学教学楼屋面防水改造项目及樟山镇各村小加装监控设备项目。

【公办幼儿园建设】 启动区保育院庐陵文景分院、庐陵玉景分院、田侯华庭分院建设,提高公办幼儿园办学条件。

教育经费

【概况】 吉州区教育经费实现"三个增长"。一般公共预算安排教育经费78982万元,比上年增长3.75%;一般公共预算教育经费占一般公共预算支出的23.22%,一般公共预算教育经费增长高于财政经常性收入增长3.75%。学生人均一般公共预算教育经费增长情况:中等职业学校增长2.75%,普通高中增长0.23%,普通初中增长0.39%,小学增长0.36%,幼儿园增长0.05%。各级各类学校学生人均公用经费基本支出增长情况:初中增长11.01%,小学增长10.4%。

【教育经费投入】 全区教育人员经费总投入77152.1万元,较上年增加9041.4万元。教师基本工资、绩效工资、特教津贴、教龄津贴每月实行财政统发。义务教育学校学生人均公用经费小学、初中、高中和特教生均分别提高到720元、940元、1000元和6500元,农村不足100人教学点按100人补助公用经费,寄宿制学校寄宿生按照每生每年300元标准增加公用经费。高中贫困生补助每生每学期1000元,考入大学贫困生每生资助5000元;职业中专学生助学金每生每年2000元。

教师队伍建设

【概况】 吉州区各级各类专任教师5499人,其中,小学专任教师2257人,初中专任教师1266人,高中专任教师505人,幼儿园专任教师1240人,职业学校专任教师206人,阳光学校专任教师25名;小学专任教师专科及以上学历99.89%,中学专任教师本科及以上学历97.95%,教师结构不断优化,学历层次不断提升。教体系统获评正高级教师1人。吉安三中胡淑华名师工作室、北门小学曾剑雯名师工作室,获评江西省教育系统名师工作室;凤凰小学陈白贞名师工作室、吉安八中周红英名师工作室、新村小学陈智英名师工作室,入选2023年吉安市教育系统名师工作室。获评省级名师培养对象3人、省级名班主任培养对象2人、省级学科带头人6人、省级骨干教师6人、市级学科带头人16人、市级骨干教师41人。

【师资队伍配置】 通过统一招聘、公开选调、公费师范生安置、"三定向"委培、"三支一扶"、绿色通道等方式,补充教师270人,其中面向社会招聘高层次人才28人。推动中小学校长、教师合理流动,全年轮岗交流校长6人、教师115人,5名城区教师赴农村支教,抽调122名农村中小学教师安排到城区学校跟班学习3年,促进义务教育阶段师资力量均衡配置和优秀教师规范化流动。

【师德师风建设】 印发《吉州区教体系统开展2023年"培仁师育能师树人师"师德师风建设系列活动实施方案》《关于在全区教体系统开展专项整治和预防腐败"三化"建设工作实施方案》《吉州区教体系统工作人员"八小时以外"行为"五倡导"及"十严禁"》等文件,强化师德师风建设。获评江西省"最美书记校长"1人、江西省"最美教师"1人、吉安市"最美教师"7人、吉安市"最美班主任"7人、吉安市"最美教育工作者"7人、吉州区"最美教师"80人、吉州区"最美班主任"60人、吉州区"最美教育工作者"60人。

【教师培训】 创建首个"吉聚青优"名师研修基地,推进大中小学思政课一体化建设。组织全区1.9039万名教师参加79项各级各类培训,评选出省、市、区级学科带头人145人和骨干教师597人,新聘任兼职教研员13人,形成教师梯队成长新格局。举办新入职教师培训结业汇报演出。全区学科竞赛成绩:国家级一等奖3个,省级一、二、三等奖98个,市级一、二等奖122个。省优基础教育精品课26节,全市排名第一。全省教学课例展示活动优秀组织奖,居全省首位。江西省基础教育课题立项13个、结项15个,位列全市第一。电教省级课题结题6个,进入中期评估3个。申报电教省级课题29个,市电教课题立项4

个、结项3个。

【教师地位待遇】 落实教师待遇，依法保障义务教育教师平均工资收入水平，不低于公务员平均工资收入水平。坚持教师节、春节走访教师制度，每季点亮10名生活困难教师微心愿。实施“九项教师关爱工程”，年人均7000元标准，每年安排2000万元，用于名教师名校长奖励、教师培训、教师体检、边远中小学教师特殊津贴和生活补贴、困难教职工帮扶、农村教师生活设施设备添置、优秀教师奖励。落实减轻中小学教师负担专项工作机制，减轻教师负担，营造潜心教书育人良好环境。

学校体卫艺美劳

【概况】 增强学生体质、培养审美能力、提高综合素质、促进健康成长为工作目标，坚持把开展好学校体卫艺美劳工作作为贯彻党的教育方针，引领学校端正办学思想、提升素质教育水平，完善设施建设，强化常规管理，开展学校体卫艺美劳活动。

【竞技体育】 吉安三中招生计划中拿出24个指标，招收优秀后备足球运动员，加大体育优秀后备人才培养力度。成立青少年俱乐部13家，开展体育教练进校园活动，指导学校体育竞技活动。荣获全省百县乒乓球运动会一等奖，全市青少年锦标赛羽毛球和乒乓球项目团体总分第一名，新村小学足球队荣获2023东润杯·江西红色老区青少年足球联赛冠军。承办2023运动社区体育公益嘉年华吉安站启动仪式（世界冠军进校园）暨2023吉州区中小学运动会啦啦操比赛，学生走出校园在市中心人民广场展演。

【学校卫生】 联合区卫健、妇联等部门，通过前期宣传、筛选，动员全区适龄女学生接种HPV疫苗，做到“应接尽接，愿接尽接”。加强学校卫生工作管理，垃圾分类被纳入学校年度绩效考核，并组织学校开展卫生活动。

【文艺活动】 联合中央广播电视总台体育青少年节目中心《大风车（异想天开）》栏目组，举办首届家庭酷跑大会（吉州站）暨钧源亲子音乐节，24所学校、26个节目、2700余名学生参与。“六一”、元旦期间，举办乐趣小组成果展。举办全区中小学生红色文化艺术节和全区首届中小学生“百灵鸟”杯合唱比赛。荣获全国第七届中小学生艺术展演活动优秀组织奖。在全省第十一届大学生艺术展演暨首届“青春唱响”大中小学师生合唱优秀作品展演中，吉安三中“音乐之声”合唱团、长塘中心小学“金铃合唱团”入选，是全省唯一入选2个节目的县区。

【劳动教育】 整合校内外劳动教育资源，加强劳动教育基地建设，打造“农业+”“工业+”“科技+”“非遗+”“红色+”“文明实践+”等多种模式劳动教育基地；建立劳动人才专家库，聘请47名校外劳动教育兼职教师，壮大劳动教育师资队伍。同时，开展劳动教育特色示范校评选，树立劳动教育特色品牌，全区市级以上劳动教育特色示范校11所（年内新增申报2所）。开展劳动教育月活动，完善学生劳动评价体系，激发学生劳动积极性。开展劳动教育新课标培训，夯实教师功底。

学生资助

【概况】 落实“四个不摘”（脱贫不摘政策、不摘帮扶、不摘责任、不摘监管）工作要求，开展贫困学生家庭实地走访活动，做到精准资助。全年发放学生教育补贴20813人次、发放资金2072.86万元（不含义务教育阶段免学费和免教科书费），其中脱贫户1189人次，发放资金71.22425万元。

【社会助学】 多方筹措，落实爱心单位、企业及社会个人捐资助学。年底，联合区慈善会共同设立“梦想教育基金”，提供社会各界捐资助学平台。

教育督导

【概况】 推进“两项评估”、办学绩效考核，抓实责任督学挂牌督导工作，发挥教育督导工作监督、指导和激励作用，促进全区中小学校内涵发展和教育质量提升。获2022年度市党政领导干部履行教育职责督导评价优秀等次，“两项评估”工作在全市作典型发言。

【“两项评估”】 推进县域学前教育普及普惠及义务教育优质均衡发展督导评估工作。以会代训并组织督学到外实地考察学习。“两项评估”指标拆分细化，每月确定一主题由责任督学下校督查，并在暑期采取下园蹲点式开展学前教育普及普惠专项督查指导。吉安二中文星分校、思源学校文成分校于秋季投入使用，新增义务教育学位5000个。坚持“名校带新校、强校带弱校”，采取“1+N”集团化合作办学模式（“1”是指教育集团核心校，“N”是指若干个成员校，一般不超过10个，设立教育集团总校长，由核心校校长兼任），发展薄弱学校，实现区域内学校办学质量整体提升。全区“省标准化幼儿园”50所，市级示范幼儿园55所（占全市总数的34%，位居全市第一）。

【办学绩效考核】 6—11月，联合

区委宣传部、财政局、人力资源和社会保障局、融媒体中心、团区委等部门，考评学校2022—2023学年工作办学绩效。评选出8个特色奖及26个单项奖。同时，奖补考核优秀学校专项资金50万元，激励全区学校工作积极性，提高学校办学质量。

【责任督学挂牌督导】 完成3年一届责任督学换届工作，12个督学责任区择优配备责任督学41人，视导员149人。出台《吉州区督学管理办法》，强化督学管理。创新工作机制，每月对全区公办民办学校（含幼儿园）常规性、订单式督导。全年，组织责任督学走进全区各级各类学校，累计督导1757次，听课369节，送课下校81节。

招生考试

【概况】 吉州区招收小学一年级新生8601人，小学升初中7010人。参加初中学业水平考试九年级人数6031人，八年级人数6544人，市直高中在吉州区招生1209人，吉州区普通高中录取2383人，区属中职学校录取531人，省属中职院校录取吉州区生源1114人，高中学业水平考试5.0387万科次。高考报名7769人，录取6540人，录取率84.18%。

【特色亮点】 5月，区义务教育“上学一件事”招生报名系统投入使用，《吉州区探索义务教育入学“一站办结”机制》做法在江西改革网报道。12月，“上学一件事”改革，获评2023年全省政务数据共享应用观摩特色实践案例。

教学研究

【概况】 吉州区教研中心主要承担教学改革、教研指导、师资队伍培养、教育技术装备建设与功能室督查等职责。在职在岗教研员21人、兼职教研员13人。创建首个名师研修基地，省、市、区级名师工作室18个，省、市级学科带头人115人，省、市级骨干教师98人，区级学科带头人188人，区级骨干教师597人。

【教学质量】 初中学考质量总分平均分、优秀率、及格率均在全市前列。高三按照市教体局工作安排有序实施，协助市教研室和区属高中，做好全市高中期末考试统一考试及网上阅卷工作。重点做好初中学考复习备考工作，指导学校制订复习备考方案和各学科复习迎考计划，开好复习研讨会，组织初中学业水平模考、高考模考。把好各年级期末质量检测命题、组卷及考后分析关。有序开展一、二年级“五育好少年”无纸化综合测评活动，内容涵盖语文、数学、音乐、美术、体育、劳动6门学科。

【教研课改】 推出“提升专业素养筑牢强校之基”视导主题，对接学校需求，提供“菜单式”讲座服务，首次把观摩学校教研组活动纳入视导内容。推进书香校园建设，举办中小学大阅读流动现场会6场，拓展阅读内容，创新阅读形式，倡导全员阅读、全科阅读、全域阅读，促进学校内涵发展。先后荣获全省基础教育优秀教学课例展示交流活动“优秀组织奖”、江西省首届中小学体育教师素养大赛团体二等奖、吉安市小学数学教师评价能力测评活动团体一等奖。教师业务竞赛荣获国家级一等奖2个，省级奖项98个，市级一、二等奖122个；基础教育精品课获评省优26节，获评部优9节。省级课题立项59个、结项18个；市级课题立项77个，结题32个。各项成绩均位列全市第一。

【名师课堂】 创建首个名师研修基地——“吉聚青优”，整合思政名师工作室，聘请井冈山大学马克思主义学院博士李琼为特聘导师，做好大中小学校衔接，推进大思政一体化建设。18个名师工作室跨校开展主题研讨活动，共同引领全区全学科教研发展。组织省、市级学科带头人示范课集中展示活动，100余名名师亮相吉州教坛。

【教育设施与设备】 教育装备安全大排查活动，检查学校室外体育设备设施和化学药品管理使用安全，发现问题提出整改意见和要求。每月定期下校督查学校各功能室管理和使用情况，发现问题及时指导改进。联合文广新局、统战、公安、检察院等部门，两次组成联合检查组，检查全区各中小学，查处并下架各类不适宜学生阅读书籍4万余册。省市各级数字经济发展水平监测考核各项指标均百分百达标。完成城域网链路租用和设备维保项目招标工作，全区1712个班级点位接入城域网。

学校安全

【概况】 落实上级安全各项要求，建立“五校联合、十园联盟”共同体，示范带动片区学校安全一体化发展，建立“1+1+N”领导挂班（村小）制度（1名分管领导+1名中层干部+N个班级），全面实现学生安全包保，保障学校学生安全。

【校园安全措施】 “啄木鸟”行动健全隐患排查整治。组织分管校园安全副校长和安全工作骨干在全区不定时、不定期校园安全督查，排查整治安全隐患问题70余条。“安监员”队伍守护学生安全。组建区教体系统“安监员”队伍，实行校园安全“联合督、重点督、交叉督”，筑牢校园安全屏障。“1+1+N”领导包保落地落实。建立“1+1+N”领导挂班(村小)制度,实现学生安全包保全覆盖,实现“一生一档”帮扶。责任区实现互联互通。建立“五校联合、十园结盟”片区共同体,聘请45名优秀学校安全能手担任“安稳办外聘干事”,示范带动全区校园安全一体化发展。校园安防“四个100%”(专职保安员配备率、校园封闭化管理率、一键式紧急报警和视频监控系统达标率、护学岗设置率达到100%)全面达标基础上,在全省率先投入资金1000余万元,推进157所公办中小学、幼儿园,实现“九个百分之百”(校园封闭化管理率、一键式紧急报警和视频监控系统与属地公安机关联网率、专职保安员配备率、升降柱等硬质防冲撞设施安装率、模拟刀斧砍杀和驾车冲撞等场景式模拟演练率、学校从业人员背景审查率、上放学期间校园门口安保力量及教职员工着装持械立岗护学率、安全宣传教育覆盖率、校园隐患整改或落实措施率达到100%)建设,每月定期一次住宿制学校夜间突查,确保学校安全。

【护校安园活动】 承办全市校园突发事件应急演练,各县(市、区)200人到场观摩;举办全区中小学生幼儿园应急安全知识防灾减灾知识与消防技能操作竞赛;联合公安、应急等部门开展“护校安园”行动,督查学校食品安全、周边“三无”流动摊贩;配合综合服务中心,对全区中小学幼儿园食品安全主体责任培训。

【防溺水教育】 落实防溺水“双包保”(学校教师和乡村社区包保)制度、“十个一”(上一堂防溺水专题教育课,节假日前集中开展一次安全教育,组织一次安全知识竞赛或展板宣传活动,召开一次家长会,开展一次家长专访活动,印发一份致家长一封信或宣传材料,布置一篇防溺水家庭作业,每周组织一次专题教育,每日一次安全提醒,课前课后进行安全提示)工作目标和“三签”责任书等任务清单;新增防溺水“四个一”(一块警示牌、一个救生圈、一根安全绳、一副长竹竿)设施500余处,设立预防溺水有奖举报机制,构建全民“防溺水体系”。结合“万师访万家”活动,开展防溺水教育大家访活动;暑期防溺水进社区活动,召回学生5万余人次,落实“53040”安全教育模式(每天放学前5分钟,每周放学前30分钟,每个假期放假前40分钟);推送200余个防溺水短视频,参与“农行杯”防溺水短视频创作大赛;依托全市应急广播宣传平台,播放防溺水宣传语音提示。广泛动员社会监督,在全市率先联合公安部门发布有奖公告;发动村(居)干部、志愿者巡逻队等力量巡查辖区水域,构建学校、家庭、社会“三位一体”防溺水工作格局。

青少年校外活动

【概况】 培养青少年学生德智体美劳全面发展,提升青少年学生综合素质为主要目标,心理健康教育工作为抓手,兴趣培训为基础,公益性活动为辅助,有序开展青少年校外活动。青少年校外教育学生成果展示中,获得省级二等奖1个、三等奖1个,市级一等奖1个、二等奖3个、三等奖2个,并获优秀组织奖。

【心理健康】 持续推进“安姐姐”心理健康进校园系列活动。组织“安姐姐”团队提供各中小学“点单式”心理帮扶活动。全区各中小学校学生团辅(讲座)128场,受益学生1.5万余人次;家长成长课堂31场,受益家长4235人。“安姐姐心理健康教育团队”入选江西省2022年度教育改革创新十佳案例提名案例。3月,《人民教育》报道区心理健康教育工作情况。

【青少年公益活动】 9—10月,吉州科普宣传周活动,组织“追科学家精神之光,树强国有我鸿鹄志”故事演讲比赛、科普短视频创作评比活动、老专家科普讲堂等多种形式科普活动,全区1600余名学生参与。11月,组织曲濑镇中心小学五年级100名学生,赴钓源古村开展农村留守儿童公益研学实践活动。12月,樟山镇赤塘小学,开展“让关爱温暖人心,让书香陪伴成长”——圆一个读书微心愿活动。

群众体育

【概况】 落实《全民健身条例》,承办江西省十六届运动会(社会部)吉安赛区启动仪式暨广播体操比赛,全区参加江西省十六届运动会(社会部)比赛近20项;举办全区各种群众体育赛事20余项,《江西新闻》、微吉州作相应报道。

【群众体育】 开展群众体育活动,营造全民健身运动氛围。举办2023年社区运动会、承办2023运动社区体育公益嘉年华吉安站启动仪式(世界冠军进校园)暨2023吉州区中小学运动会啦啦操比赛、举办庆“三八”趣味运动会和全区干部职工篮球赛。举办首届2023年“红色吉州 和谐社区”运动会,来自全区33个社区、500余人参加。助力青春中国家庭酷跑活动,组织全区20所学校、3000余名师生参加,动员学校为酷跑活动输送特色文体节目,历时3个月,得到区委、区政府通报表扬。

【体育设施建设】 吉州区城北全民健身中心开馆,新增体育场馆面积近6万平方米。据2023年体育场地常态化普查显示,全区体育场地1658个,体育场地面积111.92万余平方米,人均体育场地面积2.63平方米。

【体育培训】 抓好三级社会体育指导员升级培训工作，全区三级审批增加社会体育指导员198人。加强区级社会体育指导员和全民健身骨干培训，并提供市民科学健身指导，推动全民健身活动广泛开展。

【城北全民健身中心开馆】 10月23日正式开馆，地址位于吉州区城北新区中心，瑞华学校大门口对面。该中心占地面积约6万平方米，总建筑面积约2.2万平方米，总投资1亿元。主要面向群众提供公益性、开放式健身场所，是一个集户外健身、综合场馆、园林景观、应急避难等功能于一体的体育公园。该项目具备创新协调、绿色开放、公益共享、功能完善等特点，主要建有室内综合馆、篮球文化运动区、足球文化运动区、轮滑运动区、中心文化广场、应急避难场地等。开馆后，可满足群众健身需求，承办各类赛事。

（李鹏飞）

2023年吉州区幼儿园基本信息一览表

表8

序号	名　称	详细地址	备注
1	吉安市保育院	吉州区沿江路89号	市管学校
2	吉安市保育院二部	吉州区复兴路与白水仙路交叉口东南	市管学校
3	吉安市保育院三部	吉州区长丰路与翠竹路交叉口东北	市管学校
4	吉安幼儿师范高等专科学校附属幼儿园	吉安幼儿师范高等专科学校旁	市管学校
5	吉州区红黄蓝凤凰幼儿园	吉州大道299号	市管学校
6	吉州区保育院	广场西路18号	
7	吉州区保育院五里分院	白塘街道云腾岭路五里小区五里幼儿园	
8	吉州区保育院附属城建分院	跃进路23号	
9	吉州区保育院附属恒泰分院	吉州区发展路18号恒泰花园小区内	
10	吉州区保育院附属恒丰分院	吉安南大道1号恒丰小区东区内	
11	吉州区保育院附属恒盛分院	吉州区禾埠街道挹秀路9号恒盛花园小区内	
12	吉州区保育院附属赣西堤分院	神助桥路13号赣江西堤保障房小区内	
13	吉州区保育院附属文澜府分院	吉安市吉州区石阳路111号	
14	吉州区保育院附属恒大御景半岛分院	吉州区跃进路5020乡道交叉口东100米恒大御景半岛小区内	
15	吉州区保育院附属凤凰分院	吉州大道299号凤凰小区内	
16	吉州区保育院附属信业朝阳分院	大桥西路3号	
17	吉州区保育院附属吉新佳苑分院	吉州区阳明西路与石阳路交叉口西南角	
18	吉州区保育院附属阳明花园分院	吉安市吉州大道52号阳明花园（A区）小区内	
19	吉州区保育院附属光明分院	吉州区光明路42号	
20	吉州区保育院附属城北分院	吉安市吉州区城北新区瑞华路	
21	吉州区保育院附属学府壹号分院	君华大道66号学府壹号小区内	
22	吉州区保育院附属金田锦城分院	吉福路83号	
23	樟山镇中心幼儿园	吉州区樟山镇金江路68号	
24	樟山镇中心小学附属东陂幼儿园	樟山镇东陂小学旁	

续表 8

序号	名　称	详细地址	备注
25	吉州区保育院附属世茂璀璨天城分院	吉州区福临路与柏树下路交叉口北	
26	樟山中心小学附属赤塘幼儿园	吉安市吉州区樟山镇赤塘村委会赤塘村	
27	樟山镇中心小学附属文石幼儿园	文石村委会文石小学内	
28	樟山镇中心小学附属泸溪幼儿园	泸田村委会旁泸溪小学内	
29	樟山中心小学附属尧塘幼儿园	尧塘小学内	
30	长塘镇赵塘幼儿园	长塘镇赵塘村	
31	长塘镇陈家幼儿园	陈家村委	
32	长塘镇中心小学附属荷洁幼儿园	荷溪村旁荷洁小学内	
33	长塘镇中心幼儿园	长塘镇长亭路 16 号	
34	长塘镇现代幼儿园	长塘镇西村彭家村	
35	长塘镇周坑幼儿园	长塘镇店下村	
36	长塘镇中心小学附属庙下幼儿园	长塘镇庙下村庙下小学内	
37	长塘镇中心小学附属桥南幼儿园	长塘镇桥南村委桥南小学内	
38	兴桥镇中心幼儿园	汶溪村兴桥中心小学南侧	
39	兴桥镇中心小学附属丁塘幼儿园	丁塘小学旁	
40	兴桥镇中心小学附属江下幼儿园	江下小学内	
41	兴桥镇中心小学附属湖田幼儿园	湖田村委会旁	
42	兴桥镇中心小学附属湖丘幼儿园	湖丘小学内	
43	曲濑镇中心幼儿园	爱民路与和谐路交叉口北 60 米	
44	曲濑镇中心小学附属长乐幼儿园	曲濑镇长乐村委会彭家庙村旁	
45	曲濑镇中心小学附属高沙幼儿园	吉安市吉州区曲濑镇高联村委会眭家村	
46	曲濑镇中心小学附属彭家坊幼儿园	吉州区曲濑镇彭家坊小学内	
47	长塘镇中心小学附属美固幼儿园	案前村美固希望小学旁	
48	曲濑镇中心小学附属上塘幼儿园	吉州区曲濑镇上塘村委会旁	
49	曲濑镇中心小学附属罗家坊幼儿园	吉州区曲濑镇罗家坊村委罗家坊村	
50	江子头幼儿园	江子头村 120 号	
51	吉州区宝华新城幼儿园	吉州区仁山坪路 56 号宝华新城小区内	
52	吉安市宝利达幼儿园	北门街安居路 11 号附 13 栋	
53	吉安市聪明泉幼儿园	吉州区 88 中山路号	
54	吉州区育才幼儿园	吉州区西苑小区东区	
55	吉州区帝景湾蓝蝶幼儿园	沿江路 258 号	

续表8

序号	名　称	详细地址	备注
56	吉安市吉州区长塘曾家幼儿园	长塘新民村委会曾家村	
57	吉州区舒贝尔桃景幼儿园	吉州大道56号桃源盛景小区14幢	
58	吉安市吉州区金色童年幼儿园	解缙路青春家园小区5栋	
59	吉州区思源雅正幼儿园	吉州大道66号宜家公园旁	
60	吉安市吉州区瑞华幼儿园	凤山大道与君华大道交会处	
61	吉州区环湖湾幼儿园	东门街10号	
62	吉州区古南蓝湾幼儿园	吉州区沿江路168号101号	
63	吉州区吉美保育院	吉州区凯震金鹭花园DR/5栋	
64	吉安市吉州区鹭洲府邸幼儿园	吉州区井冈山大道3号	
65	吉安市吉州区港龙博雅幼儿园	凤山大道8号6栋1－01号	
66	吉州区康桥幼儿园	马铺前3号	
67	江南御景园保育院	吉州区韶山西路17号江南御景园小区内	
68	吉州区馨悦幼儿园	吉州大道239号馨悦小区	
69	吉州区汇丰常青藤幼儿园	吉州区汇丰御园C区101号	
70	吉州区恒源儿童之家	吉州大道8号莱茵河畔西区	
71	吉州区壹街区幼儿园	吉州区长岗北路85号	
72	吉安市吉州区瑞华雅正幼儿园	吉州区城北庐陵一品小区6号楼	
73	吉安市吉州区天龙保育院	大桥西路2号天龙花园内	
74	吉安市庐陵现代幼儿园	吉福路35号吉福苑内	
75	吉州区恒荣星星幼儿园	吉州区长塘镇正丙角2号	
76	吉州区启明星幼儿园	吉州区安青路6号	
77	吉州区凤山蓝湾幼儿园	吉州区凤山大道16号	
78	吉州区启智幼儿园	吉州区迎宾大道18号	
79	吉州区穗华保育院	吉州区吉州大道30号	
80	吉州区华唐幼儿园	华唐府邸小区	
81	吉州区育丰保育院	赵公堂北侧年丰公寓育丰保育院	
82	吉州区创天昕昕幼儿园	吉州区创天丽景城一期内	
83	吉州区和馨幼儿园	吉州大道58号	
84	吉安市吉州区可诺丹婷保育院	吉州区长岗北路附24号15栋	
85	吉安市水岸绿洲幼儿园	井冈山大道附16号7栋	
86	吉安市吉州区达观学府幼儿园	吉州大道与吉安南大道交会处达观学府西北门1号	
87	吉州区天艺幼儿园	吉州区鹭州东路1号	

续表 8

序号	名　称	详细地址	备注
88	吉州区中环保育院	吉州区韶山西路中环名城小区	
89	吉安市吉州区影城幼儿园	跃进路 48 号	
90	南澳公馆幼儿园	吉州大道 300 号	
91	吉安市吉州区艾乐幼儿园	帝景湾小区二期	
92	吉安市吉州区水岸绿洲幼儿园二部	井冈山大道附 16 号 18 栋	
93	吉安市吉州区阳光水韵蓝湾幼儿园	吉州区体育北路与吉州大道交叉口水韵南湾小区内	
94	吉安市吉州区国隆幼儿园	吉福路 64 号	
95	吉州区江南凤凰城幼儿园	吉州区翠岭路上边村 30 号江南凤凰城小区内	
96	吉州区香樟幼儿园	吉州区石阳路 95 号香樟人家小区内	
97	星海幼儿园	吉州区永叔路 12 号	
98	吉安市阳光新城幼儿园	吉州区云腾里路 5 号	
99	吉安市吉州区聚源公馆幼儿园	井冈山北大道 99 号	
100	吉安市新世纪星港保育院	大桥西路 8 号	
101	白鹭苑崇文幼儿园	白鹭苑小区 19 栋	
102	吉州区御景东方幼儿园	吉州区御景东方小区	

2023 年吉州区中小学校基本信息一览表

表 9

学校名称	办学类型	办学层次	地址	建校时间
吉安市吉州区白塘中心小学	公办	小学	吉安市吉州区瑞华路江子头村西	2003 年 4 月
吉安市阳明路小学	公办	小学	吉安市吉州区广场南路 5 号	1941 年 2 月
吉州区文星学校	公办	九年一贯制学校	吉州区图强路与吉庆路交叉口西北	2023 年 8 月
吉安市新村小学	公办	小学	吉安市吉州区永叔街道中山西路	1961 年 8 月
吉安市古南镇第二小学	公办	小学	吉安市吉州区古南大道 16 号	1948 年 8 月
吉安市永叔路实验小学	民办	小学	吉安市吉州区人民路 2 号	2003 年 7 月
吉安市韶山路小学	公办	小学	吉安市吉州区长北路 20 号	1980 年 8 月
吉安市田侯路小学	公办	小学	吉安市吉州区田侯路 71 号	1934 年 9 月
吉安市吉州区兴桥镇中心小学	公办	小学	吉安市吉州区兴桥镇	1952 年 8 月
吉安市吉州区古南镇第一小学	公办	小学	吉安市吉州区大巷口路 20 号	1919 年 8 月
吉州区凤凰小学	公办	小学	吉安市吉州区尚贤路 15 号	2013 年 8 月
吉安市岔路口小学	公办	小学	吉安市吉州区跃进路 5 号	2018 年 8 月
吉安市北门小学	公办	小学	吉安市吉州区大桥西路 3 号	2004 年 1 月

续表 9

学校名称	办学类型	办学层次	地址	建校时间
吉安市吉州区五里小学	公办	小学	吉安市吉州区五里街 1 号	2019 年 3 月
吉安市吉州区长塘镇中心小学	公办	小学	吉安市吉州区长塘镇长亭路 22 号	1950 年 8 月
吉安市石阳小学	公办	小学	吉安市吉州区韶山路东 3 号	1903 年 8 月
吉州区曲濑镇中心小学	公办	小学	吉安市吉州区曲濑镇曲濑新街 93 号	1930 年 8 月
吉安市仁山坪小学	公办	小学	吉安市吉州区仁山坪路 5 号	1933 年 9 月
吉州区樟山镇中心小学	公办	小学	吉安市吉州区樟山镇金江路 47 号	1987 年 8 月
吉州区瑞华学校	民办	十二年一贯制学校	吉安市吉州区城北新区吉阳大道 9 号	2015 年 12 月
吉安市神岗山学校	公办	九年一贯制学校	吉州区神助桥路与沿江路交会处	2016 年 8 月
吉安市思源实验学校	公办	九年一贯制学校	吉安市吉州区吉州大道 68 号	2011 年 5 月
吉安市兴桥中学	公办	初级中学	吉安市吉州区兴桥镇秀江下陂村	1970 年 1 月
吉州区长塘中学	公办	初级中学	吉安市吉州区长塘镇官溪大道 51 号	1969 年 9 月
吉安市第八中学	公办	初级中学	吉安市吉州区韶山西路 16 号	1981 年 8 月
吉安市第二中学	公办	初级中学	吉安市吉州区北门街 15 号	1951 年 4 月
吉安市第五中学	公办	初级中学	吉安市吉州区中山东路 80 号	1970 年 9 月
吉州区曲濑中学	公办	初级中学	吉安市吉州区曲濑镇义山路 19 号	1970 年 8 月
吉州区樟山中学	公办	初级中学	吉安市吉州区樟山镇桥头村	1971 年 9 月
吉安市第三中学	公办	完全中学	吉安市吉州区跃进路 42 号	1956 年 8 月
吉安市第四中学	公办	初级中学	吉安市吉州区吉福路 37 号	1970 年 3 月
吉安市扶园职业高中	公办	中职学校	吉安市吉州区长塘镇庙背 68 号	1936 年 8 月
吉安市阳光学校	公办	专门学校	吉州区吉州大道与吉福路交叉口南	2021 年 2 月

说明：此表统计情况不含分校、村小和民办职业学校

吉安市中等专业学校

【概况】 吉安市中等专业学校（吉安实验高级技工学校）是一所全日制公办中等职业学校，位于吉州区跃进路 3 号，创建于 1971 年，隶属于吉安市吉州区人民政府，是国家级重点职业学校、国家中等职业教育改革发展示范校、江西省 A 档（优质）中职学校，现为国家数控技术实训基地，国家农民工跨地区就业培训基地，江西省高技能人才培养示范基地等。2023 年，学校立德树人为目标定位，服务地方产业发展需求为导向，落实国家及省市区职业教育工作决策部署，立足新时代职业教育现代化要求，培养德智体美劳全面发展社会主义建设者和接班人，各项工作取得较好成绩。学校现有在编教职工 117 人，临聘教师 85 人，在校学生 3561 人，教学班 80 个。荣获吉安市域产教融合体副理事长单位称号。

【立德树人】 推进“大思政课”建设作为全校教育教学重要政治任务，按照在校生学生比例，配齐配全专职思政教师 11 人，班主任及科任教师将思政课堂融入日常教学当中，实施全省“红色文化”课程思政示范项目，学校“红色文化”课程思政示范项目方案，获得省教育厅认可并为该项目建设立项。组织学生完成“网上祭扫英烈活动”，观看《开学第一课》，开展“弘扬井冈山精神 传承红色基因 走好新时代征程”活动，按月开展“文明宿舍、十佳宿舍”评比活动；组织学生全员参加“技能成才 强国有我”“文明风采”等系列

11 月 27 日，吉安市中等专业学校青年志愿者服务队到钓源古村参与全省第二批“星级休闲乡村民宿”授牌会志愿服务活动

（市中等专业学校　供图）

爱党爱国教育活动，开展“美丽班级”评选活动，1 个班级荣获区级“美丽班级”称号；组织学生参加校外志愿服务活动。同时，注重德育渗透，推进素质教育，从食宿、纪律、卫生等细节入手，让学生受到良好熏陶，形成良好行为习惯和道德准则。

【质量立校】　学校始终坚持“以生为本”办学理念，走“质量立校”发展道路，并取得较好成效。荣获全国技能竞赛三等奖 1 个，荣获全省技能竞赛二等奖 9 个、三等奖 16 个，荣获全市技能竞赛团体二等奖，荣获全省职业院校教学能力大赛一等奖 1 个、二等奖 1 个、三等奖 2 个。课程建设突破创新，思想政治课教学创新团队被省教育厅确定为全省课程思政示范课程（教学团队）；“旅游情景英语”“机械基础”课程，被省教育厅分别认定为 2023 年江西省职业院校精品在线开放课程和江西省职业教育一流核心课程。办学层次提升，与江西旅游商贸职业学院、江西机电职业技术学院、吉安职业技术学院等高职对接，推动 9 个专业“3＋2”长学制合作办学。

【产教融合】　学校坚持“服务吉州经济发展”办学思路，持续强化校企合作办学。校企合作，为摩比通讯、平成玩具、创德精密、合力泰、兴泰科技等园区龙头企业送工 592 人次，并创新订单培养模式，与格兰云天国际酒店签署校企合作协议，提供企业“订单式”人才。人才输送，邀请 18 家吉州企业入校园举办招聘会，签约学生 150 人。社会培训，全年开办两期 8 班次 SYB 创业培训、三期 15 班次 GYB 创业培训班，培训社会人员 682 人，合格率 95.89%。

【校园安全】　强化校园安全，聘请专业保安和退役军人驻校教官，并成立护校队，加大校园安全巡查力度。列出专项资金 68.5 万元，完善校园门禁系统、校园围墙周界预警和教学楼道等场所视频监控工程。

（刘闫）

科技文化

科学技术

【概况】 吉州区科技局聚焦“提升首位度、争当排头兵，挺起赣江中游生态经济带脊梁”发展定位，实施创新驱动发展战略，以科技创新赋能经济发展，提升吉州企业自主科技创新能力，提高吉州区域科技创新水平，谱写吉州全面现代化建设华彩篇章。2023年，全区科技型中小企业入库94家，高新技术企业获批20家，舌尖王国获批2022年潜在瞪羚企业，兴泰科技获2022年江西省科学技术进步奖二等奖，《2023年吉州区科技活动周——科普进校园》获评江西省基层政务公开县（市、区）优秀案例。

【研发经费投入】 区四套班子成员挂点帮扶企业R&D工作，帮扶工作组下沉到企业、科研单位、医院等“一对一”研发投入统计服务取得成效。《2022年全市科技经费投入统计公报》公布，全区研发投入经费4.46亿元，总量连续3年排名全市第二，比上年增加0.52亿元，增幅13.2%。研发投入强度（研发投入经费与GDP之比）1.46%，全市排名第八，排名较上年前移1位，比上年提高0.05个百分点，增幅3.55%。

【科技型企业培育】 组织企业申报科技型企业，指导企业加大科技创新力度，打造一批创新实力雄厚、技术优势突出创新型企业。举办科技型企业申报、研发费用归集等业务培训会3次，邀请中科院院士到摩比通讯和江西电缆实地调研指导，组织摩比通讯和众泽源医药科技有限公司参加第二十五届中国国际高新技术成果交易会。推动企业申报省、市创新平台，组织创德精密、江西电缆申报2023年市级创新平台，组织创德精密、兴泰科技等企业申报市级科技计划项目4个。鼓励企业参与网上技术合同交易，全区技术合同交易额突破7亿元，较上年度增长83.6%。

【金融支持科技创新】 根据区政府印发《进一步加强科技创新工作的实施方案》，落实各类科技创新活动奖励补贴，发挥区财政资金引导支持作用，增强财政奖励对企业科技创新激励作用。2月24日，区政府副区长熊红艳、区科技局党组书记周浩材、区科技局局长陈青先后到江西省宏瑞兴科技股份有限公司、江西华立源锂能科技股份有限公司、江西兴泰科技有限公司、江西宏业铜箔有限公司、新永胜环球（江西）实业有限公司，将2021年度研发投入奖补资金70万元送到企业负责人手中，详细询问企业生产经营情况，鼓励企业加大研发投入力度，提高科技创新能力，增强企业核心竞争力。推进“科贷通”扩容扩面，扩充“科贷通”备选企业名单，提供企业自主创新金融支持，发放东庆化工、宏业铜箔、城宏实业、金时飞、光明建材5家企业“科贷通”续贷资金1300万元。

【科技帮扶】 组织江西北辰德天然生物科技有限公司、江西青科源农业科技开发有限公司、吉州区晨沐种植专业合作社等12家企业、专业合作社与省、市科技特派团，签订2023年科技服务三方协议，邀请科技特派员专家实地调研和现场指导及培训，推广农业新品种、新技术、新方法，培训产业工人和农村实用人才。

【科普宣传】 5月20日，吉州区2023年科技活动周启动仪式在水巷历史文化街区举办。现场科普5大主题区域：欢乐科学剧场、互动打卡区、创造力乐园、科技生活区、科普展示区，采用30+科普展位展示及体验活动。科技企业参展40余家，参与活动4000余人。同时，区科技局依托学校载体，以“热爱科学、崇尚科学”为主题，开展为期一周的科普进校园活动。科普进校园活动，致力于培养学生科技创新能力，提升青少年综合素质，推动全社会形成讲科学、爱科学、学科学、用科学良好氛围。该工作被《人民日报》、凤凰网、今日头条、“学习强国”学习平台、《江西日报》、《井冈山报》、《吉州改革》等媒体宣传推介。

（汪芬）

2023年吉州区获批高新技术企业一览表

表10

序号	企业名称	获批时间
1	江西华立源锂能科技股份有限公司	2023年度
2	江西众源药业有限公司	2023年度
3	光协电子科技（吉安）有限公司	2023年度
4	吉安市宏瑞兴科技股份有限公司	2023年度

续表 10

序号	企业名称	获批时间
5	江西同为科技有限公司	2023 年度
6	江西城宏实业有限公司	2023 年度
7	吉安市光明建材有限公司	2023 年度
8	江西雪松天然药用油有限公司	2023 年度
9	新永胜环球（江西）实业有限公司	2023 年度
10	江西创天科技有限责任公司	2023 年度
11	江西美玲建材科技有限公司	2023 年度
12	井冈山农业科技发展有限公司	2023 年度
13	江西兆红电子有限公司	2023 年度
14	江西宏信勘测规划有限公司	2023 年度
15	江西小桥电线电缆有限公司	2023 年度
16	江西江机智能装备有限公司	2023 年度
17	江西吉安和泰混凝土有限公司	2023 年度
18	江西华佳富电路有限公司	2023 年度
19	江西德顺芯科技有限公司	2023 年度
20	江西晟源电力科技有限公司	2023 年度

2023 年吉州区科技型中小企业评价入库一览表

表 11

序号	企业名称	入库编号	批　次
1	江西沃龙建设有限公司	202336080200002258	第一批
2	江西沃晟建设有限公司	202336080200002254	第一批
3	江西复真药业有限公司	202336080208002100	第一批
4	吉安市宏新建设工程有限公司	202336080200001731	第一批
5	吉安市华阳电子集团有限公司	202336080208001542	第一批
6	江西众源药业有限公司	202336080208001518	第一批
7	江西雪松天然药用油有限公司	202336080208001293	第一批
8	江西润植农业有限公司	202336080208001258	第一批
9	吉安市东庆精细化工有限公司	202336080208001091	第一批
10	江西省舌尖王国供应链管理有限公司	202336080208000996	第一批
11	江西兆红电子有限公司	202336080200000176	第一批
12	江西果宝特攻食品有限公司	202336080208000129	第一批
13	光协电子科技（吉安）有限公司	202336080208003089	第二批

续表11

序号	企业名称	入库编号	批　次
14	江西盈联科技有限公司	202336080200002812	第二批
15	江西省和盈电路有限公司	202336080208003254	第二批
16	江西美玲建材科技有限公司	202336080208003266	第二批
17	江西吉美城智慧科技有限公司	202336080200003335	第二批
18	江西同为科技有限公司	202336080200002484	第二批
19	吉安市光明建材有限公司	202336080200002384	第二批
20	江西万信物流有限公司	202336080204002478	第二批
21	江西乐滋食品发展有限公司	202336080200005060	第三批
22	江西华佳富电路有限公司	202336080200005025	第三批
23	江西创天科技有限责任公司	202336080208004906	第三批
24	江西晟源电力科技有限公司	202336080200004376	第三批
25	吉安市金鹏塑胶制品有限公司	202336080200004725	第三批
26	吉安宏伟针织服装有限公司	202336080200003834	第三批
27	江西金时飞建设工程有限公司	202336080208004194	第三批
28	江西华浩源电子科技有限公司	202336080208005157	第三批
29	吉安嘉之宏电子有限公司	202336080208005021	第三批
30	江西德顺芯科技有限公司	202336080200004564	第三批
31	京麟电子（吉安）有限公司	202336080200004205	第三批
32	吉安市吉展精密科技有限公司	202336080200004887	第三批
33	吉安市建筑设计规划研究院	202336080200003975	第三批
34	江西鑫满达电路有限公司	202336080200004502	第三批
35	江西杰克机床有限公司	202336080200004815	第三批
36	江西尧米光学科技有限公司	202336080200004206	第三批
37	江西北辰德天然生物科技有限公司	202336080200003809	第三批
38	江西吉安和泰混凝土有限公司	202336080200003858	第三批
39	江西嘉鸿电力工程有限公司	202336080200004516	第三批
40	吉安市众力建材有限公司	202336080200004185	第三批
41	吉安市德超跃科技有限公司	202336080200004150	第三批
42	江西吉友科技发展有限公司	202336080200003977	第三批
43	吉安市爱尔创精密机械制造有限公司	202336080200003955	第三批
44	吉安蝌蚪科技有限公司	202336080200003991	第三批
45	吉安市新三代科技有限公司	202336080200003990	第三批

续表 11

序号	企业名称	入库编号	批　次
46	江西智信数学农业技术有限公司	202336080200003965	第三批
47	江西景航电子科技有限公司	202336080200003980	第三批
48	江西吉安电机制造有限责任公司	202336080200003960	第三批
49	天铭电气有限公司	202336080200003951	第三批
50	江西辉业曲轴连杆制造有限公司	202336080200003936	第三批
51	江西吉州南方水泥有限公司	202336080200003908	第三批
52	吉安市盛新明电子科技有限公司	202336080200003887	第三批
53	江西启数信息科技有限公司	202336080200003832	第三批
54	江西米锂电源有限公司	202336080200003787	第三批
55	江西城宏实业有限公司	202336080200003793	第三批
56	江西宏业铜箔有限公司	202336080208003651	第三批
57	江西晨道电路板有限公司	202336080200003598	第三批
58	江西林科龙脑科技股份有限公司	202336080208004170	第三批
59	江西固得宝电子有限公司	202336080200006207	第四批
60	江西广荣科技有限公司	202336080200006891	第四批
61	江西硕丰果业开发有限公司	202336080208006912	第四批
62	江西吉之准检测服务有限公司	202336080200006780	第四批
63	海威天悦建设有限公司	202336080200006043	第四批
64	江西小桥电线电缆有限公司	202336080200006591	第四批
65	江西明耀实业有限公司	202336080200006526	第四批
66	江西至融软件有限公司	202336080200006880	第四批
67	江西博曜教育咨询有限公司	202336080200005962	第四批
68	江西江机智能装备有限公司	202336080200006490	第四批
69	吉安博烨科技有限公司	202336080200006510	第四批
70	江西精创机床有限公司	202336080200006432	第四批
71	江西宏信勘测规划有限公司	202336080200006565	第四批
72	江西赣之然食品有限公司	202336080200006172	第四批
73	新永胜环球(江西)实业有限公司	202336080208006861	第四批
74	吉安市天利电声有限责任公司	2023360802A0007333	第五批
75	江西蓝水鑫源环保科技有限公司	2023360802A0007164	第五批
76	吉安市冠韬塑胶制品有限公司	2023360802A0007726	第五批
77	吉安咏盛精密机械有限公司	2023360802A0008289	第五批

续表 11

序号	企业名称	入库编号	批　次
78	江西康娃缘食品有限公司	2023360802A0008163	第五批
79	景恒农业科技有限公司	2023360802A0007834	第五批
80	江西兴美物业服务有限公司	2023360802A0007621	第五批
81	吉安井冈农业生物科技有限公司	2023360802A8008780	第六批
82	江西华域健康产业集团有限公司	2023360802A0008821	第六批
83	江西省进展建设有限公司	2023360802A0009688	第七批
84	江西智莱特科技有限公司	2023360802A0010873	第七批
85	吉安市鲁班工程管理有限公司	2023360802A0010525	第七批
86	江西金剑建筑工程有限公司	2023360802A0009709	第七批
87	江西麦爸食品有限公司	2023360802A0009681	第七批
88	江西万钧建设工程有限公司	2023360802A0011215	第八批
89	江西淦盛建设工程有限公司	2023360802A0013074	第九批
90	江西壹晨工程项目管理有限公司	2023360802A0013409	第九批
91	江西伟能建设工程有限公司	2023360802A0013386	第九批
92	吉安吉荣实业工程有限责任公司	2023360802A0014093	第九批
93	江西诚之益科技有限公司	2023360802A0013888	第九批
94	利法宝(吉安)科技有限公司	2023360802A0014173	第九批

文广新旅

【概况】　吉州区文化旅游围绕全面构建“钧源核心引领、文化街区共振、城区郊区互融”大文化旅游发展格局,推进文旅产业发展。承办中央广播电视总台家庭酷跑大会吉州站活动,文旅项目迎接2023年度全市县域经济高质量发展现场会检阅,一批重点项目建成并投入运营。吉州区文旅产业发展协会成立,全区旅游接待人次和综合收入同比分别增长126%、117%。获评首批全省优秀旅游服务体验试点城市,蝉联江西省广场舞大赛一等奖,钧源古村·十里芳菲获首批“江西风景独好”旅游名村、全省五星级乡宿、2023年第十六届中国最佳酒店大奖评选最佳旅居康养目的地酒店等18项荣誉,恺蒂国际大酒店成为中心城区首家国家五星级旅游饭店。

【全民阅读工作】　区图书馆全年线上线下全民阅读活动244场,服务约35万人次。线上推出种书计划,推荐书籍,通过线上引领导读、互动讨论后,线下举办书籍分享会。亲子阅读线下活动注重趣味性、知识性和参与性,分多板块开展,活动板块有中英文剧绘玩、安仔科普实验室、布偶绘本工厂、亲子光影剧场、自然体验课、艺术与阅读·慢手工制作、小学生阅读课;成人线下阅读活动有庐陵悦读会、庐陵集思·文化讲座、庐陵讲堂系列文化讲座、主题文化沙龙等。同时,利用传统节日推出各种形式主题活动,吸引众多读者参与。

【公共文化】　文化惠民工程。全年开展“吉祥之州 百姓舞台”“百馆千万场 服务来共享”“吉州区红色文艺轻骑兵”等演出26场,“戏曲进乡村”“新时代文明实践志愿服务活动”演出16场;送电影下乡1234场,获得全省农村电影公益放映二等奖;博物馆完成国家级接待10场,省级接待100余场;完成300个村级应急广播终端建设安装。公共文化活动。完成2023吉州区春节团拜会、“书香吉州·全民阅读”、“博物古韵,共话中秋”、区退役军人军歌大赛等活动。文艺精品创作。打造原创广场舞《扇舞斑鸠情》,获得2023年江西省广场舞集中展演一等奖;“大地欢歌庆七一 井冈儿女颂党恩”——2023年吉安市广场舞大赛获二等奖，并代表江西省参加2023年全国广场舞展演湖南郴州片区展演活动，获得由文化和旅游部公共文化服务司颁发优秀广场舞团队荣誉证书。公共数字文化服务发展。区图书馆构建昼夜自助阅读系统、大数据平台等数字阅读载体，全市首先推出“手机扫码借书”服务。

【文旅系列活动】 文旅活动影响力、带动力增强，实现“日日有体验、周周有活动、月月有主题”目标。元旦、春节期间，钓源古村·十里芳菲联合中央电视台，举办村落美愿节新春“乐游”活动；田侯路历史文化街区，举办“这里很吉安”水巷游园会等文旅促销活动；3月18日，吉州区举办“春光灿烂嘉游赣”钓源古村·十里芳菲首届花朝节暨2023吉州春季文旅消费季活动启动仪式；4月1日，钓源古村·十里芳菲举办青春中国家庭酷跑大会启动仪式暨亲子音乐节（营地帐篷节、美食节）；5月20日，举办“5·20”为爱“吃”狂能仁巷开街启动仪式暨美食品鉴会活动。6月3日，钓源古村·十里芳菲举办“家庭酷跑大会（吉州站）”活动；6月5日，首期钓源客厅——乡村振兴交流会在钓源古村举办。中秋、国庆期间，中央电视台新闻频道到钓源古村直播活动；12月11日，举办钓源古村·十里芳菲文旅招商推介暨周年庆嘉年华活动；12月30日，举办“庐陵新年最吉安”新春欢乐季活动之“吉安·东莞”双城腊味节活动。12月31日，举办庐陵宝盒（艺播庐陵）启动仪式暨能仁巷跨年音乐趴活动。

【文旅宣传】 构建“传统营销+社群营销”宣传矩阵，持续扩大文旅活动宣传影响和吸引游客。加强与《人民日报》、新华网、中央电视台、《江西日报》等媒体对接，依托抖音、小红书等自媒体，实现网络定向营销，各类媒体刊发转载文旅活动稿件100余条，全网阅读量1000余万人次。中央广播电视总台家庭酷跑大会全国首站在吉州区钓源古村举办，活动吸引2.8万人参与，线上浏览量300万人次；中秋、国庆双节期间，中央电视台在钓源古村现场直播，钓源“欢天喜地过中秋 千年古村焕新颜”登上中央电视台《新闻直播间》栏目。持续打造钓源乡村振兴交流会、图书馆“庐陵讲堂”、田侯路历史文化街区“西原创客论坛”等交流平台，吸引各领域人才共赴吉州，提升吉州文旅影响力。

【文物工作】 文物类项目建设。完成舒行故居项目4栋古建房屋主体修缮、周边环境整治、舒行将军事迹陈展并对外开放；完成江西省苏维埃历史陈列馆主体建设及陈展；启动吉州区历史文化古村落提升改造工程（一期）。文物普查。红色标语类革命文物专项调查，统计出6处，11条标语，并上报建档红色标语信息；搜集整理吉州重要不可移动革命文物、红色景区、红色书籍等信息，充实吉安市红色文物数据库。文物宣传。“5·18”国际博物馆日、“文化遗产日”，利用展板宣传《中华人民共和国文物保护法》《江西省文物保护条例》《吉安市红色文化遗存条例》等法律法规，强化人们文物保护意识。文物项目资金申报及评审。完成省保卢氏宗祠维修编制方案上报并通过江西省文化和旅游厅批复，落实维修项目经费；做好山前红一方面军攻吉指挥部旧址群消防工程设计方案上报，完成钓源历史文化展陈专家评审及水巷5处一般文物点迁建验收工作，完善周忱故居项目涉及文物点报备工作，做好钓源古建筑群文物普查及相关文物点维修方案报批。文物安全。出台《吉州区省、市级重点文物保护单位责任包干工作制实施方案》，辖区内省、市文物保护单位15处24个点，明确工作责任制、建立文物保护调度机制、落实文物安全责任制、制定单位责任分工表。

【文化市场管理】 文旅市场专项检查。制定下发《吉州区文旅安全重大风险隐患专项排查整治2023行动工作方案》等相关文件，“清源”“固边”“净网”“护苗”“秋风”专项行动，出动检查人员1280余人次，车辆256车次，检查各经营单位800余家次，立案查处各类行政处罚案件12起，下达责令整改通知书11份，取缔无证经营场所2家。重点领域监管执法。年内，中心城区网吧事权下放吉州区，全年检查网吧104家次，查处网吧违规接纳未成年人案件1件；检查娱乐场所98家次，查处娱乐场所超时经营案件2起；侵权盗版案件2起，拆除非法卫星地面接收设施230余套。全年受理各类举报67起，办结回复67起，办结率100%，回复满意率100%。

【图书馆新馆开放】 4月16日，吉州区图书馆新馆开放，位于白鹭洲公园内，建筑面积2000平方米，一楼少儿阅览室、绘本馆，二楼成人阅览室、红色书房，藏书19万册。该图书馆是全市首个推出“手机扫码”借还服务、人脸识别借还书服务公共图书馆。截至12月底，入馆人数35万人次。该馆被评为2023年江西省“最·悦读”最美阅读空间。

【“庐陵讲堂”系列文化讲座】 7—12月，邀请社会各界专家学者，庐陵历史文化、历史名人、历史事件为主题，文化讲座活动6场，重扬庐陵人“追求卓越、坚守气节”文化精髓。累计线上线下参与3000多人，点赞量4万次。

【江西省苏维埃历史陈列馆和舒行将军故居开馆】 9月27日，吉州区举办江西省苏维埃历史陈列馆和舒行将军故居开馆仪式。江西省苏维埃历史陈列馆，位于长塘镇周家村，占地面积1198.8平方米，建筑面积

911.5平方米，陈列馆陈展内容以江西省苏维埃为背景，复建省苏维埃旧址，设户外展示及室内展厅。主要以毛泽东在吉安事件为主线，展示1929年冬至1930年秋为期一年声势浩大、震惊全国的九打吉安武装斗争，以及创建江西省苏维埃政府并成为中央革命根据地和湘赣命根据地形成的奠基石等事件。舒行将军故居，位于长塘镇桥南村，由4栋连排民居组成，民国初期建筑，砖木结构，一厅六房建筑，总建筑面积1029平方米。故居内有舒行将军生平展，由投身革命、血雨腥风和赤子情怀三部分组成。

（刘崇涧）

2023年吉州区文物保护单位一览表

表12

序号	名　称	年代	保护级别	类型	具体位置	备注
1	白鹭洲书院	清	国家级	古建筑	江西省吉安市吉州区沿江路248号归吉安市博物馆使用及管理	
2	古南塔	宋	省级	古建筑	江西省吉安市吉州区沿江路168号	
3	西肖家巷毛泽东、朱德旧居	民国	省级	近现代重要史迹及代表性建筑	江西省吉安市吉州区文山步行街	归吉安市博物馆使用及管理
4	北伐军新编第二师驻地旧址	民国	省级	近现代重要史迹及代表性建筑	江西省吉安市吉州区北门街92号	
5	西逸亭毛泽东调查旧址	民国	省级	近现代重要史迹及代表性建筑	江西省吉安市吉州区长塘镇西逸亭村	
6	山前红一方面军攻吉指挥部旧址群（含指挥部、驻军处、警卫班3个点）	民国	省级	近现代重要史迹及代表性建筑	江西省吉安市吉州区长塘镇周家村	
7	卢家洲村卢氏宗祠	清	省级	古建筑	江西省吉安市吉州区曲濑镇腊塘村委会卢家洲村	
8	扶园中学旧址（含礼堂、刘峙旧居2个点）	民国	省级	近现代重要史迹及代表性建筑	江西省吉安市吉州区长塘镇第十二中学内	
9	石边耕本堂	清	省级	古建筑	江西省吉安市吉州区兴桥镇高坎村委会石壁村	
10	钓源宗祠（含钓源礼派宗祠、钓源欧阳文忠公祠、忠节第牌坊3个点）	清	省级	古建筑	江西省吉安市吉州区兴桥镇钓源村	
11	革命英雄纪念碑	现代	市级	近现代重要史迹及代表性建筑	江西省吉安市吉州区沿江路白鹭洲公园内	
12	周家村周忱墓	明	市级	古墓葬	江西省吉安市吉州区长塘镇周家村	
13	庐陵县学旧址	清	市级	古建筑	江西省吉安市吉州区北门街70－7号	
14	卢家洲村斜塔	明	市级	古建筑	江西省吉安市吉州区曲濑镇腊塘村委会卢家洲村	
15	丁塘村因果寺	清	市级	古建筑	江西省吉安市吉州区兴桥镇丁塘村委会丁塘村	
16	钓源古建筑群（含定安庙、仁派宗祠、欧阳氏祠、3号民居、八老爷别墅等）	清	市级	古建筑	江西省吉安市吉州区兴桥镇钓源村	
17	毛泽东旧居吉安宾馆1号楼	民国	市级	近现代重要史迹及代表性建筑	江西省吉安市吉州区沿江路99号吉安宾馆内	归吉安市博物馆管理

史志档案

【概况】 吉州区委党史和地方志研究中心加强党史、地方志资料采集、编纂和档案归集整理工作，发挥“存史、资政、育人”作用，供社会各界和群众咨询服务。《吉州年鉴（2022）》获江西省第八届县级综合年鉴质量评比二等奖。

【党史工作】 利用红色资源。开展红色资源普查，通过自身梳理、对接其他部门、扩大普查面等形式，整理收集口述史资料，建立红色资源数据库，做好红色资源活化利用基础。参与红色展馆立项、布展、讲解工作，供江西省苏维埃历史陈列馆、舒行将军故居史料参考和专家意见，派出专家做好展馆接待活动党史讲解。发扬红色传统。打造毛泽东李家坊调查旧址，将毛泽东在红军占领吉安城前后做的10个调查，统称“毛泽东吉安农村调查”，梳理形成《毛泽东吉安农村调查》资料汇编，供调查研究专题党课资料参考。参与《李家坊调查》《西逸亭调查》《九打吉安》等红色党史微视频拍摄。传承红色基因。加强党的重要文献编辑及党史著作编写，挖掘、收集、整理吉州区革命历史事件、人物和故事，分门归类整理，还原发生在吉州区革命历史，完成《吉州区革命老区发展史》红色书籍编写，完成《中国共产党吉州区历史》（第二卷）初稿编纂。

【志鉴工作】 《吉州年鉴（2023）》全市首发。年初启动《吉州年鉴（2023）》编纂工作，根据目标要求，提前谋划，积极推动，按年鉴体例要求以及全区情况，研究讨论制定编纂大纲、目录及框架体系。区委、区政府下发《吉州年鉴（2023）》编纂方案，向各承编单位发放供稿任务分解表，向区属部门、驻区单位等90多家承编单位征集文字和图片资料，对稿件初步审核把关，完成稿件征集工作，并聘请专家学者参与年鉴统稿编纂工作。同时，根据《吉州年鉴（2022）》评审时专家意见建议，修改审核《吉州年鉴（2023）》文稿，几易其稿，于11月底完成出版，《吉州年鉴（2023）》是吉安市首个完成公开出版县级综合年鉴。地方志信息化建设。推介吉安数字方志馆，提升网站知名度和使用率，发挥网站、新媒体等传播平台作用，宣传推介方志文化，增强方志文化软实力。加强与“中国知网”对接，做好年鉴电子化应用及宣传推广工作。提供中国知网年鉴库《吉州年鉴（2017）》至《吉州年鉴（2022）》纸质及电子图书，吉安数字方志馆上线《吉州年鉴（2000—2008）》及《吉州年鉴》2017卷至2022卷。开发利用地方志资源。按照“资料丰富、内容翔实、查阅快捷、方便群众”原则，建设好地方志资料室，加大图书资料征集征订和对外交流力度，充实和丰富资料室馆藏内容。发挥地情资料室作用，做好地情信息咨询服务，服务社会各界人士地情资料咨询100余人次。拓展志书、年鉴传播渠道，捐赠吉州区图书馆、神岗山公园城市书房等志书、年鉴7种80余册，赠送共青团江西省委志书一套4册。配合区委统战部《吉州区佛教志》编纂工作，安排方志专家参与志书编纂。“活用方志资源 实现古村新生”被评为江西省方志成果转化典型案例，并在全省地方志工作会议上作交流发言。

【档案工作】 档案管理。指导档案整理并接收本地2022年以前疫情防控档案进馆，接收疫情防控档案1497件，数字化扫描8282页。联合区民政局婚姻登记处，对馆藏部分婚姻档案，按一对夫妻为一卷重整并分年接收，净增婚姻档案11831卷，馆藏档案总数82016卷。规范档案统计，确保2022年度全区档案统计年报报送及时，各类统计数据真实、准确。指导区政府办、人大、政协、镇（街）等档案业务工作，按要求完成“十四五”时期档案事业发展规划中期评估工作。档案宣传。“6·9”国际档案日期间，通过电子媒体向社会各界人士群发档案知识宣传片，“奋进新征程 兰台谱新篇”档案图片展、档案法宣传展在区行政中心举办，前往北门街道钟鼓楼等社区开展宣传活动，发放《档案管理违法违纪行为处分规定》小册子120余份。活动期间，要求全区档案人员及时收看国家档案局专题讲座、组织参与“奋进新征程 兰台谱新篇”主题征文活动，吉州区获省征文活动组织奖。“《满江红》词曲杂谈”在《江西档案》2023年第1期发表，“坚持求真务实 注重调查研究”在《江西档案》第3期发表，“吉州区举办吉安城解放日主题活动”在江西档案信息网上刊载。筹备档案馆搬迁工作。完成统计目录、档案盘点，下架装箱贴标签、档案消毒完成70%，完成部分密集架拆卸和转馆安装。

（吴珑静）

新闻媒体

【概况】 吉州区融媒体中心承担全区新闻平台管理和新闻报道工作，负责新媒体采编、调度、运行等职责。拥有新媒体、电视、报刊等16个传播平台。其中，新媒体包含政务和民生2个品牌（“微吉州”“吉小融”），微信、视频号、微博、今日头条、抖音公众号各2个，自有平台（“云吉州”客户端、“江西吉州网”）2个，新媒体粉丝总计100余万人。先后荣获“赣鄱云十佳县级融媒体中心”“江西省报业优秀单位”称号，《吉州区融媒体中心可持续发展能力建设调研报告》入选中国新闻出版研究院《中国传媒融合创新研究报告》典型案例。获全省对外宣传发稿作出贡献集体称号，多人获评全省十佳外宣通讯员、江西省报业先进个人、赣鄱云县级融媒体中心先进个人、江西日报社优秀通讯员、“学习强国”学习平台优秀供稿员。

【媒体融合】 完善“台、网、端、微、报”多元发布体系。省级赣鄱云平台为支撑，融合移动新媒体平台，形成信息发布“一个出口”，构建互联、互通、互动全媒体传播矩阵。改革相关经验做法先后4次省级会议、讲座作经验介绍，2次在“学习强国”学习平台刊登，该中心可持续发展能力建设入选中国新闻出版研究院主办的《中国传媒融合创新研究报告》典型案例；改革做法文章《吉州区以深化改革推动融合发展提质增效》在《江西宣传》刊发，《多措并举推进媒体深度融合改革》被《吉安改革》采用。

【主题宣传】 定期召开融媒策划委员会，围绕区委、区政府中心工作，推出专题报道或主题报道，营造全区经济社会发展浓厚氛围。结合全区重点工作，《吉州新闻》策划推出《奋进新征程 建功新时代》《优化营商环境、推动高质量发展》《基层治理、网格智治》《吉州改革进行时》等专栏。区委机关报《吉州报》编印25期，《吉州新闻》播出新闻156期，播发稿件1.6万余篇。完成“亲清连心”政企恳谈会、区人大和政协两会、新春走基层、红色基因传承接力活动等宣传报道。700余个优质产品刊登在《人民日报》、“学习强国”学习平台等媒体平台，6个作品在全省双月赛中获奖，1个作品获得江西广播电视三等奖，2个作品获得市广播电视奖。

【对外宣传上稿】 围绕中共二十大、双“一号工程”、深化改革、生态文明、乡村振兴等主题策划一批重点选题，制作《聚焦区“两会”》《优化营商环境》《聚焦重点领域改革激活发展新动能》《钓源古村亮相省旅发会》《喜迎二十大 展现新变化》等系列报道，中央级上稿108条，全市排名第二，省级上稿655条，全市排名第一。

【创新探索】 探索“新闻+”运营模式，创新推出720°VR虚拟展厅、区人大和政协两会VR＋5G直播、各类执法直播、H5解读党代会等产品。打造“小编帮你办”便民服务品牌，根据群众反映问题和建议，制作节目48期。区人大和政协两会期间，制作《两会声音》《两会剪影》《我给“两会”捎句话》等30多个短视频，架起政府与群众沟通桥梁。先后上线“家庭酷跑大会”“农民丰收节晚会”“村BA篮球赛”“农民趣味运动会”等直播40余场，线上观看或参与群众200万人次。

【产业运营】 产业经营模式向广告栏目、线下活动、文化产业服务等多元化产业链发展转型，先后承接参与白塘街道先锋小区文化墙提升、石溪头小学新校区校园文化、城市儿童友好空间、应急主题公园、曲濑就业之家等文化项目，实现“事业+产业”可持续双向赋能良性循环。参加文旅直播带货、“红五月快乐消费季”等活动，直播流量转化为助农致富能量，实现口碑和经营双丰收。

（黄河清）

钓源古村·十里芳菲

【概况】 “钓源古村·十里芳菲”位于吉州区兴桥镇，距城区18千米，是北宋文学家、政治家欧阳修后裔及宗裔聚居地，始建于唐朝末年，现存明清古建筑190余处，为独具江南特色的庐陵文化千年古村，获评“中国历史文化名村”、国家AAAA级旅游景区、全国生态文化村、“中国美丽休闲乡村”，被列为香港城市大学古建筑学示范点。“钓源古村·十里芳菲”由国内文旅行业——十里芳菲运营团队建管运营，总投资5亿元，打造古村古韵区、古村商贾区等10余个板块，布局樱花长廊、古驿道等40余个打卡景点，植入创客孵化中心、猫爷茶等40余个业态，建设200间超五星级民宿、文创手艺人工作室，集“吃住行游购娱”于一体，打造以赣派古建筑为主题风貌的度假长居旅游目的地、全国田园度假生活新标杆、全国乡村振兴头部品牌，争创国家旅游度假区、国家AAAAA级旅游景区。“钓源古村·十里芳菲”总占地面积16.1万平方米，分3期建设，2021年11月启动建设。截至2022年5月，完成远山大门、进村旅游公路以及今样小酒馆、映溪泳池等32个参观节点和香樟书院、欧阳修文化展等18个业态一期建设。同时，制作钓源千樟礼盒、及第登科礼盒等30余种文创产品，“吉安冬酒”“十里芳菲·钓源酱饼”等6种吉州产品。2022年6月，全省旅游产业发展大会“钓源古村·十里芳菲”观摩、考察点，受到省主要领导和与会嘉宾一致好评。2023年，完成64间客房、97个床位改造，落地后山宴会厅、陶醉钓源餐厅、乡村面包生活馆、浣花凹生态牧场展厅、虫虫怕怕屋（销售驱蚊产品）、护香台（销售钓源的香）、花知馆（花信风自然学堂课程体验）、今样小酒馆、金缮工坊（修复课程体验）、猫爷茶（奶茶馆）、玫瑰堂（手工课程体验）、陶道馆（手工课程体验）、农耕文化公园（农田采摘项目体验）13个消费业态，修缮欧阳氏总祠、纶祖祠2座祠堂以及歪门邪道、欧阳瑞林宅2处文保建筑，七星伴月水塘生态修复，建设亲水平台、安装喷雾、种植水草，实现水塘清澈见底、鱼草流动。签约在芙山房、旧雨新知、今有光等品牌，完成在芙山房硬装、旧雨新知组团外立面改造。成为东南亚农业技术协会十里芳菲自然农耕示范基地。年内，吉州区“十里芳菲·钓源古村”上榜2023TOP20期待文旅项目，钓源古村民宿项目，被评为“2023年度臻选亲子酒店”“2022旅行皇后大赏”最佳古村落酒店和江西省五星级休闲乡村民宿，钓源古村获授江西省外事参观点、江西省首张景区碳中和证书、江西省首批风景独好旅游名村称号。《吉安市吉州区钓源模式：传承庐陵文化，千年古村焕发新生机》案例入选中国旅游协会第五届“中国服务”·旅游产品创意案例。先后举办中央广播电视总台“家庭酷跑大会”、村落美愿节、花朝节、钓源乡村振兴交流会等50余场活动，接待团队900多批次、游客40.82万人次，实现旅游综合收入5700余万元，日常民宿入住率70%以上。带动村集体年增收30余万元，户均年增收近万元。

【钓源花朝节暨吉州文旅消费季活动】 3月18日至4月9日，钓源古村举办首届花朝节暨文旅消费季活动。标志着钓源景区开发建设步入新的发展阶段。活动包括青春中国家庭酷跑大会启动仪式，邀请中央广播电视总台《少儿频道》在钓源举办亲子音乐节、美食节、帐篷露营节等。十里芳菲“花朝月夕”花朝节，钓源古村·十里芳菲景区内举办花朝节系列活动，游客入园参与花界桌游、花界婚礼、花界柿集、花界读书会、花界野餐会等活动。“醉美钓源樱花跑”，钓源大道远山大门至钓源古村门楼下，全程3.5千米，沿着十里樱花、紫色跑道，举办全民健身徒步走、山地自行车赛等活动。“醉美金色花海”游园会，建设观景台，植入彩色油菜图案、网红打卡景观小品及农业知识科普宣传牌，设置特色农产品展销、特色乡土小吃品尝，沿机耕道开展汉服秀、舞龙表演等。举办乡村振兴讲座、田间小课堂，组织钓源村创业致富带头人、脱贫户（监测户）、部分联农带农能力强新农人等30人左右，举办2023年乡村振兴讲座、田间小课堂暨创业致富带头人培训，宣传乡村振兴政策、发放专家教授的技术资料、蔬菜种子（吉安大叶空心菜），提供技术咨询、交流、实操指导等。钓源古村·十里芳菲首届花朝节征集活动，组织摄影家协会、作家协会等，举办钓源古村·十里芳菲首届花朝节摄影、征文比赛，并邀请自媒体等网络直播，组织参观游客手机随手拍、微信朋友圈晒图点赞活动。春季文旅消费季消费券发放活动，活动期间，通过现场线下直接领取和线上抢券方式，钓源古村·十里芳菲景区、各摊位摊点，发放50元减30元、100元减50元、199元减100元金额不等电子消费券，以点带面拉动吉州春季文旅消费。

【“家庭酷跑大会”钓源首站开跑】 6月3日，中央广播电视总台“家庭酷跑大会”走进吉州钓源古村，并以此作为首站开跑。艺术体操世界冠军章硕、蹦床世界冠军张雒、世界马拉松冠军孙英杰、曲棍球世界冠军马弋博与200组来自全国各地家庭代表一起开跑。“家庭酷跑大会”活动是中央广播电视总台2023年“‘六一’快乐季”系列节目板块，是首档百万家庭共同参与的文旅体教融合大型户外节目，“亲子跑步”为主线，旨在为全国少年儿童送上一份节日礼物。该活动选择吉州作为首站地，目的是通过体教融合发展推动乡村振兴，促进教育体育美育高质量发展。

【钓源乡村振兴交流会】 6月5日，首期钓源客厅——乡村振兴交流会在钓源古村举办。邀请国内外8位专家学者参加，十里芳菲董事长张蓓作《生命因乡村而丰盈》演讲。交流会围绕“塑乡村文明，促乡村振兴”主题，紧扣“三农”工作发展，从治理、农业、产业、生态、传承、文化、科技到生活美学等不同视角，交流分享关于乡村振兴思考和见解。钓源客厅——乡村振兴交流会，是由未来乡村产业发展联盟、吉安十里芳菲文旅发展有限公司，联合吉州区乡村振兴学院，在钓源古村发起的专业研讨及系列体验活动。交流会分为季度交流会和月度恳谈会，是面向全球乡村爱好者交流研讨平台，将为钓源古村和吉州区积累乡村振兴知识与发展资产、社会影响力资产。9月14日，第二期钓源乡村振兴交流会在钓源古村召开。交流会以“生命因乡村而丰盈，文明因乡村而复兴”为主题。会上，举办江西财经大学授牌钓源古村·十里芳菲学习实践教学基地、在芙山房民宿入驻钓源古村·十里芳菲等现场授牌签约仪式。会议邀请重庆师范大学副校长孟小军、浙江工业大学工程设计集团中南分院院长黄成等7位国内专家学者演讲。围绕乡村有机治理、有机生产、有机生活、村落与文化、村落与科技、村落与生活美学等命题提出见解，针对如何构建一个生态自循环钓源论坛新模式及未来发展模式和规划共商共创。

【摄影大赛获奖作品公布】 6月，2022“寻梦钓源、芳菲桃源”全国旅游摄影大赛获奖作品公布。经过5轮评选，评选等级奖9幅，入选作品80幅。

【新闻直播】 9月29日，中央广播电视总台新闻频道《新闻直播间》直播吉州区钓源古村。直播全程5分钟，带大家云端体验钓源古村制作柚子灯、烧塔、点茶、吃薄酥饼等中秋习俗。

【钓源古村·十里芳菲周年庆嘉年华活动】 12月11日，市政协副主席、市工商联主席徐年春出席，区委书记尹冬苟，市文广新旅局党委委员、副局长肖承斌，十里芳菲集团总裁出席并分别致辞，区委常委、常务副区长肖莺华，副区长王陶，以及市直有关部门单位，驻市、区商会，驻市金融机构代表，供电、移动、电信、联通等吉安分公司主要负责人参加。举办该活动是做强做旺中心城区，推进文旅高质量建设高水平运营攻坚战、服务文旅企业做大做强、优化营商环境具体举措。活动中，与会嘉宾们共同观看钓源古村宣传片，了解钓源古村近年来发展蝶变。十里芳菲相关负责人推介钓源古村·十里芳菲，进行产品发布；推荐官推介吉州文旅，驻市金融机构代表、驻市商会企业代表、工业及文旅企业分别与十里芳菲签约。随后，与会人员参观考察钓源古村。

（刘崇涧）

水巷·能仁巷历史文化街区

【概况】　经省政府批准，吉安市水巷·能仁巷圣恩堂为第二批省级历史文化街区，2019年9月，市政府批复历史文化街区保护规划。项目总投资3亿元。2022年1月开工建设，2023年4月全面竣工。项目总体概括为“一轴、一带、两点、三片”，“一轴”即以高峰坡路为主干，“一带”即沿后河打造滨河绿化景观休闲带，“两点”即单独进行遗址保护能仁寺和原址修缮高峰坡18号古建筑，“三片”即重点打造水巷历史文化街区，新建能仁巷历史文化街区，对风貌协调区整治改造。2023年1月27日，水巷历史文化街区正式开街，5月20日，能仁巷历史文化街区正式开业运营。水巷·能仁巷历史文化街区以“月月有主题、周周有活动，内容有创新”为宗旨，每周周末以及各种节日均举办各种特色活动，全年举办各种特色活动82场，接待省内外考察团及各级领导调研100余批1000余人次，平均每日接待游客1.36万余人次，月均营业额1000余万元，成为吉安市中心城区最有烟火气夜市景区和最具人气网红打卡地。被评为国家AAA级旅游景区、江西省高品质美食街区和吉安市高品质夜经济示范街区、“双拥示范街”、“拥军示范店”、科普教育基地，《田侯路历史文化街景区：打造吉安最美夜经济示范街都市文旅样板》入选中国旅游协会“中国服务”旅游产品创意案例。

【水巷历史文化街区建设】　用地面积11352平方米，建筑面积约8300平方米。其中，原址修缮历史建筑7栋，迁建建筑8栋，新建田侯祠、门楼、江仕澄塔等；新建两层地下停车场面积4266平方米。业态以历史文化展示、艺术收藏品展览等文创产业为主，体现钱庄、票号、会馆等传统商贾文化以及吉安文物收藏等博物馆文化，以“静”为主。年内，签约入驻商铺15家，开业率80%以上，有赣隆大院民俗餐饮博物馆、首个民间美术馆儒陵艺术馆，玖尚茶咖空间、懿心苑、记得你甘草水果、六谷山房、雁华国服馆、巷里拾闲、岩钰诗珠宝定制、心水咖啡、文创共享空间、井岗农特优体验店、陶阳书院等一批创新特色业态先行入驻。

【能仁巷历史文化街区建设】　用地面积24491平方米，其中，核心地块用地面积10378平方米，建筑面积10376平方米，配建地下停车场面积3892平方米；南地块面积10241平方米为社会停车场用地，配建地下停车场面积4958平方米；北地块面积3872平方米为社会停车场用地。业态以休闲娱乐、高档餐饮等商业、夜市经济为主，以“动”为主。年内，签约入驻商铺52家，开业率93.5%，引进丰屋烧烤、蟹宗蟹、牛扒驾到、库迪咖啡、榆粤轩港式、徐记龙虾馆、齐马蓝爵士乐餐吧等一批高品质首店连锁店，高峰坡豆浆油条、吉乔薄酥饼、樟树佬清汤、元生海鲜、刘氏西苑夜包子、三味小边炉等一批本土知名老字号美食小吃店。能仁巷历史文化街区是吉安唯一沿河滨水商业街区，地址位于高峰坡路、半苏桥桥头西。

【水巷系列活动】　年内，水巷举办活动37场。5月20日，吉安市暨吉州区科技活动周启动仪式在水巷举办，以“热爱科学，崇尚科学”为主题，开展五大主题区域30+科普展位展示及体验活动。8月18日，西原会馆举办“新联心分享会——新联会网络代表人士交流会”，畅论“短视频+直播”营销新模式，各位网红和视频创作者分享自身账号内容创作运营经验和直播带货、流量变现经验，并对短视频爆款账号拆解分析，提炼经验，提升账号生命力、影响力。8月22日，以“画一个自在童年”为主题，举办2023年首届庐陵少儿美术作品展，展览作品均为多人或者群体创作组画与集体装置，美术作品286件，创意美术作品228件，如西游记创作主题、十二生肖主题、童心世界绘本主题、奇幻森林雕塑主题等，每一项主题，均有500多名少儿参与共同制作。9月17日，首期西原创客论坛举办，上海商业协会副会长祝正东以“海上香路”为题，介绍中国沉香产业历史由来、现状实践和未来展望。9月29日至10月2日，联合吉安市商务局举办首届庐陵好物商品展销会，活动汇集吉安13个县市区名特优产品和井冈山农产品区域公用品牌商品，4天三大主题，几百款产品参与满100元减50元优惠，现场歌舞表演、有奖互动游戏及免费大米、鸡蛋派送，吸引众多市民参与。展会现场网红助农直播，助力庐陵好物产走出江西，畅销全国。抖音直播销售当地农特产品金额约1500万元，其中腐竹销售额近1300万元，排名农产品抖音单品第一；创新数字化运营，建立线上营销矩阵，各平台视频播放量累计5000万余人次。11月2日，第二期西原创客论坛举办，分为创意空间和前沿餐饮两个主题，邀请南京大学创意产业研究中心常务副主任王祥，小女当家餐饮品牌副总经理余希铃，以《文化创意助力乡村振兴实践——以浙江松阳陈家铺村为例》为题作分享。11月4日，第三期西原创客论坛举办，探索革命老区经济发展引擎赋能田侯路历史文化街区为主题，旨在集思广益，汇集各路精英智慧和经验，供革命老区经济发展新思路和方向。11月25日，邀约小红书粉丝到水巷举办线下见面会，吃美食、逛集市，见面现场为粉丝们准备互动游戏"你比画我来猜""赛马""抢瓶子"，并赠送文创礼品。12月9日，"他山之石"永新籍书画家贺家龙书画作品展在水巷儒陵艺术馆开展，展出书画作品60余幅，其中，书法20余幅、国画40余幅。吉安市文联、吉安市书协、吉安市美协主办，来自市内外100多位书画界同人前来观展，同时，举办作品研讨会。12月30日，吉安·东莞双城腊味节在水巷历史文化街区开幕，50多家双城腊味企业各自展示腊味产品，同时，活动现场演绎固江鲤鱼灯、泰和虾宫灯、华盖双狮舞等系列吉安非遗技艺。

【能仁巷系列活动】 能仁巷举办活动45场。6月1日，与缤谷组织开展以"食"趣童年为主题的吉长顺非遗美食暖场研学活动，该活动准备吉安两区十县传统美食小吃和网红小吃，让大家在亲子互动游戏同时，体验庐陵百味，感受庐陵文化。6月9日至11日，针对毕业季学生，举办"莘莘学子有能人"解压活动，有歌手现场驻唱校园歌曲、毕业快闪、嗨皮摇滚歌手，活动吸引3万余人参加，单场活动播放量累计87.1万人次，带动综合消费100万元。6月18日至25日，以"夏至'味'至 街开好'食'光"为主题，推出"猪八戒摆摊送西瓜"、蒙眼原地踏步、写给父亲散文诗等互动游戏和舞狮、京剧变脸等非遗节目，并准备多款6.18元折扣美活动，活动8万余人参加，单场活动播放量累计130万人次，带动综合消费320万余元。7月16日，联合区委宣传部以"追忆峥嵘岁月 传承红色基因"为主题，跑步打卡"7·16"，"7·16有感·我的家乡新吉安"抖音挑战赛，网红、大V看吉安变化等线上活动，同时，举办"吉安印记"打卡活动，"美丽吉州长卷画""新青年 新吉州"参观活动，一日新"生"，"纳凉电影"，"7·16"吉州解放纪念日红色文化路演等线下活动。活动1.2万余人参加，单场活动播放量累计87.1万人次。8月1日，举办仁巷历史文化街区"双拥示范街"揭牌仪式。吉州区退役军人，持优待证到能仁巷各门店可享受优惠待遇。9月8日至10日，让夜间消费更"热"，让人间烟火气更"旺"，联合燕京啤酒举办"燕京音乐啤酒狂欢节"，打造啤酒+音乐+灯光市集相融合嘉年华，助力吉州区"夜经济""潮流消费"发展。活动日均客流量1.5万人次，日均营业额45万余元。9月20日至10月6日，中秋、国庆双节期间，举办"超月想象，能仁正当红"双节游园会主题活动，采取售卖168元超值套餐福利活动营销形式促进消费。中秋当天，举办盛大拜月大典，并打造超级月亮打卡点以及花灯打卡点，让游客能够身临其境感受先人们拜月仪式庄严气氛，彰显中华民族中秋传统文化魅力。国庆当天，万人挥舞红旗齐声歌唱《我和我的祖国》，同时，推出街舞大赛、特色演绎、老男孩复古派对、童年游戏等各种精彩互动节目，给消费者带来"夜经济+传统文化"全新体验。活动日均客流量3万人次，日均营业额70万元。11月18日，答谢粉丝长期支持，举办一场长桌盛宴，邀请64位幸运粉丝共同品尝吉安特色美食。活动反响热烈，难忘今宵。12月31日，庐陵宝盒（艺播庐陵）启动暨能仁巷跨年音乐趴举办。能仁巷"庐陵宝盒"舞台，供各类社会艺术团体及个人、街区运营单位，开展群众文艺演出、个人才艺展示、驻场演绎、品牌推介等。

（肖琴）

卫生健康

吉州年鉴2024

综　述

吉州卫生健康工作坚持新时代卫生健康工作方针，把握卫生健康工作新形势新要求，以人民健康为中心，实施健康吉州建设行动，持续深化医药卫生体制改革，打好打赢“十大攻坚战”，联动建设江西南部重要增长极有关部署要求，优化医疗资源布局，提升诊疗服务能力。谋全局、抓改革、促发展，各项工作均取得成效。

推进紧密型区域医联体建设。10月27日，区政府办下发《吉州区紧密型区域医疗联合体建设实施方案(试行)》文件；11月8日，吉州区紧密型区域医疗联合体揭牌。推进紧密型医联体信息系统融合，实现医疗同质化，构建基层首诊、分级诊疗、双向转诊制度。建立区、乡、村(社区)一体化管理体系，吉安市第一人民医院为牵头单位，向上联系江西省人民医院，向下辐射全区各社区卫生服务中心、卫生院及村卫生室，逐步推进区、乡、村(社区)一体化。持续与江西省人民医院开展医联体合作协议，在区域开展中心建设、重点专科建设、医院管理等方面合作，促进医院医疗水平提升。江西省人民医院定期派出专家到吉安市第一人民医院，开展义诊、坐诊、授课等合作项目，提升吉州区医疗技术水平。

完善基础设施提升就医环境。区政府投资2.8亿元，提升医疗基础能力，各建设项目正按时按序推进。吉安市第一人民医院住院综合楼项目建设主楼主体填充墙完成，妇幼保健院曲濑分院项目建设建成投用，兴桥中心卫生院新建综合楼建设项目完成五楼主体建设，古南镇街道社区卫生服务中心改建项目完成工程量的80%，永叔街道社区卫生服务中心改建项目建成投用，文山街道社区卫生服务中心搬迁至原永叔街道社区卫生服务中心，城北新区社区卫生服务中心项目建设完成地下室建设，禾埠街道社区卫生服务中心项目建设完成设计方案和报告。

对标推进健康帮扶各项任务。家庭医生逐户上门签约，全面落实应签尽签，全区完成脱贫户和监测户家庭医生签约4024人，其中重点慢性病人群家庭医生签约591人。完成家庭医生履约9190人次，其中重点慢性病人群1814人次，履约率100%。建立近效期药品制度，强化村卫生室管理，全区所有村卫生室按照近效期药品制度要求，设立近效期药品柜、药品箱，并清理过期药品和医疗器械。完善监测帮扶政策，落实帮扶措施，上传防返贫监测数据55条；大病专项救治81人，其中，重性精神病救治55人、尿毒症救治23人、儿童先心病救治1人、白内障救治2人。

医政医管

【概况】　全区医疗机构总数272家，其中，三级医院6家、二级综合医院2家、一级综合医院4家、乡镇卫生院5家、社区卫生服务中心5家、村卫生室89家、口腔诊所45家，其余为各类诊所及医务室。全区医师2318人，护士3433人，床位数6025张。优化营商环境，简化社会办医准入服务和执业登记管理，中医诊所、养老机构内部设置诊所、卫生所(室)、医务室、护理站，实行备案管理；规范医务人员执业管理，医务人员注册变更业务实行全程网办。民生保障事业、公立医院综合改革、医德医风整治等各项工作取得实效。

【重大卫生民生工程】　全年完成白内障免费手术286例，儿童“两病”免费救治18例；重性精神病患者免费救治427例，尿毒症困难患者免费血透129例。根据市卫健委安排，吉安市第一人民医院为辖区内3名血友病患者配备治疗药品。

【公立医院综合改革】　推进现代医院管理制度。吉安市第一人民医院成立党委，两个议事规则100%制定，100%实现“党建入章”，实现从“院长负责制”到“党委领导下院长负责制”实质转变。吉安市第一人民医院“五大中心”(胸痛、卒中、创伤、危重孕产妇救治、危重儿童和新生儿救治中心)创建并通过验收，提升医院急救能力。

【中医药工作】　全区乡镇卫生院、社区卫生服务中心均建立中医综合服务区，中医诊疗占35%。村卫生室70%开展中医服务。申报省级示范中医馆1个，全国著名老中医传承工作室1个。

【社会心理服务体系建设】　通过采取心理健康公益宣讲、心理健康团体辅导、心理健康测评等方式，开展心理服务活动。印发心理服务宣传海报400余份张贴至各公共场所，同时，通过“井冈心力量”平台，完成居民社会心理问卷调查。抽派基层医疗卫生机构骨干人员，参加全市卫健系统心理服务专业人才培训班。

【医疗卫生领域突出问题专项治理】

印发《关于在全区卫生健康领域深入开展警示教育活动暨医药购销不正之风专项治理工作的通知》，全区卫生健康单位干部职工自查自纠工作，“怕慢假庸散”作风问题5条、“群众办事体验”问题6条、群众看病就医“急难愁慢繁”问题3条，各项问题均完成整改。各单位摸排出项目建设、基建招投标、资金分配、药品耗材等风险点31个，并采取相应改进措施。

基层卫生与妇幼健康

【概况】 辖区内乡镇卫生院6所，社区卫生服务中心5所。社区卫生服务中心覆盖全区城市街道，形成社区卫生服务中心为主体，社区卫生服务站为补充，家庭医生工作室为桥梁的社区卫生服务体系，构建15分钟社区卫生服务圈。全区所有社区卫生机构均达一星级以上标准，其中，12个机构达二星级以上标准、2个机构达三星级以上标准。

【家庭医生签约服务】 “5·9”世界家庭医生日，组织全区基层医疗卫生单位开展以“与家医相约、和健康相伴”为主题的宣传活动，通过拉横幅、展板、电子屏滚动播放、发宣传单等形式，向社会公众普及家庭医生签约知识，提高知晓率和参与度。实行重点人群上门入户“一对一”家庭医生签约服务，建立签约履约台账，提高重点人群签约服务满意度。组建家庭医生团队82个，签约辖区常住人口22.91万人，履约服务慢病患者10万余人次。

【乡村医生管理】 乡村医生申领省级公共卫生补助96人、20.16万元，乡村医生申请养老保障生活补助62人、180960元。接收安置订单定向医学生毕业后到卫生院进修半年3人。组织5名农村医学专业毕业生，参加2023年全省乡村医生执业资格考试。继续实行具有全日制大专以上医学学历应届毕业生免试申请乡村医生执业注册，引导符合条件的乡村医生参加乡村全科执业助理医师资格考试。

【基本公共卫生服务项目】 继续实施国家基本公共卫生服务项目。建立电子健康档案37.9万人，建档率92.71%；0～6岁儿童管理人数3.42万人，儿童健康管理率93.54%；孕产妇早孕建册人数2512人，早孕建册率95.57%；产后访视人数2488人，产后访视率92.15%；65岁及以上老年人健康管理人数3.36万人，规范健康管理服务率62.53%；高血压管理人数25137人，糖尿病管理人数7643人，严重精神障碍患者管理人数1936人，结核病患者管理人数96人。

【妇幼健康】 继续推进艾滋病、梅毒和乙肝母婴阻断项目，开展免费无创DNA筛查、地中海贫血筛查、免费节育手术和免费发放避孕药具等服务。完成35～64周岁城乡适龄妇女宫颈癌、乳腺癌免费检查项目各2008人，免费提供孕前优生健康检查913对，免费婚前医学检查1608对，婚检率98.27%。实施免费基因检测健康筛查及“免费出生缺陷防控服务”民生工程，完成无创产前筛查2082例、地中海贫血基因检测2797例以及新生儿遗传代谢病筛2830例。完成适龄女生免费接种HPV疫苗4849人次，超额完成上级下发的任务。

疾病防控与卫生应急

【概况】 吉州区疾病预防控制以传染病新冠病毒、结核病、手足口病和艾滋病防控、霍乱防治等为工作重点，坚持预防为主卫生工作方针，落实规划免疫政策，做好地方病防控工作，全面开展卫生应急能力建设评估工作。开展爱国卫生运动，提高人民群众卫生素质和健康水平。

【传染性疾病预防控制】 传染病监测工作始终在省、市名列前茅，全区累计报告传染病5090例，报告法定传染病4852例，报告发病率为1189.67/10万。其中，甲类0例、乙类1947例、丙类2905例、其他238例，报告发病率分别为0、477.39/10万（新型冠状病毒感染278.54/10万）、712.28/10万、58.36/10万。传染病报告及时报告率100%、审核率100%。

【艾滋病监测与防控】 2003年成立吉州区防治艾滋病工作委员会起，每年均适时召开成员单位专题协调会，形成政府领导，部门协作，全社会参与艾滋病预防控制机制。提供免费自愿咨询检测327人，艾滋病感染者免费抗病毒治疗和医学随访、人文关怀122人，艾滋病全人群检测率27.64%，超过达标率22%。

【结核病防治】 全面开展结核病健康促进工作，提高群众结核病防治知识知晓率，重点加强医疗机构结核病防控工作。现场处置学校结核病疫情13起13人，辖区医疗机构报告肺结核病例474例，辖区206例，全部病例均按照结核病防治工作要求筛查、追踪、随访等工作。

【免疫规划】 年内，适龄儿童建证建卡3296人，建卡、建证率100%；国家免疫规划疫苗报告应种94191剂次，实种89648剂次，报告接种率95.81%；乙肝疫苗第一针及时接种率90.17%，含麻疹成分疫苗两针接种率95.72%。报告疑似预防接种异常反应病例88例，其中，一般反应87例，偶合症1例，均及时网络直报、个案调查、诊断和处理，接种单位疑似预防接种异常反应报告覆盖率100%。举办吉州区免疫规划技能竞赛，并组队参加吉安市免疫规划技能竞赛，获团体二等奖。

【卫生创建活动】 组织开展国家卫生城市创建复审督导督查，成立吉州区卫健系统国家卫生城市创建复审工作督导组，自6月16日起，采取现场督查、随机抽查等形式，督查爱卫组织管理、健康教育、健康促进和病媒生物防治等工作资料，按照《档案目录指引》要求收集整理完善，保持国家卫生城市复审档案资料的规范性和连续性。10月21—25日，完成国家卫生城市复审明察暗访。长塘镇获评“2017—2019周期国家卫生乡镇”，樟山镇获评“2020年度江西省卫生乡镇”，兴桥镇、曲濑镇被命名“2021年度江西省卫生乡镇”，樟山镇申请创建“2022—2024周期国家卫生乡镇”。

综合监督与职业健康

【概况】 推进全区卫生健康法治建设，规范医疗卫生市场秩序，维护公共场所卫生安全，预防控制学校传染病发生，落实《吉州区“十四五”职业病防治规划》。

【卫生健康法治建设】 抓好卫生健康行政执法工作，加强卫生健康监督业务知识培训，全年办理3000余张从业人员健康证。打击非法行医，全年对被监管单位办理处罚案件81件，其中，医疗卫生5件、公共场所9件、传染病59件、消毒产品6件、放射卫生1件、学校卫生1件，罚金13.06万元。

【医疗卫生机构监督】 开展医疗机构日常监管，定期查处医疗机构聘用非卫技人员行医、超出范围诊疗活动、发布医疗广告等违法行为，监督医疗机构覆盖率100%。立案查处医疗机构65家。

【公共场所卫生监督】 开展娱乐场所、住宿场所、美容美发卫生监督专项检查工作，辖区内公共场所日常监督检查583家，下达整改意见书583份，处罚9家，罚金8000元。

【学校卫生】 加强学校传染病防控监督管理，全年对城区46所中、小学校和幼儿园卫生设施，以及传染病防控等监督检查，监督检查覆盖率100%，保障学校卫生安全。同时，做好高考考点卫生专项监督检查，营造高考良好的卫生安全环境。

【职业健康】 《吉州区“十四五”职业病防治规划》中期评估，工伤保险参保人数稳步提升。12家职业病危害企业参保198人，工业企业职业病危害项目申报率100%，工作场所职业病危害因素监测合格率93.75%，职业卫生违法案件处罚率100%。区疾病预防控制中心纳入职业病防治技术支撑机构，确定吉安市第一人民医院承担辖区内职业健康检查工作，主要指标完成达到预期。开展2023年职业病危害专项治理和用人单位工作场所职业病危害因素监测工作，确定12家监测机构名单。

医疗人才队伍建设

【概况】 吉州区卫健人才工作围绕卫生健康事业发展需要，围绕“扩大总量、优化结构、提高素质”目标，加强组织领导、人才培养、人才培训，推进卫生健康人才工作，促进全区卫生健康事业健康发展。全区有医师2318人，护士3433人，其中，正高职称13人，副高职称66人，中级职称269人，备案制13人。公开招聘卫生专技人员22人，评选出区级优秀医生23人、优秀护士27人。

【人才培训】 年内，组织各类技术技能培训22次，累计1500余人次参加培训。组织1000余名医务人员，网上学习并完成继续医学教育课程。安排3名基层医疗卫生机构在岗人员全科医生转岗培训，选派16名医务人员外出进修深造。

【培训宣传】 健康科普宣传义诊活动，先后出动医务人员100余人，义诊宣传活动30余场次，义诊群众2000余人，发放宣传资料2000余份。

【对口支援】 7月19日，吉安市第一人民医院与中国医学科学院阜外医院、中国医学科学院肿瘤医院深圳医院签订合作协议，并举办“中国医学科学院阜外医院心血管病技术培训中心”揭牌仪式，帮扶该院心血管、肿瘤相关学术及科研、进修培训、远程会诊、手术指导等技术工作，并帮助完善该院医疗管理、医疗安全、医疗服务等方面工作。持续加强与江西省人民医院开展合作，促进吉安市第一人民医院医疗水平提升，省人民医院每周三选派专家团队，到该院开展多学科健康义诊、座谈交流、学术讲座等活动。

健康教育与宣传

【概况】 倡导健康优先、健康教育先行理念，增强群众健康意识，营造健康氛围，提高居民健康素养和健康水平，做好卫生健康政策宣传，提升新闻发布和舆论引导能力，推动卫生健康事业发展。全年，上稿新闻媒体122篇，其中，中央电视台、《人民日报》等国家级新闻媒体7篇，省、市级媒体53篇，区级媒体62篇。

【健康知识普及】 与区融媒体中心共同打造《健康吉州》栏目，全年制作发布《健康吉州》节目28期。策划线上互动答题，吸引群众广泛参与，调动群众参与健康知识宣传积极性，线上线下开展“全国科普日”“全国爱牙日”“全国老年健康宣传周”及医护典型等宣传活动。

【健康宣传引导】 做好科普宣传和舆论引导，组建区卫生健康系统信息员、舆情监督员工作队伍。对接各级宣传平台，提供新闻线索，展示

5 月 15 日，区疾控中心在星港澳园开展碘缺乏病防治知识宣传活动

（区卫健委　供图）

工作亮点。通过网络平台、微信群、微信公众号等渠道进行宣传，向群众发放宣传折页、宣传单 1.8 万份，帮助居民群众掌握健康科普知识，及时了解最新健康知识，反对封建迷信，倡导文明健康生活方式。

人口与家庭发展

【概况】 吉州区人口与家庭发展工作始终坚持改革创新，提升服务能力，推进生育服务登记改革、计划生育利益导向和托育服务工作。关爱计生特殊家庭，做好辖区内城镇居民独生子女父母奖励目标人群审核发放，发放 17698 人、2050.59 万元。

【生育服务登记改革】 实行网上办理生育登记和再生育审批，优化简化办事流程，网上办理江西省生育登记回执 1937 对。依法实施三孩生育政策，落实生育登记制度，取消社会抚养费等制约措施，将入户、入学、入职等与个人生育情况全面脱钩，做好政策衔接。

【托育机构】 全区有托育服务机构 31 家（公办 2 家，幼儿园延伸办托 17 家，街道社区办托 2 家，民办 10 家），国家《托育机构备案信息系统》备案 11 家。普惠托育机构 25 家，可提供普惠托位数 2250 个，每 1000 人常住人口拥有 3 岁以下婴幼儿托位数 5.3 个（2025 年目标值 4.5 个），城市社区覆盖率 35%。

【托育服务宣传月活动启动仪式】 6 月 7 日，区卫健委举办以“普惠托育共同行动”为主题的托育服务宣传月活动启动仪式，思源社区口袋公园为主会场，江南御景园小区为分会场。活动通过发放宣传品、提供健康咨询和义诊服务等形式，向广大群众介绍婴幼儿照护服务模式和服务内容，普及健康保健知识，与家长交流分享科学育儿知识，为婴幼儿健康检查。

吉安市第一人民医院

【概况】 吉安市第一人民医院是吉州区唯一一所集医疗、急救、科研、教学、预防保健、康复于一体的非营利性二级甲等综合性医院。医院占地总面积 3.53 万平方米，建筑总面积 3.44 万平方米。全院在岗职工 538 人，其中卫生技术人员 297 人，正高 12 人，副高 40 人，中级 158 人，初级 95 人。医院由临床、医技、行政后勤三大部门组成。医院编制床位数 499 张，实际开放床位 499 张。临床科室 16 个：感染科、心血管肾内科、神经内分泌内科、呼吸内科、消化肿瘤内科、ICU、急诊科、普外肛肠外科、泌外科、矫外科、妇产科、麻醉科、五官科、中医康复科、儿科、门诊部；医技科室 8 个：检验科、影像科、B 超室、心电图室、胃肠镜室、病理室、药剂科、设备科。

【医院综合改革】 升级改造自助缴费系统及微信公众号缴费功能，实现包括普通医保与医保慢特病结算。患者可通过电子医保凭证、社保卡等在自助缴费机和医院微信公众号，享受从挂号到缴费再到取检验、检查报告全流程服务。采购和使用国家集采中选药品，全年采购集采中选药品金额 1112.39 万元，占总采购金额（不含中药饮片）24.999 %；销售集采中选药品金额 1235.32 万元，占总销售额的（不含中药饮片）的 24.667%。

【专科建设】 医院呼吸与危重症医学科、感染性疾病科、麻醉科、急诊科 4 个科室，申报市级临床重点专科，其中，呼吸与危重症医学科、麻醉科遴选为市级临床重点专科。加强与江西省人民医院合作，邀请该院专家到院举办手术、义诊及学术讲座活动，取得良好社会效应。分别与中国医学科学院阜外医院、中国医学科学院肿瘤医院深圳医院签订合作协议，并成立“中国医学科学院阜外医院心血管病技术培训中心”。

（王井冬）

2023年吉州区卫生机构信息一览表

表13

序号	机构名称	机构地址	经营性质	床位数（张）	牙椅数（把）
1	吉安市第一人民医院	吉安市吉州区北门街41号	非营利性（政府办）	499	5
2	吉州区古南街道社区卫生服务中心	吉州区大巷口62号	非营利性（政府办）	0	4
3	吉州区永叔街道社区卫生服务中心	吉州区下田侯路34号	非营利性（政府办）	30	0
4	吉州区文山街道社区卫生服务中心	吉州区阳明西路37号	非营利性（政府办）	40	1
5	吉州区习溪桥街道社区卫生服务中心	吉州区鹭洲东路9号	非营利性（政府办）	30	2
6	吉州区北门街道社区卫生服务中心	吉州区井冈山北大道3号 鹭洲府邸2栋1门面	非营利性（政府办）	32	5
7	吉州区白塘街道社区卫生服务中心	吉州区阳明西路37号	非营利性（政府办）	30	3
8	吉安市吉州区兴桥中心卫生院	吉州区兴桥镇兴桥街43号	非营利性（政府办）	60	1
9	吉州区长塘中心卫生院	吉州区长塘镇	非营利性（政府办）	60	0
10	吉安市吉州区樟山卫生院	吉州区樟山镇长泸路28号	非营利性（政府办）	50	0
11	吉安市吉州区曲濑卫生院	吉州区曲濑镇曲濑街66号	非营利性（政府办）	30	0
12	吉州区禾埠卫生院	吉州区禾埠乡新丰村委会木上村	非营利性（政府办）	30	1
13	吉安慈济二医院	吉州区大巷口62号	非营利性（非政府办）	200	4
14	吉安昌建手足外科医院	吉安市吉州区井冈山大道158号	营利性	100	0
15	吉安市中医院吉州分院	吉州区信和嘉苑11－13栋 1楼25－27号门面、2楼	非营利性（非政府办）	30	0
16	红声医院	吉州区井冈山大道南2号	非营利性（非政府办）	55	2
17	吉安结石病医院	吉州区井冈山大道18号	非营利性（非政府办）	65	0
18	吉安祥仁医院	吉州区文星路1号	营利性	60	0

人力资源和社会保障

综　述

吉州区人力资源和社会保障局围绕“两大改革、八项提升”工作重点，坚持“民生为本、人才优先”工作主线，统筹推进就业创业、社会保障、劳动关系和人事人才各项工作，推动全区人力资源和社会保障事业发展。被人力资源和社会保障部办公厅评为2022—2023年度劳动保障新闻宣传工作表扬单位，区劳动人事争议仲裁院被评为江西省五星级劳动人事争议仲裁院，1人被江西省总工会评为2023年度最美劳动关系协调师。

就业创业情况。建立就业帮扶机制，落实就业优先政策，坚持以多项目安置毕业生，多政策帮扶农民工，多措并举稳定脱贫劳动力，保障重点群体就业，坚持以补贴培训政策提升群众职业技能，建立“区、街道、社区”三级就业创业网络，举办各类招工活动。完成城镇新增就业人员5140人，推荐园区企业农民工近8000人，线上线下职业技能提升培训完成118期、3380人，发放技能补贴209.89万元。

社会保障体系。提高社会保险待遇，落实社保待遇调整机制，城乡居民基础养老金由每人每月188.75元提升至222.19元。落实城乡居民养老保险扶困工作，代缴低保对象、特困人员等困难群体城乡居民养老保险费5718人、57.18万元，按时足额发放到龄困难群体养老金3141人、676.48万元。工伤认定、工伤预防，受理劳动能力鉴定申请113人，完成工伤（亡）人员审核认定152人，配合市人力资源和社会保障局开展建筑行业工伤预防宣传活动。落实阶段性降低工伤保险费率政策，自2023年5月1日至2024年底，执行以现行费率为基础下调20%费率政策，截至2023年底，全区降低2119家企业工伤保险费87.25万元。全区基本医疗保险参保人数29.65万人，全区基本医疗保险基金（不含调剂金）收入24931.82万元、支出25122.36万元。

劳动关系和谐。推进“无欠薪”城市创建行动，根治欠薪春季、夏季、冬季3次专项行动，检查各类用人单位110户次，补签劳动合同2500余份，受理欠薪案件518起，同比下降58.79%，结案率100%，追回劳动者拖欠工资1330人、1480万元。建成数字仲裁庭，使用电子劳动合同系统，维护劳动者合法权益。接待来电来访1000余人次，受理各类劳动人事争议案件335件，涉及劳动者350余人，涉案金额1300余万元，其中，达成调解协议317件，仲裁调解结案317件，调解成功率94.63%，建立庭前庭中庭后全程调解制度，所有案件按期办结，仲裁结案率、网络办案率均100%。

人事人才工作。持续实施人才政策，引进高层次人才。招录教师180人、卫生系统专业技术人员16人，认定庐陵英才D类人才2人、C类人才1人。强化激励考核机制，人均绩效工资水平保持在全市前茅。

就业创业

【概况】　打造就业示范区“吉州样板”，按照“数字化+市场化，平台打造+触角延伸”思路，建立区、街道、社区三级就业创业网络。立足本地产业特色，借鉴各地优秀经验，建设独立4层、总面积2500平方米的吉州区就业之家，累计实现城镇新增就业5140人，新增转移农村劳动力2158人，其中省内新增转移1944人。

【重点群体就业】　做好高校毕业生、失业人员、脱贫劳动力、农民工等重点群体就业和落实各项补贴工作。完成就业困难人员再就业631人，推荐园区企业用工数1.5万余次，开发公益性岗位598个，就业困难人员、脱贫劳动力及边缘户等重点人群兜底安置327人。发放公益性岗位补贴258.69万元，发放就业困难人员社保补贴4911人、1900.47万元，发放吉州中、高职院校困难毕业生一次性求职补贴605人、60.5万元。“春风行动暨就业援助月”“民营企业招聘月”“百日千万线上线下招聘会”等各类招聘活动59场，提供岗位8700余个。

2月9日，区人社局在工业园区广场举办“春风行动”招聘会活动

（区人社局　供图）

【创贷扶持创业】 健全创业担保贷款连续帮扶机制，落实循环贷、免担保、协议担保等政策措施，累计审核发放创业担保贷款3.42亿元，占任务目标7600万元的449.89%，到期贷款回收率99.93%。帮助创业人才解决资金困难，扶持农民工创业652人，发放创业担保贷款金额1.16亿元，带动就业6842人。

【技能培训】 落实终身职业技能培训制度，开展重点群体、重点行业领域专项职业培训。创业培训完成61期1675人次，企业新型学徒制培训完成2期、118人。拨付职业培训补贴209.89万元，生活费补贴1.05万元。岗位技能、就业技能和创业培训，农民工参训1496人次。

社会保障

【概况】 完善覆盖全民社会保障体系，优化社保经办服务，统筹推进企业职工养老保险参保扩面工作，重保障、促和谐、惠民生，提升全区社保水平。截至2023年底，吉州区城镇企业职工基本养老保险参保10.53万人，基金征缴5.31亿元，发放企业退休人员基本养老金3.3万人、9.85亿元；城乡居民养老保险参保8.22万人，基金征缴3937.37万元，发放城乡居保养老保险2.15万人、5326.42万元；机关事业单位养老保险参保1.1万人，基金征缴1.7亿元，发放机关事业单位退休人员基本养老金3953人、2.19亿元；工伤保险参保4.03万人，基金征缴811.74万元，发放工伤保险170人、641.84万元；失业保险参保3.25万人，基金征缴2227.99万元，发放失业保险金2911人、453.24万元。

【援企稳岗"护航行动"】 实施失业保险援企稳岗"护航行动"，拨付参保企业失业保险稳岗补贴421.94万元，惠及600家企业1.56万名职工；拨付技能提升补贴28.15万元，惠及185人；拨付社保补贴1900.47万元，惠及4911人；发放一次性扩岗补助，降低企业用人成本，惠及企业33家，发放一次性扩岗补助128人、19.2万元。

【退休人员基本养老金标准调整】 3.3万名企业退休人员调整养老金，调整后月人均增资100.87元，人均月基本养老金2528.38元；3820名机关事业单位退休人员调整养老金，调整后月人均增资148.15元，人均月基本养老金5174.8元；2.2万名城乡达到退休年龄居民调整基础养老金，月人均最低标准提高15元，城乡居民基本养老保险月人均222.19元。

【困难群体居民养老保险】 按每人每年100元标准，代缴低保对象、特困人员、脱贫户、监测对象、重度残疾人等困难群体城乡居民养老保险费5718人、57.18万元；按时足额发放到龄困难群体养老金3141人，累计发放金额676.48万元。

【社会保障"一卡通"应用】 加强社银合作机制，推进电子社保卡签发工作和社保卡在其他领域应用，实现发放助学金、惠民补贴、养老金发放应用和公交出行和借阅图书服务。截至2023年底，签发电子社保卡19.32万张，发放惠民惠农财政补贴资金21万人次、1.26亿元。

劳动关系

【概况】 实施劳动关系"和谐同行"能力提升3年行动计划，优化劳务派遣、特殊工时审批制度，实行线上告知承诺制办理，实现即时即办，推进劳动关系治理体系和治理能力建设。做好劳动关系风险预警工作，加强企业劳动用工指导和服务，强化劳动保障法律法规宣传，规范企业用工行为。推进"无欠薪"城市创建行动，严格劳动保障监察执法，打击各类危害劳动者合法权益行为，未发生因欠薪引起群体、突发、恶性事件。

【根治欠薪工作】 工程建设领域落实工资保证金、政府应急周转金、劳动用工实名制管理、农民工工资专户、总包代发、按月发放工资、工程款支付担保、施工现场维权信息告示牌等"两金六制"。根治欠薪专项行动3次，检查各类用人单位110户次，督促补签劳动合同2500余份，受理欠薪案件518起，同比下降58.79%，结案率100%，追回拖欠劳动者工资1330人、1480万元。

【劳动保障监察】 巡查在建工程项目101个次，发现问题102项并整改到位，其中约谈19个，补发农民工工资2000人、3100万元。下达《询问通知书》24份，《限期改正指令》72份，下达《责令支付工资报酬决定书》1份，涉嫌拒不支付劳动报酬向公安部门移交案件2件，9起欠薪积案实施区领导包案挂牌督办，向社会公布重大劳动保障违法案件4起。强化根治欠薪舆论宣传，各级媒体报道4篇，配合江西卫视《社会传真》栏目拍摄宣传根治欠薪工作经验，宣传法律法规1.2万人次。

【仲裁调解】 发挥街道劳动争议调解中心、企业劳动争议调解委员会矛盾纠纷多元化解机制作用，坚持调解先行，实现多元解纷。数字仲裁庭实现远程开庭，提升仲裁规范化、标准化、专业化、信息化水平。建立庭前庭中庭后全程调解制度，所有案件按期办结，仲裁结案率100%，网络办案率100%。建成农民工工资速裁庭，涉及农民工工资争议案件，实行"快立、快调、快审、快结"。打造"暖蜂窗口"，创新新就业形态劳动者权益维护方式，支持和规范发展新就业形态。立案窗口旁设立法律援助工作站，加强劳动人事争议法律援助工作，畅通法律援助渠道。接待来电来访600余人次，受理各类劳动人事争议案件335件，涉及劳动者350余人，涉案金额1300余万元，其中，达成调解协议317件，仲裁调解结317件，调解成功率94.63%。文山街道劳动人事争议调解中心，被评为江西省金牌劳动人事争议调解组织，区人社局劳动人事争议仲裁院院长宋江波，被江西省总工会评为2023年度最美劳动关系协调师。

人事人才

【概况】 多措并举招才引智，事业单位常态化引才，“线上+线下”双向结合为企业和人才牵线搭桥。落实民主、公开、竞争、择优方针，规范事业单位人事管理，保障事业单位工作人员合法权益，建设高素质事业单位工作人员队伍，促进公共服务发展等工作。

【人才服务工作】 完成2023年专业技术评审工作，评审通过专业技术人员高级职称147人，中级215人，考核认定初级344人。做好重点产业、企业人才需求调研，收集企业高层次人才需求统计表，区内企事业单位引进本科及以上学历人才1491人。人才评选工作，2人入选市“双百”人才。

【机关事业单位人事管理】 完成2023年事业单位工作人员聘任、结构比例审核工作，聘任管理岗115人，聘任专技岗1758人，聘任工勤岗288人。完成机关事业单位工勤人员岗位等级晋升工作，82名机关事业工勤人员通过考核晋升。完成事业单位管理岗位职员等级晋升工作，晋升管理岗位职员等级109人。完成2022年度事业单位工作人员年度考核工作，参与考核人员5784人，评优1165人，优秀率20%。完成机关工勤人员年度考核工作，参与考核人员102名，评优16人，优秀率15.6%。完成2023年事业单位年报统计工作，统计事业单位134个，纳入统计人员6598人（含临聘人员），并按时完成各类表格审核上报工作。完成2023年事业单位公开招聘工作人员工作，招聘21人。完成2022年公开招聘卫生专业技术人员工作，招聘卫生专业技术人员16人。完成2023年教师招聘工作，招聘省统招中小学教师97人，“三定向”、公费师范毕业生27人，区外选调教师28人，招聘研究生28人，安置服务期满特岗教师88人。

【干部档案数字化工作】 实行档案智慧管理系统和数据库技术，完成档案数字化684卷。启用人事工资管理系统，工资审批业务由纸质审批转变为数字认证，审批通过后生成电子档案。

（李雯婕）

2023年吉州区机关事业单位工勤人员岗位等级晋升情况一览表

表14　　单位：人

新增职务聘任情况				资格晋升情况			
合计	初级	中级	高级	合计	初级	中级	高级
1130	470	412	248	706	344	215	417

2023年吉州区国有经济单位各类专业技术人员情况一览表

表15　　单位：人

项目	工程技术人员	农业技术人员	卫生技术人员	教学人员	其他人员
高级	7	12	80	625	8
中级	24	27	307	1545	59
初级	54	41	221	1688	98

医疗保障

【概况】 吉州区医疗保障局按照提升首位度、争当排头兵总体要求，履行医保部门职责使命，探索“三化三会”（网格化、清单化、数据化；保险公司联席会、信息共享联席会、基金监管联席会）管理模式，实现民生实事见实效、改革创新有亮点、单项工作争先进良好局面。全区基本医疗保险参保人数 29.6507 万人（城镇职工 3.9249 万人，城乡居民 25.7258 万人）。城镇职工基本医疗保险基金（不含调剂金）收入 13587.19 万元，支出 13079.56 万元；城乡居民基本医疗保险基金（不含调剂金）收入 8648.99 万元，支出 9710.83 万元；其他医疗保险基金收入 2695.64 万元，支出 2331.97 万元。全区 15 家一级及以上定点医疗机构，均建立医保便民服务站，一批与就诊就医密切相关医保高频服务事项直接在医院办理。医药机构创新实施定点准入退出管理改革试点工作，按照“总量控制，合理配置，末位淘汰”总原则，探索“有进有出、动态管理”定点准入退出机制。荣获“江西省乡村智慧医保优秀创新案例”二等奖。

【三级经办服务】 区级推行“一窗受理，全程通办”综合服务模式，11 个镇（街）、137 个村（社区），全面实现医保帮办代办快办三级医保经办服务。区级窗口接待群众 2.8 万余人次、镇（街）4 万余人次、村（社区）1.7 万余人次。

【巩固拓展脱贫攻坚成果】 巩固 19 个脱贫村、4549 名脱贫人口、监测对象脱贫攻坚成果，确保农村低收入人口应保尽保。主动收集经“三道”医保防线支付后政策范围内，个人自付费用较重人员名单，实施倾斜救助政策，符合救助对象 17 人，救助金额 3.21 万元。

【两定医药机构管理】 管理全区 247 家定点医药机构。127 家定点医药机构，开通异地就医直接结算权限，并根据自愿应纳尽纳原则，107 家定点药店，开通职工门诊统筹权限。

【药品耗材集中带量采购】 集中带量采购医用药品/耗材 35 个批次，其中带量采购药品 19 个批次，耗材 16 个批次，全区国家集采药品及耗材采购总金额 1939.72 万元。制定采购完成进度情况通报制度，要求参与集采医疗机构每月上报药品短缺情况。

【村卫生室监管】 联合区卫生和乡村振兴部门，会商出台《吉州区定点村卫生室联合管理办法（试行）》，全面检查全区 77 家村卫生室医保管理和基金使用情况，梳理归类村卫生室问题 13 项，各类具体问题 23 个，约谈 21 家，责令整改 56 家。截至 11 月底，全区村卫生室均完成“村村通”网络接入使用，结算笔数 2.5909 万笔，医疗费总额 167.32 万元，基金支付总额 97.73 万元。

【医保监管】 维护医保基金安全平稳运行，检查定点医药机构 250 家，累计追回拒付违规金额 864.98 万元，行政立案 15 家，行政处罚金额 144.51 万元，媒体曝光案例 166 起。国家医保局对该局实时视频监控、直连医疗机构 HIS 系统，实时获取全量数据等创新突破给予认可。

【医保政策宣传】 4 月，先后开展“抖音直播面对面、医保服务心体验”现场直播及“口腔种植专项治理专场”抖音直播，累计观看 2 万余人次，私信互动评论 2000 余条，解答群众咨询 500 余个；6 月，与区卫生与健康委员会联合举办“金牌服务·守护健康”医保、医疗知识竞赛，来自 19 个定点医药机构 57 名医保负责人和工作人员参加比赛；6 月 12 日，举办“跨省异地就医直接结算政策集中宣传月”启动仪式，“做好跨省就医结算服务，让群众在异乡更有‘医靠’”为主题，拉开宣传月活动序幕，活动现场接待群众咨询 500 余人次，发放异地就医宣传手册 2800 余份，海报 400 余张；7 月，联合共青团区委，举办首个医保主题“大学生开放日”，邀请各类高等院校大学生代表 20 余人走进医保，了解医保发展史；9 月，采取“一建四进两服务”（搭建医保宣传大厅，进医院、进药店、进社区、进乡村，开展经办服务、宣传服务）方式，开展“全民参保集中宣传月”活动，发放宣传资料 2 万余份，接受群众咨询 1000 余人次。

【基层医保经办人员业务培训】 11 月 22 日，全区基层医保经办人员业务培训会在区行政中心会议室召开，巩固提升全区医疗保障经办体系建设成效，强化提升乡镇（街道）、村（社区）以及定点医疗机构医保服务站、村卫生室代办点服务水平。全区 11 个乡镇（街道）、137 个村（社区）医保经办负责人和工作人员，及各定点医疗机构医保服务站、村卫生室医保代办点负责人 210 余人参加。

（江燕）

社会生活

吉州年鉴2024

综　述

吉州区民政局履行基本民生保障、基本社会治理、基本社会服务等职责，推动各项民政工作取得新进展，各项工作目标圆满完成。

基本民生保障迈上新台阶。建立健全跨部门信息共享长效机制，加大对低保边缘家庭和支出型困难家庭认定。持续推进社会救助制度城乡发展试点工作，逐步缩小城乡差距。推进"养、治、康、教、社"一体养育模式，保障孤弃儿童健康成长。开展生活无着流浪乞讨人员救助服务，实现应救尽救、应救快救，保障流浪乞讨人员基本权益。

基层社会治理开创新局面。规范村（社区）组织工作事务机制牌子和证明事项。古南镇街道桃树下社区党委书记、居委会主任何庆芳荣获2023年度"江西省最美城乡社区工作者"称号。创新开展为社会组织"强身健体"活动，全面清理"僵尸型"社会组织，整治激活效能不高的社会组织。文山街道思源社区宜家帮忙团《友邻有你 爱在宜家》邻里互助志愿服务项目，获评首届江西省文明实践社会化志愿服务项目一类项目。

基本社会服务实现新跨越。全面完成乡镇敬老院区级直管基础上，同步完成乡镇敬老院区域整合工作，整合率50%。农村"一老一小"幸福院示范点建设，社区居家养老服务水平得到提升。移风易俗有成效，樟山镇陂上村移风易俗示范点和神冈山公园户外颁证基地建设工作经验在全市民政社会事务工作培训班中，开展现场观摩教学，并作典型经验交流发言，向全市各县、区全面推广，国家、省、市主流媒体平台，多次刊登区婚丧领域移风易俗工作动态和改革经验。

社会救助

【概况】　全区有城乡低保对象5593户、9796人，其中，城市低保对象3230户、5157人，农村低保对象2363户、4639人；城乡特困供养对象584人，低保边缘家庭22户、38人，支出型困难家庭93户、213人；城乡精简退职老职工21人，残疾人两补对象5848人，临时救助764人。全年发放社会救助资金8479.47万元，其中，城市低保资金3615.75万元，城市低保失能护理补助19.11万元，农村低保资金2776.51万元，特困供养资金783.46万元，特困人员护理补助223.37万元，精减退职救济金18.25万元，残疾人"两项补贴"资金913.02万元，临时救助资金130.01万元。下拨镇（街）临时救助备用金20.22万元。"社会救助工作中风险点及干预措施"课题荣获全省社会救助技能赛团体三等级，个人二等奖。

【民生补贴提高】　全区城市低保保障标准提高至每人每月885元，农村低保保障标准每人每月750元，城乡低保月人均补差水平分别574.52元、507.21元；城乡特困人员救助供养标准统一提高到每人每月1150元，城乡失能、半失能、自理特困人员护理补贴标准提高到每人每月分别1380元、350元、100元；城乡困难残疾人生活补贴标准提高到每人每月100元，重度残疾人护理补贴标准提高到每人每月100元；城乡精减老职工救济标准提高到每人每月710元。

【社会救助扩围】　重点排查"整户无劳动能力兜底保障情况""一户多人仅保一两人""一户多人仅保部分"等非整户保障情形，实现社会救助扩围增效。全区整户保2737户，整户保率52.17%。

【救助政策宣传】　全区统一设置社会救助窗口服务，救助政策及办理程序、监督投诉电话予以公示。村（社区）公示栏、城区广场、住宅小区等群众集中、人流量大公共场所张贴最新社会救助政策指南和"赣服通"自助申请二维码，通过依托基层主阵地、上门入户、现场解答等方式宣传救助政策，活动设置宣传展板等各类物件410余个，印刷宣传单1.1万余份，宣传手册3000余份，政策明白卡1000余份，现场咨询活动90余场，接待群众2万余人次。

【巩固拓展脱贫攻坚成果】　落实巩固拓展脱贫攻坚同乡村振兴有效衔接工作任务，全区脱贫户监测户4560人，纳入低保1976人、特困176人，占比47.2%。落实城镇防贫险，城镇困难群众购买防贫保险39.036万元，实际赔付56.28万元，赔付率144%。

【城乡统筹试点】　继续按照社会救助制度城乡统筹发展试点要求，构建城乡一体化管理体制。278名农村自理特困供养人员全部转为城镇特困对象管理，特困供养金由每人每月860元提高到每人每月1150元，人均净增290元，累计净增资金94.98万元；519名失地农村低保对象纳入城镇低保管理，人均净增134.32元，累计净增79.21万元；4639名农村低保对象人均净增30元，累计净增164.23万元。

养老服务

【概况】　应对人口老龄化发展，推动构建居家、社区、机构相协调，医养、康养相结合养老服务体系，满足老年人美好生活向往，推进养老服务质量发展。2023年，有养老机构

12 家,其中,公办养老机构 5 家,民办养老机构 7 家,全区有床位数 1788 张。全省养老机构等级评定中,区社会福利院评为四级养老机构,兴桥镇、樟山镇敬老院评为二级养老机构。发放经济困难高龄失能老年人两项补贴 13.145 万元,发放高龄津贴 634.46 万元。全区 80 岁以上老年人 9892 人,其中,80～89 岁 8705 人、90～99 岁 1161 人、100 岁以上 26 人。

【公办养老机构改革】 印发《吉州区公办养老机构改革实施方案(试行)》《吉州区乡镇敬老院改革实施办法(试行)》,实施乡镇敬老院由区养老服务中心直管,按照"统一核算、分账管理"原则,实行对敬老院财务统一核算和监督,负责各镇敬老院人事管理、绩效考核、预算管理、资产管理等工作。

【嵌入式养老院和日间照料中心建设】 打造"15 分钟"养老服务圈,全区建成社区嵌入式养老院 3 所,社区日间照料中心 35 个,日间照料中心覆盖 92% 城市社区。

【区域性中心敬老院成立】 优化资源配置,实现敬老院老人分层分类管理,成立兴桥镇区域性中心敬老院和长塘镇区域性中心敬老院,区域性中心敬老院在重点满足各镇自理、轻度失能特困供养对象、困境家庭保障对象、优抚对象外,多余床位向社会开放,开展社会化、市场化养老服务,逐步盘活敬老院闲置床位,实现资源利用最大化。

【农村养老服务设施】 持续推行农村"党建+互助养老服务"工作,打造农村困难、留守老年人幸福家园。按照"四助五有"(助餐、助安、助医、助娱,有场所、有设备、有经费、有队伍、有制度)标准,累计建成农村"党建+互助之家"62 个,实现互助养老服务点覆盖 80.5% 行政村。

【居家适老化设施改造】 免费为 120 户经济困难老年人家庭,实施居家适老化改造,以及 10 户家庭养老床位建设。改造内容包含坐便器、防滑地垫、伸缩沐浴凳、沐浴扶手等。通过防滑、高差处理等地面改造,安装床边护栏、扶手等生活辅助设施,配备护理床、手杖、防走失装置等辅助设备,提升困难老人居家生活舒适度和安全性。

【养老服务人才定向培养】 委托吉安职业技术学院定向培养养老专业人才,20 名高中、中专学生签订养老服务人才定向培养协议。

基层政权和社区治理

【概况】 加强基层政权力量,落实省、市"幸福社区"服务质量提升行动实施方案,做好社会组织管理服务。北门街道螺湖社区《吹响多元共治"三重奏"谱写幸福螺湖"和谐曲"》案例,入选"2023 年全国城乡社区高质量发展典型案例",并收入《全国城乡社区高质量发展 100 例》《吉州区社区社会组织培育发展情况调研报告》获江西省社会组织集中调研月优秀调研报告三等奖。

【星级"幸福社区"创建】 开展幸福社区创建,推进"365 天不打烊""吉事即办""我们在行动"等多元化政务服务举措,全域推行错时延时服务、畅通预约服务渠道、"一网通办"服务。落实省、市"幸福社区"服务质量提升行动实施方案,创评星级"幸福社区"。2022—2023 年,全区创评五星社区 11 个、四星社区 10 个。

【挂牌整治】 落实基层减负,规范村级组织工作事务机制牌子和证明事项。明确村级组织依法履职工作事务、工作机制、不应出具证明事项等,清理村级组织加挂各类牌子,全区清理挂牌 135 块。

【社区工作队伍建设】 壮大社区工作者队伍,印发《区委办公室 区政府办公室〈关于印发吉州区城市社区专职网格员管理办法(试行)〉的通知》,择优选任和面向社会公开招聘两种方式,招录社区专职网格员 282 人,引导和鼓励优秀高校毕业生到基层就业,发挥高校毕业生在城乡社区治理与服务中作用,提高社区工作者整体素质。

【社会组织管理】 社会组织清理。强化社会组织风险防范化解,清理整治 92 家拒不参加年检或长年不开展活动的社会组织,80 家社会组织依法主动办理注销,整治激活效能不高的社会组织 8 家,4 家社会组织因债权债务问题提交延期注销申请,并承诺注销时限。社会组织年检。首次运用江西省数字民政信息系统对社会组织线上年检,社会组织线上线下年检 132 家(民办非企业单位 94 家、社会团体 38 家)。年内,新增社会组织 14 家(民办非企业单位 9 家、社会团体 5 家),依法注销社会组织 82 家(民办非企业单位 55 家、社会团体 27 家)。至年底,全区注册登记各类社会组织 169 家(民办非企业单位 121 家、社会团体 48 家)。

社会事务

【概况】 区城乡公墓全面投入使用,文明祭祀氛围逐步形成。移风易俗典型经验,面向全市推广。创建平安边界,实施地名成果转化。关爱保护留守儿童和困境儿童工作社会化。建立特约颁证员制度,把结婚颁证仪式纳入婚姻登记流程,实现颁证常态化。办理结婚登记 1887 对,离婚登记 680 对,离婚申请

1282对，其中，跨区域通办结婚登记241对，离婚登记33对，离婚申请67对。结婚颁证959次，婚姻家庭辅导1203次。全区火化1947人，除个别实行骨灰抛撒，均全部入葬公墓，火化率100%。区殡葬服务中心办理公民身后“一件事一次办”服务56次。古南镇街道桃树下社区、永叔街道光明社区建成全市首批社区精神障碍康复服务中心，全年服务2245人次，“五位一体”（医、护、社、教、养）工作法经验在《中国改革报》江西头条刊发。

【城乡公墓建设】 吉安市生态墓园项目提升改造，投入专项债资金6413.2余万元，完成面积1.3万平方米墓园改造提升、面积6万平方米墓区、二期墓园墓区、峥嵘苑烈士陵园建设等工程。长塘镇、曲濑镇、白塘街道公墓建设项目，投入专项债资金1000万元，建设二期墓穴，完善管理用房、停车场、道路等相关附属设施。完成长塘镇3个村、曲濑镇1个村级公墓建设。

【殡葬领域专项整治】 巩固殡葬领域突出问题整治成果，严查殡葬服务乱收费行为、公墓建设运营中违法违规行为、殡葬服务、中介服务及丧葬用品销售违法违规行为、殡葬改革反弹行为、殡葬领域从业人员违纪违规违法行为，完成3条自查问题线索整改。每月按照5%比例抽查区殡葬服务中心乱收费及收取财物核查情况，并开展服务满意度调查。中心前台设置行风监督箱，每月收集家属殡葬服务意见反馈，核查问题线索。

【移风易俗成果】 全区10个镇（街），新增打造10个移风易俗示范村，实现镇街全覆盖；增设119个红白喜事公约，写入彩礼限价、操办标准、奖惩措施，修订119个村规民约、居民公约，设立移风易俗红黑榜，实现村（社区）全覆盖；10个镇（街）全部建立红白喜事报备制度，红白理事会全面介入村（社区）红白事办理，实现红白理事会全覆盖。“以三个保障为抓手，引领婚俗改革新风尚”移风易俗典型经验，在全市民政社会事务工作培训班上，作典型经验交流发言，并面向全市推广，《人民日报》《江西日报》《井冈山报》等刊载。

【农村婚嫁彩礼专项治理】 联合区委组织部等13个部门，制定出台《吉州区农村婚嫁彩礼治理工作实施细则》等文件，明确全区城乡彩礼不超过6万元，成立工作专班，定期召开联席会议，围绕各自部门职责协调推动保障婚嫁彩礼治理工作落实。区、镇（街）级层面，分别组织全体红白理事会成员，举办1次培训班，加强日常业务培训与政策宣传，全面建立彩礼监测制度。开展移风易俗宣传主题活动，依托新时代文明实践中心（所、站），全年开展“高价彩礼为哪般”“厚葬薄养真不该”等系列宣传活动600余场次，其中，移风易俗乡风文明巡演50余场，“婚俗文化周”“最美零彩礼新娘”等主题活动13次，“青春由我·为爱简婚”“梦回钓源·宋韵寻爱”等集体婚礼、相亲交友活动7场。

【“三禁”工作】 常态化开展“三禁”（禁沿街游丧、焚烧祭品和燃鞭炮）工作，中元、冬至、清明期间，引导市民“吉福园”云祭祀，线下祭扫通过“满城尽系黄丝带”“鲜花换祭品”“时空信箱”等活动形式，引导市民文明祭扫。中心城区焚烧祭品现象杜绝，文明祭祀新风逐渐形成。

【地名成果转化】 按照地名命名更名程序，完成中心城区农高区、城南片区28条道路命名，并经市政府批复同意，录入国家地名信息库。“乡村著名”行动，全面调查摸底各镇、村辖区范围内有地无名、地名不规范等情况，新增采集上图百度、高德地图平台乡村地名（含各类兴趣点）56个。联合市民政局在半苏桥、田侯路、永叔路3处选址，设置全市首批老地名保护标志。

【婚姻登记场所服务】 婚姻登记处设置婚姻家庭辅导室，婚前辅导服务14场。投入20余万元打造AAAAA级婚姻登记处，内设吉安首家以婚

5月20日，区民政局在神冈山公园举办吉安市首场草坪集体婚礼

（区民政局　供图）

俗文化为主题的庐陵婚俗文化长廊。神冈山公园设立首家户外颁证点，并举办吉安市首场草坪集体婚礼。

【平安边界创建】 全区5个县界界桩、6个乡级界桩管理员登记造册，建立工作台账。完成兴(桥)长(塘)、兴(桥)禾(埠)乡镇级行政区域界线联合检查工作，提交联检报告。联合市民政局在神冈山公园内，设置吉州、青原、吉安县三县(区)边界文化墙。

【儿童福利保障】 推进集"养、治、康、教、社"于一体的养育模式，保障孤弃儿童健康成长。全年发放困境儿童保障资金216.58万元，办理收养业务4例，其中省外1例。做好768名儿童入户调查和631名困境儿童家访。关爱困境儿童，丰富困境儿童生活，举办"六一"文艺会演4场、政策宣讲12场、教育讲座24次、艺术课堂活动80节。完成全区重点关注留守儿童139人、孤儿69人、事实无人抚养儿童88人的监护评估和心理健康评估，"一人一档"建立心理健康档案，建档完成率100%，评估完成率100%。主动救助2名困境儿童和接收泰和县16名孤残儿童入住区福利院，并优先保障儿童护理员上岗，试点推进精康融合行动。

【流浪乞讨人员救助】 按照《城市生活无着流浪乞讨人员救助管理办法》《吉州区城市无着流浪乞讨人员救助管理工作制度》要求，常态化日常街面巡查，累计救助流浪乞讨人员2人返乡。

【福利彩票销售帮扶】 印发《吉州区福利彩票定点帮扶工作方案》，全区62个彩票销售点，全局干部职工每月挂点帮扶，全年福利彩票销售43.5万余元。组织"福彩公益行·走进吉州区老年人"关爱部分困难家庭暨福利彩票销售活动，筹集福彩公益金资助贫困家庭。

(刘菁)

2023年吉州区养老服务领域公开养老机构信息一览表

表16

序号	机构名称	机构地址	养老机构法人登记类型	法定代表人姓名(或主要负责人)	统一社会信用代码	成立时间	注册资金(万元)	机构床位数(张)	联系方式
1	吉安市吉州区社会福利院	吉安市吉州区习溪桥街道正丙角社区正丙角路6号	事业单位法人	范荣华	12361003492440116C	1958-07-01	271	350	13807961865
2	吉安市吉州区长塘镇社会敬老院	吉安市吉州区长塘镇金华村委任家村后山	事业单位法人	蔡小芳	12361003065360015F	1958-01-01	235.44	48	15979638830
3	吉安市吉州区樟山镇敬老院	吉安市吉州区樟山镇金牛社区樟山镇金江路49号	事业单位法人	罗晶莹	12361003065373190B	1972-01-01	127.6	35	13033291789
4	吉安市吉州区曲濑镇敬老院	吉安市吉州区曲濑镇曲濑社区曲濑镇爱民路1号	事业单位法人	罗志彬	12361003065360437E	1958-01-01	233.68	40	15170819525
5	吉州区禾埠街道敬老院	吉安市吉州区禾埠街道甫塘村吉福路拥军路旁	事业单位法人	肖新民	12361003065394602B	1978-01-01	158	60	13907965192
6	吉州区兴桥镇敬老院	吉安市吉州区兴桥镇秀江村委会汶溪村	事业单位法人	王淑珍	12361003065365625N	1976-01-01	68.35	41	13979637314
7	吉安市吉州区九九颐家健康养老服务有限公司	吉安市吉州区永叔街道光明社区青石街北路25号	企业法人	胡巧莉	91360802MA393MRC7J	2020-01-03	500	350	13707964690
8	吉安市吉州区金秋养老院	吉安市吉州区兴桥镇秀江村委西四乡路200米处	民办非企业法人	罗明丹	52360802309249621X	2016-07-07	2700	316	15979684822
9	湖南都好科技集团有限公司吉安市分公司	吉安市吉州区樟山镇工业园社区樟山镇翠屏路与塘下路交叉口	企业法人	李庆昌	91360802MA399XY9X8	2019-01-01	3000	378	13907967669
10	吉安市吉州区红声老年养护院	吉安市吉州区古南街道城南社区井冈山大道南2号	民办非企业法人	吴长生	52360802MJD108540Q	2021-12-14	5	50	15779665558
11	吉州区古南镇街道太平桥社区养老护老康复中心	吉安市吉州区古南街道太平桥社区古南大道30号	民办非企业法人	杨金兰	52360802314795205B	2014-10-11	3	48	18770688138
12	吉州区老年爱心养护院	吉州区城南华美立家建材市场64栋二楼	民办非企业法人	刘雪娇	52360802MJD108663R	2018-05-01	3	40	18179636899

应急救援

吉州年鉴2024

应急管理

【概况】 吉州区应急管理局统筹发展和安全，强化安全风险防控，加强应急管理基层基础建设，提升防灾减灾救灾水平，推进应急管理治理体系和能力现代化，坚守安全底线，开展重大事故隐患专项排查整治行动，提供全区经济社会高质量发展安全保障。吉州区应急管理特色亮点工作，连续2年开展重点隐患领导包保整改销号工作，推动餐饮单位可燃气体泄漏报警装置安装及燃气全面整治工作，推进防灾减灾宣传教育全覆盖，启动打造应急文化公园。2023年，吉州区生产安全事故起数同比下降，未发生重特大事故，无因灾死亡人数。先后荣获全省“安全生产月”活动优秀单位、全省防震减灾工作综合考核优秀单位称号。

【安全生产政治站位】 区委、区政府将安全生产工作当作最大民生工程摆在首位，先后召开区委常委会会议、区委理论学习中心组学习会议、区政府常务会、区长办公会、工作调度会20余次，专题组织学习全国、省、市安全生产会议精神，部署安全防范工作，全面提高思想认识和政治站位。区委、区政府主要领导履行党政“第一责任人”职责，担任区安委会“双主任”，带头包保重点隐患、开展安全检查、做到“四个必须”(必须到现场，必须见企业负责人，必须有整改方案，必须紧盯整改成效)；常务副区长负责区安委会日常工作，制定领导干部安全生产职责清单和年度任务清单，全面分解包保任务，压实党政领导班子“一岗双责”。区委、区政府各级领导及各镇街、部门主要负责人带队安全生产专题检查80余次，区领导包保重点安全隐患47处，整改到位42处。

【安全生产责任落实】 调整区安全生产委员会组成单位和人员以及13个安全生产专业委员会组成人员和工作职责，下发《吉州区2023年安全生产工作要点》《吉州区安全生产重大事故隐患专项排查整治2023行动实施方案》，区安委办每月编制《安全生产简报》、每日编排《安全生产工作调度》，第一时间传达上级关于安全生产工作最新部署，及时掌握镇街、区安委会成员单位安全生产工作动态，督促相关部门加大隐患整治力度，将全区摸排重点安全隐患全部销号，闭环管理。落实企业分级分类管理，督促企业建立完善“一图一牌三清单”(“一图”即“红橙黄蓝”四色安全风险空间分布图，“一牌”即风险告知牌，“三清单”即风险管控责任清单、措施清单和应急处置清单)，执行“双签字、一报告”制度，压实企业主体责任。辖区企业开展“五个一”(开展一次安全生产承诺践诺活动、一次事故警示教育活动、一次“隐患大家查”隐患排查治理活动、一次应急演练活动、一次致信促安活动)活动和企业负责人执行“十个一次”活动130余次，自查重大隐患60处、整改销号55处。深化“两张表”(安全执行表和安全要素表)管理模式，开展“安标化”创建工作，全区危化品经营、非煤矿山、规上工贸企业安全生产标准化创建率100%。

【安全风险防范治理】 围绕安全生产重大事故隐患专项排查整治2023行动、城镇燃气安全专项整治、“三个一律”(一律遵守交通规则、一律保持良好驾驶行为和一律弘扬交通安全文明)道路交通安全专项行动、“园中园”“厂中厂”消防安全专项整治等系列重点工作，突出非煤矿山、烟花爆竹和危险化学品等重点行业领域安全管控，组织安全生产大检查6次，安全生产督查4次，帮扶指导2次。出动检查组和督查组793个(次)，检查企业1765家(次)，排查发现重大隐患141条，对江西省和盈电路有限公司、吉安应用工程学校、吉安红声医院等3家企业13处重大火灾隐患，进行区级以上政府挂牌督办并完成整改。迎接省安全生产委员会巡查、市安全生产委员会综合督查以及市安全生产委员会办公室帮扶指导等多轮专项督查，督促整改隐患98项，按期完成销号。

【安全生产教育培训】 创新建立安全生产全民预警监测机制，下发《吉州区安全隐患举报奖励办法》，开展企业安全生产知识培训、“5·12”防灾减灾日、防汛应急综合演练、安全生产网络知识竞赛等活动。6月16日和20日，分别开展一期安全生产月进校园、进企业专题活动。利用“吉州应急”微信公众号转发安全生产宣传教育警示片、应急科普知识等，推送安全生产信息150余条。联合园区召开企业安全生产教育培训4次，培训人员600余人次；召集园区企业负责人及安全生产管理人员专项警示教育2次，参与人员200余人次。

【安全监管执法】 修订《吉州区应急管理局行政执法人员管理制度》《吉州区应急管理局行政执法公示制度》《吉州区应急管理局行政执法全过程记录制度》《吉州区应急管理局重大执法决定法制审核制度》，加大违法行为整治力度，牵头负责调查事故3起，立案11起，行政处罚企业16家，责令停产整顿企业4家，曝光隐患企业8家，公布典型执法案例8个。根据《吉州区关于禁止和限制燃放烟花爆竹的通告》要求，春节期间，联合镇街、公安、市监、城管、交通运输等部门组成专项检查组，专项检查区域内烟花爆竹，打击非法储存、运输、经营烟花爆竹行为，查封扣押非法经营烟花爆竹34件。全市应急管理综合行政执法比武中，区应急管理局荣获二等奖。

【燃气专项整治】 创新工作举措，区委书记包保，推进餐饮行业可燃气体泄漏报警装置安装工作。7月中旬以后，常务副区长每周1次调度；区燃气办各成员单位与镇（街）、村（社区）干部及公安干警组成14个督导组，对1500余户工商餐饮企业摸排，建立台账。宣传到户到点，在微吉州发送《致广大燃气用户的一封信》，发放《液化气安全使用常识》《燃气金属波纹管替代橡胶燃气胶管》宣传单6000余份。吉州新闻播放燃气典型事故案例，通过广泛宣传，将燃气整治工作由被动转为主动，餐饮单位燃气泄漏报警装置由“要我装”转变为“我要装”，一些不良用气行为“要我改”转变为“我要改”。829家餐饮店面实现报警器安装，同时，整治橡胶软管、不合格减压阀、私接三通等隐患点400余处。

【防汛抗旱准备工作】 印发《吉州区2023年防汛工作方案》《吉州区2023年防汛抗旱工作要点》，并于全区2023年防汛抗旱工作会上向各镇、街道下达2023年防汛目标任务书，要求各地各部门落实好防汛抗旱各项准备工作。统计全区防汛应急抢险队伍，完善全区防汛专家组名单，制作全区防汛风险隐患地图。统筹全区防汛救援力量和资源。充实防汛抢险救援物资保障，全区储备有草袋8000条、麻袋1350条、编织袋6.4万条、防汛抢险冲锋舟2艘、橡皮艇3艘、空气动力船1艘、移动泵车2辆，重点水工程现场储备砂石料约6000立方米。加强抗旱物资保障，区级新采购抽水泵、潜水泵、发电机、割灌机、水带等抗旱物资价值近40万元，于9月发放至10个镇街，充实基层抗旱物资储备，提高基层抗旱能力。

【防汛风险排查】 先后召开3次全区防汛会商部署会，开展防汛隐患点检查，化解“4·18”强降雨、“端午水”险情。2月初，区防汛指挥部组织各镇街、成员单位开展汛前自查，建立隐患台账，明确整改措施。3月、4月，先后派出4个检查组，开展全面防汛检查，重点检查堤防、小(2)型以上水库、新建山塘、在建水利工程和城镇易涝点等，通报检查情况，列出问题清单，明确整改责任人和整改期限，实施闭环整改销号管理。

【防汛应急综合演练预备会】 5月8日，吉州区2023年防汛应急综合演练预备会召开，动员部署防汛演练工作。会议详细解读《吉州区2023年防汛综合演练方案》，明确各单位演练工作职责，分解落实演练工作任务，确保演练取得预期效果。会上，各有关部门和参演单位讨论研究所涉及演练场景设置、任务分工、投入装备等演练细节，提出意见和建议。区应急管理局、水利局、城管局、消防大队、公安分局、卫健委、宣传部、融媒体中心、住建局、交警大队、专业森林消防大队，北门街道、马铺前社区、樟山镇、清湖村相关负责人参加会议。

【防汛抢险应急综合演练】 5月12日，吉州区2023年防汛抢险应急综合演练举办，检验全区防汛指挥调度和应急队伍实战能力。区防汛指挥长、区长罗青球出席并宣布演练开始，区防汛指挥常务副指挥长、副区长黄柳青在区应急指挥中心指挥调度，区防汛指挥部成员单位及各镇（街）主要领导通过视频观摩演练。演练以2023年入汛以后，全区持续强降雨，赣江吉安站水位超过51.5米为背景，聚焦城市内涝应对、山塘水库防汛2个课题，采取指挥中心调度指挥和现场实战演练相结合方式，分板块同时进行。演练地点设在区应急指挥中心、井冈山大道152号工商局宿舍小区和樟山镇清湖村口江山塘，设置启动响应、动员部署、小区排涝、山塘抢险、受灾群众疏散转移和集中安置、灾后重建等科目。全区12个单位、部门140余人参演。

【防灾减灾体系建设】 印发《吉州区2023年防灾减灾救灾工作要点》，明确2023年防灾减灾救灾工作总体要求、有关目标任务及责任单位，总

5月12日，吉州区开展2023年防汛抢险应急综合演练

（区应急管理局　供图）

体部署全年防灾减灾救灾工作。建立灾情联络员会商机制，及时分析研判全区自然灾害形势和灾情状况。区减灾办会同区应急管理局、区水利局、区自然资源分局、区农业农村局、区林业分局等单位，分别对全区1月中下旬及春节、3月、“五一”、6月中下旬及端午、9月等重点时间段的自然灾害综合风险形势进行研判分析并形成报告。强化灾害信息员队伍建设。5月25日，组织全区灾害信息员130余人开展业务培训。组织发动各级灾害信息员加大灾害风险隐患排查力度，通过系统报送灾害风险隐患62条。

5月6日，区应急管理局联合区教体局举办吉州区第三届“防范灾害风险 护航高质量发展”校园安全知识竞赛

（区应急管理局　供图）

【报灾救灾】　完成“4·19”“5·22”“6·24”洪涝灾情报送。年内，自然灾害造成全区受灾人口7313人，因灾倒损房屋1户，农作物受灾面积488.4公顷，造成直接经济损失317.22万元。完成2023—2024年自然灾害受灾群众冬春救助工作，救助4446人次，按照“户报、村评、乡审定、县备案”工作程序确定1313户、4446人受灾困难群众符合冬春救助资格。做好倒房重建工作，保障灾民得到及时救助。

【减灾示范社区创建】　结合区域实际，按照创建标准，把握时间节点，及时做好综合减灾示范社区申报、自查、推荐等工作。区减灾办定期指导调度创建进展情况，对已经命名示范单位开展“回头看”检查，推进示范单位落实创建标准，发挥示范效应。申报全国、省级综合减灾示范社区各1个，现完成市级、省级验收工作，习溪桥街道书街社区，获评2023年全省综合减灾示范社区。

【防灾减灾宣传】　5月6日，联合区教体局举办区第三届“防范灾害风险 护航高质量发展”校园安全知识竞赛，全区近100所中小学校、幼儿园参加。5月9日，市、区联合在市人民广场开展防灾减灾日集中宣传活动；举办防灾减灾讲座3次，参与200余人次；播放主题宣传视频17次。组织区专业森林消防大队走进田间地头、农贸集市等地开展防灾减灾宣传“进农村”活动。

【基层防震减灾】　防震减灾示范学校创建，指导石阳小学、长塘中心小学，获评省级防震减灾示范学校，提高学校师生防震减灾意识。组织地震应急演练，各镇（街）、各中小学校地震应急演练100余次。避难场所建设，结合城镇广场、公园、学校、体育场馆等公共设施，规划建设地震应急避难场所15处，应急疏散通道和救生避险设施配备齐全。指导督促区工业园区，开展区域性地震安全性评价工作。同时，巩固基层应急体系和能力建设，推进乡镇（街道）“六有”（有组织机构、有应急预案、有实战演练、有救援队伍、有应急保障、有科普宣教）、行政村（社区）“三有”（有制度、场地、物资）建设。加强督促检查，基层应急体系和能力建设检查2次，检查出来问题形成整改清单，明确整改期限，确保年内“六有”“三有”全面达标。

【森林防灭火宣传】　春节、清明等火灾多发期，专业森林消防大队组织进村入户系列宣传活动，营造森林防火氛围。区、镇（白塘街道）针对“百日攻坚”“平安春季行动”“啄木鸟”等专项行动召开专题部署会，多形式开展森林防火宣传工作，张贴《吉州区人民政府禁火令》9000份，进村入户发放《致农民朋友严防森林火灾的公开信》1.1万份，录制《森林防火条例》《吉州区人民政府禁火令》，并在林区流动播放；印发《致全区中小学生及家长的一封信》1万份。重点时期联防联控。清明节期间，开展文明祭扫活动，并派出专业森林消防大队30余人次到所有墓区（含天华山、真君山、螺子山、镇村公墓等集中墓葬区）防灭火宣传和巡查，向群众发放《吉州区2022年清明节祭扫期间清明防火倡议书》。利用电视、广播、报纸，网络、微信、智慧电梯等媒体，普及森林防灭火知识。森林防火宣传月，分别与樟山小学、区保育院等，联合开展森林防火知识进校园系列活动。

【森林消防建设】　面向社会招聘森林消防员，充实专业森林消防力量，并逐步完善队内训练、考核、奖惩制度，提升专业森林消防大队整体战斗力。开展各类救援技能培训和实战演练，开展吉州区2023年度水上救援无脚本演练、吉州区2023年森林防灭火实战演练，参加吉安市长塘镇油管火灾无脚本应急演练，组织镇（白塘街道）半专业队业务培训2次，大练兵大比武1次，提升专业、半专业一线队伍灭火实战能力。强化森林消防大队基础建设、文化建设，启动森林消防大队训练场建设。

【新闻发布会】 11月20日，区应急管理局在区行政中心召开2023年森林防灭火工作新闻发布会。会上介绍吉州区2023年森林防灭火工作情况，并围绕森林防火重点期应对、扑火队伍能力建设提升、野外火源管理规定等方面回答媒体记者提问。

（朱瑾）

消防救援

【概况】 吉州区消防救援大队主要担负吉州区防火、灭火以及各类抢险救援任务。年内，区政府同意批复《吉州区政府专职力量发展评测报告》。3月，文泉路消防救援站完成建设并投入执勤。5月，石阳路消防救援站完成建设并投入执勤。9月20日，大队消防指挥中心项目开工建设，全区形成“1队5站”消防力量布局。11个镇街应急+消防所全部实现实体化运行，建设“文明+消防”新时代文明实践精品站2个，实行消防业务“帮办”服务，政务规范评价率100%，上门走访单位41家，召开亲清连心恳谈会4次。大队被江西省总工会授予“江西省五一劳动奖状”，大队党委被省消防总队党委表彰为“先进基层党组织”，人民路消防救援站被省消防总队表彰为基层建设标兵站，大队、消防救援站被市消防支队表彰为年度综合先进大队和先进消防救援站，工业园政府专职消防救援队被国家消防救援局表彰为执勤训练工作先进集体，获厅局级表彰5人。

【防火监督】 年初召开全区消防工作会，印发年度消防目标任务书，年内逐项展开。区政府常务会每季度研究消防安全形势，加强消防安全工作。部署重大火灾隐患排查整治2023专项行动，联合多部门开展“园中园”“厂中厂”、城镇燃气等8个消防安全专项整治。全年排查社会单位906家，发现火灾隐患837处，督促火灾隐患整改761处，下发责令改正通知书447份，处罚决定书49份，临时查封决定书12份，责令“三停”（停止施工、停止使用、停产停业）7家，罚款37.59万元，挂牌督办重大火灾隐患单位4个，江西和盈电路有限公司完成整改销号（国务院安委会督办），上门授课59次，疏散逃生演练96次，消防站开放54次，走进消防近距离体验感受消防技能1.8万人，组织群众“一警六员”（“一警”指警务人员，“六员”指机关团体企业事业单位消防安全责任人、管理人、消防控制室值班操作人员、保安、志愿消防队员、物业服务企业员工）实操实训3201人，社会单位消防安全“明白人”754人。

6月16日，在吉安九颂购物公园，市民利用“消防模拟逃生帐篷”体验火灾逃生

（区融媒体中心 供图）

【练兵考核】 召开党委会、办公会研究部署练兵工作，制定练兵方案、奖惩规定，成立领导机构，建立日训练、周测试、月考核制度，重点对全员基础体能、技能考核。全市执勤岗位练兵比武竞赛中获团体总分第三名，全市防盗门快速破拆技能比武、全市抗洪抢险救援拉动考核中均获团体总分第一名，大队革新技术产品“65快速防缠绕水带接口”荣获全国实用性专利。

【灭火救援】 完成辖区类型预案、重大火灾隐患单位预案、重点单位预案修订完善和整理归档，更新数字化预案132家，演练62次，熟悉238次，完成重点单位规范化台账130本。全年，接警1455起，其中，火灾扑救410起，比上年下降6.6%；抢险救援284起，比上年增长10%；社会救助564起，比上年下降113%；公务执勤和其他197起。全年，抢救被困人员144人，疏散23人，抢救财产价值1284万元，保护财产价值1760万元。做好“2·3”阳明公馆电缆井起火、“6·22”中山东路内涝排水、“10·13”明珠玖隆高层住宅火灾等灭火救援任务。

（刘志江）

乡镇（街道）

吉州年鉴 2024

樟山镇

【概况】 樟山镇辖长亭上、曲沙、樟山、官垅、大江边、清湖、东陂、牢石、桥头、赤塘、泸田、尧塘、东水、陂上、文石15个行政村及1个金牛社区居委会,144个村民小组,总人口2.7万余人,耕地面积2780公顷,林地面积4800公顷。全年实现财政收入3.2亿元,完成总部经济650万元,向上落实项目资金9000万元。累计签约招商引资项目2个,其中,超亿元项目1个,合同投资总额5亿元;完成固定资产投资项目入库500万~5000万元项目2个,5000万元以上项目3个,实现总量和质量双提升。获评全市综合考评优秀乡镇,省、市、区万企兴万村先进典型乡镇,全市新乡贤改革工作优秀乡镇。

【党的建设】 全年组织党委理论学习中心组学习13次,各级党组织学习研讨97次。推动全镇检视突出问题55个并全部整改销号,“四访四促”(访群众生活,促民生改善;访邻里关系,促和谐稳定;访企业生产,促产业发展;访干部作风,促形象提升)活动57次,完成民生实事项目20余件。创建“甘为樟三牛,争创吉先锋”党建品牌,重点打造全市首家乡村振兴教育实践基地——“菜帮”展示馆。省、市、县、乡、村五级党政干部,到该基地考察学习5000余人次,及全国党建研究会乡村组织振兴蹲点调研组现场调研。创新“333”(三方协同、三项制度、三联模式)流动党员分类管理工作法,相关经验做法获全市党务技能大赛三等奖、全区一等奖,获省委、市委组织部调研肯定。

【樟山项目建设】 小城镇功能与品质提升,投资4000余万元。完成小城镇提升改造项目9个,商贸综合体主体封顶,内部装修基本完工;雨污分流改造工程、电管所交付、供水管网工程等项目顺利完工,老旧街区立面改造、基础设施改造两个工程基本完工。金樟职教园、吉州港码头产业园区一体化等市、区重点项目开工。传承乡土文化、聚焦“农旅+人居”环境整治,挖掘口江村历史文化底蕴,打造清湖口江至桐江沿线滨水田园样板村。

【乡村振兴特色】 拓展延伸桐江沿线万亩乡贤创新创业示范带,包装井冈红托竹荪、蜘蛛生态大米、大叶蔬菜、果冻橙、金钻凤梨等地域特色农产品10余种;引进总投资5亿元的陂上村千亩现代农业产业园项目,盘活御轩蔬菜基地。大江边村汕洋荪生物科技有限公司,被评为吉安市农业产业化市级龙头企业;清湖村青科源果蔬基地,被认定为粤港澳大湾区“菜篮子”供应基地。樟山镇入选全省乡村振兴示范镇创建名单,清湖村、陂上村入选全省乡村振兴示范村创建名单。

5月13日,桐江沿线万亩乡贤创新创业示范带

(樟山镇　供图)

【民生保障】 持续巩固拓展脱贫攻坚成果同乡村振兴有效衔接,做好动态监测工作,守牢不发生规模性返贫底线。年内,新增低保户35户,取消低保户26户;完善临时救助制度,申办临时救助30户94人,发放救助金27万余元。

【社会治理】 落实“一格八员、一网三色”运行机制,集结全镇32名网格员、180名网格助理员及500余名志愿力量,做好安全隐患排查、矛盾纠纷化解、夜间巡查、法律知识宣讲等各项工作。帮助群众寻找走失老人13起、孩子26起,抓获各类违法犯罪嫌疑人16人。统筹司法所、派出所、律师事务所“三所共建”,各类矛盾调处工作中做到信息共享,提供当事人矛盾纠纷化解途径。

【陂上村千亩现代农业产业园项目开工】 6月8日,区农业产业招商重点项目(预制菜)暨樟山镇陂上村千亩现代农业产业园项目开工。项目总投资5亿元,项目分两期建成。一期总计投资1亿元,规划占地面积76.61万平方米,其中温室占地面积40万平方米,主要建设内容包括高科技观光示范区、集约化育苗区、蔬菜标准化生产区等。采取“企业+基地+专业合作社+农户模式”,推动蔬菜全产业链升级。

【教师节暨金秋助学大会】 8月30日,召开庆祝第39个教师节暨金秋助学大会。会上表彰优秀教师20人、优秀学子50人,资助贫困学生

20人，颁发奖学金和助学金13万余元。

【农民丰收节晚会】 9月27日，组织全体机关干部、村（居）党支部书记、各优秀乡贤代表和群众代表400余人参加。晚会采取“线上+线下”相结合的方式推介全镇特色产业，全面展示各特色产业特点、经济效益和未来发展规划，提升农特产品宣传覆盖面，增强乡贤荣誉感、使命感和归属感。

（曾鸿吉）

长塘镇

【概况】 长塘镇辖东家庄、路口、大塘、庙背、淇塘、新民、案前、培模、毛山、荷洁、金华、长塘、桥南、田畔、西逸亭、陈家、西村、庙下、店下、赵塘、李家坊21个行政村和1个长岭社区居委会，总户数12865户，总人口4.6万余人，耕地面积1763.69公顷，林地面积2666.67公顷。2023年，长塘镇坚持稳增长、促发展、构和谐、惠民生、保稳定、建家园，推进“四镇同创”，全力攻坚“十大战役”，全镇经济社会各项事业保持稳定健康发展。推动第二批学习贯彻习近平新时代中国特色社会主义思想主题教育，开展“四访四促”（访群众生活以促进民生改善、访邻里关系以促进和谐稳定、访企业生产以促进产业发展、访干部作风以促进形象提升）活动，收集解决群众诉求122件，检视问题47项，并全部整改完成。办理便民服务事项6000余件，其中帮办代办服务1000余次，受理并办结“12345”热线交办单366件。协助工业园区企业招工427人。全年财政收入1.89亿元，向上落实项目资金1000万元，5000万元以上固定投资项目入库1个。

【长塘重点项目建设】 发动140余名镇村干部组建18个攻坚专班，保障樟吉高速改扩建、桐坪机场快速通道、市第五医院、高铁站前大道等省市重点项目，征收土地面积120万平方米，征拆房屋111户。城乡供水一体化建设，自来水管网基本实现全覆盖。完善农田基础设施建设，推进面积120公顷高标准农田建设，协助官溪水库完成灌区节水改造，整治山塘40座，建设冬春水利项目23处，抽水提灌站24座，抗旱井20口，配合文石水河道整治工程项目实施。

【中心镇建设】 投资2000万元，完成长塘镇长胜大道北延工程、区雨污管网改造提升工程、乡村振兴工程（一标段—官溪大道两侧房屋立面改造、店招改造等，四标段—新、老镇区弱电下地，六标段—镇区道路白改黑、人行道改造等）等5个项目。长塘镇客货运中心和鑫城佳苑安置小区主体工程完工，引进美豪酒店投资1000万元入驻长塘。完善小城镇日常保洁工作机制，通过国家卫生城市复审，复评为省级文明村镇。

【和美乡村建设】 投入资金330万元，完成全镇11个美丽乡村建设一般村点相关建设任务。同步推进农村污水治理设施建设，完成户厕整改5540座。打造陈家、桥南、李家坊等红色名村和S442沿线美丽宜居示范带。陈家村、淇塘村被列为全省农村“厕所革命”培训班现场教学观摩点。森林“四化”（绿化、美化、彩化、珍贵化）建设，人工造林面积2.8公顷，完成32个自然村植树造林绿化家园项目，聘请12名专职护林员，查处违规毁林行为12起。推进水库退包退养，全镇15座小（2）型水库水质全部达标。村庄清洁行动260次，评选出240户美丽庭院。举办首届油菜花节，丰富群众文化生活。运用“四下基层”“村民议事”“百姓舞台”等形式推进移风易俗和文明创建，桥南村复评为全国文明村。

【农业产业发展】 推进农业“三化”（传统农业现代化、现代农业生态化、生态农业品牌化）提升攻坚战，持续发展稳固“一莱一果两禽”产业格局，培育市级以上农业龙头企业5家（省级1家），大湾区“菜篮子”基地4个，3款优质农产品入驻盒马鲜生。依托江西省苏维埃历史陈列馆、舒行将军故居、毛泽东李家坊和西逸亭调查旧址等红色资源，推出“四点一线”红色旅游精品路线。坚持市场导向，引入第三方主体打造运营思倍得农旅小镇，全镇年接待游客约2万人次。落实“三回三带”（人才回归、项目回引、资金回流，实现治理带优、产业带兴、群众带富）机制，发挥“长塘莱帮”助力“双招双引”（招商引资、招才引智），推动建链活链兴链强链，带动21个行政村经营性收入稳定在25万元以上，陈家村、案前村获评全省乡村振兴示范村。

【巩固脱贫攻坚成果】 落实“四个不摘”（不摘政策、不摘帮扶、不摘责任、不摘监管），健全防返贫监测和帮扶机制，每月动态管理脱贫户、监测对象家庭人口，2023年度新增人口6户8人，减少人口23户23人。防止返贫监测入户核实420人次，集中排查近1万户，识别纳入监测对象2户8人。开发光伏公益性岗位43人。申请防贫保险10人次，理赔金额6.44万元。实行种养业产业奖补，发放补助197户，资金37.19万元。发放小额信贷108万元。建立产业项目“四个一批”（巩固一批、提升一批、盘活一批、另起炉灶一批）台账，推进闲置产业盘活，完善产业项目联农带农台账。发放“雨露计划”补助115人次、17.7万元。发放3批省外务工交通补贴6.65万元，累计受益133人。

【基层社会治理】　推进镇综治中心、矛盾纠纷联合调解处理中心、人民来访信访接待中心、公共法律服务工作站"三心合一",强化长塘司法所、派出所、江西赣中律师事务所"三所联动",打造驻外综治中心,建立西北政法大学"枫桥经验"教学科研实践基地。"进网格访民情、解民忧护民安"系列活动,收集并解决群众诉求 78 条。全年受理化解各类矛盾纠纷 300 余件,处理信访事项 75 件。陈家村获评省级乡村治理示范村。督促整改安全隐患 270 余处,关停 2 处违规售卖烟花爆竹商店,镇区餐饮行业全部安装可燃气体报警装置和燃气波纹管,降低安全隐患。

【"七一"联合主题党日活动】　6 月 30 日,庆"七一"联合主题党日活动在中铁十二局樟吉高速改扩建 A4 标综合场站举办,长塘镇机关党支部、中铁十二局樟吉高速改扩建 A4 标项目部党支部和嘉和监理公司樟吉高速改扩建 SR2 总监办党支部 100 余人参加,活动有参观党建阵地、重温入党誓词、主题党日理论学习、党务情景剧、集体过政治生日和微党课。其间,镇领导走访慰问老党员、困难党员和党务工作者,并为 50 年党龄老党员代表颁发"光荣在党 50 年"纪念章。

【教师节暨金秋助学大会】　9 月 8 日,庆祝第 39 个教师节暨金秋助学大会在长塘镇机关会议室召开,参会人员 200 余人。会上表彰和奖励优秀教师及学生 62 人,助学资金 4.82 万元。

（周一鸣）

兴桥镇

【概况】　兴桥镇辖罗塘、藤桥、袁塘、秀江、东塘、甫里、钓源、江下、丁塘、湖田、黄余、泉塘、沙江、高坎、虎溪、湖丘、江边、良源 18 个行政村和汶溪 1 个社区居委会,总户数 6742 户,年末总人口 2.9474 万人,耕地面积 3270 公顷,林地面积 6600 公顷。全年完成财政税收 2.45 亿元,完成固定资产投资 4.67 亿元,落实项目资金 1.5 亿元。签约国电投风力发电项目,签约东莞市厚霖包装有限公司并投产。全年排查化解各类矛盾纠纷 199 件,化解 198 件,稳控 1 件。一窗式政务服务办件量 3370 件,接待群众咨询 378 人次。荣获 2022 年度全市旅游产业高质量发展先进乡镇称号,钓源村党支部荣获"全省 2022 年度乡村振兴模范党组织"称号,钓源村党支部书记欧阳华东荣获全省乡村振兴担当作为好支书称号。

【项目建设】　配合农高区提升建设,完成农高区创新试验基地面积 42 万平方米征租地任务,完成汶溪新村、塘下新村、官田村基础设施建设和环境整治提升,协调解决农高区落户大院大所灌溉用水问题。完成钓源古村功能品质提升二期、三期项目建设,配合推进螺湖水系连通项目、"四好农村路"创建、樟吉高速改扩建项目,农机加油站改造提升项目投入使用,推进卫生院改造提升项目、弱电下地、商贸综合体项目及相关配套设施建设。

【农田利用】　完成 2022 年高标准农田建设面积 373 公顷,启动 2023 年高标准农田建设,组建高标准农田管护队伍。完成早稻播面任务 3266 公顷,油菜种植面积 226 公顷,流转江下村委会农田面积 86 公顷,种植富硒水稻。

【村级集体经济发展】　推行强村带弱村模式,助推泉塘村养鸡基地三期项目建设,打破各村土地、资金等要素资源限制,带动薄弱村委会实现村集体经济增收。实施"强村富民"工程,培育龙头企业、农村合作社、庭院经济等经营主体,建立蔬菜大棚基地、甜瓜种植基地、泉塘村种鸡养殖基地、精品果园基地,特色农业产业集聚发展。18 个行政村全年完成集体经济收入 448 万余元。

【美丽乡村建设】　农村人居环境整治,落实"日巡、周评、月考核"监督制度,健全垃圾处理配套设施,引入第三方市场化治理,实现保洁队伍、垃圾处理设施、垃圾处理方式"三个标准化"。投入资金 200 万元,集中开展村庄清洁行动,拆除违章建筑、废弃建筑和残垣断壁面积 470 平方米,清理乱围乱挡 1000 余处,清理生活垃圾 3240 吨,清理村内河道池塘沟渠漂浮物 30 余吨,农村黑臭水体综合治理取得成效。全年建设新农村点 10 个。

【防返贫监测】　常态化动态监测,完成 184 条预警数据核实工作,新增识别突发严重困难户 4 户 22 人,全年标注风险消除 3 户 10 人。

【乡村振兴擂台比武活动】　5 月 27 日,举办 2023 年度村党组织书记抓党建促乡村振兴擂台比武活动。全镇各村党组织书记参加比赛,镇领导班子成员任评委,各村蹲点镇干部、村第一书记现场观摩。"擂台"上,各位村党组织书记围绕探索"三回促五兴"(人才回引、资金回流、项目回归,促进乡村产业、人才、文化、生态、组织全面振兴)机制助推乡村振兴、建强村党组织战斗堡垒、发展壮大村集体经济、做深做细群众工作、党建引领乡村治理等主题,谈特色亮点、做法成效、体会启示。

【亲子果蔬采摘活动】　6 月 11 日,吉州区首届"促进消费帮扶 助推乡村振兴"亲子果蔬采摘活动在兴桥镇泉塘村委会庄下村小组蓝祥农业开发基地举办。该基地占地面积 6 万平方米,种植甜柿和猕猴桃等,基地年产值180万元。

【婚俗改革宣传交流会】 8月22日,兴桥镇新时代文明实践所在汶溪社区召开“为爱减负”婚俗改革宣传交流会,40多人参加。推进移风易俗,引导群众婚事新办婚事简办,弘扬现代文明婚俗新风。

(周志强)

曲濑镇

【概况】 曲濑镇辖曲濑、田东、高联、水南、大巷、瓦桥、腊塘、长乐、长明、上塘、彭家坊11个行政村和1个曲濑社区居委会,85个自然村,130个村(居)民小组,4754户,1.8万余人,耕地面积1266.67公顷,林地面积1400.93公顷。完成财政收入1.1亿元,比上年增长6.8%,向上落实项目资金1.3亿元,落实专项债资金3900万元,完成2000万元以上工业企业入规1家、500万元以上零售业企业入规2家。建立庐陵英才返乡支教实践基地3个,承接支教活动8期,惠及周边儿童500余人次。落实帮办代办制度,办理群众各类业务5600余件,接待前来咨询、办事群众8000余人次,事项办结率99%以上。助力脱贫户投入产业发展,脱贫户申请小额信贷64户,发放贷款276.69万元。荣获2022年度全省大学生“返家乡”社会实践活动优秀承接单位、全省“万名大学生进千站”活动优秀承接单位、全省离退休干部示范党支部称号。

【基层党建】 强村带弱村联动发展模式,立足黑木耳主导产业,实践“飞地抱团”机制,带动每个行政村增加至少10.6万元集体经济产业收入;探索“党建+”发展模式,由村党支部牵头流转土地自主经营,发展稻油轮作等农业产业。依托乡贤党支部核心作用和乡贤联谊会引领作用,推动乡贤“四助”(助学、助残、助孤、助老)活动,支持本地基础设施建设和公益事业发展,乡贤累计捐资300余万元;投资170万元,新建大棚面积近1万平方米、新型农业经营主体服务中心落地投产(改良蔬菜基地面积13.33公顷);吸引优秀人才返乡创业助力乡村振兴,累计吸引12位人才回归、7个项目回引、2000万元资金回流。

【农业产业发展】 围绕区委“小而精、小而美、小而优、小而强”城郊农业发展定位,因地制宜发展“辣椒红、木耳黑、蔬菜绿、大米白、油菜金”五色产业,融入井冈山农产品区域公用品牌建设,实现绿色兴农、品牌强农、科技助农目标。引导村民种植井冈大米面积466.66公顷,扩大辣椒和黑木耳两个主导产业种植规模,引进面积200公顷芋头基地;申报衔接资金909.5万元,优化农业产业基础设施。实践“飞地抱团”机制,全镇11个行政村集体经济收入均突破25万元,其中7个30万元;产业收入占比70%,带动400余名村民实现家门口就业,年人均增收2万余元,农业产业实现“从无到有、从有到优、从优到强”转变。

【城镇建设】 全镇主干道改造提升,落实项目建设资金2000余万元,全镇道路“白改黑”及加宽15千米,安装路灯900余盏,打通“断头路”7处,新增停车位100余处。吉州区妇幼保健院曲濑分院、公交客运站建成投用。

【基层社会治理】 成立防控违法建设领导小组,开展日常管控、问题整改。推动数字化改革,开发农房管控“一户一码”平台,结合现场勘探、视频监控等手段,实现建房用地全过程监管。探索基层治理模式,通过积分制、清单制、数字化形式,推动“三治融合”,接受法律咨询1300余次,调解各类纠纷110余起。福田村作为“全省学习运用‘千万工程’经验加快建设宜居宜业和美乡村现场推进会”现场观摩点,“五福临门”做法得到主题教育省委巡回督导组肯定并在《人民日报》刊载。曲濑镇腊塘村荣获省级乡村治理示范村、省级民主法治示范村称号。

【乡贤联谊会】 4月2日,曲濑镇乡贤联谊会第一届第三次会议暨2022年度总结表彰大会在钓源古村·十里芳菲召开,乡贤联谊会领导班子及会员代表80余人参会。受邀出席会议的有曲濑镇党政班子成员、区文化研究会、区乡贤联谊会、曲濑镇各村(居)党支部书记(负责人)、镇直办单位负责人等。

【心理健康大讲堂活动】 10月16日,特邀吉安职业技术学院心理教师,组织10余名青少年家长参加“孩子心理问题的识别与应对”心理健康大讲堂,助力青少年健康成长。11月3日,邀请国家三级心理咨询师为曲濑网格员举办“留守儿童心理健康的维护”心理健康大讲堂,强化网格员正确认识留守儿童心理健康重要性。

【观摩点接受检验】 11月30日,全省学习运用“千万工程”经验——加快建设宜居宜业和美乡村现场推进会在吉安召开。曲濑镇福田村“党建引领基层治理,助推三治融合”典型做法,作为全省学习运用“千万工程”经验观摩点接受省市领导检验。

【文化活动】 3月11日,曲濑镇在水南村举办“春满庐陵 相约曲濑”首届油菜花文化节。油菜花面积67万平方米,吸引周边游客3000余人。6月30日,曲濑镇举办以“唱响五色曲 共绘幸福篇”为主题的夏日“村晚”,农民自编自导自演舞龙舞狮、小品、舞蹈等节目,吸引大批村

6月30日，曲濑镇举办以“唱响五色曲 共绘幸福篇”为主题的夏日“村晚”

（李军　供图）

民前来观看，丰富群众文化生活。

（王玮）

白塘街道

【概况】　白塘街道辖城上、吉南、高丰、广丰、年丰、先锋五里、螺川、白塘、北门、江子头、石溪头12个行政村，40个自然村、107个村小组，总户数2800户，总人口1.5万人。完成500万～5000万元固定资产投资入库项目5个，固定资产投资额约16亿元，“五上企业”入规入统7家，村级集体经济经营性收入总量2200万余元。完成招商引资信息报送45条，南京索特包装有限公司意向性协议签订。便民服务中心办理事项5367件（其中，当场办结3143件，转上级部门385件，回复咨询1839件）。红星九颂非公有制经济组织联合党支部成立，江子头、北门村党群服务中心投入使用，白塘花苑、螺川佳苑安置房交付使用。白塘街道被推荐为省级基层审批服务执法争创点。街道一系列工作亮点在《中国青年报》《人民日报》《江西日报》《井冈山报》及吉安广播电视台、中国就业网等媒体刊播。罗化冰荣获“全国司法所模范个人”、2023年度“新时代赣鄱先锋”之“突出贡献好榜样”称号。

【防返贫监测帮扶】　健全完善驻村帮扶工作机制，压实驻村第一书记、帮扶干部作风，做好日常摸排、每月调度、季度分析防返贫监测帮扶工作，全街无边缘易致贫户及突发严重困难户15户34人。完成区里下达遇困即扶快捷解困基金任务30万元，超额完成小额信贷资金10万元。

【城西零工驿站打造】　服务就业创业人员，举办线下招聘会10场，直播带岗1场，帮助1000余人匹配岗位。相关特色亮点工作在《中国就业报》《中国青年报》《井冈山报》及江西新闻客户端等刊播。

【项目建设】　对接石溪头污水处理厂周边道路棚改、新井冈山大桥西棚改、零星棚改、五岳观棚改和混凝土搅拌站搬迁等项目扫尾工作。实施石溪头村新农村建设提升改造以及先锋小区老旧小区改造项目，改善居民生活条件、完善基础设施、改善居住环境。打造街道服务综合体，完善便民服务大厅、“就业之家”、廉心驿站、综合执法大队、青年民兵之家、职工之家等服务空间，提升群众办事体验感。

【“揭榜破难题争当吉先锋”动员大会】　2月24日，召开2023年“揭榜破难题争当吉先锋”动员大会。区领导、街道班子成员，街道全体机关干部，白塘派出所代表，村“两委”干部，各村第一书记（书记助理）和各村小组长参加。会议宣读《关于表彰白塘街道2022年度先进单位的决定》《2023年白塘街道“揭榜挂帅”清单》，颁发奖牌和揭榜仪式，3名揭榜人代表发言，并部署全年工作。

【全民国家安全教育日系列活动】　4月10日至16日，街道采取多形式开展全民国家安全教育日宣传教育系列活动。召开2023年全民国家安全教育日宣传教育活动工作方案部署会，组织学习《中华人民共和国国家安全法》《中华人民共和国网络安全法》《中华人民共和国保守国家秘密法》《中华人民共和国国家情报法》，普及国家安全知识等。通过在街道法治宣传长廊中开设国家安全宣传专栏、制作国家安全活动展板、张贴海报、发放宣传资料等线下方式，向群众广泛宣传国家安全教育。组织各村治保主任和社区矫正对象，观看并讲解关于国家安全学习教育视频。通过街道微信号、各村电子显示屏，推送国家安全相关宣传内容，并组织人员参加《中华人民共和国国家安全法》知识竞赛。

【首届农民趣味运动会】　4月23日，“健康吉州行”为主题，白塘街道首届农民趣味运动会在爱琴海购物广场举办，来自街道的13支队伍、500余人参加。比赛项目包括跳大绳、“插秧”、挑“粮”接力、广场舞、拔河和“村BA”篮球赛。

4月23日,白塘街道在爱琴海购物广场举办首届农民趣味运动会

(李军　供图)

【“政府开放日”活动】 4月26日,开展以“‘驿’心为民办实事,高效政务暖民心”为主题的“政府开放日”活动,活动通过“实地参观+座谈交流”的方式开展,邀请人大代表、政协委员、群众代表、媒体记者等16人参加。代表们实地查看便民服务中心办事环境、功能区域设置和软、硬件设施配置情况,详细了解政务公开、办事流程以及业务开展等情况;听取零工驿站规划和打造情况介绍,了解线下举办招聘会、就业求职登记、招工信息发布等工作进展;参观廉心驿站,体验基层小微权力监督一点通平台功能。座谈会上,重点解答代表提出问题和收集代表意见、建议。

【科普教育基地入选】 12月,白塘街道办事处科普教育基地入选2023年吉安市科普教育基地。基地设在广场西路67号白塘失地农民服务中心大楼,场地面积约600平方米,上下4层。基地主要职能是让广大群众在参与中学习科学知识、提高科学素养,推进科普工作社会化、群众化、经常化,在提高辖区公众科学文化素质上发挥作用;是面对广大青少年学生实施校外教育,实施素质教育的阵地;是全方位对青少年进行思想道德、文化素质、科学技术等教育平台,体现科普教育的普遍性和公益性。（龚松）

禾埠街道

【概况】 禾埠街道位于市中心城区城南板块,是吉安市委、市政府和庐陵新区党工委、管委会所在地,东临赣江,南邻禾河,西接曲濑镇、兴桥镇,北接白塘街道、古南街道,街道总面积37.95平方千米,总人口约8.5万人。辖崇文、解放桥、尚德、尚义、红声、岔路口、余家河、钵盂山、凤凰洲9个社区居委会和王家、宋家、曾家、吉丰、长丰、甫塘、新村、新丰、罗家坊、神岗山10个行政村。街道现有84个网格,网格员104人。2023年,街道围绕做强做旺中心城区,走在前、勇争先、善作为为目标要求,抓改革、促发展、惠民生、保稳定,全街经济社会发展取得新成绩。先后荣获江西省移风易俗“五个100”先进典型、吉安市全面深化改革工作先进乡镇、第十一届吉安市文明单位、新时代“枫桥经验”吉安实践先进典型等称号。

【党建引领】 举办中共二十大精神专题培训班,组织全街党员集中轮训;深入基层开展习近平总书记到江西省考察时的重要讲话精神宣讲活动21场。同时,开展主题教育,推动吉曲公路沿线环境综合整治,完成罗家坊、甫塘等村城乡供水一体化等10余件民生实事。“三新”(新产业、新业态、新商业模式)领域党建工作,指导新成立长沙玉诚、同创置业等非公有制企业党组织5个。打造党建特色品牌,率先在全市试点建设“小区党群服务站”,完成18个站点建设并投入运行,创新走出一条“小区党群服务站”牵引社区、业委会、物业公司合力共解基层治理新路径。

【招商稳商】 收集招商信息101条,完成签约落地83家,其中投资规模100万元以上50家。树立“服务企业就是服务发展、服务大局”理念,优化政企恳谈机制,建立干部入企心连心结对帮扶机制,收集企业诉求195条,解决企业反映问题164项。打造“庐陵购”“庐陵夜”“庐陵游”特色品牌,开展美食节、促消费节等活动。举办“情暖冬至益起来”“齐乐龙龙,聚势庐陵”两场社区文化暨促消费活动,激发群众放心消费活力。

【乡村振兴】 乡村振兴产业发展,培育羊肚菌、黑木耳、草莓等特色农业,同时,盘活利用村级闲置土地资源,引进麓林、吉野之家2家户外露营企业,推动农旅结合,打造乡村特色旅游新亮点。2023年,各行政村集体经济经营性收入均超过20万元,平均45.68万元,曾家村195万元。曾家村党支部被评为全省乡村振兴模范党组织。宜居宜业和美乡村建设,街道投入资金200余万元,实施新村吉曲公路及沿线环境综合改造项目、王家和神岗山村生活污水治理项目、甫塘石塘边村、罗家坊东汶塘村村庄环境整治提升项目。

【基层治理】 贯彻“四和”(建设家庭和美,小区和睦,社区和顺,社会和谐)善治理念,创建“有事好商量、都是一家人”的“和”埠之家民主协商议事品牌,建立“有事说事”议事机制,稳控辖内学区划分、征地拆迁、项目建设等各类矛盾纠纷200余起。“和”埠之家品牌建设经验在全市综治中心“三心合一”建设现场推进会上做典型发言,同时获评新时代“枫桥经验”吉安实践先进典型。发挥党建在基层治理中引领作用,构建街道“党工委+村(社区)”“党组织+网格”“党小组(小区党群服务站党小组)+楼栋长(党员中心户)”四级基层治理组织架构,发展完善“三长制”(网格长、楼栋长、单元长),打造“全要素网格”,开展“敲门行动”,街道全年总体平安稳定。打造基层治理示范社区,在崇文社区、尚义社区,探索创建“安心崇文以和为美”和“义服务”两个基层治理示范社区。“安心崇文以和为美”社区开展8期心理健康知识宣讲,10次心理团辅和心理测试,15次个人心理辅导;“义服务”小程序收集群众反映问题诉求81个,办结77个。

【农业发展】 开展春耕备耕及早稻生产工作,鼓励辖区农户在有条件地方恢复发展双季稻。街道年度任务种植面积393公顷,超额完成种植面积401公顷,早中晚稻总面积858.81公顷。同时,落实早稻补贴发放,油菜种植奖励发放,完成2023年油菜种植任务面积66.67公顷,完成种子及配套硼肥发放等。完成10个村1个社区,238块撂荒图斑面积70.13公顷现场核实工作。完成王家村面积64.47公顷、新村面积62.67公顷高标准农田建设。

【脱贫成果巩固】 做好日常社会救助评审工作,完成辖区内防止返贫监测集中排查。同时,开展好2023年度社会救助扩围增效工作,建立19支、120人“困难群众急难问题快速响应服务队”。为所有脱贫户及第一书记购买意外伤害险7.356万元,为所有农户购买防贫保险9万元,为新增突发严重困难户申办防贫保险理赔帮扶资金6780元。

【民生福祉】 落实市中心城区棚户区改造未完成征收项目“百日攻坚”行动工作要求,提前完成吉福路西延片区棚户区改造项目,12户、面积4454.45平方米集体和国有房屋拆迁任务。完成杨家小学项目、城西南路网项目清表等工作,复兴路中学项目完成设计方案修改及方案报送,出具项目可行性研究报告。创建充分就业社区,依托城南零工驿站岗位匹配,开展就业困难人员技能培训,截至12月底,新增就业123人。推行“党建+农村互助养老服务”,对接重庆仁恒养老服务公司,做好政府购买居家和社区养老服务项目,协助推进社区嵌入式养老服务建设项目建设(凤凰花园小区项目、鹿鸣府小区项目),推进实现辖区困难、高龄老人等群体助洁、助餐、助医、助乐等实体援助服务。优化“吉事即办”工作,全面推广村(社区)为民服务帮办代办工作,建立健全村(社区)为民服务帮办代办制度。解放桥、尚德、尚义社区荣获2023年度江西省“幸福社区”称号。

(周业欣)

古南镇街道

【概况】 吉州区古南镇街道辖保太巷、火头门、太平桥、古南镇、桃树下、城南6个社区居委会、36个片区、41个网格、394个楼栋、815个单元、户籍人员2.46万人、实际居住人口3.27万人。2023年,街道聚焦“走在前、勇争先、善作为”目标要求,党的建设、经济发展、基层治理等方面取得成效,为谱写吉州全面现代化建设新篇章贡献古南力量。引进江西川卉草本生物科技有限公司签约购地面积2万平方米,各完成2个5000万元以上和5000万元以下固定资产项目入库。收集群众诉求248件,办结率98.79%。抓好检视整改,落实民生实事办理闭环管理机制,建立民生实事清单,办结率和测评满意度100%。中央第八巡回指导组对街道主题教育开展情况予以肯定,“楼栋工作日”做法在全省基层组织党建工作重点任务工作情况通报中点名表扬,全年接受中央、省、市调研23次,荣获江西省五星新时代文明实践站、江西省充分就业社区、江西省红色物业小区等省级、市级以上称号18个,承接市级以上经验交流、试点6次。

【“书记领航”项目】 实施“‘321’工作法全面激发社会治理大潜能”和“吉福享福 打造更具凝聚力基层党建品牌”两个“书记领航”项目,先后荣获全省党务技能大赛三等奖和省级优秀二类志愿服务项目,桃树下社区荣获市级“六好基层”党组织示范点称号。古南蓝湾小区培育“红色业委会+红色物业”小区治理模式,相关经验在全市“红色物业”品牌创建会上作经验交流,市“大改革引领大发展”工作简报、“学习强国”学习平台、《人民日报》等媒体刊登。桃树下社区城建花苑小区、古南镇社区古南蓝湾小区获评江西省2023年度红色物业小区。

【“321”工作法】 探索“321”(“3”指红微网格、红色物业和红领管家三方力量,“2”指健全协商议事和考核激励两项机制,“1”指争创改革引领社会治理一流示范品牌)工作法,全面激发社会治理潜能,打造基层治理品牌。通过举办新闻发布会、“楼栋大集市”开市仪式、项目成果会演等,促使项目优化提升;5处集“小区党群服务站、红色驿站、三方协同议事点”于一体的基层阵地投入使用,并在小区设置“小修小补”便民服务点;近1000名楼栋长到58家“吉福享福”商户享受优惠,12家“红领联盟荟”成员单位为商家协调处置问题26个,新就业群体“暖心卡”获全区推广。该工作经验多次在市、区“大改革引领大发展”、市域社会治理现代化专题简报上刊登。

【“我为群众办实事”系列活动】 成立老旧小区改造居民理事会,推进滨江三期片区老旧小区改造工程。申请在4个社区整合闲置用房资源打造4个日间照料中心、3个社区助餐点项目;发放12户困难对象救助金22.334万元。践行“枫桥经验”,发挥“庆芳嫂子调解室”“大树底下说小事”“廖玉秀工作室”服务品牌,调解各类矛盾纠纷298起,解决群众反映诉求389个,保太巷社区成为吉安市妇联打造婚姻家庭矛盾纠纷调解室示范点。桃树下社区召开全市“井冈红”品牌现场观摩会,助力退役军人工作提档升级。全年各类文化活动500余场,桃树下社区、太平桥社区分别荣获江西省五星、四星新时代文明实践站。

【楼栋工作日】 “楼栋工作日”是以小区为单位,每月建立1次楼栋长值班日和楼栋长恳谈日工作机制,即楼栋长根据楼栋序号对应每月日期为值班日,在小区党群服务站、“大树底下说小事”等地协商议事。各楼栋长根据居民反映诉求,通过分级分类解决突出问题,“小事”由楼栋长随时主办,“大事”由街道、部门等协商联办。同时,设置楼栋长恳谈日,邀请社区、物业、业主委员会等参加,将遇到常见性、反复性、疑难性问题摆出来,共同研究协商解决办法。

【城市控烟主题活动】 4月27日,在第35个爱国卫生月来临之际,普及烟草危害知识,提高居民对吸烟危害健康认识,联合区爱卫办、古南镇街道桃树下社区,开展“烟消花开 健康同行”城市控烟主题活动。活动通过以2支香烟换1支花的形式,鼓励大家远离烟草健康生活,倡导文明健康、绿色环保生活方式。志愿者现场宣传科学有效戒烟等健康教育知识,古南镇卫生服务中心为居民义诊。

【金婚活动举办】 8月17日,以“金婚迎七夕 爱在社区”为主题的新时代文明实践活动在古南镇街道城南社区新时代文明实践站举办。6对金婚老人在居民见证下携手走上舞台,通过戴头纱、献花和分享婚姻故事等环节共享金婚浪漫时刻。引导居民树立正确爱情观、婚姻观,促进家庭和睦、社会和谐。

【省级名师开讲】 11月6日,省级师资库讲师、江西省人大常委会立法研究会理事、南昌理工学院农村生态法治研究中心负责人周欢秀,应区委依法治区办邀请到街道,开展“习近平法治思想大学堂”百名讲师千场宣基层行活动,街道机关干部、各社区“两委”干部及“法律明白人”骨干80余人参加。

(杨璐)

永叔街道

【概况】 永叔街道辖光明、青石街、上田侯路、高峰坡、华平、吉福路6个社区居委会,常住2.2万余户,人口约5.2万人。完成申报固定资产投资入库项目7个,五上企业入规入统7家,续签总部经济企业2家,与区商务局驻广州招商分局共同引进亿元以上工业项目3家。全力配合田侯路历史文化街区建设,对接引进符合业态条件企业进驻街区,繁荣城市经济。一口式受理赋权服务事项4900余件,受理处理“12345”工单投诉案件,及时受理处理工单510余条。提供精神障碍患者及家庭“家门口”康复服务48人,推荐区工业园工人279人。组织召开理论学习中心组学习10期,中央级媒体上稿24篇,省级媒体8篇,市级媒体39篇,区级媒体737篇。街道入选全省第一批基层政务公开标准化规范化“十县百乡”建设工作示范点,华平社区竹笋巷低碳社区入选江西省第一批公共机构节能现场教学点。

【基层党组织建设】 持续打造永叔“红小二”党建品牌,丰富永叔品牌内涵,设立党员先锋岗、划定党员责任区、开展党员承诺践诺等,推动街道党员干部担当尽责、示范引领。组建6支“红小二”志愿服务队,开展为民惠民活动;利用小区闲置用房,打造6个小区党群服务站;建设“红色物业”,支部建在网格小区,推动网格八员参与小区治理。指导11个小区新成立业委会或改选续签,全街39个小区均实现党的组织和工作。打造能仁巷商业街区建设暖“新”友好街区,指导街区运营公司成立党支部。

【环境整治】 结合国家卫生城市复审工作要求,全年清理辖区垃圾和堆物1000余车,清理小区乱种乱养现象180余处,拆除各类违章建筑30余处、面积600平方米,接待处置群众举报20余起,城乡接合部及荒地设置围挡1000余米,协调处理各类卫生环境整治疑难问题200余起。推行“永叔家园 洁美网格”城市环境网格管理,促使小区环境优美,卫生洁净。

【社会治理】 建设基层党建引领基层治理“吉先锋”品牌,推行“一格八员、一网三色”市域社会治理工作法,统筹“网格八员”力量,共同参与社会治理工作。全年处置民安事项7849件，办结率100%。“进网格访民情、解民忧护民安”系列活动，走访群众1.8万余户，发放宣传资料5400余份，收集并解决群众意见建议243件。“美德”调解工作室经验做法刊登在《人民调解》杂志，“心之新”驿站心防品牌，线上线下心理健康团体辅导服务活动4次。

【红色治理特色品牌打造】 持续夯实“红小二”网格党建治理体系，建立居委会、业委会、物业公司三方联动“党建+物业”体系，加强红色治理品牌，推行红色物业美好家园、基层约请、三方治理、永叔“红小二”网格治理等基层治理机制，新成立11个业委会、打造2个老旧小区示范点、2个红色物业组织。重点打造桃源盛景红色物业示范点，完善党员活动室、网格管理阵地、三方协商平台等建设，打造“一室融合”党建综合活动阵地，打通为民服务“最后一公里”。

【拥军优属】 3月20日，市、区退役军人事务局和街道一行到光明社区，走访慰问抗美援朝老兵，与老人交流并送上慰问品。5月23日，区退役军人事务局、街道及华平社区一行，敲锣打鼓将现役军人三等功喜报及慰问金送到其家属手中，并为其家属披上光荣绶带。

【参观接待】 6月28日，省文化和旅游厅办公室一行到永叔街道华平社区初心小院，调研公共机构节能现场教学点建设工作，实地察看初心小院低碳节能硬件设施建设，了解创建经验及低碳空间、垃圾分类等工作开展情况。9月8日，浮梁县发改委一行到永叔街道华平社区竹笋巷片区，考察学习低碳社区先进做法，了解竹笋巷低碳社区基础设施提升改造、低碳设施微更新、低碳理念宣传、低碳文化创建情况。7月17日，吉水县民政局一行到永叔街道光明社区，调研光明社区精神障碍康复服务中心运营管理情况，参观康复服务中心志愿服务站、宣教娱乐室、心理咨询、治疗室、康复训练室等，了解中心组织架构、服务团队、服务事项、运营管理、阵地建设和项目工作开展情况。

7月13日，永叔街道举行桃源盛景红色物业开放日活动

（永叔街道　供图）

【社区联连活动】 6月25日，光明社区党委携手青原区新生社区党支部，共同迎“七一”参观周忱勤廉教育基地、领略庐陵文化活动。参观周忱故居、周文襄公祠、周忱勤廉教育基地，观看酒驾警示教育片。

【节能降碳小课堂】 12月3日，邀请省低碳交易中心专家到华平社区“初心小院”公共机构节能现场教学点，举办以“倡导低碳生活”为主题的节能降碳小课堂。活动中，利用低碳课堂和低碳空间微展厅来引导居民群众如何利用低碳新技术、低碳景观小品来实现低碳节能，树立节能环保、共护家园意识。

（王丽芳）

文山街道

【概况】 文山街道辖思源、新村、西苑、平安里、仁山坪、仓口6个社区居委会，常住人口约4.4万人。统筹抓好基层党建、经济发展、民生福祉、社会稳定等各项工作。落实项目资金900万元，固定资产投资入库4户，“五上企业”入库5家，推荐招工入职341人。便民服务线上办件量2396件，线下办件量2332件，帮办代办各类事项1085件。劳动人事调解，受理案件77件，调解62件，成功率80.52%。中央级媒体上稿13篇，“学习强国”学习平台上稿14篇，省市媒体上稿50篇，区级媒体上稿682篇。街道先后获批全国第一批基层劳动关系公共服务样板站点培育点（城中零工驿站）、全省无邪教创建示范乡镇（街道），街道人大代表联络站被评为“全省人大代表联络示范站”，街道人民调解委员会被评为“全省优秀人民调解组织”，新村社区“温暖港湾·爱心驿站”获评全国2023年“最美工会户外劳动者服务站点”，仁山坪社区被评为“2023年江西省星级充分就业社区”,新村社区获评“全省最美工会户外劳动者服务站点”,平安里社区、仓口社区被评为“2023 年度江西省‘幸福社区’(五星社区)”。

【党建品牌争创】 探索各类组织向党组织述职,各类组织采取“即时报告”“定期述职”相结合方式,形成“查摆分析、共商措施、限期整改、现场评议”良性机制,助推社会治理重心向基层下移。通过述职解决墙面渗水、卫生及绿化美化、小区电梯加装和黑臭水体等问题 40 余个,排查、化解邻里矛盾、物业纠纷等 76 起。《多元共治聚合力 幸福思源解民忧》先进经验做法在“共产党员网”刊登。

【城中零工驿站】 整合“红色驿站”“职工之家”等阵地,打造“城中零工驿站”,获批全国第一批基层劳动关系公共服务样板站点培育点。全年驿站登记用工 1778 人次,登记长期合作企业及个体工商户 600 余家,提供岗位 2340 个,发布零工就业信息 939 条,服务用人单位 476 个,实现就业 180 人次。先后举办 2 场线下专场招聘会,累计参与企业 60 余家,接待求职者 1260 余人次,发放政策宣传材料 3000 余份,现场达成初步意向 246 人,直接达成就业协议近 60 人。

【城市民族工作】 打造“民族团结一家亲”品牌,推动各族群众互嵌共融。建立“每月上门入户+定期恳谈交流”工作机制,全区 51 名新疆籍同胞实施精准服务管理,开通少数民族服务“爱心热线”“亲情连线”,开展爱心拉面、义务植树、普通话培训、中医义诊等志愿服务 20 余场,引导辖区少数民族人士参与志愿者活动,助力社会治理、精神文明等公益事业,营造手足相亲、守望相助的浓厚社会氛围。

【市域社会治理】 推进“一格八员、一网三色”工作法,健全“单元长—楼栋长—网格长”三级服务运行机制,整合成 41 个大网格、341 个微网格,推选出楼栋长 362 人、单元长 464 人。网格日常巡查、政策法规宣传、社情民意收集、矛盾纠纷调解等工作,发挥网格作用。打造“红山嫂”调解工作室,全年矛盾纠纷排查 87 起、化解率 100%。举办“全民反诈”宣传活动 12 场次,群众咨询服务 375 人次。

【环境卫生整治】 赣江后河段沿线环境整治,巡河巡查 30 余次、解决河道问题 6 处、清理河边菜地 10 处。环境卫生整治活动 50 余次,清理乱摆乱放 70 余处,清理垃圾小广告 1500 余处,整治闲置地块 6 块、面积 7 万平方米,制止违章搭建 12 处、面积 1800 余平方米,整治油烟扰民餐饮店 6 个、占道经营 30 余处,清运垃圾 50 车、200 吨。

【老旧小区改造】 成立老旧小区改造居民理事会,全程参与方案设计,监督施工工程质量与进度,调解改造中各种问题,确保旧改工作有序推进。下后街、阳明西路和井冈山大道 3 个老旧小区改造项目全部完工,井冈山大道 111 号零星棚改工作,涉及居民住户 36 户,签订协议 28 户,完成率 77.8%;既有住宅加装电梯申请办理流程 3 台。

【点亮“平安灯” 守护“平安夜”启动仪式】 6 月 9 日,组织街道社区党员干部、派出所民警、网格员平安义警和志愿者,在西苑社区举行点亮“平安灯” 守护“平安夜”——文山街道平安夜巡启动仪式。各巡逻队伍深入辖区 6 个社区夜间巡逻,保辖区安全稳定。

【“党建+普惠金融”派驻金融助理工作启动】 9 月 11 日,街道举行“党建+普惠金融”派驻金融助理工作启动仪式。坚持党建和普惠金融两大主线,开展好“党建+信用环境建设”“党建+金融知识宣传”“党建+金融助理派驻”等活动,发挥党建引领作用。活动现场,街道 6 个社区与驻点支行签订共建联建战略合作协议,正式开启金融助理派驻结对工作。

(严小亮)

习溪桥街道

【概况】 习溪桥街道辖长岗岭、上

6 月 9 日,点亮“平安灯” 守护“平安夜”——文山街道平安夜巡启动仪式在西苑社区举行

(文山街道　供图)

阳明路、友谊、广场、正丙角、习溪桥、书街7个社区居委会，48个居民小组，52个网格，户籍数1.6万户，人口4.8万余人。全年引进3个投资亿元以上重大项目，上报招商引资信息69条，完成7个固定资产投资项目，落实项目资金2454万元，完成5个规模以上企业入规入统项目，帮扶企业解决制约发展问题6件，推荐718名务工人员入职园区企业。办理群众服务事项7425件，其中帮办代办事务3358件，解决群众诉求770件，按时办结率100%、满意率98.8%。劳动人事争议调解工作完成46件，案值金额13.2万元，劳动人事调解中心被评为全省金牌劳动人事争议调解组织。

【党建平台建设】 盘活友谊社区闲置办公用房，打造面积260平方米银耀工作室，提供街道退休党支部活动场所；选址可诺丹婷面积460余平方米社区服务用房，建设街道红色物业服务中心和新业态新就业群体服务中心。

【红色商圈发展】 推进"智慧党建+基层治理"红色商圈品牌书记领航项目建设，激发商圈党建新活力。建立区红色商圈党建综合服务阵地，设立商超、商贸网点党员示范岗，推行"法律+心理+调解"治理模式，建立"三张清单"（单位资源清单、商圈需求清单、共建项目清单），出台相关制度，优化服务举措，常态化开展商圈互助、志愿帮扶、党员示范等活动。5月，举办为期1个月的"新心向党 红动商圈"发布活动，5家诚信商户受到表彰，举办志愿服务活动6场、法律知识讲座3场等，解决商户问题72件。市委组织部将红色商圈党建点纳入全市"两新"党组织现场教学示范点。

【"养老＋托育"综合体】 破解"顾老和看小"难题，打造集医、护、育、养于一体的"养老+托育"一站式服务综合体，总建筑面积2300平方米。其中，正丙角社区托育中心于2月投入使用，建筑面积1300平方米，托育位150个，总投资300余万元。国家、省卫健委以及省委改革办相继到该中心调研指导，其经验做法在中央广播电视总台《新闻直播间》《朝闻天下》等栏目报道。区长天松康习溪桥养老中心于8月28日开业，建筑面积1000平方米，托老床位40个。

【"就业之家"项目建设】 打造面积约150平方米家门口就业服务窗口，统筹抓好街道6个充分就业社区创建，深化园区企业、辖区商圈、楼宇网点等单位用工信息对接机制，定期发布就业群体求职登记，并做好点对点就业帮扶，实现前端和末端并轨双向运行，搭建用工企业和务工人员服务平台。举办线下招聘会10场，服务2267人次，提供岗位2872个。

【人大代表服务】 推行人大代表进网格、选区、联络站履职服务，建立线上+线下双联动服务模式。22名代表主动认领网格，依托"掌上联络站"，开辟群众与代表沟通新渠道，接收群众诉求，同时，定期组织代表进选区、联络站，面对面倾听和回应群众反映问题事项。解决群众问题73件。

【平安社区创建】 推进"一格八员、一网三色"网格治理，落实并打造面积400余平方米"三心合一"（综治中心、矛盾纠纷联合调处中心、人民来访接待中心）平台，配套设立综治维稳、法律咨询、心理服务、信访接待和矛盾纠纷调解等功能，构建部门联动、资源整合、力量融合、信息畅通基层治理新格局。8月31日，该平台承办全区平安建设流动现场会。加强网格队伍建设，"三长"（网格长、楼栋长、单元长）履职尽责，建强"街道—社区—网格—楼栋—单元"五级基层治理体系，构建集城市管理、安全生产、民生保障等于一体网格。排查重大风险隐患商家企业700余家、督促整改7家，调解化解矛盾纠纷90起，使用液化气企业登记296家，食品安全包保责任412户，处理网格事件9850件。

【城市功能品质建设】 完成2022年度老旧小区改造综合验收，抓好广场佳苑老旧小区片区项目改造。完成中心城区"线乱拉"整治示范街道建设，整治面积2.43平方千米，涉及工程整改用户数1.13万户。老旧小区累计组建物业党支部10个、业委会党支部25个，17个完成改造老旧小区全部进驻物业，实现党建引领小区自治。智能安防小区监控探头，覆盖率98%。生态环境治理落到实处，设立社区生态环保监督员，打好污染防治攻坚战。城市管理常态长效，处理数字化案件799件，清运垃圾485吨，餐饮业联审联批59家，整治闲置菜地41处、"牛皮癣"小广告320余处。

【颐祥园老年公寓专项整治】 街道组织4个颐祥园老年公寓专项整治工作组，做好宣传动员、房屋评估、协议签订、民事诉讼、房屋拆除等工作，历时4年，48栋房屋于12月26日全部拆除，受到区委、区政府通报表扬。

【社区文化建设】 推进新时代文明实践所（站）建设，全年举办政策宣传（法治宣传）、知识讲座、文艺展示等活动576场，其中街道主办文体活动46场。加大广场艺术团、乐岭课堂等文体活动团队建设扶持力度，每年落实专项资金不低于3万元，并抓好组织引导和节目策划，明确团队每周不少于节目3场。

【公益活动】 3月，组织动员街居干部群众开展无偿献血，献血量

1.16万毫升。9月，动员街居干部参与腾讯公益募捐活动，筹集吉安市困难家庭善款9711.43元。

【参与“家庭酷跑大会”】 6月3日，参与中央广播电视总台走进吉州钓源古村活动，开发制作街道LOGO及吉祥物(吉小溪、吉小桥)，并设立主题“庐陵城芯——习溪桥街道”展示台，向媒体、参会嘉宾展示街道发展成果。

(梁辉)

北门街道

【概况】 北门街道辖北门、螺湖、钟鼓楼、庐境园、塔水桥、福星亭、马铺前、真君山、北门桥、螺子山、瑞华山、仁寿山12个社区居委会，常住户42215户，人口10万余人，流动人口3万余人。2023年，北门街道确定“一个定位”(中心城区门户街道)发展定位，围绕“三个表率”(高颜值街区上作表率、高效能治理上作表率、高品质服务上作表率)，开展“三大行动”(能力素质提升行动、作风效能提升行动、争先创优比拼行动)，贡献北门力量。完成固定资产投资入库6家、“五上”企业入规6家、点将赛5亿元以上工业项目申报1家、项目(企业)储备8个，落实项目资金1384万元，推荐区工业园招工入职237人，北门街道驻南昌市流动党员党支部成立。公开政府服务事项59条，接待前来咨询、办事群众5000余人次，办理各类事项4692件，提供延时错时服务394件，事项办结率100%。街道先后获评全省五四红旗团委、全省老年体育工作先进街道、全省矫正“十百千万”专项行动表现突出集体，5个社区获评省级“幸福社区”，4个社区获评省级星级新时代文明实践站，1个小区获评省级“红色物业”小区，2个小区获评市级“红色物业”小区，1个社区获评全市“零酒驾”社区，辖区地藏寺获评全省“五好”宗教活动场所。探索新物业反哺“三长”激励机制工作经验在《中国改革报》刊登，1人获评全国模范人民调解员，1个案例入选2023全国城乡社区高质量发展典型案例，相关经验在全市新时代政法工作创新交流会作交流发言。

【“四进万家”活动】 北门街道聚焦居民身边“关键小事”，践行“四下基层”工作法，开展“惠民政策进万家、帮办代办进万家、矛盾调解进万家、志愿服务进万家”“四进万家”活动，推动广大党员干部宣传党的政策、服务群众、化解矛盾、推动发展中“走在前、勇争先、善作为”。惠民政策进万家，通过线下、线上宣传政策，提升惠民利企政策社会知晓度。帮办代办进万家，依托社区便民服务站，设立一个帮办代办窗口、组建一支帮办代办队伍，建立一套帮办代办清单。矛盾调解进万家，建立健全“网格直通车15分钟响应”机制，主动向前一步“接诉即办”，梳理并建立“我为群众办实事”民生问题清单271个，动态销号243个。志愿服务进万家，开展理论宣讲、义务巡逻、义诊等志愿服务活动120余次。

【北门城市管理】 城市管理常态长效，辖区环境日益优化。协调处理油烟噪声扰民、居民装修及环境卫生等投诉100余次，会同区审批局、市场监管局、城管油烟办参与各类餐饮审批133件。环境卫生综合整治外贸车队拆迁、大校场拆迁、罐头厂生活区拆迁、螺湖湾安置小区等10余块闲置地，费用60余万元。清理违规种菜160余处、面积1500余平方米。整治电动车充电拉线200余处，清理垃圾死角600余次，整治广告垃圾2800余处。

【安全生产】 制定安全生产和应急管理工作职责清单和年度任务清单，印发突发事件应急和城市内涝应急预案，推进安全领域各项工作。排查自建房屋151栋，用作经营住房24栋，危旧房38栋，拆除整改存在安全隐患房屋26处，正在拆除2处；检查抽查生产经营单位423家，拆除改造存在消防安全隐患防盗网70余个，整改火灾隐患30余处；督导包保食品生产经营企业672家、整治隐患62条。全年辖区未发生安全生产事故。

【星港澳园智慧小区建设】 北门社区按照幸福社区和智慧社区建设要求，近零碳理念和技术应用规划到星港澳园老旧小区改造当中，打造以“阳光、微风、活力”为主题近零碳社区。年初，完成近零碳设施建设和近零碳人文建设。近零碳设施建设包括屋顶光伏、太阳能路灯、智能光伏座椅、墙体绿化、分类功能垃圾箱、智能垃圾分类房和非机动车光伏棚等；近零碳人文建设包括文化宣传设施、社区低碳装置小品、面积60平方米低碳驿站、低碳科普互动装置和社区低碳主题活动等。同时，建设智慧生态社区服务中心，完善社区服务、物业服务、社区文化、特色农产品、智能家居体验及智慧社区运营六大功能中心，提升社区居民幸福指数。

【庐境园社区国防科技科普驿站建成】 4月，北门街道庐境园社区国防科技科普驿站建成，面积约300平方米，是吉州区首家以“文明实践+国防科技科普”为主题新时代文明实践站。该驿站“海、陆、空”科普为主线，兼具实用性和趣味性，分别设有军舰、航天等国防知识科普，动植物科普，VR体验、科普知识体感、光电磁学等实验工具，囊括科普e站、梦想书吧等功能，提供青少年近距离学习、认识、感受国防科学知识科普阵地。

4 月 26 日，北门街道“千名党员进网格　调研服务访万家”暨在职党员进社区启动仪式在香榭丽都广场举行

（北门街道　供图）

【千名党员进网格启动仪式】 4 月 26 日，“ 千名党员进网格 调研服务访万家”暨在职党员进社区启动仪式在香榭丽都广场举行，200 余人在职党员参加，现场开展认领微心愿活动，并表彰年度优秀在职党员。北门街道辖区市、区两级在职党员 3951 人，推动在职党员进社区服务常态化和品牌化，解决好群众“急难愁盼”问题。

【“三方协同”微治理】 6 月 12 日，北门街道 2022 年度“三方协同”总结表彰大会暨 2023 年物业反哺“三长”深化改革项目启动仪式举办。街道坚持以党建为引领，探索创新社区居委会、业委会、物业“化解纠纷”模式，整合社区居委会、业委会、物业公司三方力量，围绕建设和谐社区共同目标，发挥三方优势，推动业主自治与物业服务、社区治理和政府监管有机融合，实现小事不出小区、大事不出社区、难题妥善解决。街道“三方协同”工作经验入选中央政法委分片发言论文。

【国营八三四厂历史记忆展览馆建成】 7 月，北门社区辖区内“国营八三四厂历史记忆展览馆”建成并开放，面积 60 平方米。展览馆保留国营第八三四厂（江西有线电厂）历史记忆，分“助力国防五十年”“美好记忆百年长”两大展示区。通过展示该厂历史变迁、军工企业生产和干部群众生活影像资料，宣扬“艰苦创业、勇于创新、团结协作、无私奉献”三线企业精神，铭记企业对社会经济发展作出巨大贡献。

【高考优秀学子发放奖学金】 8 月 5 日，北门街道北门社区天龙小区党支部、业委会和物业公司，共同为小区 2023 年高考优秀学子发放奖学金。现场 13 位优秀学子和家属分别获得 500 ~ 800 元不等奖学金。天龙花园业主委员会和物业公司决定从 2023 年起，每年对小区高考优秀学子开展奖励活动，形成崇尚知识、崇尚人才社会新风尚。

【“两网融合”试点】 12 月，塔水桥社区东投金麟府小区建成全省首个“两网融合”试点。通过“垃圾分类+资源回收”两网融合模式，调动居民参与可回收物分类意识，打通城市生活垃圾分类“最后一米”，再生资源从源头分类投放到末端处置形成完整体系，实现垃圾减量化、资源化和无害化。小区设置废旧衣物、废旧纸壳、废旧塑料瓶等多类专属存放箱。

（李丹）

人物

2023年吉州区主要机构及负责人名录

一、区级领导机构成员名录

中共吉州区委员会

书　记
尹冬苟
副书记
罗青球
廖文来(任至8月)
常　委
杨彩霞(女)
钟小亮(任至11月)
肖莺华(4月任)
游文亮(8月任)
邱建军
胡云祥
张学伟
蒋国萍
于新鹏(挂职)

吉州区人大常委会

主　任
王　巍
副主任
彭　勇
杨虎先
彭万昌
胡仁孝
肖旭东
肖庆芳
刘立强
王锐波
黄柳青(女)
熊红艳(女)
彭忠康
王　陶(挂职)

吉州区人民政府

区　长
罗青球
副区长
肖莺华(5月任)
胡云祥
于新鹏(挂职)

政协吉州区委员会

主　席
刘锡锋
副主席
胡林云
刘红林
黄　斌
刘龙春
龙旭红(女)
金　皓
彭　忠

二、区直单位负责人名录

区委办公室

主　任
马　亮
副主任
廖华鹏
正科级督察专员
王桃兰(女)
区委国安办专职副主任
罗云星(8月任)
区委区政府合作交流中心主任
朱维琼(女)
副主任
李　超
周爱萍(女)

区人大常委会内设机构

区人大常委会办公室
主　任
张　剑
副主任
杨　敏(女)
罗和云
区人大法制委员会
主任委员
彭　丁(任至10月)
副主任委员
肖征恶(任至8月)
曾招梁(12月任)
区人大财政经济委员会
主任委员
许小敏
副主任委员
贺华明
区人大社会建设委员会
主任委员
郭庆伟
副主任委员
陈　林(女,任至6月)
区人大常委会监察和司法委员会
主任委员
王　溪
副主任委员
吴冬娥(女,任至8月)
区人大常委会选任联委员会
主任委员
肖丽萍(女)
副主任委员
赵　妍(女)
区人大常委会农业和农村委员会
主任委员
肖军富
副主任委员
赖述铭

区人大常委会城乡建设环境与资源保护委员会
主任委员
杨建民
副主任委员
王绿竹(女,任至8月)
区人大常委会教科文卫委员会
主任委员
王　勇
副主任委员
杨　嫵(女)

区政府办公室

主　任
曾宪君
副主任
赵　勇
郭　毅
区政府发展研究服务中心主任
何　舒(任至8月)
副主任
彭向农(女)
吕　莹
张海乾
易芳苹(女)

区政协机关

办公室
主任
毛燕飞(女)
副主任
周志芸(任至9月)
罗　胤
提案和港澳台侨外事委员会
主　任
尹凌云(女)
副主任
陈莹晖(女)
经济和人口资源环境委员会
主　任
彭智敏
副主任
张　毅
教科卫体和文化文史学习委员会
主任
欧阳跃亲
副主任
黄茜茜(女)
社会法制和民族宗教委员会
主任
罗　萍(任至9月)
周志芸(9月任)
副主任
郭俊(1月任)
农业和农村委员会
主任
周幸珠(女)
副主任
周晓霞(女)
政协委员履职服务中心主任
曾志强

区纪委监委

书记、主任
钟小亮(任至12月)
副书记、副主任
胡斌辉
熊　越
罗贤平
区纪委常委
刘顺新
邓颖峰(任至9月)
杨馥宇(女,9月任)
温　锐
刘新华(8月任)
阮小芸(女,8月任)
区监委委员
吕淑华(女)
党风政风监督室主任
阮小芸(女)
组织部部长(纪检监察干部监督室主任)
邓颖峰(任至9月)
杨馥宇(女,9月任)
宣传部负责人
徐　敏(女)
案件监督管理室主任
林志杰
信访室主任
孙　健(女)
第一纪检监察室主任
刘　侃
第二纪检监察室主任
刘新华
第三纪检监察室主任
杨建斌(8月任)
市纪委市监委干部廉政教育吉州管理中心主任
张　涛
副主任
彭海平(任至8月)
第一派驻纪检监察组组长
邓凌云
副组长
何华英(女)
第二派驻纪检监察组组长
谢小萍(女)
副组长
肖劲松
第三派驻纪检监察组组长
罗丽姬(女)
副组长
畅晓辉
第四派驻纪检监察组组长
胡文平(任至8月)
副组长
邓志军
第五派驻纪检监察组组长
杜军荣(任至8月)
副组长
万秀清(女,任至8月)
黄　娟(女)
第六派驻纪检监察组组长
杨志勇(任至8月)
副组长
李安盛
侯华信
第七派驻纪检监察组副组长
李豫山

区委巡察办

主　任
刘顺新
副主任
吴　荟(女)
杨馥宇(女,任至9月)

区委巡察组

组　长

梁　钢

周　莉(女)

李其堉

正科级巡察专员

李　晖

彭志勇(任至8月)

刘诗军

邓颖峰(9月任)

区委组织部

部　长

游文亮(8月任)

常务副部长

王文春

副部长

曾庆娟(女)

李　曲(女,兼)

刘　晔

部务委员

孙立雅(任至8月)

马　莹(女)

罗淑芳(女)

区委组织部副科长级干部

章　璐(女)

周怀东(女)

人才服务中心主任

孙立雅(任至8月)

副主任

罗　涛

晏　龙(任至10月)

朱　玲(女,10月任)

区非公经济和社会组织党工委书记

刘　晔

区非公经济和社会组织党工委副书记

曹贞火(8月任)

区老干部服务中心主任

王淑华

区委宣传部

部　长

张学伟

常务副部长

左　明(女)

副部长

龙久苟

尹　姗(女)

区委网信中心主任

龙久苟

副主任

李柳生

刘管和

区委统战部

部长、民宗局局长

杨彩霞(女)

常务副部长

刘新华

分管日常工作副部长

孙立雅(8月任)

副部长、工商联党组书记

王　芳(女)

副部长

罗　丹(女)

台办主任

王风浪

民族宗教事务服务中心主任

杨冰霞(女)

区委政法委

书　记

邱建军

副书记

宋庆喜(任至8月)

刘长生

邹勇章(8月任)

政治部主任

白新平

区法学会常务副会长

郭　飞

综治中心专职副主任

刘小燕(女)

法学会专职副会长

全　强(8月任)

区委党校

党校第一校长

廖文来(任至8月)

行政学校第一校长

肖莺华(5月任)

校　长

刘雪琴(女)

副校长

肖兵玲(女,任至8月)

罗梅生(8月任)

区委信访局(对外加挂政府信访局牌子)

局　长

沈红兵

正科级督查专员

郭晓玲(女)

副局长

韩哲强

李天发

人民来访接待中心主任

严　娜(女)

区委党史和地方志研究中心(区档案馆)

主　任

张东红(8月任)

副主任

肖丽萍(女)

吴珑静(女)

罗梅生(任至8月)

区委编办

主　任

李　曲(女)

副主任

王序建

陈　锐(女)

区委编办实名制中心主任

曾　悠(女)

区行政审批局

党组书记、局长

周　翔

党组成员、副局长

李　珍(女)

党组成员、政务服务中心主任

许　露(女)

党组成员

吕　薇(女)

党组成员、副局长

钟敏娜(女)

区机关事务中心
书　记
王毓龙
主　任
陈　英(女)
副主任
曾凡文
罗　惠

民革吉州区总支
主任委员
张淑华(女)
副主任委员
刘东波
郭　俊
王淑华(女)

民盟吉州区总支
主任委员
李明志
副主任委员
余　刚
李　敏(女)
程卓云

民建吉州区总支
主任委员
陈　英(女)
副主任委员
甘　成(女)
蒋鹏翔
肖敏琦(女)

民进吉州区总支
主任委员
陈　青(女)
副主任委员
李玲姿(女)
尹　南(女)
胡贤尧

农工党吉州区总支
主任委员
饶　莉(女)
副主任委员
许志华
何　春
周　鑫

九三学社吉州区基层委员会
主任委员
肖　艳(女)
副主任委员
林　杏(女)
秦文羚
颜秋梅(女)

区总工会
主　席
彭　勇
常务副主席
罗　辉
副主席
刘爱群(女)
李　珍(女)
经审会主任
袁自强

团区委
书　记
龙　珑(女)
副书记
郭　翼(女)

区妇联
主　席
彭春梅(女)
副主席
刘　琼(女)
刘媛英(女,任至8月)
贺永媛(女,8月任)

区科协
主　席
聂　琬(女)
副主席
罗革成(任至8月)
徐　丹(女,8月任)

区侨联
主　席
邓大怀
副主席
肖文生(任至8月)
秦宗梁(8月任)

区工商联
主　席
刘龙春
党组书记
王　芳(女)
专职副主席
刘　琳(女,9月任)
专职副主席、秘书长(兼)
李文娟(女)

区文联
主　席
罗侦根
副主席
秦宗梁(任至8月)
刘媛英(女,8月任)

区残联
理事长
邹勇章(任至8月)
黄建平(8月任)
副理事长
袁新华
施玉娟(女)

区红十字会
专职副监事长
涂　婕(女)
专职副会长
彭国华

区社联
主　席
赵　勇(8月任)
副主席
康慧刚(任至10月)
罗　皓(10月任)

吉州公安分局
党委书记、局长
刘立强
党委副书记
焦　健(任至2月)
党委副书记、政委
梁澄宇(12月任)

党委委员、副局长
谢　彬(任至2月)
党委委员、纪委书记
邵　勇(任至2月)
党委委员、副局长
王　伟(任至2月)
吴立云
刘冬华
杨　丰
党委委员、交警大队长
刘巍杰
党委委员、副局长
周　晓(2月任)
党委委员、副政委
梁祥久(2月任)
党委委员
王　锋(2月任)

区检察院

党组书记、检察长
尹小龙
党组成员、副检察长
朱文生
副检察长
江定节
党组成员、副检察长
黄　庆
党组成员、政治部主任
卢海生
党组成员、办公室主任
黄晓勇
党组成员、检察委员会专职委员
尹向鹏
党组成员、检察委员会专职委员、第二检察部主任
王　昀(女)

区法院

党组书记、院长
龙裕明
党组副书记、分管日常工作副院长
胡延昭
党组成员、副院长
杨洁辉
党组成员、审判委员会专职委员
杨子江
党组成员、政治部主任
周　源(女)
副院长
张晨菁(女)

党组成员、执行局局长
李丽萍(女)
党组成员、法警大队大队长
王　军
党组成员、立案庭庭长
王　晖(女)

区司法局

党组书记
曾道录
局　长
王世发
党组成员、副局长
尹向鲲
黄海峰
副局长
肖巧妮(女)
党组成员
程迎庆(副科长级)
党组成员、政治部主任
方　慰(女)

区人武部

部　长
蒋国萍
政治委员
黄才生
副部长
刘洪君(任至1月)
娄江波(1月任)

区退役军人事务局

局党组书记
陈冀平
局　长
胡　亮
党组成员、副局长
周厚勇
胡　琪(女)

区应急管理局

党组书记、局　长
刘　翔
副局长
肖　晖(女)
熊登兵(任至10月)
孟　佳(女,10月任)
党委委员
朱慧安
罗志坚

区消防大队

大队长
宋福恩
教导员
刘建国
余忠辉
副大队长
张二平(任至3月)
刘志江(3月任)
站　长
段吉林
指导员
曾庆鹏(任至3月)
李洪伟(3月任)

区农业农村局

党委书记、局长
龚良彬
党委委员、副局长
刘彬飞
黄建平(任至8月)
刘笛杨(8月任)
党委委员
戴志文
周　岭
夏　芳(女)
廖华峰
区现代农业示范园管理办公室主任
钟逸群
吉安市农业综合行政执法支队吉州大队大队长
龚良彬
副大队长
肖　峰
毛芝瑛(12月任)
区农业农村产业发展服务中心主任
夏　芳(女)
区农业农村产业发展服务中心副科长级干部
曾敬富
刘清椅

区农业技术推广中心主任
廖华峰(8月任)
区农业技术推广中心主任副科长级干部
袁　伟
区畜牧家禽服务中心副科长级干部
康小华

区林业局

党组书记、局长
刘发仁
党组成员、副局长
胡有吉(8月内退)
王礼国
党组成员
曾　君(女)
事业副科长级干部
李　伟
涂琦芳

区水利局

党组书记、局长
曹国俊
党组成员、副局长
胡天华
刘青峰
党组成员、河长办专职副主任
刘晨丽(女)
党组成员、区河库建设养护中心主　任
李发源

区工信局

党委书记、局长
李　丽(女)
党委委员、副局长
邓　星(女)
副局长
孙江龙
党委委员、四级调研员
杨建春
班子成员、三级主任科员、副科级领导干部
罗小云

区乡村振兴局

党组书记、局长
林根秀(女)
党组成员、副局长
鄢玲华(女)
刘永平

工业园区管委会

书　记
胡云祥
副书记、主　任
汤英杰
党工委委员、副主任
伍小兵
刘江静
肖　凯(2022年12月任,试用期一年)
党工委委员
陈洪德
肖万福
肖亦玮(女,任至11月)
总工程师
邹　洋(2022年12月任,试用期一年)
组织员、工会主席
李　玥(女)
企业服务中心主任
龙　腾
企业服务中心副科长级干部
欧阳劲
曾　芳(女)

区财政局

局　长
龚　蓉(女)
副局长
李翠林(女)
罗　斐
党组成员
彭光明
王　玮
梅　宁
李　海

区税务局

党委书记、局长
唐功奇
党委副书记、副局长
康景明(任至11月)
党委委员、副局长
袁光荣(女)
叶　飞
郑　林
党委委员、纪检组组长
肖维民
党委委员、副局长
杨礼军

区发改委

党组书记、主任
梁武茂
党组成员、副主任
方冬金(任至8月)
康慧刚(10月任)
刘毓萃(女)
区重大项目服务中心副主任
周　萍(女)
党组成员、四级主任科员
黄瑾钰(女,任至11月)
区重大项目服务中心
主　任
胡　平
副主任
卢满英(女)
曾长英(女)

区市场监督管理局

党委书记、局长
张锦云
党委委员、副局长
刘志勇
罗荔萌
党委委员
杨建武
欧阳丽华(女)
张园华(女)
杨文婷(女)

吉安市自然资源局吉州分局

局　长
王春宇
副局长
桂佩佩(女)
张小清
党支部纪检委员、三级主任科员
胡　玮
综合服务中心主任
聂飞群(2月任)

区国资中心

党组书记

邱章原

主　任

肖　艳(女)

副主任

邱　胜

刘　蹊

夏春玉(女)

孙　浪

区统计局

局　长

郭　艳(女)

党组成员、副局长

陈　婷(女)

刘伏平

副局长

刘　雯(女)

班子成员(区委、区政府合作交流中心副主任)

周爱萍 (女)

区审计局

局　长

彭云霞(女)

副局长

梁见昕

欧阳曦

经济责任审计工作联席会议办公室主任

王　玲(女)

总审计师

翁梦璐(女)

区商务局

局　长

胡正锋(任至 12 月)

副局长

龙　锦

周小云(女)

商务发展中心主任

危　莉(女)

区供销社

主　任

周清泉

副主任

毛智坤

胡华义

监事会主任

段　薇(女)

区住房和城乡建设局

党组书记

刘舜光

局　长

李明志

副局长

罗伟明

廖海涛

区住房保障服务中心主任

朱筱莉(女)

区城管局

党组书记、局长

张　军

党组成员、副局长

郭德辉

陈凡华

朱国平

傅能安

党组成员、副科长级干部

甘　文

刘佳佳(女)

党组成员 综合执法大队大队长

钟　亮

区环卫服务中心

主　任

刘凌云

副主任

熊　娜(女)

罗声虎

副科级干部、工会主席

陈　丽(女)

区交通局

党组书记、局长

王小刚

党组成员、副局长

陈利龙

曾广端

党组成员、副科长级干部

刘龙生

吉安西站综合服务中心

主　任

胡仁孝

常务副主任

陈万河

副主任

方　智

徐洋平

吉州交警大队

大队长

刘巍杰

副大队长

严达敏

王玉明

张华栋

钱志建

区科技局

党组书记

周浩材

局　长

陈　青(女)

副局长

郭建华

万宁娜(女)

吉州生态环境局

党组书记、局　长

曾宪宾

党组成员、副局长

左晓华

王昭荣

党组成员、吉安市生态环境保护综合执法支队吉州大队大队长

刘明桦

吉安市吉州生态环境监测站站长

侯建国

吉安市生态环境保护综合执法支队吉州大队副大队长

刘　茜(女)

区教体局

党委书记、局长

孙　军

党委委员、副局长

李建军

杨子霖

李月华(女)
党委委员、总督学
郑钰娟(女)
党委委员
曾传远(8月任)
傅　京(8月任)
杨三如(8月任)

吉安市中等专业学校

校　长
傅　京(任至8月)
何　舒(8月任)
副校长
涂　强(8月任)
马传云
吉安实验高级技工学校校长
邓小玲
杜　琦(8月任)

区文广新旅局

党组书记、局长、大队长
邹建勇
党组成员、副局长
陈建军
李金发
袁玉琼(女)
副局长
肖　琼(女)
党组成员
颜青钦
党组成员、文化馆馆长
钟　鹏
执法大队副大队长
彭荣华(女)
王怡琳(女,8月任,试用期一年)

区融媒体中心

主　任
罗家源
总编辑
李　江

区卫健委

党工委书记
刘金喜
主　任
张淑华(女)
党工委委员、副主任
邓方亮
傅　敏(女)
党工委委员
陈永德(任至8月)
区计划生育协会常务副会长
赵绮华(女)
党工委委员、副科长级干部
刘爱群(女,任至2月)
党工委委员、区计划生育协会专职副会长
黄　鹰(女)
党工委委员
杨　洋(8月任)
吉安市第一人民医院党委书记
周井松(任至8月)
邓亮忠(8月任)
党委委员、副院长
袁祖均
涂福堂
夏莲香(女)
副院长
李　云
党委委员
刘泽润
区疾病预防控制中心主任
晏昆庭
区卫生健康综合监督执法局局长
罗晓艾(女,任至8月)
周佳福(8月任)
区卫生健康服务中心副科长级干部、主任
罗智兴

区医疗保障局

局　长
欧阳小芳(女)
副局长
刘　强
刘梓娟(女)
区医疗保障服务中心主任
王　丹
党组成员
邹美莉(女)

区人社局

党组书记、局长
郭　瑜
党组成员、副局长
万先伟(任至10月)
肖　锐
刘　婷(女,10月任)
党组成员
王　珏
王小强
肖恩平
就业创业服务中心主任
王小强
社会保险中心主任
肖恩平

区民政局

党组书记、局长
刘建钦(女,8月任)
副局长
赵月如(女)
张丽萍(女,8月任)
党组成员
龙国传
养老服务中心主任
周　洁(女)

三、乡镇街道负责人名录

樟山镇

党委书记
龙正华
党委副书记、镇长
梁文斌
人大主席
郑建军
党委副书记
张新忠
党委委员、常务副镇长、统战委员
程　聪(任至1月)

党委委员、组织员
韦鹂鸣(任至8月)
晏　龙(10月任)
纪检书记、监察办主任
杨　青(12月任)
党委委员、武装部部长
刘晨亮
党委委员、常务副镇长
黄瑾钰
副镇长
钟　林
杨志祥
人大副主席
彭　悦(女)
综治专职副主任
王佑海
综合执法队队长
袁清华(女,任至8月)
司法所所长
张琪星(女)
便民服务中心主任
肖幼琦(女)
肖喜华(8月任)

长塘镇

党委书记
刘　欢
党委副书记、镇长
彭　钰(女,任至8月)
人大主席
刘财根
党委副书记、政法委员
刘　欣(任至8月)
纪委书记、监察办主任
颜　苑(女)
常务副镇长
廖　迪
组织、宣传委员
肖文山
武装部部长
颜湖发
派出所所长
龚凌翔
副镇长
戴瑞明
王天文
人大副主席
肖亦玮(女,12月任)
司法所所长
胡志青
综合执法队队长
肖俊岳
便民服务中心主任
孙美玲(女,8月任)

兴桥镇

党委书记
杜卫华
党委副书记、镇长
方　勇
人大主席
胡志洪
党委副书记
王　江
党委委员、组织委员、宣传委员
曾招梁(任至8月)
周小玉(女,8月任)
党委委员、常务副镇长
刘　洁
党委委员、武装部部长
刘顺兵
党委委员、派出所所长
刘文平(4月任)
副镇长
周小玉(女,任至8月)
旷　超(8月任)
田家瑞(8月任)
人大副主席
罗锋良
综治办专职副主任
旷　超(任至8月)
综合执法队队长
梁　荣
司法所所长
杨昌麟
便民服务中心主任
刘　芳(女)

曲濑镇

党委书记
朱　丹(女)
党委副书记、镇长
周日波
人大主席
刘　欣
党委副书记
胡存彬
党委委员、武装部部长
麻卫荣
党委委员、组织委员
何　劲
党委委员、常务副镇长
陈章鸣
党委委员、纪委书记、监察办主任
刘笛杨(任至8月)
高锷萍(8月任)
副镇长
刘龙庆
张　伟(女)
司法所所长
周　鑫
便民服务中心主任
晏　亮
综合执法队队长
蒋　昆

白塘街道

党委书记
蔡国卫
党委副书记、办事处主任
袁吉华
人大工委主任
周建华(任至8月)
陈永德(8月任)
党委副书记、纪委书记、监察办主任
周毅君
党委副书记
周晓卫
党委委员
谢信臻
夏信忠(任至8月)
党委委员、组织员、宣传员
贺永媛(女,任至8月)
杨文欣(女,8月任)
党委委员、办事处常务副主任
谢卫群(8月任)
党委委员、武装部部长
周厚勇(任至1月)
刘　坤(8月任)
办事处副主任
罗丽萍(女)
周　斌
谢卫群(任至8月)
综治办专职副主任
王　军

司法所所长
罗化冰(女)
便民服务中心主任
谢荔丹(女)
综合执法队队长
谢乐平

古南镇街道

党工委书记
胡志敏
党工委副书记、办事处主任
欧阳小文
人大工委主任
夏冬香(女)
党工委副书记、政法委员
黄晓安
党工委副书记、纪检监察工委书记
鄢水银(女)
党工委委员、武装部部长
涂顺飞
党工委委员、古南派出所所长
刘政发
党工委委员、组织员、宣传员
舒　华(女)
办事处副主任
廖伟伟(女)
李　珍(女,任至8月)
胡钦元
综合执法队队长
罗锦瑞
便民服务中心主任
刘　婷(女,任至10月)
司法所所长
肖黎霞(女)

永叔街道

党工委书记
王建超
党工委副书记、办事处主任
谢安明
人大工委主任
杨　峰
党工委副书记、纪工委书记
程　聪(1月任)
党工委副书记、政法委员
张东红(任至8月)
韦鹏鸣(8月任)
党工委委员、办事处副主任
廖智鑫(女,8月任)
党工委委员、武装部部长
丁耀云
组织、宣传委员
唐　慧(女)
办事处副主任
杨　洋(8月任)
司法所所长
彭　伟
便民服务中心主任
郭丁华(女)
综合执法队队长
廖智岗

文山街道

党工委书记
刘建钦(女,任至8月)
彭钰(女,9月任)
党工委副书记、办事处主任
肖文清
人大工委主任
赖磊磊(女)
党工委副书记、纪工委书记
刘亚琴(女)
党工委副书记、政法委员
李娇勇
党工委委员、武装部部长
曾守铣
党工委委员、组织员、宣传员
罗　蓉(女)
党工委委员、常务副主任
周银苟
办事处副主任
张丽萍(女,任至8月)
罗雅琴(女)
综治办专职副主任
王　潇(女,任至8月)
便民服务中心主任
欧阳戈(女)
综合执法队队长
刘中平
司法所长
夏　媛(女)

习溪桥街道

党工委书记
曾宪龙
党工委副书记、委员,办事处主任
周　晶(女)
人大工委主任
刘小明
党工委副书记、纪检监察工委书记
邓金兰(女)
党工委副书记 、政法委员、工会主任
王单根
党工委委员、办事处副主任
李敏燕(女)
党工委委员、武装部部长
肖江华
党工委委员、组织委员、宣传委员
刘　欢(女)
办事处副主任
刘利英(女,任至8月)
张晓玲(女)
朱嘉棋(8月任)
综治办专职副主任
肖建军
便民服务中心主任
李　婷(女)
综合执法队队长
王建锋
司法所所长
尹志娟(女,8月任)

北门街道

党工委书记
杨　丽(女)
党工委副书记、办事处主任
肖昌景
人大工委主任
敖丽琴(女)
党工委副书记、政法委员
尹光辉
党工委副书记、纪检监察工委书记
刘晓伟(8月任)
党工委委员、武装部部长
周　超
党工委委员、组织员、宣传员
罗双双(女)
党工委委员、办事处副主任
李周丹珠(女)
办事处副主任
刘桂媛(女)

维稳信息督查员
　　黄春花（女，任至8月）
综治办专职副主任
　　王　磊
司法所所长
　　蔡　樱（女）
便民服务中心主任
　　李　敏（女）
综合执法队队长
　　蒋小明（8月任）
　　陈新平（8月任）

禾埠街道

党工委书记
　　龙　祎
党工委副书记、办事处主任
　　钟国强
人大工委主任
　　梁　玮
党工委副书记
　　肖厚祥
党工委副书记、政法委员
　　麻志光
党工委委员、办事处副主任
　　陈凌青
党工委委员、纪检监察工委书记
　　肖迎春（女）
党工委委员、武装部部长
　　谢　鹏
党工委委员、组织委员、统战委员
　　刘心笃
党工委委员、宣传委员
　　罗　桥（任至3月）
　　贺金贤（4月任）
办事处副主任
　　谢高晃
办事处副主任
　　肖忠华
办事处副主任
　　文　静（女）
司法所所长
　　戴发泉
便民服务中心主任
　　王雅文（女）
综合执法队队长
　　黄冬梅（女）

四、产业平台负责人名录

城北新区指挥部办公室

主　任
　　肖庆芳
综合管理部部长
　　涂晓蓓（女）
财务部部长
　　王晓芸（女）
工程部部长
　　龚逢春
代建部部长
　　肖布霖

区电子产业服务中心

书　记
　　熊　涛
主　任
　　饶　莉（女）
副主任
　　况江云（女）
　　陈通文

城南市场建设指挥部办公室

主　任
　　彭万昌
综合部部长
　　王丹（女）
工程部部长
　　欧阳纳新
招商部部长
　　肖贞虎
征地拆迁部部长
　　黄　亮
市场管理部部长
　　彭　亮

樟山新区建设指挥部办公室

主　任
　　彭忠康
副主任
　　刘　强
财审部部长
　　彭晓军
综合部部长
　　饶　莉（女）
工程部部长
　　王足生
征迁部部长
　　袁　伟（1月任）
招商部部长
　　邓永平

都市田园观光区建设指挥部办公室

主　任
　　彭　勇
综合部部长
　　李　珍（女）

绿色食品产业园建设领导小组办公室

主　任
　　伍小兵
副主任
　　康慧刚（任至10月）

城南机械装备产业园

负责人
　　欧阳劲

先进人物

江西省“三八”红旗手

欧阳小芳，女，汉族，1975 年 5 月生，江西吉安人，大学本科学历，现任吉州区医疗保障局党组书记、局长。她在全面落实从严治党主体责任、履行“一岗双责”上，始终坚持以身作则、率先垂范，自觉把纪律规矩挺在前面，坚持“严”字当头、“实”字托底。她带领的队伍风清气正、齐心干事，没有一个干部在党风廉政建设上出问题。为全区经济社会及各项事业发展贡献自己青春和汗水，展示出新时代女性亮丽风采。2023 年，被江西省妇联授予“三八”红旗手称号。

2023 年度吉州区受厅(局)级以上表彰先进个人一览表

表 17

姓　名	性别	工作单位及职务(职称)	获奖名称	授予单位名称
杨洁辉	男	吉州区法院党组成员、副院长	荣誉天平纪念章	最高人民法院
杨子江	男	吉州区法院党组成员、审判委员会专职委员	荣誉天平纪念章	最高人民法院
陈治民	男	吉州区法院一级法官	荣誉天平纪念章	最高人民法院
孙　岗	男	吉州区法院技师	荣誉天平纪念章	最高人民法院
刘家京	男	吉州区北门街道调解员	全国模范人民调解员	司法部
陈　青	女	吉州区科技局局长	全国科技活动周及重大示范活动先进个人	科学技术部
肖丽萍	女	吉州区委党史和地方志研究中心副主任	全国档案工匠型人才	国家档案局
傅　媛	女	庐陵新区禾埠街道解放桥社区党支部书记	全国优秀退役军人服务站站长	全国退役军人事务部
肖敏琦	女	吉州区政府办干部	2023 年参政议政工作先进个人	民建中央委员会
傅先志	男	吉州区委政法委 四级调研员	江西省中共二十大维稳安保工作成绩突出个人	江西省委、省政府
曾昕沛	男	吉州区税务局税政股股长	江西省全省依法行政先进个人	江西省人民政府
周志芸	男	吉州区政协社会法制和民族宗教委员会主任	2023 年度《江西政协报》优秀通讯员	江西省政协
阮小芸	女	吉州区纪委党风政风监督室主任	省纪委嘉奖	江西省纪委监委
郭　豪	女	吉州区人民检察院第一检察部主任	2022 年度打击涉税违法犯罪工作成绩突出个人	国家税务总局江西省税务局、江西省人民检察院、江西省高级人民法院、江西省公安厅、南昌海关、中国人民银行江西省分行、国家外汇管理局江西省分局
杜宏雁	男	吉州区法院刑事审判庭庭长	2022 年度打击涉税违法犯罪工作成绩突出个人	国家税务总局江西省税务局、江西省人民检察院、江西省高级人民法院、江西省公安厅、南昌海关、中国人民银行江西省分行、国家外汇管理局江西省分局

续表 17

姓　名	性别	工作单位及职务（职称）	获奖名称	授予单位名称
熊宗华	男	吉州区法院兴桥人民法庭庭长	全省法院基层基础工作先进个人	江西省高级人民法院
肖睿昕	男	吉州区法院长塘人民法庭副庭长	全省法院群众工作能手	江西省高级人民法院
罗化冰	女	吉州区司法局白塘司法所所长	“新时代赣鄱先锋”突出贡献好榜样	江西省委组织部
胡志敏	男	吉州区古南镇街道党工委书记	全省党务技能大赛三等奖	江西省委组织部
刘　欢	男	吉州区长塘镇党委书记	全省第三届党务技能大赛党员队伍建设项目三等奖	江西省委组织部
王　平	男	吉州区长塘镇驻京党支部书记	2023 年度“新时代赣鄱先锋”	江西省委组织部
杨　丽	女	吉州区北门街道党工委书记	获江西省第三届党务技能大赛“社会组织党建项目”三等奖	江西省委组织部
			江西省第一届“情系国防”好书记荣誉称号	江西省委宣传部、江西省退役军人事务厅、江西省军区政治工作局、江西省国防动员办公室
			全省“法治为民好榜样”荣誉称号	江西省司法厅
			获评 2022 年度“征兵工作先进个人”	吉安市人民政府、吉安军分区
蔡　樱	女	吉州区北门街道司法所所长	获评省级矛盾纠纷排查化解专项行动先进个人	江西省司法厅
郭　帆	女	吉州区文山街道西苑社区书记、主任	全省优秀共青团干部称号	团江西省委员会
肖俊纬	男	吉州区长塘镇案前村党支部书记	江西省农业和农村工作先进个人	江西省农业农村厅
刘映龙	男	吉州区个体户	江西省移风易俗“五个 100”先进典型——婚事新办“好公婆”	江西省民政厅、省妇联、省团委
罗招瑛	女	吉州区个体户	江西省移风易俗“五个 100”先进典型——婚事新办“好公婆”	江西省民政厅、省妇联、省团委
李　瑞	男	吉州区城市管理局综合执法大队古南中队副中队长	2023 年度全省巩固深化“强基础、转作风、树形象”专项行动突出个人	江西省住房和城乡建设厅
罗清英	女	吉州区民政事务综合服务中心副主任	荣获 2023 年全省社会救助业务技能竞赛个人二等奖	江西省民政厅
李卫辉	男	吉州区民政局办公室负责人	全省慈善网络筹募工作先进个人	江西省民政厅
艾桂梅	女	吉州区民政局干部	获得省《吉州区社区社会组织培育发展情况调研报告》三等奖	江西省民政厅
欧阳小芳	女	吉州区医疗保障局党组书记、局长（四级调研员）	江西省三八红旗手	江西省妇女联合会
段为民	男	吉州区税务局第二分局副局长	优秀会员	民建江西省委会
龙　祎	男	庐陵新区禾埠街道党工委书记	全市优秀党务工作者	吉安市委
毛燕飞	女	吉州区政协办公室主任	2023 年度全市政协宣传报道工作先进个人	吉安市政协
罗　胤	男	吉州区政协办公室副主任	2023 年度全市政协反映社情民意工作先进个人	吉安市政协
曾志强	男	吉州区政协委员履职服务中心主任	2023 年度全市政协读书活动学习积极分子	吉安市政协

吉州年鉴2024

附录

文件辑录

吉州区以做强做旺中心城区为统领打好打赢“十大攻坚战”实施方案

中共吉安市吉州区委　吉安市吉州区人民政府

2023年10月20日

为深入学习贯彻中共二十大精神，全面落实省委十五届四次全会和市委锚定“三区”战略打好“十大攻坚战”决策部署，推动学习贯彻习近平新时代中国特色社会主义思想主题教育走深走实，区委、区政府决定，以做强做旺中心城区为统领，全力打好打赢“十大攻坚战”。现制定如下实施方案。

一、总体要求

坚持以习近平新时代中国特色社会主义思想为指导，深入学习宣传贯彻习近平总书记考察江西重要讲话精神，聚焦“走在前、勇争先、善作为”目标要求，完整、准确、全面贯彻新发展理念，紧扣“提升首位度、争当排头兵，挺起赣江中游生态经济带脊梁”发展定位，以做强做旺中心城区为统领打好打赢“十大攻坚战”，强化主城担当、发挥主力作用，打出突破性成效、攻出标志性成果，推动经济实现质的有效提升和量的合理增长，奋力开辟吉州高质量发展新境界，为吉安锚定“三区”战略打好“十大攻坚战”、联动建设江西南部重要增长极作出吉州贡献。

打好“十大攻坚战”，必须坚持对标聚焦、系统谋划。把吉州工作放到全国、全省、全市大局中思考、定位，全方位全要素谋划落实，聚焦锻长板、补短板、攻重点、破难点，注重长短结合、远近结合、大小结合，统筹经济社会发展与“十大攻坚战”，谋定后动、谋定快动。坚持细化举措、高效推进。既跳起来摘桃子，又潜下心抓落实，统筹目标、项目、举措、机制、责任“五位一体”，做到工作项目化、项目清单化、清单责任化，务求实效、善作善成。坚持协同拼抢、合力成势。始终保持拼抢的状态，形成一盘棋、拧成一股绳，抢抓机遇、乘势而上，扛起首位担当、展现首位作为。

二、主要目标

通过集中攻坚，到2026年，全区综合实力明显提升，中心城区吸引力、服务力、带动力持续增强，吉州高质量发展迈出坚实步伐。到2035年，全区产业发展整体迈向中高端，城乡区域协调发展达到较高水平，绿色低碳生产生活方式基本形成，开放型经济体制机制更加完善，共同富裕取得更为明显的实质性进展，与全国全省全市同步基本实现社会主义现代化。

——经济首位度全面提升。加快构建现代化产业体系，全力扩容产业体量、做大经济总量、提升发展质量，主要经济指标增幅保持全市第一方阵，经济总量在全市占比提高，生产总值稳定在全省前30并持续进位，高质量发展综合考核保持省市先进。

——开放首位度全面提升。主动融入江西南部重要增长极建设，与东莞虎门对口合作在全市走前列、作示范，招大引强、招才引智取得明显成效，挺起赣江中游生态经济带脊梁。持续放大水运优势，打造现代物流中心，塑造更高水平对外开放新优势。

——能级首位度全面提升。全力优化城区教育、医疗、商业、金融服务布局，加快打造“钓源核心引领、文化街区共振、城区郊区互融”的大文化旅游集聚区，不断提升中心城区要素吸引力、资源配置力、核心竞争力，吉州城区常住人口年均增长3.5%以上、2026年突破37万人。

——幸福首位度全面提升。持续提升基本公共服务均等化水平，健全多层次社会保障体系，打造“一老一小”示范城市，构建共治共享基层治理新格局，全区居民人均可支配收入达到5万元，人民群众获得感成色更足、幸福感更可持续、安全感更有保障。

三、重点任务

围绕贯彻全省打造“三大高地”、实施“五大战略”和全市锚定“三区”战略、打好“十大攻坚战”部署要求，以做强做旺中心城区为主抓手，实施“三十七个具体行动”。

（一）做强做旺中心城区攻坚战

主动融入全市“两吉融城、七区协同、四翼齐飞”区域发展格局，持续优化城市功能布局，以功能聚合加快区域融合，让中心城区更具实力、更具活力、更具魅力。

1. 实施“中心引领、三区协同、四镇联动”区域发展行动。聚焦基础联通、板块相通、产业融通，实施重大项目组合布局，全力发展壮大中心城区主城区，统筹建设城北副中心，优化提升高铁新区、城北新区、樟山新区功能配套，加快四镇融城步伐，构建区域发展新格局。探索与吉安县、吉水县、青原区、庐陵新区规划共谋、交通共网、设施共用、产业共链、民生共享，实现融合互促、组团发展。

2. 实施基础教育扩容提质行动。坚持强校带弱校、名校带新校，推动集团化办学、全周期布局，促进教育资源优质均衡发展，力争到2026年，新增各级各类教育学位2万个，普惠性幼儿园覆盖率达95%以上。完善基础教育阶段入学政策，逐步取消学前教育摇号，打破户籍招生限制。加快城乡学前教育、普通高中教育提质创优，推动职业教育创新发展。拓宽教师人才招引渠道，打造高素质教师队伍。

3. 实施医疗服务能力提升行动。做大做强现有公立医疗机构，优化社区卫生服务布局，促进医疗资源合理配置。发挥市第一人民医院与中国医学科学院阜外医院、肿瘤医院合作共建优势，统筹区域内医疗资源，打造特色优势专科，构建更高质量、更全覆盖的紧密型区域医联体。力争到2026年，打造市级临床重点专科2个。

4. 实施商贸消费优化升级行动。开展高品质商业街区和夜间经济街区创建工程，田侯路历史文化街区联动后河景区做活环城水系、做旺夜间经济，打造微度假夜市经济区。布局和引进中高端商业综合体，推动人民广场商圈、城北商圈、高铁新区商圈差异化发展，大力发展首店经济、夜间经济、电商经济、网红经济，打造区域消费中心。积极承办大型文体赛事和文娱活动，发展住宿、文体、零售、仓储、快递物流等综合业态，拓展大宗消费、文体消费、假日消费，做旺城市商气人气。

5. 实施金融服务功能提升行动。深化中央财政支持普惠金融改革示范区建设，大力发展总部经济、楼宇经济。优化城北新区和城南专业市场金融布局，开展全牌照、全业态金融招商，积极引进各类金融机构，引导驻市金融机构在我区增设分支或网点。力争到2026年，城北新区和城南专业市场新增金融分支机构或金融网点2家。

指挥长：刘锡锋

常务副指挥长：肖莺华

副指挥长：彭万昌、肖庆芳

牵头单位：区发改委

责任单位：区政协办公室、区教体局、区卫健委、区商务局、区财政局（区普惠金融服务中心）、工业园区管委会、城北新区建设指挥部、樟山新区建设指挥部、城南专业市场指挥部、各镇街

（二）强化“双百攻坚”培育壮大产业集群攻坚战

坚定工业强区主战略，落实省委制造业重点产业链现代化建设“1269”行动计划，实施百亿项目招引和百亿企业培育“双百攻坚”，以产业升级提升发展能级，力争到2026年，工业主营业务收入突破400亿元。

6. 实施百亿项目招引攻坚行动。锚定“1＋3”主导产业，推动招商布局和招商力量双重优化，实施招大引强和“老树发新枝”双轮驱动，强化专业招商、基金招商、链式招商、顾问招商，大力招引“三类500强”企业、头部企业、链主企业、产业链终端项目，形成工业项目滚动接续发展态势。力争到2026年，招引产业龙头企业3个以上、百亿项目1个以上。

7. 实施创新研发投入攻坚行动。紧盯先进电子新材料、锂电新能源、通信设备制造、高精度机械装备制造等领域开展技术创新攻关，加大专精特新“小巨人”企业支持力度，推动智能化、绿色化改造，促进创新链与产业链深度融合。推进创新平台攻坚，支持工程实验室、企业技术中心、院士工作站等平台建设，强化关键技术攻关，推动一批高新技术企业创建省级科创中心、孵化器。力争到2026年，规上工业企业实现研发活动全覆盖，高新技术企业突破60家，培育一批创新型头部企业。

8. 实施产业赛道赶超攻坚行动。积极融入全市壮大千亿产业集群建设，聚焦基础、新兴、融合、未来“四大领域”，主攻电子材料及元器件、锂电新材料、光伏新能源、电线电缆、生物医药、绿色食品等产业赛道，引导企业加快“上云用数赋智”和数智化技术改造，全力推动制造业转型升级，持续巩固提升电子信息首位产业。力争到2026年，电子信息产业主营业务收入突破300亿元；到2030年，新增先进装备制造、医药食品、新能源新材料3个百亿产业集群。

9. 实施百亿企业培育攻坚行动。抓好优质企业培优育强，健全产业链链长制，集中力量打造50亿级、20亿级龙头骨干企业，推进摩比通讯、宏瑞兴、兴泰科技、伊戈尔等骨干企业产能倍增。打造百亿江铜（江缆）产业园，支持传统产业、重点企业升级改造。深入推进企业上市“映山红”行动，梯次推动宏瑞兴、华立源、兴泰科技、江铜江缆等企业上市。力争到2026年，培育本地企业上市挂牌2家以上；到2030年，培育百亿企业1家以上。

10. 实施园区平台提能升级行动。深化园区管理体制改革，建立和完善开发区“小管委会+大公司”运营模式。深化园投公司“三化”改革，做大做强国有投融资平台。深化“园区事、园区办”改革，建立完善项目服务“四个一”保障机制，加快完善生产生活功能配套，不断提升园区服务力。统筹“一区四园”发展，强化园区企业综合效益评价，深入推动园区土地盘活存量求增量行动，加快园区扩区调区，动态储备标准厂房30万平方米以上，持续提升园区承载力。力争到2026年，实现园区入规企业180家以上，工业园区主营业务收入突破300亿元。

指挥长：胡云祥

常务副指挥长：王锐波

副指挥长：刘龙春、彭忠

牵头单位：区工信局

责任单位：区商务局、区科技局、工业园区管委会、区

自然资源分局、区农业农村局、各产业平台、各镇街

（三）农业标准化规模化品牌化提升攻坚战

紧扣“小而美、小而优、小而精、小而强”城郊农业定位，做优“土特产”文章，促进产品增值、产业增效、农民增收，持续巩固拓展脱贫攻坚成果，全面推进乡村振兴。力争到2026年，全区农业综合总产值突破30亿元。

11. 实施“品牌强农”提升行动。坚持标准化提品质、规模化拓产量、品牌化增效益，主动融入“井冈山”农产品区域公用品牌建设。力争到2026年，“井冈山”农产品区域公用品牌授权经营主体30家以上，井冈蜜柚等富民产业种植面积稳定在8万亩，带动农户年均增收10%以上。

12. 实施农业产业化“外引内培”行动。加强与东莞虎门等地对接合作，大力引进领军型“头雁”企业和成长型“雏鹰”企业，壮大全区农业龙头企业矩阵，实现规模水平、带动能力、品牌价值、创新发展、产业融合度“五提升”。整合区现代农业示范园、区绿色食品产业园、都市田园休闲观光区及各镇规模以上农业产业基地，组建吉州区现代农业产业园。力争到2026年，全区新增1家超10亿元、3家超1亿元的农业龙头企业、1家农业产业化国家重点龙头企业。

13. 实施农业综合生产能力提升行动。统筹土壤改良、耕地补充和高效节水排灌，推进灌区水源及灌区改造等项目建设，补齐干支流水利设施短板，逐步把基本农田全部建成高标准农田。大力发展现代设施农业，加快全程机械化综合农事服务中心建设，强化现代农业科技支撑，力争到2026年，全区主要农作物耕种收综合机械化率达82%。

指挥长：于新鹏

常务副指挥长：黄柳青

副指挥长：胡仁孝

牵头单位：区农业农村局

责任单位：区乡村振兴局、区市场监管局、区林业分局、区自然资源分局、区水利局、区商务局、区工信局、区绿色食品产业园、各镇

（四）文旅景区高质量建设高水平运营攻坚战

深入推进文化强区建设和“全景吉州、全域旅游”战略，坚持政府引导、市场化运作、群众参与，强化景区提升打造、业态场景创造、旅游品牌塑造，争创江西“风景独好”旅游名县，全区游客接待人次、旅游综合收入增幅保持全市第一方阵。

14. 实施景区高质量建设行动。把市场化运营思维贯穿景区规划、设计、建设全过程，加快完成钓源项目三期、四期建设，推进钓源文化旅游集聚区建设，打造国内知名乡村旅游目的地。用好用活江西省苏维埃历史陈列馆、舒行将军故居、吉安城革命历史陈列馆、毛泽东李家坊调查旧址等红色资源，打造中心城区红色文化旅游精品线路。提升全区景区软件硬件水平，推进钓源智慧景区建设、文化场馆数字化改造，以数字赋能文旅产业发展。用好省级全域旅游示范区金字招牌，加强旅游服务规范化、旅行社和导游队伍建设，争创全省优秀旅游服务体验城市。力争到2026年，钓源古村·十里芳菲争创国家级文旅融合旅游服务标准化试点、全国甲级民宿，田侯路历史文化街区争创省级旅游休闲街区、国家4A级旅游景区，实现景区品牌化、品质化、特色化发展。

15. 实施景区市场化运营提升行动。坚持市场导向，引入有情怀、有实力、有业绩的市场主体，形成景区市场化运营的集聚效应。支持区旅投公司等国有投融资平台通过兼并、重组、合作等方式参与景区市场化运营。健全景区运营管理、效益评估、市场准入和动态退出机制，推动景区转型升级，促进投资、建设、运营一体化。狠抓业态提升，推动钓源古村·十里芳菲、田侯路历史文化街区等景区业态扩容，丰富科普教育、非遗体验、康养休闲等消费场景，做长农文旅、文商旅产业链。成立并有效发挥区文旅产业发展协会作用，大力培育本土旅游经营主体，助力企业做大做强。

16. 实施景区市场营销突破行动。坚持政府、市场和社会协同发力，建设“吉安游”吉州直营门店专柜，推动“庐陵好礼”“庐陵百味”“井冈山”农产品区域公用品牌旗舰店等特色业态进A级旅游景区，加强全民营销、精准营销、节庆营销、新媒体营销，打造庐陵文化、优质旅游服务等一批特色亮点，全力出圈破圈。拓展大湾区、长三角周边重点客源市场，深化与周边县（市）区交流协作，联动赣州市中心城区开展文旅宣传营销合作，促进客源互送、品牌共创、互利共赢，持续提升“江南望郡、人文吉州”旅游品牌影响力。

17. 实施文化传承和文旅融合创新行动。实施文物保护责任包干工作制，建立全区名人故居保护利用机制，大力发展红色研学、红色培训、红色旅游。以庐陵文化体验中心为支撑，用好钓源乡村振兴交流会、田侯路西原创客论坛、图书馆庐陵讲堂等文化平台，联动周边景点打造庐陵文化核心体验区，推动庐陵文化创造性转化、创新性发展。做好非遗项目保护、利用和传播，加强文艺精品创作，围绕九打吉安、江西省苏维埃政府创立、毛泽东在吉州调查研究等历史事件形成系列研究成果，打造“农村包围城市、武装夺取政权”革命道路首胜地、实际运行的省级苏维埃政府首创地、阳明心学首践地“三地”文化品牌。用活吉州庐陵文化、古村文化、红色文化、书院文化，开发文创产品、演艺作品，持续培优壮大文化产业。

指挥长：张学伟

常务副指挥长：王陶

副指挥长：彭勇

牵头单位：区文广新旅局

责任单位：区委宣传部、区委党史和地方志研究中

心、区委党校、区教体局、区发改委、区财政局、区市场监管局、区自然资源分局、区水利局、区交通运输局、区城管局、区生态环境局、区商务局、区农业农村局、区乡村振兴局、区林业分局、区住建局、区国有资产事务中心、区文联、区社联、各镇街

（五）重点改革突破攻坚战

聚焦发展所需、基层所盼、民心所向堵点难点问题，深化重点领域和关键环节改革，力求突破性进展和成效。

18. 实施营商环境优化提升行动。推进营商环境优化升级"一号改革工程"，深化"放管服"改革，加快数字政府建设，提升"一网统管""一网通办""一网协同"能力。牢固树立"让企业和企业家成长和成功"的理念，深化亲清连心政企恳谈会制度，加强法治政府建设，完善涉企商事纠纷一站式化解服务，持续擦亮"四心"营商环境品牌，全区营商环境评价保持全省第一方阵。

19. 实施改革试点提升示范行动。深入推进中央财政支持普惠金融改革示范区、全国无废城市试点、国家跨境电商综合试验区、全国义务教育优质均衡先行创建区、省级城乡融合发展试验区等国家、省级试点示范建设，先行先试、创新探索，把更多的"吉州实践"上升为"吉州示范"。

20. 实施重点领域改革攻坚行动。深入推进园区体制机制、国有投融资平台优化升级、科技体制机制创新、农村宅基地、"一格八员、一网三色"基层社会治理法、"三回三带"机制助推乡村振兴、社区管理工作调整、房地产领域风险预警机制等重点领域改革，形成更多可复制、可推广的改革经验。

指挥长：钟小亮

常务副指挥长：胡云祥

副指挥长：肖旭东

牵头单位：区委办（区委改革办）

责任单位：区委组织部、区委政法委、区财政局、区教体局、区发改委、区商务局、区民政局、区科技局、区农业农村局、工业园区管委会、区国有资产事务中心、区生态环境局、区住建局、各镇街

（六）招才引智人才集聚攻坚战

深入实施人才强区战略，优化"吉州英才"政策，一体推进人才"引育留用"，打造吉州人才集聚高地。

21. 实施高端人才引育行动。深化与省社科院对接合作，加大重点领域人才引进力度，立足产业链补齐人才链。力争到2026年，新引进省级产业链创新团队2个以上，新增省级以上产业科技人才10名左右；引进博士以上高层次人才3名，其他高层次人才、急需紧缺人才35名以上。推进名师名校长、名医名专家"双引双培"，全区新刚性引进6名、培育10名教育医疗领域高层次人才，打造省级名师工作室5家。深化产教融合，探索建立"职院育才、产业用才"的人才共用机制，实现"订单式"培养人才，培育更多专业技术人才。

22. 实施"吉"聚青优行动。拓宽人才引进渠道，将本科生、大专生、中高级技工等各类人才纳入引才计划，深入开展"蝴蝶返乡计划""庐陵英才・青年计划"，探索构建"三回三带"人才返乡创新创业机制，以人才回归、项目回引、资金回流，推动治理带优、产业带兴、群众带富，实现青年人才集聚发展。力争到2026年，吸引各类青年人才3000名以上来吉州创新创业。

23. 实施人才环境提升行动。打造人才公园、名师培养研修基地、青年人才驿站，探索建立人才创新创业超市、青年创新创业基地、人才公寓等特色人才工作生活载体，完善党委联系服务高层次人才制度，畅通高层次人才落户、住房、医疗教育、配偶就业等"关键小事"的绿色通道，讲好吉州人才故事，营造"近悦远来"的人才生态。

指挥长：游文亮

常务副指挥长：熊红艳

副指挥长：胡林云

牵头单位：区委组织部

责任单位：区人社局、区工信局、区科技局、区教体局、区住建局、区卫健委、区总工会、团区委、工业园区管委会、吉安中专、各镇街

（七）重点民生品质提升攻坚战

坚持在发展中保障和改善民生，紧盯群众"急难愁盼"问题，补齐民生短板，不断增强群众获得感、幸福感和安全感，全区居民收入保持全市前列，社会治理成效保持全国一流水平。

24. 实施城市功能品质提升行动。坚持精心规划、精致建设、精细管理、精美呈现，持续推进老旧小区、棚户区改造和既有住宅加装电梯，加快城市更新步伐。统筹衔接市区城管体制改革，健全"三长"联动机制，深化"红色物业"品牌，提升城市精细化管理水平。加快推进闲置地块改造利用、背街小巷改造提升，因地制宜建设生态停车场、口袋公园、健身广场等便民场所，高质量打造15分钟便民生活圈。推进主要道路和重要节点彩化提升，融入国家生态园林城市创建，推动全国文明城市、国家卫生城市建设向更高水平迈进。

25. 实施高质量就业创业促进行动。坚持就业优先，充分发挥就业社区、"零工驿站"等平台作用，健全就业创业帮扶机制，促进高校毕业生、退役军人、农民工等重点群体高质量就业创业。落实"吉薪即付"长效机制，构建根治欠薪常态化监管体系，创建无欠薪城市。力争到2026年，全区年均新增城镇就业4200人，促进失业人员再就业1900人。

26. 实施"一老一小"服务提升行动。发展普惠性、基础性兜底性养老和托育服务，加快社区嵌入式养老机构建设，推进区养老服务中心投入运营，打造一批普惠性社区托育机构。落实生育支持政策，推进3岁以下婴幼

儿照护工作。力争到2026年,全区养老机构护理型床位占比达60%以上,3岁以下婴幼儿托位数达到每千人4.5个。

27. 实施"一格八员、一网三色"基层社会治理优化升级行动。坚持和发展新时代"枫桥经验",加快"一站式"解纷平台建设,推广"刘家京321工作法",畅通群众诉求反映渠道,持续完善矛盾纠纷多元化解机制,创评全省信访工作"三无"县(市、区)。建成运行区综治中心实体化项目,高质量通过市域社会治理现代化试点验收。深入开展安全生产隐患专项排查整治,坚决防范重特大事故发生。防范化解金融、房地产等领域涉稳风险,加快历史遗留问题处置。推进更高水平平安吉州建设,常态化推进扫黑除恶斗争,持续提升公众安全感和政法部门满意度。

指挥长:王巍

常务副指挥长:邱建军

副指挥长:刘立强、彭忠康、刘红林

牵头单位:区住建局

责任单位:区人大常委会办公室、区城管局、区委组织部、区委宣传部、区委政法委、区委信访局、区人社局、区民政局、区卫健委、区应急管理局、区公安分局、区司法局、各镇街

(八)"两山"转化突破攻坚战

深入践行"两山"理念,稳步推进碳达峰碳中和,积极探索生态产品价值实现机制,推动生态资源变资产、资产变资本、资本变资金,打通"两山"转化实现路径。

28. 实施GEP核算成果应用行动。用好用足全区GEP核算成果,推进应用进考核、进规划、进决策、进市场,构建GEP核算成果应用长效机制,探索更多GEP核算成果应用试点新路径。

29. 实施"两山"转化平台建设行动。全力发展壮大区"两山"运营公司,打造数智化综合管理平台,持续细化生态资源分类,推动生态资源集中化收储、规模化整合、系统化评估、产业化开发,实现生态产品交易,形成生态产品溢价体系。

30. 实施生态赋能特色产业发展行动。坚持以"生态+"思路推动生态产业发展,着力做旺生态旅游,做精生态农牧,做活绿色金融,做强清洁能源,切实把生态优势转化为竞争优势、发展优势,打响吉州产业"生态牌"。

31. 实施生态环境保护夯基固本行动。坚持扬优势、锻长板、固底板,以生态环境治理、推进"两网融合"建设、擦亮低碳社区品牌、人才引培、探索碳汇交易五大基础为重点,加快省级绿色低碳示范区建设,推动全省碳达峰试点城市建设向更深层次迈进,持续提升生态环境保护水平。

指挥长:肖莺华

常务副指挥长:于新鹏

副指挥长:王锐波、龙旭红

牵头单位:区发改委

责任单位:区生态环境局、区林业分局、区水利局、区自然资源分局、区农业农村局、区财政局、区工信局、区文广新旅局、区国有资产事务中心、各镇街

(九)水运经济高质量发展攻坚战

抢抓赣江二级通航历史机遇,加快交通运输网络建设,打造布局合理、功能齐全的现代物流体系,持续放大区位优势,助力产业转型升级。

32. 实施重点码头和集疏运体系建设行动。建成吉州区砂石码头,完成石溪头货运码头提升改造。加快港口设施、仓储堆场建设,同步推动沿江货源组织、产业布局、集疏运体系打造,规划建设临港产业园,引进和培育现代航运服务业,大力发展临港经济。

33. 实施水陆联运拓网行动。积极策应全市水运经济发展,围绕提高互联互通能力,配合推动樟吉高速改扩建、S222快速通道改造等重点交通项目建设,巩固深化省级"四好农村路"示范区创建成果,加快推进城乡公路改扩建,完善农村公路管养机制,构建"内联外畅、便捷高效"交通路网体系。

34. 实施现代物流中心建设行动。加快省供销社冷链物流项目、国光云智科技运营中心等物流项目建设,做大做强万佶物流等重点物流企业,谋划建设综合现代物流园区,推动构建与产业链供应链相适应的物流链。提升电商进农村综合水平,推动城乡商贸流通转型升级,构建绿色高效的城乡配送网络。力争到2026年,新增省级重点商贸物流园区1个、A级以上物流企业7家、4A级以上物流企业2家,物流业增加值年均增长9%以上。

指挥长:杨彩霞

常务副指挥长:黄柳青

副指挥长:金皓

牵头单位:区交通运输局

责任单位:区发改委、区工信局、区水利局、区商务局、区农业农村局、区供销社、工业园区管委会、各产业平台、各镇街

(十)党员、干部能力作风提升攻坚战

大力传承红色基因,加强思想淬炼、政治历练、专业训练、实践锻炼,注重强基固本、实干争先,锻造堪当重任的高素质干部队伍,为打好打赢攻坚战提供坚强组织保障。

35. 实施党员作用发挥先锋引领行动。深入推进强素质争先锋、强执行争先机、强作风争先进"三强三争"主题活动,对标开展"吉先锋"专业能力提升计划、"揭榜破难题、争当排头兵"行动,用好"五拼五比五晒"机制,探索建立党员作用发挥效果评估和激励机制,推动党员干部在乡村振兴、招大引强、项目建设等一线建功立业。优化考核评价机制,严格落实《关于改进干部作风强化执

行落实的实施意见（试行）》，实行分类分档考核，评出一批“骏马”干部、“躺平”干部，推动构建干部能上能下“新常态”，形成狠抓落实、奋勇争先的生动局面。

36. 实施干部素质能力提升行动。坚持把习近平新时代中国特色社会主义思想作为干部教育培训首课主课必修课，完善落实第一议题、理论学习中心组等学习制度，推进党校主阵地和镇街党校建设。大力实施年轻公务员培养“井冈星火”计划，储备一支忠诚干净担当的高素质专业化公务员队伍。加大发现培养选拔优秀年轻干部力度，有组织、有计划选拔干部到经济发展最前沿、项目建设主战场、急难险重热锅上砥砺意志、积累经验、增长才干，持续提振“瓶颈必破、难题必解、目标必达”精气神，让“敢担当、善攻坚、创一流”成为吉州干部鲜明标识。

37. 实施作风突出问题专项整治行动。坚持从政治上看、从政治上抓作风建设，聚焦关键少数，发挥示范引领作用。坚持在常和长、严和实、深和细上下功夫，驰而不息纠“四风”树新风，严肃查处群众身边不正之风和腐败问题。坚持系统观念，深化标本兼治，一体推进“三不腐”，统筹做好查办案件“后半篇”文章。强化监督保障“十大攻坚战”，严格落实“三个区分开来”，为担当者担当、为负责者负责。

指挥长：钟小亮

常务副指挥长：游文亮

副指挥长：杨虎先、黄斌

牵头单位：区纪委区监委、区委组织部

责任单位：区委宣传部、区委统战部、区委办公室、区政府办公室、区委巡察办、区委党校、各镇街

四、保障措施

（一）加强组织领导。成立“十大攻坚战”总指挥部，区委、区政府主要负责同志担任总指挥长，总指挥部办公室设在区委办公室。各攻坚战联动成立指挥部，原则设1位指挥长，由区委常委同志和区人大常委会、区政协主要负责同志担任，作为攻坚战“第一责任人”；设1位常务副指挥长，原则上由区党委或政府负责同志担任；设1—3位副指挥长，由区四套班子成员担任。各攻坚战指挥部办公室设在牵头单位，组建工作专班。牵头单位负责制定攻坚战具体实施方案和年度工作计划，报总指挥部审定后实施。

（二）加强调度推进。各指挥部工作专班每周召开工作例会，由牵头单位召集。各指挥长不定期召开调度会，每月召开推进会。总指挥长每季度召开“十大攻坚战”专题会；每半年召开述职评议会，通报工作进展，各常务副指挥长述职汇报，参会同志评议打分；次年初召开年度综合考核暨“十大攻坚战”总结会，通报全年考核结果，指挥长作典型发言或剖析发言。

（三）加强考核奖惩。区委综合考核委制定“十大攻坚战”考核工作方案，分级分类考核正副指挥长和牵头单位、责任单位及其主要负责人，建立日常可监测、指标可量化、成效可评价的考核体系。坚持过程考核和结果考核相结合，科学设定工作序时进度评价、半年评议得分权重，优化考核程序，严防数据造假，不增加基层负担。坚持考用结合，考核成果作为综合考核、评优评先、干部使用重要依据。

（四）加强协同保障。全区上下要牢固树立“一盘棋”思想，人人担责、个个尽责，协同打好“十大攻坚战”。区领导要发挥“头雁”效应，既当好“十大攻坚战”指挥员战斗员，又统筹抓好日常分管工作。各责任单位要主动担当、狠抓落实，总指挥部将根据工作需要和形势变化，对责任单位进行动态调整。未纳入责任单位的要紧贴中心大局，时时服务攻坚战、事事保障攻坚战。各要素保障单位要靠前服务、主动作为，做到政策优先倾斜、项目优先安排、资金优先支持、力量优先保障，形成上下联动、左右协同工作格局。各单位配合、服务及参与攻坚战情况，纳入年度综合考核重要内容。

（五）加强督查问责。总指挥部办公室根据年度计划和目标任务清单，采取专题调研、重点督查、随机抽查等方式，每月通报督查情况，对工作进展缓慢的，下发提示函、警示函，对下发“两张函”后仍然整改不到位的，进行约谈或问责。加强监督执纪和作风督查，对于被动应付、推诿扯皮、敷衍塞责、弄虚作假的，要依规依纪依法予以严肃追责问责。及时总结和宣传各地各单位好做法、好经验，形成比学赶超、奋勇争先的浓厚氛围。

“三色”织牢治理网 “八员”共护大民生

发布时间:2023 年 10 月 12 日　来源:《国家治理》　作者:中共吉州区委书记尹冬苟

基层强则国家强,基层安则天下安。近年来,吉州区深入贯彻落实总书记习近平关于推进国家治理体系和治理能力现代化重要论述,致力推进市域社会治理改革,探索创新“一格八员、一网三色”社会治理工作法,实现网格治理服务精细化、智能化、专业化。

搭建“网中有格、格中有员”工作体系,举红色之旗凝聚共治力量

党的领导是抓好基层治理根本。吉州区坚持把党的全面领导贯穿基层治理始终,整合利用资源,推动组织共建、村(社区)共治、资源共享、党员共管、服务共为,建立基层治理新格局。

一是细化网格。以行政区划为基础,将全区设为一个总网格,把镇街、村(社区)和村小组(小区)作为基本单元,设一、二、三级网格,由区、镇街、村(社区)三级书记担任网格长,把人、事、地、物、组织等要素全部纳入网格管理,实施“1＋1＋N”管理服务模式。其中,“1”为党员干部、专职网格员,“＋1”为楼栋长、单元长、“两代表一委员”、乡贤能人等辅助力量,“N”为 20 户左右居民住户、商铺网点等服务对象,推动各级网格实现精细化运作。

二是健全组织。做大做强以村(社区)党组织为核心的“1＋N”党建综合体,镇街在不改变党组织隶属关系基础上,吸纳市、区共建单位、辖区单位、“两新”组织、业委会、物业公司等党组织,融入镇街“大党委”、村(社区)“大支部”。推行“支部建在网格上”,根据网格划分情况,以“各片区住户所有党员+小区物业公司党员”为主体,建立“红格子”党支部,以楼栋(村小组)为单位下设党小组,由骨干党员任党小组组长,构建起“镇街—村(社区)—村小组(小区)—楼栋”的党组织体系。

三是整合力量。统筹在职党员、乡贤、志愿服务、群众代表和社会保障、公交城建、农林水利、政法部门等八类专业部门资源和服务力量下沉网格末梢,共同参与村(社区)平安创建、文明城市创建、卫生城市创建等重点难点社会治理工作,实现“一网全融合”。其中,在职党员、乡贤代表人员(以“两代表一委员”为主)、志愿服务人员、群众代表人员(以物业、业委会、居民小组长为主)等四类人员作为网格辅助员,负责收集网格内问题、隐患、纠纷等信息,及时向网格员反馈;社会保障、公交城建、农林水利、政法部门等四类职能部门工作人员作为网格对接员,“点对点”、扁平化对接和处理网格内问题、隐患和纠纷,并根据自身职责为网格内群众提供各类便民服务。

组建“环环相扣、首尾相连”机制链条,亮绿色之灯助航联动治理

为破解群众诉求多元、部门职能交叉等治理困境,吉州区坚持从再造流程、再简环节、再提时效入手,建立“网格有事、八员共治”联动联处、快办快结机制,做到快速反应、平急转换、从容应对、高效处置,让群众随时找得到人。

一是大数据赋能,快速收集问题。深入实施“互联网＋基层治理”行动,在原有区综治中心基础上,整合公安、法院、市监、城管、消防、交通、林业、社保等部门资源,打通信息壁垒,打造“一格八员、一网三色”大数据平台,实现信息一处录入、系统自动关联,网格员通过移动设备将收集到的各类信息一键推送至平台。广泛吸纳非公经济组织、社会组织、群团组织以及快递员、网约车司机、外卖小哥等新业态从业人员为特约网格员,协助收集社情民意。同时,开发吉州“码上办”小程序,群众可通过扫码“零距离”反映诉求,有力破解群众求助难、办事难。

二是点对点对接,快速处置问题。建立健全信息采集、综合研判、网上交办、结果反馈工作机制,及时把群众反映的“问题清单”变成党员干部和网格员的“履职清单”。一般问题由网格员自办自结;需协调的问题,由网格员通过大数据平台“点对点”推送至职能部门“直通”办理;对权属不明、职能交叉、历史遗留等重点难点问题,及时启动部门会商解决。

三是全过程督办,快速办结问题。区综治中心对所有问题的办结情况进行跟踪问效,及时提醒督促各级网格长履行职责,精准研判全区基层社会治理中存在的重点、难点问题。建立健全“三亮一督”“网格评部门”“优秀网格员”等考评问责、激励表彰机制,充分调动各方参与基层治理的积极性、主动性。

构建“常态长效、共治共享”治理格局,以蓝色之盾守护平安幸福

服务群众、造福群众,是基层治理的出发点和落脚点。吉州区坚持以人民为中心的发展思想,用好政法、城管、市监、生态环保等“蓝色”工作队伍,将信访、就业保障、扶弱解困、政策宣传等工作融入“一格八员、一网三色”社会治理全过程,常态化开展“大打击、大整治、大防控、大化解、大服务、大宣传、大走访”七大行动,让群众有更多获得感、幸福感、安全感。

一是做强常态化平安服务。深入推进人防、物防、技防“三位一体”治安防控体系建设,全面推行“网格快警”模式,实现“重点部位守得住、大街小巷巡得紧、人员密集

场所控得实、重大突发事件处得好”。坚持把优化法治营商环境作为平安建设的重要内容，政法队伍常态化开展“入企连心”大走访，及时送上定制化清单化的“普法套餐”。

二是做细精准化调解服务。坚持和发展新时代“枫桥经验”，积极探索矛盾纠纷多元化解机制，建立“司法所、派出所、律师事务所”共同参与的“三所共建”调处模式，搭建区、镇街、村（社区）三级“讲法评理”调解网络平台，组建一批专业调解队伍，打造一批红色调解室，培养一批知名调解人，推广一批优秀调解品牌，做到小事不出格、大事不出网，将矛盾纠纷化解在基层、消灭在萌芽状态。

三是做实全科化便民服务。打破属地化办理限制，实施居民“服务类”事项以居住地为主，“权益类”事项以户籍地为主的新模式，完善提升帮办代办服务，打造“15分钟”服务圈，确保各类民生保障服务就近落实。聚焦群众投诉频发多发的小区物业管理难题，成立全省首个小区业主委员会协会，把“管理”变成“服务”。常态化开展“我为群众办实事”实践活动，畅通便民服务热线，让群众切身感受到事情有人办、诉求有人听、纠纷有人调、困难有人帮。

江西省吉安市吉州区深入开展移风易俗 文明新风塑乡村（乡村新事）

发布时间：2023 年 10 月 13 日　来源：《人民日报》　作者：朱磊

“彩礼不重要，幸福最重要！”最近，江西省吉安市吉州区长塘镇西逸亭村戴叶生、吴玲华夫妇打破旧俗，“零彩礼”嫁女儿戴欣仪的事被乡亲们津津乐道。

“不要彩礼，婚礼也不搞大操大办，另外我们再给你们支付新房首付，就希望你们相亲相爱一辈子。”第一次见面，戴叶生夫妇就告诉准女婿陈瑜。

西逸亭村村干部黄承智说：“以前结婚嫁娶，乡亲们常是高彩礼大操办，经过这两年的引导，这种现象基本上没有了，像小戴夫妇这样简约而不简单的婚礼越来越多了。”

吉州区持续加强精神文明建设，实施移风易俗乡风文明三年行动，以引导推动、活动示范、实践带动，推动乡风文明建设取得更多实效。吉州区制作了《文明吉州》等 5 首公益歌曲和 14 个公益宣传视频，依托新时代文明实践中心（所、站），常态化开展“高价彩礼为哪般”“厚葬薄养真不该”等系列宣传活动 600 余场次。充分发挥民间艺术团、乡村文艺爱好者的带动作用，组织开展了文明共建进社区、移风易俗乡风文明巡演等文化活动 50 余场。举办“婚俗文化周”“最美零彩礼新娘”等主题活动 13 次，引导年轻一代树立正确的爱情观和家庭观。

据介绍，目前全区 77 个行政村都组建了红白理事会，修订了村规民约。喜事新办、丧事简办、尊老爱幼、邻里互助等文明新风尚扎根乡村，逐渐成为乡亲们的自觉行动，全区 6 个家庭和个人获评江西省“五个 100”移风易俗先进典型。

统计资料

2023年吉州区街道(镇)、居(村)委会名称一览表

表18 单位:个

街道(镇)名称	行政区划代码	居委会名称	村委会名称
1. 古南镇街道办事处	360802001	保太巷、火头门、太平桥、古南镇、桃树下、城南	—
2. 永叔街道办事处	360802002	光明、高峰坡、上田侯路、青石街、吉福路、华平	—
3. 文山街道办事处	360802003	仁山坪、仓口、平安里、新村、西苑、思源	—
4. 习溪桥街道办事处	360802004	广场、书街、上阳明路、长岗岭、习溪桥、友谊、正丙角	—
5. 北门街道办事处	360802005	钟鼓楼、北门、塔水桥、庐境园、马铺前、福星亭、真君山、螺湖、北门桥、云腾岭、大校场	—
6. 白塘街道办事处	360802006	白塘、吉南、城上、五里、螺川、江子头、高丰、石溪头、北门、先锋、年丰、广丰、螺子山、瑞华山、仁寿山、工业园	—
7. 禾埠街道办事处	360802007	红声、解放桥、钵盂山、崇文、余家河、岔路口、凤凰洲、尚义、尚德	神岗山、王家、宋家、新丰、新村、长丰、曾家、甫塘、吉丰、罗家坊
8. 兴桥镇	360802100	汶溪	钓源、东塘、高坎、湖田、江下、湖丘、丁塘、黄余、泉塘、沙江、虎溪、罗塘、秀江、良源、江边、甫里、藤桥、袁塘
9. 樟山镇	360802101	金牛	文石、陂上、赤塘、官陇、曲沙、长亭上、大江边、清湖、牢石、东陂、东水、尧塘、泸田、桥头、樟山
10. 长塘镇	360802102	长岭	洪塘、东家庄、路口、大塘、庙背、新民、案前、培模、毛山、荷洁、金华、陈家、桥南、长塘、西逸亭、田畔、庙下、西村、店下、赵塘、李家坊
11. 曲濑镇	360802103	曲濑	腊塘、彭家坊、瓦桥、大巷、高联、水南、田东、长明、长乐、上塘、曲濑
合计		65	75

2011—2023 年吉州区地区生产总值构成统计表

表 19　　　　单位:%

年份	地区生产总值	第一产业	第二产业	工　业	建筑业	第三产业	交通运输仓储和邮政业	批发零售和住宿餐饮业	金融业	房地产业
2011	100.00	9.1	33.5	25.0	8.5	57.4	5.2	14.5	6.2	8.2
2012	100.00	8.4	36.3	25.3	10.9	55.3	4.8	13.0	6.6	10.2
2013	100.00	7.5	40.0	27.1	12.9	52.5	4.5	11.6	7.0	9.0
2014	100.00	7.0	38.1	26.1	12.0	54.9	4.3	11.6	7.7	9.3
2015	100.00	6.9	35.4	23.7	11.7	57.7	4.1	12.2	8.9	8.9
2016	100.00	5.8	33.3	22.7	10.7	60.9	3.9	11.5	9.9	9.6
2017	100.00	5.0	36.6	25.6	11.0	58.4	3.4	10.1	9.3	9.2
2018	100.00	4.2	34.8	24.0	10.8	61.0	3.0	9.4	9.3	10.2
2019	100.00	3.8	35.0	23.0	12.0	61.2	2.8	9.3	9.8	9.4
2020	100.00	4.0	34.6	22.4	12.1	61.4	2.7	9.1	10.7	9.7
2021	100.00	3.6	35.6	23.7	11.9	60.8	2.6	9.3	10.3	9.8
2022	100.00	3.6	33.7	21.7	12.0	62.7	2.7	9.7	9.9	9.1
2023	100.00	3.5	33.6	21.8	11.7	62.9	2.9	10.3	9.7	8.3

说明:2012—2019 年数据为 2018 年全国第四次经济普查后修订数。2020 年、2021 年均为年报修订数。本表按当年价格计算

2011—2023 年吉州区地区生产总值统计表

表 20

年份	地区生产总值(亿元)	第一产业	第二产业	工　业	建筑业	第三产业	交通运输仓储和邮政业	批发零售和住宿餐饮业	金融业	房地产业	人均地区生产总值(元/人)
2011	80.75	7.35	27.04	20.18	6.86	46.35	4.20	11.68	5.00	6.64	23557
2012	95.03	7.97	34.46	24.08	10.38	52.35	4.56	12.40	6.26	9.66	27222
2013	111.90	8.44	44.72	30.33	14.39	58.75	4.98	13.02	7.82	10.06	31552
2014	127.36	8.90	48.47	33.19	15.29	69.98	5.44	14.81	9.85	11.82	35299
2015	142.92	9.90	50.59	33.90	16.69	82.43	5.79	17.37	12.72	12.69	38931
2016	157.89	9.12	52.60	35.77	16.84	96.17	6.14	18.23	15.59	15.18	42253
2017	179.24	8.95	65.61	45.87	19.75	104.68	6.04	18.04	16.59	16.56	47059
2018	206.29	8.58	71.70	49.42	22.29	126.01	6.29	19.45	19.15	21.02	53159
2019	227.90	8.76	79.72	52.41	27.34	139.42	6.48	21.27	22.32	21.41	57859

续表20

年份	地区生产总值(亿元)	第一产业	第二产业	工　业	建筑业	第三产业	交通运输仓储和邮政业	批发零售和住宿餐饮业	金融业	房地产业	人均地区生产总值(元/人)
2020	240.17	9.49	83.72	54.82	28.90	146.96	6.22	21.68	24.86	23.87	60104
2021	280.85	10.10	100.11	66.70	33.44	170.64	7.26	26.06	28.81	27.40	69222
2022	296.33	10.68	99.99	64.44	35.55	185.66	7.86	28.65	29.27	26.96	71028
2023	300.50	10.56	100.89	65.65	35.24	189.05	8.58	30.85	29.03	25.06	70557

说明:2012—2019 年数据为 2018 年全国第四次经济普查后修订数,2020—2022 年均为年报修订数,本表按当年价格计算

2011—2023 年吉州区工业历年增加值及增速统计表

表21

年份	增加值(亿元)	增速(%)	排位
2011	18.91	22.96	2
2012	22.85	18	2
2013	31.45	14.4	5
2014	47.39	13.1	4
2015	51.14	10.9	2
2016	56.42	9.8	4
2017	47.74	9.5	3
2018	48.2	9.5	11
2019	56.53	9.5	3
2020	63.5	5.6	3
2021	77.34	12.4	3
2022	83.37	8.8	6
2023	49.89	9.1	6

2023 年吉州区农村基本情况和农业生产条件统计表

表22

项　　目	计量单位	吉州区	禾埠	兴桥	樟山	长塘	曲濑
农业主要物质消耗							
农用化肥施用量(实物)	吨	11255	257	2412	2376	4267	1945
其中,氮肥(实物)	吨	3592	37	866	699	1215	775
磷肥(实物)	吨	1223	86	330	457	287	64
钾肥(实物)	吨	1558	35	357	450	451	265
复合肥(实物)	吨	4882	99	859	770	2314	841

续表22

项　　目	计量单位	吉州区	禾埠	兴桥	樟山	长塘	曲濑
农用化肥施用量(折纯)	吨	3384	90	940	631	1046	677
其中,氮肥	吨	1014	11	286	198	252	267
磷肥	吨	266	17	94	102	42	11
钾肥	吨	681	10	192	101	262	116
复合肥	吨	1423	52	368	230	490	283
农用塑料薄膜使用量	千克	34209	3235	8508	8296	7520	6650
其中,地膜使用量	千克	26913	1908	7168	8296	5586	3955
地膜覆盖面积	亩	1828	688	262	549	92	238
农用柴油使用量	千克	174914	17600	42927	48846	61	65480
农药使用量	千克	136773	215	34802	26386	49383	25988

说明:化肥折纯量由县(市、区)统计局统一折算

2023 年吉州区社会消费品零售总额统计表

表23

项　　目	单位	数值	增长(%)
社会消费品零售总额	万元	2087909	6.2
批发业商品销售额	万元	2892811	16.8
零售业商品销售额	万元	554954	7.6
住宿业营业额	万元	32134	5.8
餐饮业营业额	万元	22961	3.5

2023 年吉州区财政收入进度表

表24　　　单位:万元

收　入　科　目	预期目标数(万元)	本月完成(万元)		累计完成(万元)			占计划(%)
		2023 年	2022 年	2023 年	2022 年	同比增长(%)	
财政总收入	239600	12386.6	2845.5	241976.9	237921.4	1.7	101.0
其中,税务	205400	13331.5	2037.0	207331.4	203925.7	1.7	100.9
财政	354200	(944.9)	808.6	34646.0	33995.9	1.9	9.8
一、一般公共预算收入	117000	2856.7	2098.3	116529.3	111740.0	4.3	99.6
(一)税收收入	82800	3801.6	1289.7	81883.3	77744.1	5.3	98.9
增值税(35%)	39600	1786.7	1004.3	38242.1	42414.3	-9.8	96.6
企业所得税(28%)	9900	44.9	(621.3)	9629.5	7046.7	36.7	97.3
个人所得税(28%)	3400	142.2	168.2	3485.5	2839.9	22.7	102.5

续表24

收入科目	预期目标数（万元）	本月完成（万元）		累计完成（万元）			占计划（%）
		2023年	2022年	2023年	2022年	同比增长（%）	
五个共享税	10010	742.1	169.6	10025.9	9417.2	6.5	100.2
城建税	6400	625.7	193.3	6744.0	7941.2	-15.1	105.4
车船税	3100	460.0	375.6	3371.6	4627.2	-27.1	108.8
耕地占用税	350			351.3	(3993.0)	108.8	100.4
环保税	40			33.4	50.6	-34.0	83.5
契税	10000			10000.0	7400.0	35.1	100.0
税占比				70.3	69.6	0.7	
（二）非税收入	34200	-944.9	808.6	34646.0	33995.9	1.9	101.3
专项收入	3400	298.9	112.0	3543.3	3998.8	-11.4	104.2
其中，教育费附加	2850	279.7	87.7	3006.6	3623.2	-17.0	105.5
行政事业性收费收入	4500	75.8	127.7	4455.6	17965.1	-75.2	99.0
罚没收入	2850	548.4	256.8	3315.4	3619.2	-8.4	116.3
国有资本经营收入		-2000.0		76.2		100.0	
国有资源有偿使用收入	22950	127.2	275.5	22771.2	7879.4	189.0	99.2
捐赠收入					5.0	-100.0	
政府住房基金收入	280	3.8		272.1	315.3	-13.7	97.2
其他收入	220	1.0	36.6	212.2	213.1	-0.4	96.5
二、上划中央收入	92000	5834.0	511.0	93464.6	93120.8	0.4	101.6
其中，消费税（100%）	768	30.8	47.3	725.9	719.2	0.9	94.5
增值税（50%）	70282	5402.4	1434.7	64590.1	71216.1	-9.3	91.9
上划所得税（60%）	20950	400.8	(971.0)	28148.6	21185.5	32.9	134.4
三、上划省级收入	30600	3695.9	236.2	31983.0	33060.6	-3.3	104.5
其中，增值税（15%）	26670	3615.7	430.4	26348.0	28801.8	-8.5	98.8
上划所得税（12%）	3910	80.2	(194.2)	5620.7	4237.1	32.7	143.8
上划环保税	20			14.3	21.7	-34.1	71.5

2023 年吉州区各类学校基本情况表

表 25

	学校数（所）	毕业生数（人）	招生数（人）	在校学生数（人）	教职工人数（人）	
					小计	其中：专任教师
普通高等学校	1	5672	8430	56839	1639	1343
高职学校	2	3801	5892	15411	1031	689
中等职业学校	7	4361	3820	13691	539	515
普通中学	17	9691	11075	32570	3047	2856
高（完）中	6	3792	4274	12697	2236	1348
初中	11	5899	6801	19873	811	1508
普通小学	50	6318	8385	44256	2254	2207
特殊教育学校	1	52	40	338	75	65
幼儿园	102	6713	4248	15458	2552	1240
专门学校	1	0	158	158	55	25

2022—2023 年吉州区旅游情况表

表 26

指　标	2023 年	2022 年	同比增长（%）
旅游总人数（万人次）	1355.09	598.7	126.3
旅游综合收入（亿元）	105.48	48.48	117.6

吉州年鉴2024

索引

说　　明

一、索引采用主题分析法编制，大部分选用关键词。

二、索引按标引词汉语拼音字母顺序排列，标目后数字为页码，字母 a 为左栏，b 为中栏，c 为右栏。

三、分目标题用黑体字表明。

数字索引

主题索引

A

B

C

D

E

F

G